AMRA

MICHAEL E. SALLA

GALAKTISCHE FÖDERATIONEN KOSMISCHE RÄTE

DIE MENSCHHEIT IM ZEITKRIEG

Ein brutaler Zeitkrieg ist im Gange, aber die Menschheit ist dazu bestimmt, sich der galaktischen Gemeinschaft anzuschließen.

Aus dem Amerikanischen von
Marion Zerbst & Helge Friedrichsen

AMRA

Besuchen Sie unseren Shop:
www.AmraVerlag.de

Ihre 80-Minuten-Gratis-CD erwartet Sie.
Unser Geschenk an Sie … einfach anfordern!

Amerikanische Originalausgabe:
Galactic Federations, Councils &
Secret Space Programs

Deutscher Erstdruck im AMRA Verlag
Telefon: + 49 (0) 61 81 – 18 93 92
Kontakt: Info@AmraVerlag.de

Herausgeber & Lektor	Michael Nagula
Einbandgestaltung	Guter Punkt
Covermotiv	Rene McCann
Layout & Satz	Birgit Letsch
Druck	Tschechien

ISBN Printausgabe 978-3-95447-644-2
ISBN eBook 978-3-95447-645-9

Diese Enthüllungs-Buchreihe umfasst bisher folgende Titel:
1. Geheime Weltraumprogramme & Allianzen mit Außerirdischen • 2. Das Geheime Weltraumprogramm der U.S. Navy & Die Allianz mit den Nordischen • 3. Antarktis – Die verbotene Wahrheit • 4. Die Geheime Geschichte der U.S. Space Force • 5. Der Aufstieg des Roten Drachen • 6. Space Force. Unsere Star-Trek-Zukunft • 7. Galaktische Föderationen & Kosmische Räte – weitere Titel in Vorbereitung

Für all die mutigen
Kontaktpersonen, die Spott,
Zensur und Repressalien ausgesetzt
waren, weil sie die Wahrheit über
ihre persönlichen Begegnungen
mit außerirdischen Besuchern gesagt haben.

Inhalt

Einleitung

Vor nun schon zehn Jahren schrieb ich ein Buch über Galaktische Diplomatie. Es hieß *Galactic Diplomacy: Getting to Yes with ET Civilizations* und handelte davon, wie man mit außerirdischen Zivilisationen ins Gespräch kommt. Darin analysierte ich insgesamt neunzehn außerirdische und »innerirdische« Zivilisationen. Sie waren von verschiedenen Kontaktpersonen und Whistleblowern beschrieben worden, die unmittelbare Erfahrungen mit diesen technologisch hochentwickelten Wesen gemacht hatten. Ich untersuchte all die Zivilisationen und richtete meine Aufmerksamkeit dabei vor allem auf Augenzeugenberichte über Begegnungen mit Außerirdischen, die wichtigsten Aktivitäten dieser Zivilisationen und ihren allgemeinen Einfluss auf unsere menschliche Welt. Meine Ausführungen waren zwar nicht lückenlos, doch ich war überzeugt davon, dass die von mir analysierten außerirdischen Zivilisationen die wichtigsten waren, über die die Menschheit zum jetzigen Zeitpunkt unserer Geschichte informiert sein sollte. Freilich bin ich damals nicht der Frage nachgegangen, welchen Organisationen diese und andere außerirdische Zivilisationen angehörten. Damals lagen mir einfach noch nicht genügend verlässliche Daten vor, um mir ein schlüssiges Bild von den wichtigsten außerirdischen Organisationen machen zu können, die mit der Menschheit in Kontakt stehen. Das hat sich erst vor kurzem geändert.

Es gibt immer mehr vertrauenswürdige Informationen darüber, dass unsere außerirdischen Besucher in verschiedenen Vereinigungen organisiert sind, die sich nicht unbedingt immer einig sind. Einige dieser Organisationen stehen sich gegenseitig freundlich gegenüber und kooperieren miteinander, andere nicht. Manche dieser Vereinigungen sind sogar miteinander verfeindet und waren früher in galaktische Kriege verwickelt, die sich über Jahre, Jahrzehnte oder sogar noch länger hingezogen haben. Es gibt ziemlich eindeutige Beweise dafür, dass diese Feindseligkeiten zwischen verschiedenen außerirdischen Organisationen auch auf die Erde übergegriffen haben: Viele Nationalstaaten wurden in Stellvertreterkriege zwischen diesen außerirdischen Gruppierungen hineingezogen.

Um das alles noch verwirrender und komplizierter zu machen, haben diese Stellvertreterkriege, die sich mindestens bis zur Zeit des Zweiten Weltkriegs zurückverfolgen lassen, auch eine wichtige zeitliche Komponente, denn diese außerirdischen Besucher verfügen über neuartige Technologien, mit deren Hilfe sie in der Zeit zurück und vorwärts reisen können – so einfach, wie es für uns Menschen derzeit möglich ist, uns zwischen verschiedenen Orten auf der Erde hin und her zu bewegen. Laut Augenzeugenberichten, die ich im vorliegenden Buch zitieren werde, hat dieser Zeitkrieg gravierende Konsequenzen gehabt: Verschiedene außerirdische Organisationen haben dadurch eine starke Motivation entwickelt, in das Leben der Menschheit einzugreifen, um eine zukünftige galaktische Tyrannei zu verhindern, die sich auf den jetzigen Zeitpunkt unserer historischen Entwicklung auf der Erde zurückführen lässt.

Das Buch ist in zwei Teile gegliedert. Im ersten Teil analysiere ich die wichtigsten außerirdischen Organisationen, die mit der Menschheit in Kontakt stehen, wobei diese Ausführungen jedoch keinen Anspruch auf Vollständigkeit erheben. Ich konzentriere mich dabei in erster Linie auf die Organisationen, die für uns am relevantesten sind und für die es die besten Belege in Form von Augenzeugen- und Insiderberichten gibt. Und was am allerwichtigsten ist: Ich richte mein Hauptaugenmerk auf außerirdische Organisationen, die den größten positiven Einfluss auf die langfristigen Interessen der Menschheit ausüben und bei denen im Großen und Ganzen davon auszugehen ist, dass sie uns freundlich oder neutral gegenüberstehen. Die schwierigere Aufgabe, die wichtigsten Eigenschaften »unfreundlicher« außerirdischer Organisationen zu identifizieren, deren Geschichte und Aktivitäten viel schwerer zu durchschauen sind, überlasse ich zukünftigen Forschern. Mein geschätzter Kollege Richard C. Hoagland hat einmal gesagt, dass in den Regierungsbehörden, die mit dem Thema UFOs und Außerirdische zu tun haben, »auf jeder Ebene andere Lügen erzählt werden«. Das gilt vor allem dann, wenn es sich um unfreundliche außerirdische Organisationen handelt, zum Glück aber nicht so sehr, wenn es um freundliche oder neutrale Gruppierungen geht.

Ich beschreibe in diesem Bericht über die verschiedenen außerirdischen Organisationen, die mit der Erde in Kontakt stehen oder sie überwachen, also nur die sprichwörtliche Spitze des Eisbergs. Unter der Oberfläche liegt noch sehr viel mehr, das zukünftige Forscher ergründen müssen. Meine Ausführungen im ersten Teil des Buches werden dem Leser jedoch einen ausreichenden Überblick über die außerirdischen Organisationen bieten, die für die Entwicklung der Menschheit zu diesem Zeitpunkt unserer Geschichte die wichtigste Rolle spielen.

In Teil zwei beschreibe ich, wie Geheime Weltraumprogramme auf die Einmischungen dieser freundlichen außerirdischen Organisationen reagiert haben, die einen tiefgreifenden Einfluss auf die menschlichen Angelegenheiten sowohl auf der Erde als auch in unserem Sonnensystem ausgeübt haben. Das hat zu einem planetarischen Befreiungsprozess geführt, der immer noch im Gang ist, wobei Geheime Weltraumprogramme die Hauptzuständigkeit für die Angelegenheiten in unserem Sonnensystem übernommen haben. Einfach ausgedrückt hat das Eingreifen freundlicher außerirdischer Organisationen und der Rückzug unfreundlicher Gruppen (wobei beides unter Aufsicht neutralerer außerirdischer Vereinigungen abgelaufen ist, die als eine Art galaktischer Schiedsrichter fungieren) zu einem tiefgreifenden Wandel in den Angelegenheiten der Menschheit geführt. Endlich liegt eine *Star-Trek*-Zukunft für uns Menschen in greifbarer Nähe, und nichts wird uns davon abhalten, in diese kühne neue Zukunft einzutreten.

Ihr und euer

Michael E. Salla

Teil 1

Anfänge der Zusammenarbeit mit den Menschen

1 Das Ashtar-Kommando

Ihr wisst jetzt, dass wir hier sind und dass es mehr Wesen auf eurer Erde und um sie herum gibt, als eure Wissenschaftler zugeben. Wir machen uns große Sorgen um euch und euren Weg zum Licht und werden alles tun, was wir können, um euch zu helfen. Habt keine Angst, versucht nur, euch selbst zu erkennen und in Harmonie mit eurem Planeten Erde zu leben.

– Vrillon, Galaktisches Ashtar-Kommando –

George van Tassel

Die ersten öffentlichen Erwähnungen einer außerirdischen Organisation, die die Erde besuchte, stammen von dem berühmten Kontaktler George van Tassel, der im Jahr 1952 darüber berichtete. Heute ist diese Organisation aus dem Weltraum allgemein als »Ashtar-Kommando« bekannt – benannt nach ihrem mutmaßlichen Anführer, Kommandant Ashtar. Er stellte zusammen mit zahlreichen Untergebenen und anderen Außerirdischen unbekannter Zugehörigkeit eine direkte telepathische Kommunikationsverbindung zu van Tassel her. Van Tassel besaß damals einen privaten Flughafen in der Nähe des Giant Rock, eines großen, freistehenden Felsblocks bei Landers, Kalifornien, mitten in der Mojave-Wüste, der auf ein Gewicht von fünfundzwanzigtausend Tonnen geschätzt wird. Zuvor hatte van Tassel als Mechaniker in der Luftfahrtindustrie gearbeitet, zweiundzwanzig Jahre lang, für große Unternehmen wie Douglas Aircraft, Howard Hughes und Lockheed Aircraft. Seine Kontakte begannen Anfang der 1950er Jahre mit telepathischen Botschaften; später – im Jahr 1953 – erlebte er seinen ersten physischen Kontakt mit einem Außerirdischen namens Solganda. Van Tassel ist vor allem als Organisator der Giant Rock Conventions bekannt, die im Jahr 1954 begannen und bis 1977 andauerten. Dabei handelte es sich um große UFO-Kongresse – die größten jemals veranstalteten Konferenzen zu diesem Thema. Sie fanden in van Tassels Haus mit angegliedertem Flughafen in der Mojave-Wüste statt. Erstaunlicherweise kamen zu jeder seiner Giant Rock Conventions an die elftausend Menschen.

Alle führenden UFO-Forscher und Kontaktpersonen der damaligen Zeit besuchten diese bahnbrechenden Kongresse, deren rasch wachsende Popularität die amerikanischen Behörden sehr beunruhigte. Vor allem das FBI gab sich große Mühe, van Tassel und die Besucher der Giant Rock Conventions in Verruf zu bringen, indem es sie als kommunistische Sympathisanten brandmarkte, die einen Umsturz der US-Regierung planten. Dokumente, die im Rahmen des Gesetzes über die Informationsfreiheit, des Freedom of Information Act (FOIA), freigegeben wurden, bestätigen, dass das FBI an diesen Diffamierungsversuchen beteiligt war. In einem Bericht eines ungenannten FBI-Spezialagenten vom 4. August 1954 heißt es:

> »Die Untertassengruppen scheinen eine weitere Methode zu sein, um Gelder für die Kommunistische Partei zu sammeln. Sobald sie von der kommunistischen Untersuchungsgruppe ausgewählt wurden, werden die Mitglieder dieser Gruppen weiter indoktriniert. Der Giant Rock Airport etwa fünfundzwanzig Kilometer nordwestlich von Joshua Tree in Kalifornien wäre hervorragend geeignet, um sie aus dem Verkehr zu ziehen.
>
> Die Gruppe, die am Giant Rock Airport gerade ein sogenanntes College of Universal Wisdom errichtet, lehrt und befürwortet meiner Meinung nach den Umsturz der US-Regierung durch die Veröffentlichung von Literatur, die auf subtile Weise der kommunistischen Indoktrination

dient. Als Tarnorganisation könnte sie erhebliche finanzielle Mittel für die Kommunistische Partei aufbringen.«[1]

Trotz der unbegründeten Anschuldigungen, die das FBI erhob, um die UFO-Bewegung in Verruf zu bringen, waren deren Kongresse ein Riesenerfolg – eine bemerkenswerte Leistung van Tassels, der die Konferenzen auf der Grundlage seiner eigenen Kontakterfahrungen organisierte. Er wusste, wie wichtig diese Informationen über Außerirdische für die allgemeine Öffentlichkeit waren, und wollte ein öffentliches Forum schaffen, in dem auch andere Kontaktpersonen über ihre Erfahrungen und Erkenntnisse berichten konnten.

Abb. 1. Zeitungsanzeige der ersten Giant Rock Convention.

Van Tassel hatte erstaunliche Informationen über eine neue Technologie zu bieten, die er entwickelt hatte: das Integratron, das in einem zweistöckigen halbkugelförmigen Gebäude untergebracht war. Das Integratron war mit Hilfe von Außerirdischen entworfen worden und erfüllte verschiedene Funktionen wie beispielsweise Heilung und Verjüngung. Es war so konzipiert, dass Menschen durch den Einsatz von Klangschwingungen in den Genuss von Heilung, Regeneration und anderen positiven Effekten kommen konnten. Leider hat van Tassel das Integratron nie ganz fertiggestellt. Er starb unter mysteriösen Umständen und nahm die Geheimnisse für die Fertigstellung und Inbetriebnahme dieses Bauwerks mit ins Grab. Trotzdem ist es teilweise noch in Betrieb und zieht nach wie vor Besucher an, die es an seinem Standort in der Nähe des Giant Rock besichtigen.

Gegen Ende des Jahres 1952, nachdem van Tassel mehrere Kontakte mit Außerirdischen erlebt hatte, ging er an die Öffentlichkeit und veröffentlichte ein Büchlein mit dem Titel *I Rode a Flying Saucer* (»Ich flog mit einer Fliegenden Untertasse«). Darin beschrieb er seine Kommunikation mit Außerirdischen, die dem Ashtar-Kommando angehörten, und erläuterte, wie er schwingungsmäßig darauf eingestimmt wurde, die ersten telepathischen Mitteilungen dieser Wesen zu empfangen:

> »Man muss sich auf jede Schwingung oder Übertragung einstimmen, um sie auf intelligente Art und Weise empfangen zu können. Bei dem Vorgang, mich in diese ›Wellenlängen einzuwählen‹, steht mir offenbar eine Wellenlänge zur Verfügung, die sich immer wieder auf mich als ›Empfänger‹ einstellt. Ich war aus Erfahrung vorsichtig geworden, weil ich festgestellt hatte, dass viele dieser Schwingungen mein ›Gefäß‹ – meinen physischen Körper – ›verbrennen‹ konnten. Diese besondere Schwingung ist außergewöhnlich stark, und durch die Mithilfe, die ich von ihrer Quelle erhielt, ist es mir in vielerlei Hinsicht gelungen, mich nach und nach an diese starke Energie zu gewöhnen. Als ich so weit war, mich ohne körperliche Probleme oder Missempfindungen auf diese Intelligenz einzustellen und ihre Botschaften zu empfangen, gaben mir die Wesen dieser Schwingung folgende Informationen.«[2]

Abb. 2. George van Tassel mit einem Modell des Integratons.

Van Tassel sagt, er habe telepathische Botschaften von Wesenheiten erhalten. Sie behaupteten, Außerirdische zu sein, die sich in einer Weltraumstation aufhielten. Was seine angeblichen telepathischen Mitteilungen so beachtenswert macht, ist die verblüffende Richtigkeit mehrerer Vorhersagen, die ihm dabei übermittelt wurden.

Sein Buch beginnt mit einer Mitteilung, die er am 6. Januar 1952 erhielt und in der ihm mehrere Wesen vorgestellt wurden, die behaupteten, sich in einer Raumstation namens *Schare* aufzuhalten, rund 115.850 Kilometer über der Erde, von der aus kleinere Fliegende

Untertassen unseren Planeten besuchen würden. Am 7. März 1952 erhielt van Tassel folgende Botschaft: »Grüße aus den Reichen von *Schare*. Achtet in den Monaten Mai bis August genau auf euren Himmel.«[3] Damit sagten ihm die Außerirdischen für den kommenden Sommer eine auffallende UFO-Aktivität voraus.

Einen Monat später, am 6. April, erhielt van Tassel eine weitere Botschaft: »Euer Pentagon wird bald viel zu vertuschen haben. Wir werden diesem Globus ein wenig Aufregung bescheren. Ich hoffe, sie fangen uns nicht vorher ab.«[4] Damit spielten die Außerirdischen von ihrer Weltraumstation aus – 115.850 Kilometer über der Erde – darauf an, dass sie vorhatten, sensible US-Militäreinrichtungen zu überfliegen und auf diese Weise unseren ganzen Planeten auf die Existenz außerirdischen Lebens aufmerksam zu machen. Außerdem übermittelten sie dem US-Militär/Pentagon damit auch eine versteckte Warnung: Sie sollten nicht versuchen, das Raumschiff abzufangen. Und was genau geschah dann im Sommer 1952, nachdem van Tassel diese Ankündigung zukünftiger Ereignisse erhalten hatte?

Washington-Überflüge im Jahr 1952

An drei aufeinanderfolgenden Wochenenden, beginnend am 12./13. Juli, gefolgt vom 19./20. Juli und schließlich am 26./27. Juli, ereigneten sich die berühmten UFO-Überflüge von Washington, D.C. Es kam nicht nur zu Sichtungen über dem Luftraum von Washington, sondern auch über anderen Städten und ländlichen Regionen der Ostküste. Die UFOs flogen in Formation und sorgten für große internationale Aufregung (engl. »buzz«), genau wie van Tassels Kontakte es einige Monate zuvor prophezeit hatten. Es stellt sich jedoch die Frage, wie viele dieser Fliegenden Untertassen wirklich von der Raumstation *Schare* kamen und zur Gruppe der Außerirdischen gehörten, die mit George van Tassel kommunizierte, und wie viele von der feindseligen Gruppierung außerirdischer Besucher stammten, vor denen das Ashtar-Kommando gewarnt hatte.

In einer Botschaft vom 27. April 1952 hatte der Repräsentant des Ashtar-Kommandos nämlich gesagt:

> »Lasst euch nicht verwirren von Dingen, die eure Leute am Himmel sehen und die ihr als Feuerbälle, Fliegende Untertassen und zigarrenförmige Objekte bezeichnet. Die zigarrenförmigen Objekte sind Raumschiffe von einem Nachbarplaneten, und bei den Feuerbällen handelt es sich, wie ihr wisst, um Raumschiffe aus Blaau [dem galaktischen Sektor, in den sich unser Sonnensystem hineinbewegt]. Unsere sogenannten Untertassen kommen von *Schare* … Einige der zigarrenförmigen Raumschiffe führen ihre Expeditionen nicht in friedlicher Absicht durch, und wir haben nicht nur euren Globus, sondern auch sie genau im Blick. Wir werden ein Auge auf sie haben, und das wissen sie auch.«[5]

Van Tassels Feststellung, dass es zwei konkurrierende Gruppen von Aliens gab, die die Erde besuchten und große Bevölkerungszentren überflogen, sollten wir unbedingt im Gedächtnis behalten.

In meinem Buch *Antarktis – Die verbotene Wahrheit* habe ich über ein Geheimes Weltraumprogramm (GWP) der Deutschen geschrieben, das während des Zweiten Weltkriegs in der Antarktis ins Leben gerufen wurde.[6] Kurz zusammengefasst, war der deutsche Stützpunkt in der Antarktis in Kooperation mit einer Gruppe sehr aggressiver, nichtmenschlicher, reptiloider Außerirdischer errichtet worden, sogenannter »Draconer«, die den Deutschen bei der Entwicklung ihrer abtrünnigen Kolonie und ihrer Flotten Fliegender Untertassen geholfen hatten. Laut William Mills Tompkins, einem »Insider«, der an einem geheimen Spionageprogramm der U.S. Navy beteiligt war, das die führenden Luft- und Raumfahrtunternehmen Nazi-Deutschlands mit seinem Spionagenetz infiltriert hatte, gehörten die außerirdischen Besucher, die Nazi-Deutschland halfen, zum sogenannten Draco-Imperium, das sich später als interstellare Organisation entpuppte, die die Herrschaft über unsere Galaxis anstrebte.[7]

Es gab auch menschenähnliche Außerirdische, die mit dem Draco-Imperium verbündet waren und über noch höherentwickelte Fliegende Untertassen verfügten als die Deutschen. Diese Gruppe half den Deutschen, die von Admiral Richard Byrd (1888-1957) geleitete Operation Highjump der U.S. Navy im Februar 1947 zu einem Misserfolg zu machen. Erst vor kurzem – im Jahr 2021 – führte das Farsight-Institut ein Remote-Viewing-Experiment mit fünf Weltklasse-Fernwahrnehmern durch, die zum ersten Mal Einblicke in diese Gruppe wie Menschen aussehender Außerirdischer gaben, welche in Kooperation mit den Draconern Admiral Byrds Navy-Task-Force besiegt hatten.[8] Nach Angaben der Remote Viewer stammten diese humanoiden Außerirdischen aus dem Sternsystem Alcyone und waren, wie ich gleich noch erläutern werde, dem Ashtar-Kommando feindlich gesinnt. Später im Jahr 1947 führte das deutsche GWP Flüge über US-Territorium durch, was bei der politischen und militärischen Führung der USA große Besorgnis hervorrief. Das führte dazu, dass die Eisenhower-Regierung Mitte der 1950er Jahre Vereinbarungen mit den Deutschen und ihren außerirdischen Verbündeten traf, wie ich in *Antarktis – Die verbotene Wahrheit* ausführlich beschrieben habe.

Es ist anzunehmen, dass die Fliegenden Untertassen, die an den drei aufeinanderfolgenden Wochenenden im Juli 1952 gesichtet wurden, von mindestens zwei verschiedenen Gruppierungen stammten, die miteinander zerstritten waren und sogar darum konkurrierten, wer als Erster eine Vereinbarung mit der US-Regierung treffen würde. Bei den Formationen Fliegender Untertassen an jenen aufeinanderfolgenden Wochenenden könnte es sich also um verschiedene außerirdische Raumschiffe gehandelt haben – nicht nur um Vertreter des der Menschheit freundlich gesinnten Ashtar-Kommandos, sondern auch um antarktische Raumschiffe von Deutschen und deren feindseligen außerirdischen Verbündeten, die ganz andere Absichten verfolgten, wie ich in *Antarktis, die verbotene Wahrheit* beschrieben habe. Wie diese unterschiedlichen Gruppen von Raumschiffen ihre Überflüge über Washington, D.C., und andere Städte in den USA und weltweit miteinander koordinierten, ist eine wichtige Frage, die noch erforscht werden muss.

Aufgrund der Mitteilungen van Tassels wissen wir auf jeden Fall, dass einige dieser Raumfahrzeuge zu einer außerirdischen Organisation gehörten, die er »Ashtar-Kommando« nannte. Hier eine Botschaft, die van Tassel am 18. Juli 1952 – einen Tag vor dem zweiten Überflug von Washington, D.C. – erhalten hat:

»Gegrüßt seid ihr Wesen von Shan [Erde]. Ich grüße euch in Liebe und Frieden. Meine Identität ist Ashtar, Kommandant des Quadra-Sektors, Patrouillenstation *Schare*, alle Projektionen, alle Wellen. Grüße … Der Zweck dieser Organisation besteht in gewissem Sinne darin, die Menschheit vor sich selbst zu retten. Vor einigen Jahren eurer Zeit drangen eure Kernphysiker in das ›Buch des Wissens‹ ein. Sie entdeckten, wie man das Atom spaltet und explodieren lässt … Wir sind nicht besorgt wegen der Explosion von Plutonium und U-235, dem Uran-Mutterelement, denn dieses Atom ist ein inaktives Element.

Wir sind aber sehr besorgt wegen eures Versuchs, das Wasserstoffelement zur Explosion zu bringen … Es geht uns nicht um den Wunsch des Menschen, den Krieg auf diesem Planeten, Shan, fortzusetzen. Wir sind besorgt über die bewusste Entschlossenheit der Verantwortlichen, die Menschheit auszulöschen und diesen Planeten in Schutt und Asche zu legen … Diese Verhältnisse traten in diesem Sonnensystem früher schon einmal auf, und dabei wurde der Planet Luzifer in Stücke gerissen.«[9]

An dieser Stelle sollte hervorgehoben werden, dass van Tassel Ashtars Nachricht einen Tag vor den beiden Überflügen von Washington, die am Abend des 19. Juli 1952 begannen, an die U.S. Air Force schickte. Sie wurden in den Medien am häufigsten beschrieben. Wir wissen nicht, welche Gruppierung für den ersten, weniger öffentlichkeitswirksamen Überflug am 12. Juli verantwortlich war. Der Hauptüberflug – jedenfalls derjenige, den das Ashtar-Kommando durchführte – begann am 26. Juli. Später brachte van Tassel diesen Überflug mit der »großen Aufregung« in Verbindung, von der das Ashtar-Kommando gesprochen hatte:

»Ist es ein Zufall, dass ein Brief, den ich auf Bitte der UFO-Wesen in der Nachricht vom 18. Juli an das Air Force Intelligence Command geschickt habe, in deren Händen war, als die ›Aufregung‹ einsetzte? Ich kann nicht nachvollziehen, wie die Ankunft des Briefes, die ›Aufregung‹, der Verweis auf das Pentagon und die erwartete Reaktion Zufall gewesen sein soll? Ich denke, dass die UFO-Wesen es darauf anlegten, von der Air Force für authentisch gehalten zu werden. Die Empfangsbestätigung zeigte, dass die Air Force den Brief am 22. Juli 1952 erhielt. Die ›Aufregung‹ erfolgte am 26., 27. und 28. Juli.«[10]

Van Tassels Schreiben war eingetroffen. Auf eine entsprechende Nachfrage unter Verweis auf den Freedom of Information Act bestätigte das Air Force Office of Special Investigations (OSI) den Erhalt seines Schreibens am 31. Juli 1952.[11]

105-445-39, dated July 31, 1952, re individuals and G. W. VAN TASSEL, reflects that the Detachment Commander of OSI, March Air Force Base, California, received a letter from captioned individual entitled, "Brotherhood of Cosmic Christ", which attempts to explain flying saucers and indicates contacts had been received by captioned individual from the beings of another world, who operate them.

Abb. 3. Bestätigung des FBI darüber, dass das Air Force Office of Special Investigations das Schreiben von George van Tassel erhalten hat. Die deutsche Übersetzung lautet: »105-445-39, Datum vom 31. Juli 1952, betreffend Einzelpersonen und G. W. VAN TASSEL, bestätigt, dass der Detachment Commander des OSI, March Air Force Base, Kalifornien, einen Brief der in Großbuchstaben genannten Person mit dem Titel ›Brotherhood of Cosmic Christ‹ erhielt, in dem versucht wird, Fliegende Untertassen zu erklären, und in dem es heißt, dass die in Großbuchstaben genannte Person mit den Wesen aus einer anderen Welt, die sie betreiben, Kontakt hatte.«

In van Tassels Korrespondenz mit der U.S. Air Force wird eindeutig auf das letzte der drei Wochenenden Bezug genommen, an denen die Fliegenden Untertassen Washington, D.C., überflogen – jenes Wochenende, an dem das Ashtar-Kommando unterwegs war. Daraus lässt sich ableiten, dass an den beiden vorangegangenen Wochenenden (12./13. und 19./20. Juli) untertassenförmige Raumfahrzeuge anderer Gruppierungen über Washington hinwegflogen waren, darunter der deutschen

Antarktis-Kolonie, auch bekannt als die Dunkle Flotte, und ihrer außerirdischen Verbündeten. Die Raumschiffe der Dunklen Flotte und ihrer Verbündeten wurden losgeschickt, um die Truman-Regierung einzuschüchtern, damit sie zu ungünstigen Bedingungen in ein Abkommen einwilligt – im Grunde kapituliert.[12] Die Flotte des Ashtar-Kommandos hingegen wurde vermutlich entsandt, um die Truman-Regierung zu beruhigen und ihr zu versichern, dass es eine Alternative zur Kapitulation vor den Forderungen der Deutschen in der Antarktis gab.

Ashtar-Kommando, Robert Oppenheimer und die Atomwaffenfrage

Van Tassels Botschaft vom 18. Juli 1952 zeigt deutlich, dass die Funktionäre des Ashtar-Kommandos sehr besorgt über die Entwicklung thermonuklearer Waffen durch die Truman-Administration waren, denn hinsichtlich ihrer Zerstörungskraft stellten diese Waffen einen Quantensprung gegenüber den Spaltbomben dar, die mit dem Ziel der Beendigung des Zweiten Weltkriegs auf Hiroshima und Nagasaki abgeworfen worden waren. Bezeichnenderweise war der Zusammenhang zwischen außerirdischen Besuchern und der Entwicklung von Atomwaffen durch die Menschheit bereits zuvor in einem geleakten Entwurf eines für Präsident Truman bestimmten Strategiepapiers vom Juni 1947 erörtert worden, das Dr. Robert Oppenheimer, der Vater der Atombombe, und Albert Einstein gemeinsam verfasst hatten. Der als streng geheim eingestufte Entwurf trug den Titel *Relationships with Inhabitants of Celestial Bodies* (»Beziehungen zu Bewohnern von Himmelskörpern«). Darin erklärten Oppenheimer und Einstein:

> »Und nun zu der letzten Frage, ob das Vorhandensein himmlischer Astroflugzeuge [celestial astroplanes] in unserer Atmosphäre eine direkte Folge unserer Atomwaffentests ist.
>
> Das Vorhandensein nicht identifizierter Raumfahrzeuge, die in unserer Atmosphäre umherfliegen (und sich möglicherweise sogar dauerhaft

in Umlaufbahnen rund um unseren Planeten bewegen), wird von unserem Militär jetzt doch als Tatsache akzeptiert.

Hinsichtlich der Fragen, ob die Vereinigten Staaten weiterhin Spaltbomben testen und Fusionsvorrichtungen (Wasserstoffbomben) entwickeln oder ob sie ein Abkommen zur Abrüstung und zum Ausschluss von Waffen treffen werden, die zu zerstörerisch sind …, waren die Klagen der Philosophen, die Bemühungen der Politiker und die Konferenzen der Diplomaten zum Scheitern verurteilt und haben nichts bewirkt.«[13]

Das Oppenheimer-Einstein-Papier ist ein dokumentarischer Beweis dafür, dass das US-Militär bereits im Jahr 1947 wusste, dass unidentifizierte Raumfahrzeuge, auch »Fliegende Untertassen« genannt, von hoch oben in der Erdumlaufbahn auf unseren Planeten hinabstiegen. Also waren höchstwahrscheinlich ein oder mehrere große Mutterschiffe in der Erdumlaufbahn entdeckt worden – einschließlich des großen Ashtar-Kommando-Mutterschiffs *Schare*, das in einer Höhe von 115.850 Kilometern über der Erde schwebte.

Wichtig ist, dass das Ashtar-Kommando thermonukleare Waffen mit der Zerstörung eines Planeten namens Luzifer in Verbindung brachte, dessen Überreste sich jetzt im Asteroidengürtel befinden. Wir kennen diesen Planeten vielleicht eher als Maldek oder Tiamat. Zur damaligen Zeit gab es keine wissenschaftlichen Daten, die darauf hindeuteten, dass der Asteroidengürtel aus Überresten eines explodierten Planeten bestand. Erst Jahrzehnte später, im Jahr 2000, verfasste Dr. Thomas van Flandern, Astronom am US Naval Observatory in Washington, D.C., eine wissenschaftliche Abhandlung mit dem Titel *The Exploded Planet Hypothesis* (»Die Hypothese vom explodierten Planeten«).[14] In dieser Abhandlung geht es hauptsächlich darum, dass van Flandern zahlreiche wissenschaftliche Daten gefunden hatte, die für die Hypothese sprechen, dass es im Asteroidengürtel einst einen Planeten gegeben hatte, von dem heute nur noch Asteroidentrümmer übrig sind. Van Flanderns Untersuchungen sprechen sehr für die Richtigkeit der Botschaften, die van Tassel uns vom Ashtar-Kommando überbracht hat.

Ende der 1940er Jahre begann innerhalb der US-Regierung eine heftige Debatte über die Sinnhaftigkeit der Entwicklung thermonuklearer Waffen. Am 28. Oktober 1949 legte der Allgemeine Beratungsausschuss der Atomenergiekommission einen Bericht vor, in dem er sich sowohl aus moralischen als auch aus technischen Gründen gegen ein Sofortprogramm zum Bau einer Wasserstoffbombe aussprach.[15] Der Vorsitzende dieses Beratungsausschusses, Dr. Robert Oppenheimer, war, wie bereits im Oppenheimer-Einstein-Papier dargelegt, ein entschiedener Gegner der Wasserstoffbombenentwicklung. In einem Bericht von Oppenheimers Allgemeinem Beratungsausschuss aus dem Jahr 1949 wurden weitere Forschungsarbeiten zur Entwicklung von Wasserstoffbomben aus moralischen Gründen verurteilt:

> »Die Tatsache, dass der Destruktivität dieser Waffe keine Grenzen gesetzt sind, macht ihre bloße Existenz und das Wissen um die Möglichkeit ihrer Entwicklung zu einer Gefahr für die ganze Menschheit. Sie ist zwangsläufig etwas Böses, egal aus welchem Blickwinkel man sie betrachtet. Daher sollte der Präsident der Vereinigten Staaten der amerikanischen Öffentlichkeit und der Welt unbedingt mitteilen, dass wir es aus grundlegenden ethischen Prinzipien heraus für falsch halten, die Entwicklung einer solchen Waffe einzuleiten.«[16]

Wie der Bericht aus dem Jahr 1949 deutlich macht, gab es eine heftige Debatte über die Entwicklung thermonuklearer Waffen, die die Wissenschaftler und die politischen Berater der USA spaltete. Doch dann ereignete sich etwas sehr Wichtiges auf der Welt, das bei der Beilegung dieser Meinungsverschiedenheit eine entscheidende Rolle spielen sollte – der Tod des sowjetischen Diktators Josef Stalin am 5. März 1953.

Stalins Tod scheint eine weitere genaue Vorhersage des Ashtar-Kommandos gewesen zu sein, die van Tassel weitergeleitet hat. In einer Botschaft vom 11. April 1952 wurde ihm mitgeteilt: »Auf eurem Globus wird es zum Tod eines der wichtigsten politischen Führer kommen, und das wird zu großen Auseinandersetzungen führen.«[17] Stalins Tod sorgte in der Tat für Verwirrung in der Sowjetunion und auf der ganzen Welt, denn es gab keinen designierten Nachfolger, und hochrangige sowjetische Führer konkurrierten miteinander um die oberste Führungsposition. Das wirkte sich auf wichtige Entscheidungen aus, zum Beispiel darüber, ob die Entwicklung thermonuklearer Waffen vorangetrieben werden sollte oder nicht und ob die Sowjets bei der Verwaltung solcher Waffen mit den Vereinigten Staaten zusammenarbeiten sollten.

Die Botschaft von Vrillon

Im Jahr 1977 führte eine wichtige Entwicklung dazu, dass das Ashtar-Kommando auf der ganzen Welt bekannt wurde, als eine am 26. November ausgestrahlte Fernsehsendung von einer unbekannten dritten Seite unterbrochen oder gehackt wurde. Es begann damit, dass eine mutmaßliche Mitteilung des Ashtar-Kommandos an den unabhängigen Fernsehsender ITV in Großbritannien übermittelt wurde und die normale Nachrichtensendung unterbrach. Statt der Nachrichten hörten die Zuschauer plötzlich Folgendes:

> »Hier spricht [Vrillon] ein Repräsentant des galaktischen Ashtar [-Kommandos]. Schon seit vielen Jahren seht ihr uns als Lichter am Himmel. Wir sprechen jetzt in Frieden und Weisheit zu euch, so wie wir auch früher schon zu euren Brüdern und Schwestern auf diesem eurem Planeten Erde gesprochen haben. Wir kommen, um euch vor dem Schicksal eurer Rasse und eurer Welt zu warnen, damit ihr euren Mitmenschen erklärt, welchen Weg ihr einschlagen müsst, um die Katastrophen zu vermeiden, die eure Welt bedrohen und die Wesen auf unseren Welten um euch herum.
>
> Diese Botschaft übermitteln wir euch, um euch an dem großen Erwachen teilhaben zu lassen, das stattfindet, wenn der Planet ins neue Zeitalter des Wassermanns eintritt. Dieses neue Zeitalter kann eine Ära großen Friedens und der großen Weiterentwicklung für eure Rasse sein – aber nur, wenn eure Herrscher auf die bösen Kräfte aufmerksam gemacht werden, die ihr Urteilsvermögen überschatten können. Seid jetzt still und hört zu,

denn so eine Chance kommt vielleicht nicht wieder. Viele Jahre lang haben eure Wissenschaftler, Regierungen und Generäle unsere Warnungen missachtet; sie haben weiter mit den bösen Kräften dessen experimentiert, was ihr Kernenergie nennt. Atombomben können die Erde und die Wesen, die in euren Schwesterwelten leben, in Sekundenschnelle zerstören. Die Abfälle der Atomkraftwerke werden euren Planeten für viele Jahrtausende vergiften. Wir, die wir den Weg der Evolution bereits viel länger gehen als ihr, haben das schon lange erkannt – dass die Atomenergie immer gegen das Leben gerichtet ist. Es gibt keine friedlichen Anwendungsmöglichkeiten dafür. Ihr Einsatz und ihre Erforschung müssen sofort eingestellt werden, sonst lauft ihr alle Gefahr, zerstört zu werden. Alle Waffen des Bösen müssen beseitigt werden.

Die Zeit der Konflikte ist nun vorbei. Die Rasse, zu der ihr gehört, kann zu den höchsten Ebenen der Evolution aufsteigen, wenn ihr euch als dessen würdig erweist. Ihr habt nicht viel Zeit, um zu lernen, in Frieden und Wohlwollen zusammenzuleben. Kleine Gruppen überall auf dem Planeten lernen das gerade; sie sind dazu da, das Licht des beginnenden neuen Zeitalters an euch alle weiterzugeben. Es steht euch frei, ihre Lehren anzunehmen oder abzulehnen; doch nur diejenigen, die lernen, in Frieden zu leben, werden in die höheren Dimensionen der spirituellen Evolution aufsteigen.

Hört nun die Stimme von Vrillon, einem Repräsentanten des galaktischen Ashtar-Kommandos, der zu euch spricht. Ihr solltet euch auch bewusst machen, dass es in eurer Welt viele falsche Propheten und Führer gibt. Sie saugen euch eure Energie aus – die Energie, die ihr Geld nennt –, setzen sie für böse Zwecke ein und geben euch als Gegenleistung dafür nur wertlosen Schrott. Euer göttliches inneres Ich wird euch davor schützen. Ihr müsst lernen, auf eure innere Stimme zu achten, die euch sagen kann, was Wahrheit und was Verwirrung, Chaos und Unwahrheit ist. Lernt, auf die Stimme der Wahrheit in eurem Inneren zu hören! So könnt ihr euch selbst auf den Weg der Evolution führen. Das ist unsere Botschaft an euch, unsere lieben Freunde. Wir beobachten euch schon seit vielen Jahren bei eurer Weiterentwicklung, so wie auch ihr unsere Lichter an eurem Himmel beobachtet habt.

Ihr wisst jetzt, dass wir hier sind und dass es mehr Wesen auf eurer Erde und um sie herum gibt, als eure Wissenschaftler zugeben. Wir machen uns große Sorgen um euch und euren Weg zum Licht und werden alles tun, was wir können, um euch zu helfen. Habt keine Angst, versucht nur, euch selbst zu erkennen und in Harmonie mit eurem Planeten Erde zu leben. Wir vom galaktischen Ashtar-Kommando danken euch für eure Aufmerksamkeit. Wir verlassen nun eure Existenzebene. Möget ihr von der höchsten Liebe und Wahrheit des Kosmos gesegnet sein.«[18]

Das war eine ganz erstaunliche Botschaft – nicht nur dem Inhalt nach, sondern auch hinsichtlich ihrer Übereinstimmung mit dem, was van Tassel der Menschheit zwanzig Jahre zuvor mitgeteilt hatte. Die Erwähnung von Raumschiffen des Ashtar-Kommandos, die am Himmel zu sehen gewesen waren, der Anbruch eines neuen Zeitalters für die Menschheit, die große Gefahr, die von Atomwaffen ausgeht – all das waren Themen, die van Tassel auch vorher schon in seinen Büchern und Vorträgen ausführlich behandelt hatte.

Für die meisten britischen ITV-Zuschauer waren die Aussagen der Vrillon-Botschaft völlig neu: dass es eine Organisation namens Ashtar-Kommando gab, die ihre Raumschiffe über den irdischen Himmel fliegen ließ und unsere nationalen Führer vor den Gefahren von Atomwaffen gewarnt hatte, aber ignoriert worden war. Van Tassels frühere Kommunikationen mit dem Ashtar-Kommando kannten nur einige wenige Menschen in Großbritannien, die entweder die Giant Rock Conventions oder andere UFO-Veranstaltungen besucht oder seine Bücher gelesen hatten. Hier eine kurze Zusammenfassung dessen, was nach dieser Ausstrahlung geschah:

»Der Fernsehsender entschuldigte sich bei seinen Zuschauern für die Störung und tat die ganze Angelegenheit öffentlich als Schwindel ab. Bald berichteten alle britischen Medien über diesen Vorfall, und er begann die Aufmerksamkeit der internationalen Medien zu wecken. Das Unternehmen ITV, dessen Sendung durch diese Botschaft unterbrochen worden war, suchte lange und gründlich nach dem Schuldigen; vielleicht war es irgendein Witzbold oder ein findiger Techniker, dem es gelungen war, die Geräte des Senders zu hacken. Leider ist es diesen Leuten jedoch nicht gelungen, den Schuldigen ausfindig zu machen. Sie fanden lediglich heraus, dass das Signal an die Antenne des Hannington-Senders auf dem Connington Hill gesendet worden war, der nach Berkshire und North Hampshire ausstrahlt. Und die Signalquelle war ziemlich klein gewesen und hatte sich irgendwo in der Nähe der Antenne befunden.«[19]

Es ist ganz klar, dass diese geheimnisvolle dritte Partei – das galaktische Ashtar-Kommando – die ITV-Sendung gekapert hatte, um zu testen, wie die Zuhörer darauf reagieren würden. Natürlich war die offizielle Reaktion sehr vorhersehbar: Hochrangige nationale Sicherheitsbeamte – im Allgemeinen als Kabale, Illuminati oder Tiefer Staat bezeichnet – vertuschten den Vorfall und sorgten dafür, dass die Massenmedien ihn als Schwindel abtaten.

Ein berühmter britischer Forscher, John Reppion, wies darauf hin, dass sich die Vrillon-Botschaft grundlegend von den Streichen unterschied, die früher schon US-Fernsehsendern gespielt worden waren, was seiner Meinung nach für ihre Echtheit sprach.[20]

Trotz der vielen Debatten über ihre Authentizität scheint es am plausibelsten zu sein, dass die Botschaft von Vrillon ein Test war, um zu sehen, wie die Menschheit auf direkte Mitteilungen von einer außerirdischen Organisation – dem Ashtar-Kommando – reagieren würde. Die Reaktion der Mainstream-Medien zeigte eindeutig, dass der Tiefe Staat sehr wohl in der Lage war, die Wirkung von Botschaften des Ashtar-Kommandos, die sich direkt an die Erdbevölkerung wendeten, auf geschickte Weise zu neutralisieren.

Der gesamte Vrillon-Vorfall hat deutlich gezeigt, dass alternative Wege zu einer unmittelbaren Kommunikation entwickelt werden mussten, wenn die Menschheit die Wahrheit über außerirdische Besucher und deren jahrzehntelange Vertuschung durch die nationalen Sicherheitsverantwortlichen erfahren sollte.

Elena Danaan über das Ashtar-Kommando

Eine neuere glaubwürdige Quelle über das Ashtar-Kommando ist Elena Danaan, die ebenso wie van Tassel mit Außerirdischen in Kontakt stand. Danaan arbeitete zwanzig Jahre lang als professionelle Archäologin, bevor sie diesen Beruf aufgab, um ihre medialen, schamanischen und intuitiven Fähigkeiten zu entwickeln. Im Jahr 2019 begann sie regelmäßig körperliche Begegnungen mit humanoiden Außerirdischen zu erleben. Diese hatten ihr als neunjährigem Kind bei einer Entführung durch Greys das Leben gerettet. Über diese Kontakterfahrungen berichtet sie in ihrem Bestseller *Ein Geschenk der Sterne.*[21] Darin beschreibt sie die Ursprünge des Ashtar-Kommandos und dessen Beziehung zu zwei anderen außerirdischen Organisationen, dem »Draconian [alias Ciakahrr] Empire«, sprich dem Draco-Imperium, sowie der Galaktischen Föderation der Welten, auf die ich im nächsten Kapitel noch eingehen werde.

Das Wichtige an Danaans Buch ist, dass sie darin eine klare Vorstellung von den außerirdischen Gruppierungen vermittelt, mit denen das Ashtar-Kommando bei dem Versuch konkurrierte, Einfluss auf die Angelegenheiten der Menschheit zu nehmen.

> »Aufgrund starker Unterwanderung und Korruption durch Agenten des Ciakahrr-Imperiums spaltete sich eine hauptsächlich aus Humanoiden bestehende Rebellenfraktion vom Ashtar-Kollektiv ab und schlug sich auf die Seite der Galaktischen Föderation der Welten. Die militärisch versierten Ashtar-Separatisten wurden von der Galaktischen Föderation der Welten gebeten, ihr bei ihren Operationen im terranischen System zu helfen. Der Außenposten wurde auf dem Planeten Jupiter eingerichtet. Um sich vom Ashtar-Kollektiv zu unterscheiden …, nahmen die Ashtar-Separatisten den Namen ›Galaktisches Ashtar-Kommando‹ an. Sie sind nicht in einem bestimmten System stationiert, sondern halten sich in einem großen, ständig in Bewegung befindlichen Mutterschiff auf.«[22]

Danaans Informationen geben uns eine klare Vorstellung von den Ursprüngen des Ashtar-Kommandos: Es handelt sich um eine Splittergruppe einer anderen, größeren Organisation – des »Ashtar-Kollektivs«, das in einem anderen Sonnensystem gegründet worden war. Offenbar war das Ashtar-Kommando nicht damit einverstanden, dass das Ashtar-Kollektiv mit dem Draco-Imperium kooperierte. Daraufhin kamen die Ashtar-Separatisten in unser Sonnensystem und arbeiteten mit einer anderen großen außerirdischen Organisation – der Galaktischen Föderation der Welten – zusammen, um von einer in der Atmosphäre des Planeten Jupiter errichteten Raumstation aus militärische Aufgaben zu erfüllen.

Laut den Originalbotschaften von George van Tassel aus dem Jahr 1952 operierte die Raumstation *Schare* in einer Höhe von ziemlich genau 115.850 Kilometern über der Erde. Da er diese Botschaften fünf Jahre vor dem Start von *Sputnik* empfing, der offiziell das Satellitenzeitalter auf der Erde einleitete, wäre es durchaus plausibel, dass die Raumstation *Schare* zum Jupiter zurückkehren musste, um nicht entdeckt zu werden. Außerdem könnten bei ihrer Rückverlegung auch die in den 1950er Jahren zwischen den wichtigsten Regierungen der Erde und verschiedenen außerirdischen Gruppierungen getroffenen Vereinbarungen eine Rolle gespielt haben.

Was Danaans Behauptungen von denen anderer Kontaktpersonen unterscheidet, die mit dem Ashtar-Kommando in Verbindung standen, ist ihr Bericht, im Oktober 2020 in physischer Gestalt zum Mutterschiff des Ashtar-Kommandos gebracht worden zu sein, das hoch oben in der Jupiter-Atmosphäre schwebte.

»Als ich neben Thor Han stand und unseren Abstieg in die Jupiter-Atmosphäre beobachtete, lief mir ein kalter Schauer über den Rücken. Von nun an würden meine Gedanken vom Sicherheitssystem des Ashtar-Kommandos überwacht werden … Der Abstieg schien eine Ewigkeit zu dauern; und obwohl wir furchterregende Stürme, heftige Winde und bedrohliche, gigantische Wolken durchquerten, glitt das Raumschiff leicht und mühelos dahin. Durch den dichten ockergelben Nebel begannen sich die Strukturen des Außenpostens von Ashtar abzuzeichnen … Das alles wirkte sehr bedrohlich. Ich wusste zwar, dass es sich dabei lediglich um eine militärische Einrichtung handelte, doch ihr Ruf war wohlbekannt.

Unter dem Schutz einer riesigen Kuppel erstreckte sich die Jupiterstadt mit ihren glitzernden Straßen, Brücken und Gebäuden über eine enorme Fläche. Dabei handelte es sich tatsächlich um das Raumschiff, das vor sehr langer Zeit hier gelandet war, als die Galaktische Föderation der Welten um Hilfe zum Schutz unseres Sonnensystems gebeten hatte … Wir begannen unseren Sinkflug auf der Höhe der hohen Gebäude; unser Raumschiff glitt zwischen silbernen Türmen hindurch nach unten, bis wir den Eingang eines Tunnels erreichten … Dann bewegten wir uns mit großer Geschwindigkeit durch einen Korridor, der zu niedrigeren Ebenen führte, und kamen schließlich in einer großen, imposanten, lichtdurchfluteten Halle heraus. Die hohen Gebäude bestanden aus Glas und Metallstrukturen.

Was für ein gigantischer Ort! Eine richtige Stadt! Ich spürte, wie sich Thor Hans Hand um die meine schloss. Komm schon, sagte er hastig, der Kommandant wartet auf mich … Ich folgte ihm, und mir war, als würde ich durch einen Traum wandern. In der Halle standen verschiedene Module elegant aussehender Gebäude, die nicht den Gesetzen der Schwerkraft unterworfen waren.«[23]

Danaans Besuch in dem schwebenden Stützpunkt des Ashtar-Kommandos ist der erste Augenzeugenbericht von jemandem, der sich dort aufgehalten hat. Ihr Erlebnis bestätigt die Berichte von van Tassel und anderen Kontaktpersonen, dass das Ashtar-Kommando tatsächlich existiert und über ein riesiges Mutterschiff verfügt, von dem aus es die Erde überwachen und mit ihr in Kontakt treten kann.

Fernwahrnehmung des über dem Jupiter schwebenden Ashtar-Kommando-Stützpunkts

Auf Danaans Erlebnisse und Behauptungen bezüglich des Ashtar-Kommandos wurde Dr. Courtney Brown aufmerksam, der Gründer des Farsight-Instituts, das sich auf Fernwahrnehmung, sogenanntes Remote Viewing, spezialisiert hat. Dieses Institut organisiert regelmäßig Projekte zu bestimmten »blind targets«, blinden Zielen, und arbeitet dabei mit Teams aus erfahrenen Remote Viewern zusammen. Am 17. Dezember 2021 veröffentlichte Dr. Brown die Ergebnisse eines seiner Remote-Viewing-»Weltraumprojekte«, bei dem die angebliche Existenz eines »Ashtar-Kommandos« und die Frage untersucht wurde, ob es über eine in den Wolken des Planeten Jupiter versteckte schwebende Basis verfügt.[24] Die Ergebnisse dieser Remote-Viewing-Sitzungen, die nach wissenschaftlichen Blindprotokollen durchgeführt wurden, bestätigen Elenas wichtigste Behauptungen über das Ashtar-Kommando.

Dr. Brown veröffentlichte eine Presse- und Videomitteilung, in der er die Ziele dieser Remote-Viewing-Sitzungen und die untersuchten Targets vorstellte. Er erklärte, warum er für Teil eins seines Projekts gerade dieses Target ausgewählt hatte:

> »Neuere Informationen von einigen Autoren, die nicht mit Farsight in Verbindung stehen, scheinen darauf hinzudeuten, dass es ein planetarisches Kollektiv namens Ashtar-Kollektiv gab, das sich aus verschiedenen Spezies zusammensetzte, und dass dieses Kollektiv von Reptiloiden infiltriert wurde – den gleichen Reptiloiden, über die wir hier bei Farsight erfahren haben und die für unsere heutige Erde eine solche Heimsuchung sind. Das Ashtar-Kommando soll sich von diesem Kollektiv abgespalten und eine sehr fähige militärische Gruppierung gebildet haben, die über Einrichtungen verfügt, welche sich derzeit in den Jupiterwolken befinden. So lauten jedenfalls einige Behauptungen, die von anderen Personen im Zusammenhang mit dem Ashtar-Kommando aufgestellt worden sind.
>
> Wenn eine solche Einrichtung in den Jupiterwolken existiert, dann würde sie offensichtlich über die technologischen Fähigkeiten verfügen, die man braucht, um in einem solchen Umfeld gefahrlos zu überleben. Die extrem feindliche Umgebung würde ihr sogar Vorteile bieten, zum Beispiel ein hohes Maß an Schutz, den eine militärische Einrichtung dort genießen würde. Es wäre schwierig, diese Anlage

> ohne Hilfe zu finden. Jede Annäherung an diese Einrichtung würde bemerkt werden, und die Raumschiffe vieler Spezies wären vielleicht nicht einmal in der Lage, die dort herrschenden atmosphärischen Bedingungen zu überleben und einen Angriff zu starten. Aus unserer Sicht ist es also durchaus plausibel, dass eine solche Anlage in den Jupiterwolken existieren könnte.«[25]

Dr. Brown ging zwar nicht darauf ein, welche Autoren über diese militärische Einrichtung des Ashtar-Kommandos sprechen, doch mit ziemlicher Sicherheit meinte er damit unter anderem Elena Danaans und meine Berichte über den Stützpunkt und über die Beteiligung des Kommandos an angeblichen geheimen Vereinbarungen im Juli 2021. Auf diese Jupiter-Vereinbarung werde ich in einem späteren Kapitel noch genauer eingehen.

In seiner Presseerklärung und einem Video erklärte Dr. Brown, dass die Remote-Viewing-Sitzungen unter Anwendung streng wissenschaftlicher Blindprotokolle durchgeführt wurden, bei denen den Fernwahrnehmern nichts über das Projekt oder das spezifische Target gesagt wird: Sie erfahren lediglich, dass es ein numerisches Target (zum Beispiel T1) oder ein alphanumerisches Subjekt (zum Beispiel SA) gibt und dass sie dieses per Remote Viewing ermitteln sollen. Dieses wissenschaftliche Protokoll beugt dem Problem des »Frontloading« vor. Das bedeutet, dass die Fernwahrnehmer ihre eigenen Urteile und Vorurteile in die Sitzungen einbringen, wenn sie die Targets im Voraus kennen.

In den Sitzungen selbst veranschaulichte einer der Remote Viewer, Aziz Brown, der Sohn von Courtney Brown, die Wichtigkeit dieser Verblindung: Er erklärte, wie er sich ein Urteil über das Target gebildet hatte und feststellte, dass dieses die Sitzung sofort beeinflusste – so lange, bis er seine Prämisse bewusst zurücknahm. Das zeigt, wie wichtig streng wissenschaftliche Blindbedingungen bei Remote-Viewing-Sitzungen sind, damit die Fernwahrnehmer sich nicht von Vorurteilen und Voreingenommenheiten beeinflussen lassen, die sich auf die Ergebnisse der Sitzung auswirken würden.[26] Leider behaupten viel zu viele Personen – einige davon mit großer öffentlicher Anhängerschaft –, Targets per Remote Viewing wahrnehmen zu können, ohne sich dabei wissenschaftlichen Blindprotokollen zu unterwerfen. Dadurch entsteht sehr viel Frontloading, was die Treffsicherheit ihrer Ergebnisse und die allgemeine Glaubwürdigkeit des Remote Viewing als Instrument zur Informationsgewinnung erheblich beeinträchtigt.

Nach diesen Sitzungen, an denen bis zu vier geschulte, sehr erfahrene Fernwahrnehmer des Farsight-Instituts teilnahmen, veröffentlichte Dr. Brown seine Schlussfolgerungen zu dem Projekt:

> »Was das erste Target betrifft, so wollten wir einfach wissen, ob so etwas wie das Ashtar-Kommando in den Jupiterwolken tatsächlich existiert. Unseren Daten zufolge existiert es. Dabei scheint es sich um eine geheime Einrichtung zu handeln, die nicht mit der Erdbevölkerung kommuniziert. Ich persönlich bezweifle stark, dass irgendjemand im Ashtar-Kommando Informationen an menschliche Empfänger auf der Erde weiterleitet. Es ergibt keinen Sinn, mit den Bemühungen der Orioner und Reptiloiden konkurrieren zu wollen, die die menschliche Bevölkerung durch Verbreitung falscher Informationen manipulieren. Wenn sie Interesse daran hätten, auf einer persönlicheren Ebene mit der Menschheit in Kontakt zu treten, würden sie sich näher an der Erde aufhalten und nicht in den Jupiterwolken verstecken. Soweit wir erkennen können, handelt es sich bei diesem Kommando in erster Linie um eine militärische Organisation.«[27]

Aus diesen Schlussfolgerungen von Dr. Brown lassen sich einige wichtige Erkenntnisse ableiten. Erstens: Das Ashtar-Kommando existiert tatsächlich und verfügt über einen Stützpunkt in der oberen Jupiter-Atmosphäre. Zweitens betrachtet Dr. Brown die Aussage, dass Mitglieder des Ashtar-Kommandos direkt mit den Menschen auf der Erde kommunizieren, mit Skepsis. Drittens: Das Ashtar-Kommando ist in erster Linie eine militärische Organisation.

Seine erste Schlussfolgerung ist sehr wichtig, denn sie bedeutet, dass es zusätzlich zu den anderen außerirdischen Organisationen, die

Abb. 4. Zeichnung von Elena Danaan, die sie im Inneren des Ashtar-Kommando-Stützpunkts zeigt. Aus We Will Never Let You Down (2021).

Dr. Brown und seine Remote-Viewing-Teams in früheren »Weltraumprojekten« identifizierten – die Galaktische Föderation der Welten, das Draco-Imperium der Reptiloiden, die Allianz der Orioner (Greys) und das Dominion – darüber hinaus noch eine weitere außerirdische Organisation gibt, die unser Sonnensystem und die Angelegenheiten der Menschheit überwacht.[28]

Und was noch wichtiger ist: Die Ergebnisse der Remote-Viewing-Sitzungen bestätigen die erstmals von Elena Danaan aufgestellten Behauptungen, dass das Ashtar-Kommando über eine riesige Stadt oder Basis verfügt, die hoch oben in der Jupiter-Atmosphäre schwebt.[29] Wie Dr. Brown zu bedenken gab, würde dieser Stützpunkt eine geheime Operationsbasis für Aktivitäten in unserem gesamten Sonnensystem und auch auf der Erde selbst darstellen.

Zweitens steht Dr. Brown Aussagen von Personen, die erklären, in telepathischer Verbindung mit Mitgliedern des Ashtar-Kommandos zu stehen, sehr skeptisch gegenüber. Wie bereits erwähnt, war der erste Mensch, der behauptete, telepathisch mit dem Ashtar-Kommando zu kommunizieren, George van Tassel (1952), gefolgt von Trevor James Constable (1958) und vielen anderen.[30]

In unserer Zeit gibt es gleich mehrere Personen, die von sich sagen, dass sie mit dem Ashtar-Kommando in telepathischem Austausch stehen, und Dr. Brown weist zu Recht darauf hin, dass viele dieser Behauptungen vermutlich lediglich auf einen Trick von Außerirdischen zurückzuführen sind, die sich als Mitglieder des Ashtar-Kommandos ausgeben, um ihre eigenen Interessen zu fördern.

Gilt seine Skepsis auch den Kontakterlebnissen und telepathischen Botschaften von Elena Danaan? Zur Beantwortung dieser Frage möchte ich darauf hinweisen, dass Danaan behauptet, tatsächlich physisch zum Stützpunkt des Ashtar-Kommandos gebracht worden zu sein. Sie habe ihn mit eigenen Augen gesehen und dort sogar Mitarbeiter dieses Kommandos getroffen. Zweitens stand Danaan in telepathischem Austausch mit Vertretern der Galaktischen Föderation der Welten, die ihr Informationen über die militärische Einrichtung des Ashtar-Kommandos gegeben haben. Sie behauptet nicht, mit dem Ashtar-Kommando selbst in Verbindung zu stehen, geschweige denn, Informationen von Mitarbeitern dieses Stützpunkts zu channeln.

Drittens enthüllt Dr. Brown, dass es sich bei dem Ashtar-Kommando um eine militärische Organisation handelt. Das stimmt mit George van Tassels ursprünglichen Channelings von verschiedenen Mitarbeitern des Ashtar-Kommandos (einschließlich Ashtar selbst) überein. In ihren beiden Büchern *Ein Geschenk der Sterne* und *Wir werden Sie nie im Stich lassen* beschreibt Danaan die Ursprünge des Ashtar-Kommandos und seine militärischen Funktionen in unserem heutigen Sonnensystem.

Zusammenfassend lässt sich sagen, dass das Remote-Viewing-Projekt des Farsight-Instituts die Richtigkeit der neuesten Behauptungen von Danaan über die Existenz eines Ashtar-Kommandos bestätigt, von dem man weiß, dass es seit Beginn der 1950er Jahre in die Angelegenheiten der Menschheit eingreift. Daher kann man mit ziemlicher Sicherheit davon ausgehen, dass es sich beim Ashtar-Kommando um eine tatsächlich existierende außerirdische Organisation handelt, die sich zurzeit hoch oben in der Jupiter-Atmosphäre befindet, und dass dieses Kommando eine wichtige Rolle dabei spielt, was die Menschheit auf dem Weg zu ihrem galaktischen Erwachen erwartet.

Anmerkungen

1 FBI Records, *The Vault*, George van Tassel, https://vault.fbi.gov/george-van-tassel/george-van-tassel-part-01-of-01/view; p. 56 (aufgerufen am 02.01.2022).
2 George van Tassel, *I Rode a Flying Saucer* (New Age Publishing 1952); pp. 16-17.
3 George van Tassel, *I Rode a Flying Saucer* (New Age Publishing 1952); p. 19.
4 George van Tassel, *I Rode a Flying Saucer* (New Age Publishing 1952); p. 20.
5 George van Tassel, *I Rode a Flying Saucer* (New Age Publishing 1952); p. 23.
6 Michael E. Salla, *Antarctica's Hidden History: Corporate Foundations of Secret Space Programs*, Exopolitics Consultants 2018. – Dt. Ausgabe: *Antarktis – Die verbotene Wahrheit*; AMRA Verlag, Hanau 2020.
7 Michael E. Salla, *The US Navy's Secret Space Program & Nordic Extraterrestrial Alliance*, Exopolitics Consultants 2017. – Dt. Ausgabe: *Das Geheime Weltraumprogramm der U.S. Navy & Die Allianz mit den Nordischen*. AMRA Verlag, Hanau 2019.
8 Siehe Michael E. Salla, »Nazis and Reptilians in Antarctica – Uncovering the Truth through Remote Viewing«; https://exopolitics.org/nazis-and-reptilians-in-antarctica/ (aufgerufen am 02.01.2022).

9 George van Tassel, *I Rode a Flying Saucer* (New Age Publishing 1952); p. 23.

10 George van Tassel, *I Rode a Flying Saucer* (New Age Publishing 1952); p. 20.

11 FBI Records, *The Vault*, George van Tassel, https://vault.fbi.gov/george-van-tassel/george-van-tassel-part-01-of-01/view; p. 122 (aufgerufen am 02.01.2022).

12 Näheres über die Dunkle Flotte, die von den Nazis in der Antarktis mit Hilfe der Reptiloiden gebaut und unterhalten wurde, findet sich in Len Kastens Buch *Dark Fleet, The Secret Nazi Space Program and the Battle for the Solar System* (Bear & Company 2020). – Dt. Ausgabe: *Die Dunkle Flotte. Das Geheime Weltraumprogramm der Reptiloiden und die Schlacht um das Sonnensystem.* AMRA Verlag, Hanau 2021.

13 *Majestic Documents*, »Relationships with Inhabitants of Celestial Bodies«; https://majesticdocuments.com/pdf/oppenheimer_einstein.pdf (aufgerufen am 02.01.2022).

14 Thomas van Flandern, »The Exploded Planet Hypothesis«; https://www.bibliotecapleyades.net/sumer_anunnaki/esp_sumer_annunaki23.htm (aufgerufen am 02.01.2022).

15 Näheres hierzu finden Sie auf https://famous-trials.com/oppenheimer/2699-oppenheimer-s-testimony-on-his-opposition-to-h-bomb (aufgerufen am 02.01.2022).

16 »Oppenheimer's Testimony on His Opposition to H-Bomb«; https://famous-trials.com/oppenheimer/2699-oppenheimer-s-testimony-on-his-opposition-to-h-bomb (aufgerufen am 02.01.2022).

17 George van Tassel, *I Rode a Flying Saucer* (New Age Publishing 1952); p. 21.

18 Siehe »Vrillon: A Message from the Ashtar Galactic Command«; https://www.strangerdimensions.com/2014/04/25/vrillon-message-ashtar-command/ (aufgerufen am 02.01.2022).

19 Nancy Thames, »Original Vrillon message from 1977«; https://timefordisclosure.com/original-vrillon-message-from-1977/ (aufgerufen am 16.11.2021).

20 Nancy Thames, »Original Vrillon message from 1977«; https://timefordisclosure.com/original-vrillon-message-from-1977/ (aufgerufen am 16.11.2021).

21 Elena Danaan, *A Gift from the Stars: Extraterrestrial Contacts and Guide of Alien Races*, Amazon Book & Kindle, September 2020. – Dt. Ausgabe: *Ein Geschenk der Sterne. Kontakte mit Außerirdischen und Sammlung von Alien-Rassen*. Amazon Book & Kindle, September 2021.

22 Elena Danaan, *A Gift from the Stars: Extraterrestrial Contacts and Guide of Alien Races*, Amazon Book & Kindle, September 2020; pp. 104/105. – Dt. Ausgabe: *Ein Geschenk der Sterne. Kontakte mit Außerirdischen und Sammlung von Alien-Rassen.* Amazon Book & Kindle, September 2021.

23 Elena Danaan, *We Will Never Let You Down: Encounters with Val Thor and Journeys beyond Earth*, mit einem Vorwort von Laura Eisenhower, Amazon Book & Kindle, September 2021; pp. 38-41. – Dt. Ausgabe: *Wir werden Sie nie im Stich lassen. Begegnungen mit Val Thor und Reisen jenseits der Erde*. Amazon Book & Kindle, November 2022.

24 Die vollständige Liste der »Celestial Projects« von Farsight, einschließlich »The Ashtar Command and Bases on Venus«, ist einsehbar auf https://farsight.org (aufgerufen am 02.01.2022).

25 »The Ashtar Command and Bases on Venus«; https://farsight.org/FarsightPress/Ashtar_Command_and_Venus_Bases_main_page.html (aufgerufen am 02.01.2022).

26 Für eine detaillierte Erörterung der Fernwahrnehmung siehe Dr. Courtney Brown, *Remote Viewing: The Science and Theory of Nonphysical Perception* (Farsight Press 2005).

27 Dr. Courtney Browns Schlussfolgerungen finden sich am Ende der Videopräsentation von »The Ashtar Command and Bases on Venus«; https://www.farsightprime.com/videos/ashtar-and-venus (aufgerufen am 02.01.2022).

28 Die »Celestial Projects« (Weltraumprojekte) von Farsight, bei denen es um die verschiedenen galaktischen Organisationen geht, finden sich auf https://farsight.org (aufgerufen am 02.01.2022).

29 Siehe Michael E. Salla, »Secret meetings near Jupiter decide the future of our Solar System?«; https://exopolitics.org/secret-meetings-near-jupiter-decide-the-future-of-our-solar-system/ (aufgerufen am 02.01.2022).

30 Siehe Trevor James Constable, *They Live in the Sky: Invisible Incredible UFOs Around Us* (Saucerian Press 1958).

2 Die Galaktische Föderation der Welten

Die UFOs haben darum gebeten, nicht öffentlich bekanntzugeben, dass sie hier sind; die Menschheit sei noch nicht bereit dazu. Trump war kurz davor, dieses Geheimnis zu verraten, doch die Außerirdischen der Galaktischen Föderation sagen: Wartet – die Leute sollen sich erst mal beruhigen.

– Professor Haim Eshed –

Am 4. Dezember 2020 sorgte Professor Haim Eshed für weltweite Schlagzeilen, als er in einem von der israelischen Tageszeitung *Jedi'ot Acharonot* veröffentlichten Interview die Existenz einer Galaktischen Föderation aufdeckte, die über die Angelegenheiten der Menschheit wacht.[1] Eshed war von 1981 bis 2010 Leiter des israelischen Satellitenprogramms und bekleidete im militärischen Geheimdienst den Rang eines Brigadegenerals. Er gilt in weiten Kreisen als Vater des israelischen militärischen Weltraumprogramms; daher waren seine Äußerungen über die Galaktische Föderation schwer von der Hand zu weisen. Nachdem Professor Eshed zunächst kühn behauptet hatte, Präsident Donald Trump sei bereit, die Existenz von Außerirdischen aufzudecken, erklärte er laut einem ins Englische übersetzten Auszug aus dem Interview, warum diese Wahrheit dann schließlich doch nicht öffentlich bekannt gegeben wurde:

»Sie [die Galaktische Föderation] wollen keine Massenhysterie auslösen. Sie wollen uns erst mal zur Vernunft bringen, damit wir Verständnis aufbauen. Sie warten schon lange darauf, dass die Menschheit sich weiterentwickelt und ein Stadium erreicht, in dem wir uns alle darüber im Klaren sind, was der Weltraum ist und was Raumschiffe sind.«[2]

Die Möglichkeit, dass Präsident Trump daran dachte, die Öffentlichkeit über die Existenz einer Galaktischen Föderation und außerirdischen Lebens aufzuklären, hat viele Menschen überrascht. Könnte ein amerikanischer Präsident wirklich geheime Verbindungen zu einer außerplanetarischen Organisation unterhalten, ohne dass die Massenmedien und die Öffentlichkeit das mitbekommen? Es gibt Beweise dafür, dass mehrere von Trumps Vorgängern mit Vertretern einer Galaktischen Föderation kommuniziert haben, die die Weiterentwicklung der Menschheit vorantreiben möchten, und auch persönlich mit ihnen zusammentrafen. Um diese noch unbekannten Ereignisse und ihre heutige Bedeutung verständlich zu machen, müssen wir mit den ersten historischen Hinweisen auf die Existenz einer Galaktischen Föderation beginnen, die die Angelegenheiten der Menschheit überwacht.

Daniel Fry und die Galaktische Föderation

Eine weitere berühmte Kontaktperson aus der Ära George van Tassels war Daniel Fry, der Ende der 1940er Jahre als Raketenwissenschaftler bei Aerojet in der White Sands Missile Range arbeitete. Zu diesem militärischen Stützpunkt waren die meisten deutschen Nazi-Wissenschaftler im Rahmen von Operation Paperclip gebracht worden, um die ersten Raketen für das US-Militär zu entwickeln. Frys Spezialgebiet waren Antriebssysteme, was bedeutete, dass er innerhalb des sehr großen White-Sands-Komplexes überall hinfahren konnte, um Trümmer zu untersuchen, die von Raketentests übriggeblieben waren. Am 4. Juli 1949 stieß Fry auf eine ferngesteuerte Fliegende Untertasse, die in White Sands gelandet war. Er betrat das UFO, um es zu untersuchen. Im Inneren des Flugobjekts sprach er aus der Ferne mit einem Außerirdischen, der es über sein Funkkommunikationssystem steuerte. Fry konnte diesen Außerirdischen, der sich »Alan« nannte, nicht sehen, wurde aber trotzdem gefragt, ob er einen kurzen Flug nach New York City unternehmen wolle – ein Angebot, das er sofort akzeptierte. Fünf Jahre später schrieb er ein Büchlein über diesen Vorfall in White Sands, in dem er die Ereignisse und das, was ihm dabei von dem Außerirdischen gesagt wurde, ausführlich beschreibt.

Fry erhielt während dieser Begegnung viele Informationen über fortgeschrittene Physik, Antriebssysteme und die Vorgeschichte unseres Sonnensystems, die er in *Das Erlebnis von White Sands* vorstellte. Sein Buch kommt als romanhafter Bericht über die Philosophie und die Vorgeschichte außerirdischer Besuche auf der Erde daher, der auf Tatsachen beruht, und er schreibt darin:

> »Der Planet selbst [die Erde] steht seit über hundert Generationen unter gelegentlicher Beobachtung durch vorbeifliegende Raumschiffe der Galaktischen Föderation, und es gibt auch ein paar Aufzeichnungen darüber, die viel früher gemacht wurden.«[3]

Das ist die erste schriftliche Erwähnung einer »Galaktischen Föderation«, die die Erde schon seit vielen Jahrtausenden aus der Ferne beobachtet, wenn ihre Mitglieder in der Nähe dieses Planeten vorbeiflogen.

Frys Informationen haben große Ähnlichkeit mit viel später publik gemachten Erinnerungen von Personen, die sich einer Rückführung in frühere Leben unterzogen, wie die berühmte Hypnotherapeutin und Bestsellerautorin Dolores Cannon berichtet. In ihrer Buchreihe *Das Gewundene Universum* spricht sie über mehrere außerirdische Gruppen, die die Erde überwachen, und darüber, wie sie in verschiedenen historischen Epochen heimlich mit dafür aufgeschlossenen Menschen in Kontakt traten, um ihr fortschrittliches Wissen an sie weiterzugeben.[4] Dahinter steckte das Ziel, die menschliche Evolution auf organische Weise zu unterstützen, ohne offen in die Entwicklung der Menschheit einzugreifen und sie dadurch zu beeinflussen, dass wir Menschen die Außerirdischen womöglich für Götter hielten. Es ist davon auszugehen, dass Alan – Frys außerirdischer Kontakt – ein Mitglied der Galaktischen Föderation war und als solches Informationen an eine Einzelperson weitergab, die innerlich für einen solchen Kontakt bereit war.

Das Bezeichnende an Frys Erwähnungen einer Galaktischen Föderation ist, dass diese bis zum Anbrechen des Atomzeitalters keinerlei Bereitschaft zeigte, sich in menschliche Angelegenheiten einzumischen – doch seit dem Beginn dieses Zeitalters hat sich unsere Welt drastisch verändert. Laut Aussagen von Alan begannen die Außerirdischen uns Menschen nun, da wir Atomwaffen entwickelten, aufmerksamer zu beobachten, vor allem im Hinblick auf thermonukleare Waffen und die von ihnen ausgehende Bedrohung für die Menschheit:

> »[*Alan:*] Die meisten Denker eurer Rasse sind sich der Gefahr, die der Einsatz von Kernwaffen mit sich bringt, wohl bewusst, aber es gibt auch noch einen anderen Aspekt dieses Problems, den nicht so viele Menschen erkennen: nämlich die Tatsache, dass – wenn keine Einigkeit zwischen euren Nationen erreicht wird – die bloße Existenz solcher Waffen schließlich den Untergang eurer Zivilisation herbeiführen wird, selbst wenn man sie gar nicht einsetzt.«[5]

Wie bereits erwähnt, empfand das Ashtar-Kommando die Gefahren von Atomwaffen auch laut Aussagen van Tassels als sehr besorgniserregend. Das Neue an Daniel Frys Darstellung besteht nun darin, dass diese Bedenken bei ihm erstmals mit einer Galaktischen Föderation in Verbindung gebracht werden, die er schon in der ursprünglichen Ausgabe seines Büchleins bei diesem Namen nennt.

Damit komme ich zur Entwicklung der Wasserstoffbombe, die hinsichtlich der Zerstörungskraft einen Quantensprung in der Kernwaffentechnologie darstellte. Am 1. November 1952 wurde in den USA der erste Test eines thermonuklearen Sprengkörpers namens *Ivy Mike* durchgeführt. Dieser Atomtest fand nur drei Tage vor der Wahl von Präsident Dwight D. Eisenhower statt. Warum sollte die Truman-Regierung einen solchen Test so kurz vor der Wahl eines neuen Präsidenten anberaumen? Die Antwort auf diese Frage ist hochinteressant. Eisenhower war sehr beliebt, und Umfragen zeigten, dass er die Wahl mit

Sicherheit gewinnen würde. Anscheinend wollten einflussreiche Leute innerhalb der Truman-Administration den zukünftigen Präsidenten Eisenhower ungeachtet der damit einhergehenden Gefahren auf eine Politik der Entwicklung thermonuklearer Waffen festlegen.

Die mächtigen Leute hinter Trumans Entscheidung gehörten einer Organisation namens Majestic 12 (MJ-12) Special Studies Group an, die am 24. September 1947 gegründet worden war, um sich mit dem Thema »Außerirdische« zu befassen.[6] Sie bestand aus zwölf sehr einflussreichen Führungspersönlichkeiten aus dem wissenschaftlichen, geheimdienstlichen und militärischen Bereich, wie aus einem geleakten Majestic-Dokument mit der Bezeichnung »Eisenhower Briefing Document« hervorgeht.[7] In seinem bereits in den 1990er Jahren erschienenen Buch *Top Secret: Operation Majestic 12* hat der erfahrene UFO-Forscher Stanton T. Friedman dieses Dokument eingehend untersucht und für echt befunden. Die MJ-12-Gruppe gehörte zum Nationalen Sicherheitsrat und war mit großen Machtbefugnissen ausgestattet – sie machte Präsident Truman praktisch zu einer Marionette, wenn es um wichtige Fragen der nationalen Sicherheit im Zusammenhang mit UFOs ging.

Doch hinsichtlich seines Einflusses auf das nationale Sicherheitssystem unterschied Eisenhower sich stark von Truman. Als berühmter Fünf-Sterne-General, der erfolgreich den europäischen Krieg gegen Nazi-Deutschland führte, wurde ihm vom US-Militär und der Öffentlichkeit eine enorme Loyalität entgegengebracht; viele hatten während des Kriegs unter ihm gedient. Der *Ivy-Mike*-Test ist ein eindeutiger Hinweis darauf, dass die MJ-12-Gruppe Eisenhower und künftige US-Präsidenten auf den Weg zur Entwicklung thermonuklearer Waffen festnageln wollte, obwohl außerirdische Besucher ausdrücklich davor warnten. Damals war allgemein bekannt, dass Eisenhower der Notwendigkeit und dem Einsatz von Atomwaffen skeptisch gegenüberstand. MJ-12 wollte verhindern, dass der neue Präsident Eisenhower sich zu stark von außerirdischen Besuchern beeinflussen ließ und die Entscheidung für die Entwicklung der Wasserstoffbombe deshalb womöglich in Frage stellte.

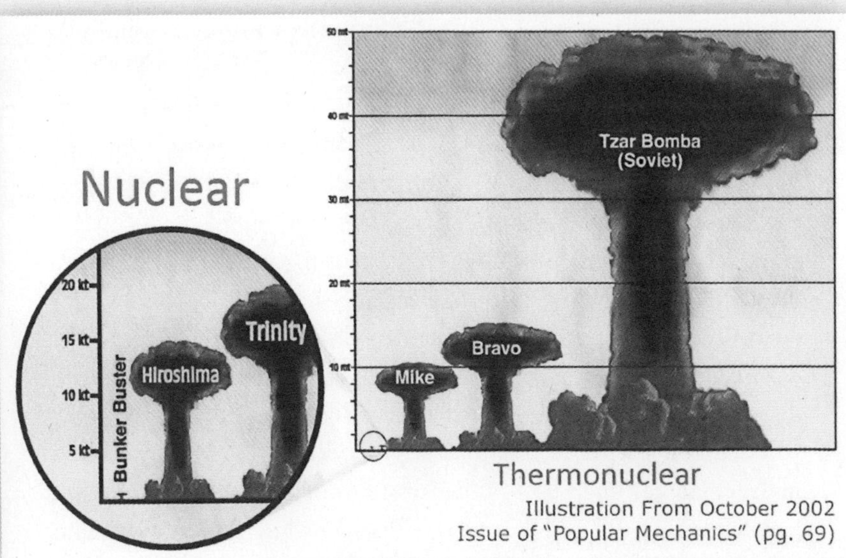

Abb. 5. Größenvergleich von Kernwaffenexplosionen.

Dazu muss man sich vor Augen halten, dass die Wasserstoff-»Fusions«-Bomben in ihrer Destruktivität – verglichen mit den »Spaltbomben«, die bei den Atomangriffen auf Japan eingesetzt worden waren – einen Quantensprung darstellten. Die Sprengkraft von *Ivy Mike* lag zwischen zehn und elf Megatonnen TNT, sprich Millionen Tonnen. Im März 1954 folgte der Test der noch stärkeren Wasserstoffbombe *Castle Bravo*, die eine Sprengkraft von fünfzehn Megatonnen besaß – das Tausendfache der Zerstörungskraft der auf Hiroshima abgeworfenen Atombombe mit einer Sprengkraft von lediglich fünfzehn Kilotonnen (tausend Tonnen TNT). Diese amerikanischen Wasserstoffbombentests wurden jedoch noch von der sowjetischen *Zar*-Bombe in den Schatten gestellt, die eine Zerstörungskraft von sechzig Megatonnen hatte und bei der man befürchtete, sie könnte die Erdatmosphäre in Brand setzen. Ähnliche Befürchtungen waren auch schon in den Warnungen des Ashtar-Kommandos geäußert worden, die van Tassel im Jahr 1952 weitergab. Abbildung 5 zeigt einen maßstabsgetreuen Vergleich der Zerstörungswirkung der amerikanischen und sowjetischen Wasserstoffbombentests mit den Atombombenabwürfen auf Hiroshima und Nagasaki.

Wie vor allem aus dem im vorigen Kapitel beschriebenen Bericht des Allgemeinen Beratungsausschusses vom 28. Oktober 1949 hervorgeht, gab es in den USA prominente Wissenschaftler, die gegen das Wasserstoffbomben-Entwicklungsprogramm waren, gerade weil es einen solchen Quantensprung in der Zerstörungskraft von Kernwaffen darstellte.[8] Dr. Robert Oppenheimer hatte sich aufgrund seiner zentralen Rolle bei der Entwicklung der Atombombe und als Vorsitzender des Beratungsausschusses als wichtigster Wissenschaftler hervorgetan, der gegen die Entwicklung der Wasserstoffbombe plädierte. Er wurde von Senator Joseph McCarthy als Sympathisant der Kommunisten ins Visier genommen und infolgedessen vom FBI genau untersucht. FBI-Direktor J. Edgar Hoover legte Präsident Eisenhower einen sehr belastenden Bericht vor, der dazu führte, dass Oppenheimer am 3. Dezember 1953 die Sicherheitsfreigabe »Q« entzogen wurde – nur fünf Tage, bevor Präsident Eisenhower vor den Vereinten Nationen eine wichtige Rede zur Abrüstung von Atomwaffen halten sollte. Die zeitliche Abfolge dieser Ereignisse deutete darauf hin, dass es innerhalb der USA einen heftigen Fraktionskampf um die Entwicklung der Wasserstoffbombe und die nukleare Abrüstung gab.

Bei einer Sicherheitsanhörung im Jahr 1954, bei der es um den Entzug seiner Sicherheitsfreigabe ging, bekräftigte Oppenheimer seinen Standpunkt und den des Allgemeinen Beratungsausschusses, der jegliche Entwicklung von Wasserstoffbomben aus moralischen und technischen Gründen ablehnte.[9] Bemerkenswert ist hierbei die Ähnlichkeit zwischen dem Standpunkt, den Oppenheimer und sein Beratungsausschuss vertraten, mit den Einschätzungen, die George van Tassel und Daniel Fry vom Ashtar-Kommando beziehungsweise von der Galaktischen Föderation über die Gefahren solcher Waffen erhalten und publik gemacht hatten. Dies deutet darauf hin, dass prominente amerikanische Wissenschaftler zumindest »unwissentlich« von wohlwollenden außerirdischen Gruppierungen dahingehend beeinflusst wurden, die Entwicklung der Wasserstoffbombe abzulehnen. Eine weitere Parallele bestand darin, dass wir aus FOIA-Akten wissen, dass das FBI van Tassel und außerirdische Kontaktpersonen im Allgemeinen aus fadenscheinigen Gründen als kommunistische Sympathisanten unter die Lupe nahm.

Wir wissen, dass Oppenheimer und Einstein – wie bereits erwähnt – die Entwicklung der Wasserstoffbombe entschieden ablehnten und in ihrem Entwurf eines Strategiepapiers für Präsident Truman aus dem Jahr 1947 solche Bedenken mit außerirdischen Besuchern in Zusammenhang gebracht hatten.[10] Es ist also durchaus möglich, dass Oppenheimer oder Einstein – oder beide – »wissentlich« mit der Galaktischen Föderation kommuniziert oder zusammengearbeitet haben. Das bringt eine noch interessantere Möglichkeit ins Spiel: Die Verfolgung Oppenheimers durch Senator McCarthy und der negative FBI-Bericht von Hoover waren Teil eines Machtkampfes, der sich hinter den Kulissen zwischen zwei Fraktionen des nationalen Sicherheitsapparats der USA abspielte. Die eine Fraktion scheint mit der Galaktischen Föderation zusammengearbeitet zu haben, während die andere Fraktion, mit der McCarthy und Hoover verbündet waren, offenbar mit den Greys von Orion und mit dem Imperium der Draconer – den Ciakahrr – kooperierte. Sollte dies zutreffen, dann war es lediglich eine Verschleierungstaktik, dass Senator McCarthy Oppenheimer als »kommunistischen Sympathisanten« ins Visier genommen hat; in Wirklichkeit störte McCarthy sich vielmehr daran, dass Oppenheimer mit der »Galaktischen Föderation« sympathisierte!

Eisenhower und »Atome für den Frieden«

Präsident Eisenhower zeigte bereits im ersten Jahr seiner Amtszeit, dass auch er der Entwicklung von Wasserstoffbomben skeptisch gegenüberstand. Am 8. Dezember 1953 hielt er vor der Generalversammlung der Vereinten Nationen eine berühmte Rede mit dem Titel »Atome für den Frieden«.[11] Darin sprach Eisenhower davon, dass der zivile Sektor die Kontrolle über die Atomwaffen übernehmen müsse. Er sei bereit, mit anderen Ländern über die Einrichtung einer zivilen Behörde zu verhandeln, die dem Militär, das sie zu zerstörerischen Zwecken einsetzen wollte, die Entwicklung von Atomwaffen und die Kontrolle darüber aus der Hand nehmen sollte. Eisenhowers »Atome für den Frieden«-Rede war ein sehr wichtiges Zeichen dafür, dass er persönlich gegen die Entwicklung immer leistungsfähigerer Generationen von Kernwaffen als Hauptpfeiler der künftigen nationalen Verteidigung war:

> »Die Vereinigten Staaten sind sofort bereit, der Anregung der Generalversammlung der Vereinten Nationen Folge zu leisten und mit anderen ›hauptsächlich betroffenen‹ Ländern auf vertraulicher Ebene zusammenzutreffen, um ›eine annehmbare Lösung‹ für das atomare Wettrüsten zu finden, das nicht nur den Frieden, sondern das ganze Leben auf der Welt überschattet.«[12]

Der Verweis auf die Bedrohung, die Atomwaffen für das Leben auf der Erde darstellen, erinnerte wiederum an die Sprache, mit der das Ashtar-Kommando und die Vertreter der Galaktischen Föderation vor solchen Waffen gewarnt hatten. Und als wäre das nicht schon schlimm genug gewesen, hätte Eisenhowers nächste Aussage dem Militärisch-Industriellen Komplex, der die Entwicklung und Massenproduktion thermonuklearer Waffen vorantreiben wollte, sicherlich einen kalten Schauer über den Rücken gejagt:

> »Wir werden ein neues Konzept in diese vertraulichen oder diplomatischen Gespräche einbringen. Die Vereinigten Staaten würden dabei mehr anstreben als die bloße Reduktion oder Beseitigung von atomarem Material für militärische Zwecke. Es genügt nicht, den Soldaten diese Waffe aus den Händen zu nehmen: Sie muss in die Hände von Leuten gelegt werden, die es verstehen, sie von ihrem militärischen Kontext zu befreien und für die Kunst des Friedens nutzbar zu machen.«[13]

Hier sagt Eisenhower im Dezember 1953 vor der Generalversammlung der Vereinten Nationen eindeutig, dass Atomwaffen sehr gefährlich sind, dem Militär aus den Händen genommen und in den zivilen Sektor überführt werden müssen, wo die Nukleartechnologie ausschließlich für friedliche Zwecke entwickelt werden soll.

Eisenhowers »Atome für den Frieden«-Rede gibt uns eine klare Antwort auf die Frage: »Warum wurde der *Ivy-Mike*-Test drei Tage vor der Wahl von Präsident Eisenhower im Jahr 1952 durchgeführt?« Der Militärisch-Industrielle Komplex konnte auf Truman zählen, der immerhin den Einsatz von zwei Atombomben gegen Japan genehmigt hatte, wusste aber, dass es Eisenhower widerstrebte, grünes Licht für die Entwicklung von Atomwaffen zu geben. Es liegt auf der Hand, dass Militär und Industrie die Entscheidung, thermonukleare Waffen zu entwickeln, auf diese Weise zu einer vollendeten Tatsache machen wollten, an der Eisenhower nichts mehr ändern konnte.

Dennoch schlug Eisenhower ein Jahr nach seiner Wahl die Gründung einer zivilen Behörde vor, welche die Kontrolle über die nationalen Atomwaffenbestände der USA und der Sowjetunion übernehmen und diese für friedliche Zwecke umfunktionieren sollte.

In seiner »Atome für den Frieden«-Rede erläuterte er, welche Vorstellungen er damit genau verband:

> »Die wichtigste Aufgabe dieser Atomenergiebehörde wäre es, Methoden zu entwickeln, mit denen das spaltbare Material friedlichen Bestrebungen der Menschheit zur Verfügung gestellt werden könnte … Die Vereinigten Staaten wären mehr als bereit – sie wären stolz darauf, zusammen mit anderen ›hauptsächlich Betroffenen‹ in die Entwicklung von Plänen einzusteigen, mit deren Hilfe eine solche friedliche Nutzung von Atomenergie beschleunigt werden könnte.«[14]

Eisenhower sprach zwar lediglich davon, das für Kernspaltungsbomben wichtige Material in die Hände der zivilen Atomenergiebehörde zu legen, aber das hätte automatisch auch für die leistungsfähigeren Fusionsbomben gegolten. Denn um genügend Hitze für den Kernfusionsprozess zu erzeugen, der eine thermonukleare Waffe zur Explosion bringt, ist zunächst eine Kernspaltungsreaktion notwendig. Eisenhower schlug in seiner »Atome für den Frieden«-Initiative also nicht nur vor, die Kernspaltungsbomben dieser zivilen Aufsichtsbehörde zu unterstellen; vielmehr – und viel wichtiger – hätte sein Vorschlag auch die Entwicklung von Wasserstofffusionsbomben verhindert, da die Spaltbomben dann unter der Kontrolle des zivilen und nicht des militärischen Sektors gestanden hätten.

Und was ist aus Eisenhowers Vorschlag »Atome für den Frieden« geworden? Leider ging die UdSSR nicht darauf ein. Der Tod Stalins am 5. März 1953 führte dazu, dass die UdSSR zum Zeitpunkt jenes radikalen Vorschlags, den Eisenhower acht Monate später in seiner Rede vor den Vereinten Nationen unterbreitete, die neue Führung der Sowjetunion »auf dem falschen Fuß erwischte«. Die Sowjets waren nicht in der Lage, darauf zu reagieren, da sie nun eine kollektive Führung hatten; niemand wollte schwach oder naiv erscheinen, indem er einer Übergabe des sowjetischen Atomwaffenarsenals an eine internationale zivile Einrichtung zustimmte. Daher ignorierte die Sowjetunion Eisenhowers »Atome für den Frieden«-Vorschlag. Und die fehlende Zustimmung der sowjetischen Führung übte wiederum enormen Druck auf Eisenhower aus, die Entwicklung von Atomwaffen fortzusetzen und den nächsten Wasserstoffbombentest, der für den 10. März 1954 vorgesehen war, auch tatsächlich durchführen zu lassen.

Neun Tage vor dem geplanten *Castle-Bravo*-Test mit der bis zum heutigen Tag größten jemals von den USA getesteten thermonuklearen Bombe intervenierte die Galaktische Föderation. Es ist nicht allgemein bekannt, dass Präsident Eisenhower am späten Abend und frühen Morgen des 19. und 20. Februar 1954 mit Vertretern der Galaktischen Föderation zusammentraf, die ihn offiziell dazu aufforderten, die Entwicklung thermonuklearer Waffen einzustellen. Aus vor kurzem veröffentlichten Informationen – die ich hier später noch vorstellen werde – haben wir erfahren, dass Eisenhower hundertprozentig damit einverstanden war, die Entwicklung thermonuklearer Waffen einzustellen, weil er mit der Galaktischen Föderation zusammenarbeiten wollte. Er wurde jedoch von seinen nationalen Sicherheitsberatern und den Führern des Militärisch-Industriellen Komplexes überstimmt;

wobei »überstimmt« vielleicht ein zu freundlicher Ausdruck dafür ist, denn anscheinend stimmte Eisenhower zwar einer Zusammenarbeit mit der Galaktischen Föderation zu, doch stattdessen hatte die Majestic-12-Gruppe, die seit 1947 außerirdische Projekte untersuchte und durchführte, bereits in die Zusammenarbeit mit einer anderen Fraktion von Außerirdischen eingewilligt.

In meinem 2013 erschienenen Buch *Galactic Diplomacy: Getting to Yes with ET Civilizations* (»Galaktische Diplomatie: Mit ET-Zivilisationen ins Gespräch kommen«) beschrieb ich mehrere Treffen, die Präsident Eisenhower in den Jahren 1954 und 1955 mit zwei verschiedenen Gruppierungen von Außerirdischen hatte. Ich stellte Insider-Quellen und Indizien vor, um zu belegen, dass Eisenhower sich damals mehrfach mit zwei Gruppen rivalisierender Außerirdischer getroffen hat. Die erste Gruppe (das Ashtar-Kommando und/oder die Galaktische Föderation) wollte, dass er das thermonukleare Waffenprogramm beendete; doch die andere Fraktion war dafür, dass die USA ihre thermonukleare Waffenentwicklung fortsetzten. Diese letztere Gruppe Großer »Nebu«-Greys, die mit den Deutschen in der Antarktis und dem reptiloiden Draco-Imperium verbündet waren, hatte sich bereit erklärt, den Amerikanern als Gegenleistung für gewisse Zugeständnisse fortschrittliche Technologien zu verraten.[15] Anscheinend wurde diese Vereinbarung zwischen der Majestic-12-Gruppe und den Nebu-Greys hinter Eisenhowers Rücken getroffen.

Val Thor, die Galaktische Föderation und Präsident Eisenhower

Einer der menschenähnlichen Außerirdischen, der mit der Galaktischen Föderation in Verbindung stand, verbrachte viel Zeit mit Präsident Eisenhower. Sein Name war Valiant »Val« Thor, und er war von 1958 bis 1961 heimlicher Gast der Eisenhower-Regierung im Pentagon.[16] Val Thor konnte Eisenhower und die führenden Politiker der Welt nicht dazu bewegen, mit der Galaktischen Föderation zusammenzuarbeiten – aus dem einfachen Grund, weil Eisenhower nicht die Macht hatte, Vereinbarungen mit der Galaktischen Föderation gegen den Militärisch-Industriellen Komplex der USA durchzusetzen. Tatsächlich waren Militär und Industrie vehement gegen jedes Abkommen, das die Beendigung der Entwicklung thermonuklearer Waffen vorsah, da der Bau von Wasserstoffbomben eine jahrzehntelang sprudelnde Quelle astronomisch hoher Einnahmen und Gewinne für sie darzustellen versprach.

Obwohl Eisenhower sehr eng mit Val Thor zusammenarbeitete, machte er keine Fortschritte dabei, die Wahrheit über Besuche von Außerirdischen auf der Erde an die Öffentlichkeit zu bringen. Es gab jedoch einen Zivilisten, dem es gelang, sich mit Val Thor zu treffen und der Welt zu offenbaren, dass dieser nicht nur Eisenhower, sondern auch andere Staatsoberhäupter der Welt besuchte und beriet. Die Treffen mit Val Thor dienten der Förderung der internationalen Kooperation in wichtigen Fragen der nationalen und globalen Sicherheit. Allerdings wurden diese Treffen der breiten Öffentlichkeit niemals bekannt. Reverend Frank E. Stranges war der erste Mensch, der enthüllte, dass solche Begegnungen überhaupt stattgefunden hatten und immer noch stattfanden, nachdem er zum ersten Mal mit Valiant Thor im Pentagon zusammentreffen durfte.

Frank E. Stranges war Reverend und Präsident der International Evangelical Crusades und des International Theological Seminary of California. Er hatte auch einen beruflichen Hintergrund in der Strafverfolgung; und das macht ihn zu einem glaubwürdigen Zeugen eines im Grunde unglaublichen Ereignisses. Stranges berichtet, dass er irgendwann im Jahr 1958 ins Pentagon gebracht wurde, um sich mit Valiant Thor zu treffen. Er schrieb später ein Buch über dieses Erlebnis mit dem Titel *The Stranger at the Pentagon* (»Der Fremde im Pentagon«), das im Jahr 1967 erstmals veröffentlicht wurde.[17] In einem daraufhin mit ihm geführten Video-Interview sprach Stranges über seine Begegnung mit Val Thor und darüber, dass bahnbrechende Gesundheitstechnologien wegen ihrer negativen Auswirkungen auf die Volkswirtschaft nicht an die Öffentlichkeit gelangen durften:

»Er erklärte mir, sein Name sei Valiant Thor. Er ergriff meine Hand. Die Haut seiner Hand war weich wie bei einer Dame oder einem Baby, aber es war der Griff eines Mannes. Wir verbrachten eine halbe Stunde miteinander, in der ich hauptsächlich Fragen stellte und er Antworten gab. Er behauptete, dass er aus dem Inneren des Planeten stamme, den unsere Bibel den Morgen- und Abendstern nennt, des Planeten Venus … Mr. Thor hielt sich immerhin drei Jahre lang im Pentagon auf und kam und ging nach Belieben. Er wurde zu den US-Präsidenten Dwight Eisenhower und Richard Nixon gebracht und erbot sich, ihnen Informationen darüber zu geben, wie das amerikanische Volk erfolgreich ohne Krankheit, Armut und Tod leben könnte.

Doch sie sagten ihm: Es tut uns leid, dass wir die Informationen, die Sie uns so großzügig zur Verfügung stellen, nicht annehmen können, denn sie würden die Wirtschaft dieser Nation ruinieren. Nun, Sir, Commander Thor verließ unsere Erde am Morgen des 16. März 1960 in den Außenbezirken von Alexandria, Virginia, wo sein Raumschiff landete. Er betrat das Raumschiff und verschwand von der Bildfläche.«[18]

Noch bis vor kurzem stammte alles, was über Val Thor bekannt war, aus Stranges' Buch und aus Newslettern und Interviews mit ihm, da er behauptete, sich auch weiterhin mit Val Thor in der Nähe des Lake Mead, Nevada, getroffen zu haben. Diese Situation änderte sich drastisch, als neue Informationen über Val Thor in Elena Danaans Buch *Wir werden Sie nie im Stich lassen* auftauchten.[19] Darin berichtet sie, dass sie sich ab Dezember 2020 mehrfach in körperlicher Gestalt mit Val Thor getroffen hat. Val Thor gab ihr wichtige neue Informationen über Eisenhower und seine Probleme mit der MJ-12-Gruppe. Er erzählte Danaan, dass er Eisenhower davon überzeugt hatte, mit der Galaktischen Föderation der Welten zu kooperieren, dass die MJ-12-Gruppe stattdessen jedoch hinter seinem Rücken Vereinbarungen mit den Greys von Orion (alias »Nebu«) und mit der Allianz aus Draconern und Antarktis-Deutschen getroffen habe. Die MJ-12-Vereinbarungen verpflichteten Eisenhower dazu, sich an ihre Bedingungen zu halten, obwohl Eisenhower mit der Galaktischen Föderation zusammenarbeitete und möglicherweise sogar eine Vereinbarung mit ihr getroffen hat.

In der Zwischenzeit agierte die Majestic-12-Gruppe hinter Eisenhowers Rücken, arrangierte Treffen, führte Verhandlungen und unterzeichnete und implementierte schließlich sogar ohne Eisenhowers Zustimmung Abkommen mit den Greys von Orion und dem Antarktis-Deutsche-Draco-Imperium. Dies lässt darauf schließen, dass Eisenhower hintergangen wurde. Danaan beschreibt diesen Verrat in *Wir werden Sie nie im Stich lassen* folgendermaßen:

> »Präsident Dwight Eisenhower beschloss, zum Wohle der Menschheit und aus Liebe zu den Kindern ein Abkommen mit den wohlwollenden Abgesandten der Galaktischen Föderation zu schließen; doch die Majestic Twelve verpflichteten sich hinter seinem Rücken stattdessen den Greys ... Der Militärisch-Industrielle Komplex unterzeichnete einen Vertrag mit dem Teufel – mit dem Blut der Menschheit.«[20]

Eisenhower wurde offenbar hintergangen, weil er mit wohlwollenden Außerirdischen, der Galaktischen Föderation, kooperieren wollte. Diese Außerirdischen bestanden darauf, dass die Menschheit auf die Entwicklung thermonuklearer Waffen verzichten müsse, bevor sie bereit wären, ihr hochentwickelte Technologien zur Verfügung zu stellen. Stattdessen schloss die Majestic-12-Gruppe hinter seinem Rücken ein oder mehrere Abkommen mit böswilligen Gruppen von Außerirdischen, die keine solche Vorbedingung für eine Einigung und den Beginn eines Austauschs von Technologien stellte. Das hat die USA und die Menschheit auf einen sehr schwierigen Weg gebracht.

Es gibt zahlreiche Indizien und Zeugenaussagen dafür, dass die MJ-12-Gruppe und der Militärisch-Industrielle Komplex Eisenhower hintergangen haben. Im ersten Fall ging es um die Reverse Engineering genannten Nachbau-Projekte, die in der Entwicklungsabteilung S-4 der geheimen Militäranlage Area 51 in der Wüste von Nevada durchgeführt wurden. Die CIA hatte zusammen mit der Abteilung Skunkworks der Firma Lockheed Martin die abgelegene Area 51 wohlweislich als Standort für zukünftige geheime Forschungs- und Entwicklungsprogramme ausgesucht. Es wurde öffentlich bestätigt, dass Kelly Johnson, der erste Leiter von Skunkworks, zusammen mit CIA-Beamten dorthin geflogen war, um Area 51 als Standort für den Bau von hochfliegenden Spionageflugzeugen wie der U-2 und der SR-71 *Blackbird* auszuwählen.[21] Der Bau von »streng geheimen« Spionageflugzeugen durch Skunkworks war in Wahrheit jedoch nur ein Deckmantel für ein noch geheimeres Reverse-Engineering-Programm mit Fliegenden Untertassen, die den Amerikanern in die Hände gefallen und zuvor in sicheren Militäreinrichtungen wie der Wright Patterson Air Force Base in Dayton, Ohio, gelagert worden waren.[22]

Die MJ-12-Gruppe war offiziell für alle Projekte im Zusammenhang mit Außerirdischen zuständig, einschließlich der Reverse-Engineering-Aktivitäten in S-4/Area 51. Das wurde schnell zu einem Problem, weil Eisenhower dabei außen vor blieb. Als Oberbefehlshaber hatte er ein in der Verfassung festgeschriebenes Recht darauf, über alle in US-Militäreinrichtungen durchgeführten Projekte unterrichtet zu werden. Dieses verfassungsmäßige Recht war jedoch nicht ganz so eindeutig, wenn es dabei um gemeinsame Corporate-Intelligence-Projekte ging, die die Eigentumsrechte eines Privatunternehmens betrafen. Natürlich wusste MJ-12 um diese Unklarheit, nutzte sie voll aus und wies die CIA an, Eisenhower nicht über die Vorgänge in der geheimen Entwicklungsabteilung S-4 zu informieren.

Laut den Aussagen eines ehemaligen CIA-Agenten und Kryptologen, der nach seiner Ausbildung im Signal Training Center der U.S. Army rekrutiert worden war, ärgerte Eisenhower sich sehr über diese Situation rund um S-4 und Area 51, weil er der Meinung war, dass MJ-12 die Befehlskette vorsätzlich durchbrochen hatte. Später willigte dieser CIA-Agent – im Alter von siebenundsiebzig Jahren, als er unter akuten Nierenproblemen litt und nur noch wenige Monate zu leben hatte – todkrank ein, vor sechs ehemaligen US-Kongressmitgliedern, die im Mai 2013 an der Bürgeranhörung über die Offenlegung von Informationen teilnahmen, eine Videoaussage zu machen. Der Agent erklärte, dass er und sein CIA-Vorgesetzter von Eisenhower ins Oval

Office gerufen worden waren, um der MJ-12-Gruppe eine Nachricht zu übermitteln. Er schilderte, wie wütend Eisenhower darüber war, dass die MJ-12-Gruppe seiner Regierung mitgeteilt hatte, sie sei für die Aktivitäten in S-4 und Area 51 nicht zuständig:

»Wir haben die Leute von MJ-12, Area 51 und S-4 einbestellt; aber sie erklärten uns, dass ihre Tätigkeit nicht in den Zuständigkeitsbereich der Regierung falle … Ich [Eisenhower] möchte, dass Sie und Ihr Chef dort hinfliegen. Ich möchte, dass Sie ihnen eine persönliche Nachricht von mir übermitteln … Ich möchte, dass Sie denen sagen – wer auch immer dort zu bestimmen hat –, ich möchte, dass Sie ihnen ausrichten, dass sie in der nächsten Woche nach Washington kommen und mir Bericht erstatten sollen. Und wenn sie das nicht tun, werde ich die Erste Armee aus Colorado holen. Wir werden dort hineingehen und die Basis übernehmen. Es ist mir egal, was für streng geheimes Material Sie dort haben. Wir werden dieses Ding auseinandernehmen.«[23]

Das oben beschriebene Szenario wurde von einem ehemaligen Offizier des U.S. Army Judge Advocate General's Corps (JAG), Stephen Lovekin, bestätigt, der vor seiner JAG-Karriere während der Eisenhower-Regierung im Army Signals Corps des Weißen Hauses gedient hatte.[24] Wie Lovekin berichtete, hatte Präsident Eisenhower ihm persönlich mitgeteilt, dass er sich durch die Art und Weise, wie die UFO-Angelegenheit von hochrangigen Beamten gehandhabt wurde, hintergangen fühle:

»Wir saßen mit ihm zusammen, als wir in Camp David waren, und er kannte jeden Einzelnen von uns mit Namen. Das war das Tolle daran, ihn als Vorgesetzten zu haben. Ich war damals nur Sergeant. Trotzdem war ich in einige Angelegenheiten eingeweiht, von denen andere Leute nichts wussten … Als er sagte, dass wir vor allem den Militärisch-Industriellen Komplex fürchten müssten, war das bitterernst gemeint, und er dachte dabei an das Thema, über das wir hier sprechen [UFOs]. Das hat er sehr deutlich zum Ausdruck gebracht.«[25]

Lovekins Aussage ist ein Augenzeugenbericht über Eisenhowers Befürchtungen. Er glaubte, dass die Gefahr, die vom Militärisch-Industriellen Komplex ausging, direkt mit ihrem Umgang mit dem UFO-Phänomen zusammenhing. In einem anderen Interview beschrieb Lovekin Eisenhowers wachsende Frustration darüber:

> »Soweit ich mich erinnern kann, dauerte diese Frustration monatelang an. Er erkannte, dass ihm die Kontrolle über die UFO-Frage entglitt. Ihm wurde klar, dass dieses Phänomen – oder was auch immer es war – nicht in den besten Händen sein würde. Soweit ich mich erinnern kann, war das der Ausdruck, den er verwendete: ›Es wird nicht in den besten Händen liegen.‹ Das machte ihm große Sorgen. Und diese Befürchtung hat sich inzwischen ja auch bewahrheitet.«[26]

Eisenhowers Bemerkung, dass der Umgang mit dem UFO-Phänomen »nicht in den besten Händen liegen wird«, ist sehr aufschlussreich. In diesem Zusammenhang sollte man sich daran erinnern, dass er aufgrund seiner früheren Tätigkeit als Leiter des europäischen Kriegsschauplatzes im Zweiten Weltkrieg eine scharfe Beobachtungsgabe entwickelt hatte und den Charakter und die Kompetenz des leitenden Militärpersonals um sich herum genau beurteilen konnte. Eisenhowers privates Eingeständnis gegenüber Lovekin zeigt, dass er den Charakter und die Fachkompetenzen der Personen, die für das Management außerirdischer Angelegenheiten zuständig waren, richtig eingeschätzt hatte und sie in entscheidenden Punkten für unzulänglich hielt. Der Verlust der Kontrolle über das Thema UFOs/Außerirdische an skrupellose Amtsträger, die nicht bereit waren, Informationen an ihn weiterzugeben, vermittelte Eisenhower das Gefühl, auf ganzer Linie verraten worden zu sein.

Seine Sorge über diesen Verrat im Hinblick auf den Umgang mit außerirdischen Angelegenheiten war Lovekins Meinung nach auch das eigentliche Thema von Eisenhowers berühmter Abschiedsrede vom Januar 1961, in der er die amerikanische Öffentlichkeit eindringlich vor den vom Militärisch-Industriellen Komplex ausgehenden Gefahren warnte:

»In den Regierungsinstitutionen müssen wir uns davor hüten, dass der Militärisch-Industrielle Komplex – beabsichtigt oder unbeabsichtigt – ungerechtfertigten Einfluss erlangt. Die Möglichkeit des verhängnisvollen Aufstiegs einer fehlgeleiteten Macht besteht und wird auch in Zukunft bestehen. Wir dürfen niemals zulassen, dass das Gewicht dieser Kombination unsere Freiheiten oder demokratischen Prozesse gefährdet. Wir sollten nichts als selbstverständlich hinnehmen. Nur eine aufmerksame, gut informierte Bürgerschaft kann genügend Druck ausüben, um zu erreichen, dass die riesige industrielle und militärische Verteidigungsmaschinerie und unsere friedlichen Methoden und Ziele nahtlos ineinandergreifen, damit Sicherheit und Freiheit gemeinsam gedeihen können.«[27]

Eisenhowers Verweis auf den Militärisch-Industriellen Komplex war eindeutig eine Anspielung auf die MJ-12-Gruppe, die in Area 51/S-4 in Kooperation mit großen Luft- und Raumfahrtunternehmen wie Skunkworks von Lockheed streng geheime, mit Außerirdischen zusammenhängende Projekte durchführte. Das Arrangement mit diesen Firmen diente als Vorwand, um Eisenhower den Zugang zu geheimen Projekten zu verweigern, indem man behauptete, dabei ginge es um urheberrechtlich geschützte Informationen eines Privatunternehmens, und deshalb fielen diese Projekte nicht in den Zuständigkeitsbereich der Regierung. Eisenhower fühlte sich dadurch zu Recht hintergangen und teilte persönlichen Beratern seines Vertrauens öffentlich und unter vier Augen mit, warum er so wütend auf die Leute war, die für die UFO- und Außerirdischen-Projekte zuständig waren – also die Majestic-12-Gruppe.

Eisenhowers Abschiedsrede ist ein schlüssiger Beweis dafür, dass er von einer mächtigen Gruppierung hinters Licht geführt worden war, die mit dem Militärisch-Industriellen Komplex in Verbindung stand und von der wir durch Lovekins Aussage wissen, dass es sich dabei um skrupellose Amtsträger handelte, die die UFO-Angelegenheiten verwalteten – die MJ-12-Gruppe. Außerdem wissen wir inzwischen, dass Eisenhower nicht nur frustriert war, weil man ihn nicht über die in der S-4-Anlage laufenden außerirdischen Projekte informierte. Laut

Elena Danaan wurde der Präsident auch noch in anderer Hinsicht hinters Licht geführt – nämlich dadurch, dass MJ-12 Vereinbarungen mit der Allianz aus Greys, Reptiloiden und Antarktis-Deutschen traf und sich keinen Deut darum scherte, was Eisenhower wollte oder welche Zusagen er der Galaktischen Föderation gemacht hatte.[28] Das wirft eine wichtige Frage auf: Gibt es Beweise dafür, dass Eisenhower ein Abkommen mit der Galaktischen Föderation getroffen hatte, es MJ-12 dann aber gelang, dieses durch Vereinbarungen mit anderen außerirdischen Gruppen auszuhebeln?

Geleaktes DIA-Dokument aus dem Jahr 1989, in dem es um ein mögliches Abkommen mit der Galaktischen Föderation geht

Am 14. Juni 2017 wurde ein neues geleaktes Majestic-12-Dokument veröffentlicht, das verschiedene Begegnungen von Außerirdischen mit der Menschheit zum Inhalt hat. Beispielsweise wird darin behauptet, dass Nikola Teslas revolutionäre Radiosignale in den Weltraum Ende des 19. Jahrhunderts weit entfernte Außerirdische auf die Existenz der Menschheit aufmerksam gemacht haben, was dazu führte, dass sie zu unserem Planeten flogen. Präsident Eisenhower nahm dann im Jahr 1954 volle diplomatische Beziehungen zu diesen Außerirdischen auf. Das menschenähnliche Aussehen und Verhalten dieser Außerirdischen lässt darauf schließen, dass sie zur Galaktischen Föderation gehörten.

Das 47-seitige Dokument wurde von mehreren Forschern und UFOlogen (darunter auch dem inzwischen verstorbenem Stanton T. Friedman) geprüft; laut Angaben von Heather Wade, der ehemaligen Moderatorin der Online-Radioshow *Midnight in the Desert*, fanden sich darin keinerlei Hinweise auf eine Fälschung. Dazu wurde auf der Webseite der Show folgende Nachricht veröffentlicht:

> »Wade hat gestern Abend [13. Juni] Dokumente von einer vertrauenswürdigen Quelle erhalten. Sie ließ Stanton Friedman sofort einen Blick

auf diese Dokumente werfen, der daraufhin erklärte: ›So etwas habe ich noch nie gesehen, das sind neue MJ-12-Informationen.‹ Stanton Friedman wird diese Dokumente weiter auf ihre Echtheit hin untersuchen, doch zum jetzigen Zeitpunkt können wir keine Beweise für eine Fälschung finden.«[29]

Auch Dr. Robert Wood, ein weiterer führender UFOloge und auf Majestic-Dokumente spezialisierter Forscher, teilte in einer eMail seine vorläufige Einschätzung mit, wonach »Stempel, Markierungen, Stil, Inhalt und Namen« echt aussehen. Anschließend veröffentlichte Dr. Wood noch einen Artikel, der in der Dezember-Ausgabe 2018 des *Mutual UFO Network Journal* erschien und in dem er die erste ausführliche Analyse des geleakten 47-seitigen Dokuments vornahm.[30] Seiner Ansicht nach gebe es mehrere Faktoren, die auf die Echtheit dieses Dokuments hindeuteten. Er erklärte, warum er es für einen Fehler halte, es einfach so abzutun, wie viele UFO-Forscher es bisher getan hätten.[31] Seine detaillierte Analyse von Schriftbild, Tippfehlern, Unterschriften und in dem Dokument erwähnten Patenten, Personen und dergleichen mehr brachte ihn zu der Schlussfolgerung, dass es sich bei diesem Dokument um ein Briefing handelt, das von einem Mitglied der Majestic-12-Gruppe an zwei Schreibkräfte diktiert worden war. Sie hatten die 47 Seiten getippt, von denen die DIA, die Defense Intelligence Agency, eine Kopie auf Mikrofilm aufbewahrte. Bei der DIA handelt es sich um einen militärischen Nachrichtendienst der Vereinigten Staaten, der als Dachorganisation der Teilstreitkräfte Army, Navy, Air Force, Coast Guard und Marine Corps dient.

Dr. Wood erklärte in seinem MUFON-Papier:

»Wenn man darüber nachdenkt, warum in einem Dokument, das offiziell auf Mikrofilm aufgezeichnet wurde, so viele Fehler gemacht wurden, und man spricht das Wort oder die Formulierung auf der linken Seite aus und sieht sich das korrekte Wort auf der rechten Seite an, so klingen sie [auf Englisch] im Wesentlichen gleich. Das könnte darauf zurückzuführen sein, dass das Dokument durch ein Diktat und zwei verschiedene Schreibkräfte entstanden ist, die die Wörter auf Papier umgesetzt haben …

Dieser Umstand könnte sich dadurch ergeben haben, dass MJ-12 (in diesem Fall die Person MJ-1) eine einmalige Zusammenfassung für die neue Person [den Adressaten des Briefings] diktiert hat, da eine solche [Zusammenfassung] aus früheren schriftlichen Aufzeichnungen zum Zeitpunkt des mutmaßlichen Briefings offenbar noch nicht erstellt worden war.«[32]

Eine anonyme Whistleblower-Quelle schickte das Dokument an Wade, die die Hörer in ihrer Sendung am 14. Juni 2017 über dessen Existenz aufklärte und dabei auch nähere Einzelheiten über den Hintergrund des Dokuments bekanntgab. Wade behauptet, dass der Whistleblower ihr bekannt und eine zuverlässige Quelle sei; allerdings hat sie die Identität dieser Person bis heute nicht preisgegeben. Die erfahrene UFO-Reporterin Linda Moulton Howe erhielt zusätzliche Informationen dahingehend, dass es tatsächlich zwei verschiedene Quellen gibt, die beide aus dem Militärbereich stammen und sich mittlerweile im Ruhestand befinden.[33]

Im Folgenden werde ich auf die wichtigsten Punkte des Dokuments und deren Bedeutung für das Abkommen zwischen der Galaktischen Föderation und Präsident Eisenhower eingehen. Dem Deckblatt zufolge handelt es sich bei dem Dokument um ein »vorläufiges Briefing«, das am 8. Januar 1989 vom Office of Counter Intelligence der Defense Intelligence Agency (DIA) erstellt wurde. Der vollständige Titel des Briefing-Pakets lautet *Assessment of the Situation/Statement of Position on Unidentified Flying Objects* (»Einschätzung der Situation/Stellungnahme zu nicht identifizierten Flugobjekten«) und ist an das Büro des Präsidenten gerichtet. Der Briefing-Offizier, bei dem es sich nach historischem Präzedenzfall um den amtierenden CIA-Direktor handelte, wird als »MJ-1« bezeichnet. Zum Zeitpunkt dieses im Jahr 1989 erstellten Briefings war William Webster (vom 26. Mai 1987 bis 31. August 1991) als CIA-Direktor tätig. Zuvor war er seit dem 23. Februar 1978 Direktor des FBI gewesen und hatte dann unter Präsident

Reagan die Leitung der CIA übernommen. Webster ist die bisher einzige Person, die sowohl das FBI als auch die CIA geleitet hat.[34]

Das Briefing-Dokument erwähnt vier Gruppen außerirdischer Besucher, die in der Reihenfolge ihrer Bedeutung für unseren Planeten aufgelistet sind, und gibt an, ob sie uns freundlich gegenüberstehen oder nicht:

»Es gibt vier Haupttypen von EBEs [Extraterrestrial Biological Entities = außerirdischen biologischen Lebewesen], deren Existenz bisher bestä-

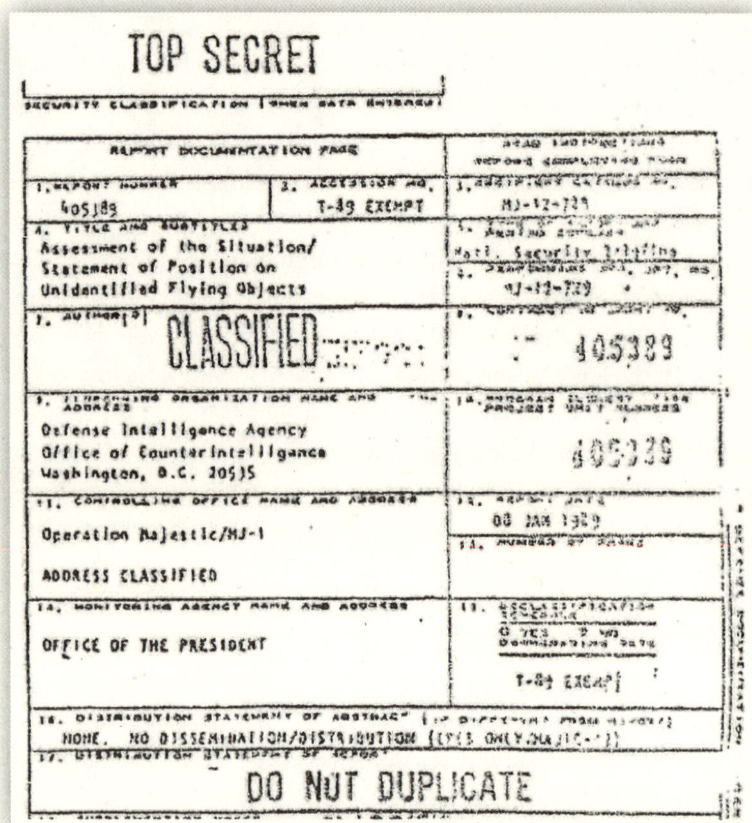

TOP SECRET

SECURITY CLASSIFICATION (WHEN DATA ENTERED)

REPORT DOCUMENTATION PAGE

1. REPORT NUMBER 405389
3. ACCESSION NO. T-49 EXEMPT
MJ-12-729
4. TITLE AND SUBTITLE Assessment of the Situation/ Statement of Position on Unidentified Flying Objects
Natl. Security Briefing
MJ-12-729
7. AUTHOR(S) CLASSIFIED
405389
9. PERFORMING ORGANIZATION NAME AND ADDRESS Defense Intelligence Agency Office of Counterintelligence Washington, D.C. 20535
405389
11. CONTROLLING OFFICE NAME AND ADDRESS Operation Majestic/MJ-1 ADDRESS CLASSIFIED
12. REPORT DATE 08 JAN 1989
13. NUMBER OF PAGES
14. MONITORING AGENCY NAME AND ADDRESS OFFICE OF THE PRESIDENT
T-49 EXEMPT
16. DISTRIBUTION STATEMENT OF ABSTRACT NONE. NO DISSEMINATION/DISTRIBUTION (EYES ONLY MAJIC-1)
17. DISTRIBUTION STATEMENT OF REPORT DO NOT DUPLICATE

Abb. 6. Deckblatt eines geheimen DIA-Dokuments von 1989 über die Einschätzung der Alien-Situation.

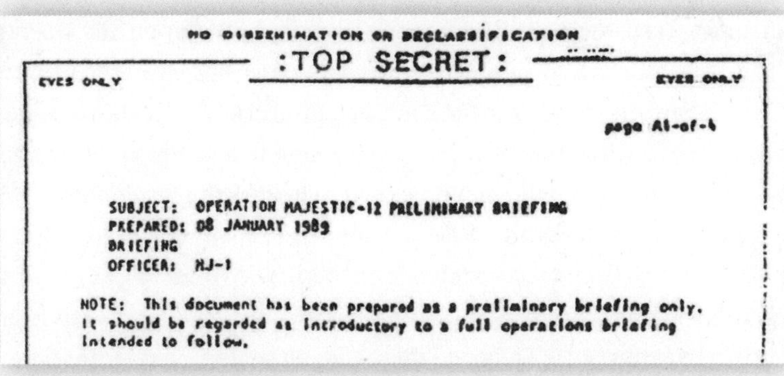

NO DISSEMINATION OR DECLASSIFICATION

:TOP SECRET:

EYES ONLY EYES ONLY

page A1-of-4

SUBJECT: OPERATION MAJESTIC-12 PRELIMINARY BRIEFING
PREPARED: 08 JANUARY 1989
BRIEFING
OFFICER: MJ-1

NOTE: This document has been prepared as a preliminary briefing only. It should be regarded as introductory to a full operations briefing intended to follow.

Abb. 7. Der Briefing-Offizier, hier MJ-1 genannt, war der amtierende CIA-Direktor William Webster.

tigt ist. Und sie sind hier – ihrem Einfluss auf unseren Planeten entsprechend – in absteigender Reihenfolge aufgeführt.

A. **Humanoide, die den Menschen bei uns auf der Erde ähnlich sehen:** Es gibt mehrere Varianten von Humanoiden, die mehr oder weniger große Ähnlichkeit mit uns haben. Zum überwiegenden Teil sind sie uns freundlich gesinnt und machen den Großteil unserer EBE-Kontakte aus. Die meisten verfügen über ausgeprägte mediale Fähigkeiten und nutzen hochentwickelte Wissenschaften und Technologien.

B. **Kleine Humanoide oder ›Greys‹:** Die Greys – so genannt wegen der [grauen] Hautfarbe, die die meisten Außerirdischen dieses Typs besitzen – sind eine Art Drohnen, den Arbeiterinnen bei den Ameisen oder Bienen nicht unähnlich … Sie stehen meist unter medialer Kontrolle der menschenähnlichen Humanoiden, die sie wie Haustiere (oder wie eine Art Sklaven) halten. Wenn die Greys von wohlwollenden Außerirdischen unter Kontrolle gehalten werden, sind sie harmlos.

C. **Nicht-humanoide EBEs:** Es gibt mehrere Klassen von EBEs; sie stammen aus Welten, in denen die vorherrschende Morphologie einen anderen evolutionären Verlauf genommen hat. Viele von ihnen sind nicht aufgrund etwaiger organisierter feindseliger Absichten gefährlich, sondern weil diesen Kreaturen das menschliche Leben nicht heilig ist … Bisher hat es nur einige wenige unglücklich verlaufene Begegnungen mit ihnen gegeben.

D. **Transmorphe Wesenheiten:** Von allen EBE-Typen, die Operation Majestic bisher untersucht hat, sind diese am schwierigsten zu verstehen oder gar zu beschreiben. Eigentlich sind es überhaupt keine ›Wesen‹ oder ›Kreaturen‹ … [Sie] existieren in einer anderen Dimension oder Ebene, das heißt, nicht in unserem Raum oder unserer Zeit. Sie nutzen keinerlei technische Geräte und reisen auch nicht im Weltraum umher … Im Grunde genommen bestehen diese Wesenheiten aus rein geistigen Energien … Angeblich können sie (laut den Aussagen anderer EBEs) jede physische Form annehmen, in die sie ihre Energie ›kanalisieren‹ [channeln] … als Materie.«[35]

Wie die obige Beschreibung vermuten lässt, werden die meisten Interaktionen mit Außerirdischen als freundlich beschrieben, vor allem, wenn es sich dabei um menschenähnlich aussehende Wesen handelt. Vermutlich gehören diese zur Galaktischen Föderation, die an mehreren nicht-feindseligen Kontakten mit der Menschheit beteiligt war. Das entspricht den Ausführungen Daniel Frys über die Überwachung der Erde durch die Galaktische Föderation, die bereits seit vielen Jahrhunderten besteht.

Das Briefing-Dokument bezieht sich auf den berühmten UFO-Absturz von Roswell im Jahr 1947 und den nationalen Sicherheitsmechanismus, der daraufhin entwickelt wurde, um diesen Vorfall zu untersuchen und ein Geheimhaltungssystem zu etablieren. Während der Roswell-Absturz gut bekannt ist, weiß die Öffentlichkeit über den nächsten in diesem Dokument beschriebenen Vorfall rein gar nichts. Dabei handelt es sich um die »kontrollierte Landung« einer Fliegenden Untertasse am 25. März 1948 in Aztec, New Mexico, die in dem Briefing-Dokument ebenfalls beschrieben wird:

»Die kontrollierte Landung fand in einem kleinen Wüstencanyon auf dem privaten Weideland eines dort ansässigen Landwirts und Ranchers statt … etwa zwanzig Kilometer nordöstlich von Aztec, New Mexico. Messungen zufolge betrug der Durchmesser des Raumschiffs rund dreißig Meter. Im Inneren der oberen Kabine … fand das Team die Körper von zwei (2) kleinen Humanoiden, die ungefähr einen Meter zwanzig groß und in Sitzen festgeschnallt waren, die aussahen wie in einem Jet-Cockpit … Die Außerirdischen waren tot.«[36]

Laut Angaben in dem Briefing-Dokument waren die Außerirdischen aufgrund eines atmosphärischen Lecks gestorben, das durch den Aufprall auf eine nahegelegene Felswand verursacht worden war. Als Nächstes wurde in dem Bericht die Entdeckung von Tiefkühlschlafbehältern mit menschenähnlich aussehenden Körpern in der unteren Etage beschrieben. Vier dieser Außerirdischen konnten erfolgreich wiederbelebt werden:

»Bei näherer Betrachtung der luftdicht verschlossenen Röhren, die wie die Türen von Wäschetrocknern in einem Waschsalon aussahen, stellte sich heraus, dass es sich dabei um eine komplizierte Form eines Kühlsystems handelte. Zwei der Röhren waren leer, zwölf enthielten die Körper von Erwachsenen, Kleinkindern und Säuglingen, die allesamt eingefroren waren, als hätte man sie zur Entnahme von Proben konserviert … Schließlich gelang es dem medizinischen Team, einen erwachsenen humanoiden Mann und drei (3) humanoide Säuglinge wiederzubeleben, alle ungefähr sechs (6) Monate alt: zwei männliche und einen weiblichen. All diese wiederbelebten Außerirdischen sahen so ähnlich aus wie wir Menschen auf der Erde. Die übrigen Säuglinge und ein kleiner, grauhäutiger EBE mit großem Kopf kamen ums Leben.«[37]

Der erwachsene Überlebende sah dem Briefing-Dokument zufolge zwar menschenähnlich aus, war aber eindeutig ein Außerirdischer, der auch physiologische Unterschiede zu uns Menschen aufwies. Unter anderem hatte er zwei Lebern. Das Dokument beschreibt die Einleitung diplomatischer Verhandlungen mit dem überlebenden erwachsenen Außerirdischen:

»Nach einer rasch anberaumten Telefonkonferenz mit Präsident Truman wurde dem Besucher erklärt, dass er, wenn sich seine Absichten als nicht feindselig erwiesen und er bei einem Informationsaustausch kooperierte, den Diplomatenstatus erhalten und bald in seine Heimat zu seinen Artgenossen zurückgeführt werden würde. Er stimmte diesem Vorschlag bereitwillig zu – vorausgesetzt, man würde ihn nicht dazu auffordern, wissenschaftliche Geheimnisse preiszugeben, die den Verlauf unserer natürlichen kulturellen Entwicklung verändern könnten.«[38]

Im Folgenden möchte ich den jahrelangen diplomatischen Austausch zwischen diesem außerirdischen Besucher und der Truman-Regierung beschreiben, der stattfand, bevor er schließlich zu seinem Volk zurückgebracht wurde:

> »Insgesamt lebte der in Aztec gelandete EBE fast ein ganzes Jahr lang – von Ende April 1948 bis März 1949 – unter unserer schützenden Obhut auf dem Gelände von Los Alamos. Danach wurde er in einem privaten Unterschlupf untergebracht, den der Geheimdienst der Armee für ihn eingerichtet hatte … Während dieser Zeit traf er mit dem Präsidenten und anderen hochrangigen Regierungs- und Militärbeamten zusammen, bevor er im August 1949 zu seinem Volk zurückgebracht wurde. Er gab den Wissenschaftlern und Militärs zahlreiche, vorwiegend nicht-technologische Informationen über seine Zivilisation und deren Motive für ihren Besuch auf der Erde; insgesamt wurden Gesprächsprotokolle im Umfang von sechshundertdreiundachtzig (683) Seiten angefertigt.«[39]

Aus dem Dokument geht hervor, dass Präsident Truman mit diesem außerirdischen Diplomaten – vermutlich einem Mitglied der Galaktischen Föderation – und mit hochrangigen Regierungs- und Militärvertretern zusammentraf. Laut Angaben von Paul Blake Smith, dem Autor des Buches *President Eisenhower's Close Encounters* (»Präsident Eisenhowers Begegnungen mit Außerirdischen«) ist es sehr wahrscheinlich, dass auch Eisenhower zu der Gruppe von Amtsträgern gehörte, die sich mit diesem überlebenden erwachsenen Außerirdischen trafen.[40] Und was noch wichtiger ist: Smith liefert überzeugende Argumente dafür, dass Eisenhower auf die baldige Rückkehr des Außerirdischen und/oder seiner Kollegen vorbereitet war, um ein formelles diplomatisches Abkommen mit ihnen auszuhandeln.

Im Jahr 1954 wurde in dem Briefing-Dokument erwähnt, dass Präsident Eisenhower zur Kirtland Air Force Base reiste, wo er volle diplomatische Beziehungen zu den menschenähnlichen Außerirdischen aufnahm, die inzwischen tatsächlich zurückgekehrt waren:

> »Der vorherige diplomatische Vertrag wurde vom Direktor der Majestic-12-Operation und einem Komitee aus außerirdischen Besuchern und Vertretern des Diplomatischen Corps der USA als Absichtserklärung ausgearbeitet. Er wurde am 18. Juli 1954 in der Kirtland Air Force Base … von Präsident Dwight D. Eisenhower und einem Bevollmächtigten der EBEs ratifiziert und unterzeichnet.«[41]

In dem Zusammenhang ist es wichtig, darauf hinzuweisen, dass es sich bei diesem Vertragsentwurf lediglich um eine »Absichtserklärung« handelte. Offensichtlich hatte Eisenhower also nur den ersten Schritt in einem komplizierten Verhandlungsprozess mit der Galaktischen Föderation umgesetzt und damit den Grundstein für zukünftige diplomatische Verhandlungen gelegt, die letztlich vielleicht zu einem umfassenden Vertrag führen würden.

Der diplomatische Prozess scheint ungefähr nach der Art abgelaufen zu sein, in der große internationale Organisationen wie die Europäische Union neue Mitgliedsländer aufnehmen.[42] Zunächst wird in einer Absichtserklärung die Vorgehensweise für zukünftige Besprechungen, Verhandlungen und vorläufige Vereinbarungen festgelegt, was dann schließlich in einer offiziellen Aufnahme des neuen Mitgliedslands gipfelt – ein Prozess, der viele Jahre dauern kann. Was die Anzahl der Zivilisationen betrifft, die der Galaktischen Föderation der Welten angehören, so schätzt Elena Danaan, dass sie »den Zusammenschluss von Hunderttausenden von Zivilisationen in dieser Galaxis … [umfasst, die] die Rechte allen Lebens schützen«.[43] Für die Galaktische Föderation scheint die Unterzeichnung einer Absichtserklärung mit einem noch in der Entwicklung begriffenen Planeten wie der Erde ein planbarer und vernünftiger erster Schritt zu sein.

Eisenhower hatte der Galaktischen Föderation im Grunde mitgeteilt: »Ich möchte mit euch zusammenarbeiten, und wir können in Bereichen von gemeinsamem Interesse, beispielsweise der Bedrohung durch thermonukleare Waffen, miteinander kooperieren.« Hinter seinem Rücken organisierte die Gruppe, der er angehörte, Majestic-12, jedoch Treffen und Vereinbarungen mit anderen Abordnungen von Außerirdischen – den Greys von Orion und dem Imperium der Draconer –, denen es keine Sorgen bereitete, dass die USA Zehntausende von thermonuklearen Waffen in Massenproduktion herstellten, die zur Zerstörung der Erde führen könnten. Durch diesen Verrat wurden Eisenhowers Pläne für ein umfassendes Abkommen mit der Galaktischen Föderation quasi zunichte gemacht.

Trotzdem war noch nicht alles verloren, denn ein wichtiger Bereich des amerikanischen Militärs – die U.S. Navy – begann trotz der Vereinbarungen, die MJ-12 mit den Greys von Orion und dem Imperium der Draconer getroffen hatte, heimlich mit der Galaktischen Föderation zu kooperieren. In meinem Buch *Das Geheime Weltraumprogramm der U.S. Navy & die Allianz mit den Nordischen*[44] habe ich Beweise dafür vorgelegt, dass die U.S. Navy Anfang der 1950er Jahre offiziell mit einer uns freundlich gesinnten Gruppe menschenähnlich aussehender »nordischer« Außerirdischer zusammenarbeitete. Mehreren Quellen zufolge hat die U.S. Navy Flotten von Antigravitations-Raumschiffen für zukünftige Weltraumkampfgruppen nach dem Prinzip einer modernen Flugzeugträgerkampfgruppe entworfen und gebaut. Eine dieser Quellen war William Mills Tompkins, der jahrzehntelang für große Unternehmen als Konstrukteur und Ingenieur in der Luft- und Raumfahrt tätig war.[45] Tompkins behauptet, die U.S. Navy habe insgeheim mit nordischen Außerirdischen zusammengearbeitet, die in Unternehmen wie Douglas Aircraft, North American und TRW tätig waren, um Kampftruppen für den Weltraum zu entwickeln, die heimlich in abgelegenen Regionen Utahs von großen Luft- und Raumfahrtunternehmen aufgestellt wurden.

Diese Weltraumkampfgruppen der U.S. Navy wurden sogar schon Anfang der 1980er Jahre in Betrieb genommen.

In einem privaten Interview gab Tompkins mir noch weitere erstaunliche Informationen über das Ausmaß des Bündnisses zwischen U.S. Navy und nordischen Außerirdischen. Darin ging es um den Aufbau der nächsten Generation von Weltraumkampfgruppen:

> »Tompkins erzählte mir von dem aktuellen Plan der Navy, ihre acht bestehenden Kampfgruppen, die im Vergleich zu anderen Weltraumprogrammen inzwischen veraltet waren, durch zwölf neue Kampfgruppen zu ersetzen …, die sich derzeit noch in der Entwicklung befinden und in den 2030er Jahren voll einsatzfähig sein sollen … Tompkins behauptete, dass die nächste Generation von Raumtransporter-Kampfgruppen an einem Ort außerhalb unseres Planeten in einem benachbarten Sternsystem mit Hilfe uns freundlich gesinnter, menschenähnlicher nordischer Außerirdischer [Galaktische Föderation?] gebaut werde anstatt auf der bisherigen Anlage für die Konstruktion solcher Kampfgruppen in Utah.«[46]

Tompkins hat für die außerirdische Organisation, der diese »Nordischen« angehörten, nie ausdrücklich den Begriff »Galaktische Föderation der Welten« verwendet. Verhalten, Aussehen und Wertvorstellungen der nordischen Außerirdischen in Tompkins' Buchreihe *Auserwählt von Außerirdischen*[47] deuten jedoch eindeutig auf eine Organisation hin, die Ähnlichkeit mit der Galaktischen Föderation hat. In einem Interview behauptet der Chefredakteur von Tompkins' Büchern, Dr. Robert Wood, dass die von Tompkins beschriebenen nordischen Außerirdischen zur Galaktischen Föderation gehören, zumal sie denen gleichen, die Elena Danaan beschrieben hat: »Meiner Meinung nach sind die nordischen Außerirdischen von Bill … dieselben nordischen Aliens, die jetzt mit Elena Danaan zusammenarbeiten. Genau dieselben.«[48] In ihrem Buch *Wir werden Sie nie im Stich lassen* bestätigte Elena Danaan, dass die U.S. Navy tatsächlich mit der Galaktischen Föderation zusammenarbeitete, und zwar dank der Vermittlung von Val Thor, der sich drei Jahre lang im Pentagon aufhielt:

»Die Galaktische Föderation der Welten verbündete sich zunächst heimlich mit einer Struktur namens ›Navy‹. Eine meiner zahlreichen Aufgaben bestand darin, dieses Projekt in Gang zu setzen und die Vorarbeiten für die Entsendung von Technikern und Wissenschaftlern der Föderation nach Terra zu leisten.«[49]

Elena Danaan über die Galaktische Föderation der Welten

Elena Danaan ist mit ihrem Buch *Ein Geschenk der Sterne* im Jahr 2020 an die Öffentlichkeit getreten. Darin berichtet sie von ihren persönlichen Kontakterfahrungen, deren dramatischste eine Entführung im Alter von neun Jahren war, die Ende der 1970er Jahre stattfand und an der fünf Greys beteiligt waren.

Während diese Außerirdischen medizinische Eingriffe an ihr durchführten und ihr Implantate einsetzten, wurde sie von zwei menschenähnlichen Außerirdischen gerettet, die ihre Entführer mit Laserwaffen töteten. Danaan erklärt, wie ihre Retter sie in ihr Raumschiff brachten und eines ihrer physischen Implantate so umfunktionierten, dass sie anschließend in telepathischer Kommunikation mit ihr bleiben konnten, um sie zu beschützen. Sie erfuhr, dass ihre Retter einer Galaktischen Föderation der Welten angehörten, die beim »Großen Erwachen« der Erde mitwirkt. Danaans wichtigster Retter war ein großer blonder Mann namens Thor Han Eredyon vom Planeten Erra im Sternsystem Taygeta im Sternhaufen der Plejaden.

In ihrem Buch und in späteren Interviews erklärt Danaan, wie sich die Galaktische Föderation in die Angelegenheiten der Erde einmischte, nachdem sie von einer anderen außerirdischen Organisation, der Zenateanischen Allianz (auch unter dem Namen Andromeda-Rat bekannt; mehr darüber in Kapitel 6), darauf hingewiesen worden war, dass die Ereignisse auf der Erde in unserer jetzigen Ära zu einer zukünftigen galaktischen Tyrannei geführt haben könnte:

»Sie [die Zenateanische Allianz] haben die Zukunft Terras vorausgesehen; und da sie wissen, dass dies nach 5.700 Jahren reptiloider Besatzung ein Wendepunkt in der Geschichte Terras ist, versuchen sie [die Mitglieder der Allianz] die Terraner dahingehend zu beeinflussen, dass sie keinen destruktiven, sondern einen konstruktiven Weg einschlagen. Dadurch wollen sie die Terraner davor bewahren, in eine galaktische Tyrannei hineinzugeraten, die gerade jetzt an diesem Wendepunkt von der Allianz der dunklen terranischen Konzerne und der Kollektive der Ciakahrr [Draconer], Orioner und Altairaner angezettelt werden könnte. Dadurch retten sie nicht nur die Terraner, sondern merzen gleichzeitig auch eine galaktische Bedrohung in Gestalt eines neu auftauchenden Feindes aus, und zwar gleich im Augenblick [ihrer] Entstehung.«[50]

Dies deckt sich mit der Aussage von Alex Collier, der Mitte der 1990er Jahre über die Erkenntnis seiner andromedanischen Kontaktpersonen berichtete, dass die plötzliche Entstehung einer galaktischen Tyrannei ungefähr 350 Jahre in der Zukunft auf die Himmelskörper Erde, Mond und Mars zurückgeführt werden kann.[51] Den Erfahrungen von Danaan und Collier können wir entnehmen, dass die Erde zum Epizentrum eines Zeitkriegs geworden ist, an dem verschiedene außerirdische Organisationen beteiligt sind. Danaan hat seither viele Informationen über die zahlreichen Interventionen der Galaktischen Föderation auf der Erde und in unserem Sonnensystem publik gemacht, mit denen die Föderation diese galaktische Tyrannei zu verhindern versuchte. Im zweiten Teil meines Buches werde ich auf diese bestürzenden neuen Informationen von Danaan eingehen.

Das Farsight-Institut und die Galaktische Föderation

Eine unabhängige Bestätigung für die Existenz einer Galaktischen Föderation, die sich zurzeit in die Angelegenheiten der Menschheit einmischt, wie Professor Haim Eshed es öffentlich zum Ausdruck brachte, kommt vom Farsight-Institut. Nachdem Professor Esheds Ansichten über die Galaktische Föderation einen internationalen Medienhype ausgelöst hatten, stellte Dr. Courtney Brown ein Team aus fünf Remote Viewern zusammen, um in mehreren Sitzungen Informationen über diese Föderation zu sammeln; sie wurden im Februar 2021 veröffentlicht. Brown erläuterte seine Beweggründe für diese Remote-Viewing-Sitzung folgendermaßen:

> »In einer ganzen Reihe von Projekten hier bei Farsight wurde der Begriff ›Galaktische Föderation der Welten‹ verwendet, und zwar im Zusammenhang mit einer Gruppe planetarischer Zivilisationen, die anscheinend die Menschheit unterstützen und sich dem Einfluss anderer Gruppen und Spezies widersetzen, welche ihr offenbar feindlich gegenüberstehen. Jetzt ist es an der Zeit, mehr darüber zu erfahren, was dieser Begriff bedeutet.
>
> Was genau ist die Galaktische Föderation der Welten? Oder vielleicht auch: Wer steckt dahinter? Handelt es sich dabei um eine Spezies oder eine Gruppe von Spezies und Zivilisationen – eine Art Vereinte Nationen der Galaxis? Besprechen sie sich untereinander? Arbeiten sie gemeinsam an Projekten, zum Beispiel an einem Projekt, das die Erde und uns Menschen betreffen könnte? Sind sie eine bunt zusammengewürfelte Gruppe mit unterschiedlichen Interessen, oder sind sie alle einer Meinung?
>
> Und vor allem: Wenn die Galaktische Föderation der Welten der Menschheit in dieser Stunde der Not helfen will – kann sie in einer Galaxis, in der es so viele bedrohliche oder feindselige Kräfte gibt, wirklich etwas Hilfreiches für uns tun? Welche Mittel stehen ihr dafür zur Verfügung? Und braucht sie uns Erdenmenschen dazu wirklich, oder ist sie stark genug, um uns in jedem Fall zur Seite zu stehen – egal was wir Menschen tun?«[52]

Die Remote-Viewing-Sitzungen lieferten viele wertvolle Erkenntnisse über die Existenz einer Galaktischen Föderation der Welten und beantworteten auch noch andere von Dr. Brown aufgeworfene Fragen. Sie brachten vor allem Licht in die Kommandostruktur der Föderation und in ihre internen politischen Debatten über folgende Fragen:

- Inwieweit sollte die Föderation in menschliche Angelegenheiten eingreifen?
- Inwiefern ist ihr Eingreifen Teil eines »Zeitkriegs« um die Zukunft der Erde?
- Was können Privatpersonen tun, um die Föderation in ihren Bemühungen zu unterstützen, die Entwicklung unseres Planeten in eine positive Richtung zu lenken?

Wie schon bei früheren vom Farsight-Institut durchgeführten Remote-Viewing-Projekten wurden die Sitzungen unter Blindbedingungen abgehalten; die Teilnehmer wurden lediglich aufgefordert, sich auf zwei Targets zu konzentrieren, die man ihnen nacheinander präsentierte. Es wurden keine näheren Details zu den beiden Targets genannt, damit die Fernwahrnehmer nicht in Versuchung gerieten, ihre persönlichen Ansichten und Vorurteile in ihre Beobachtungen einfließen zu lassen. Die beiden Targets für die Remote-Viewing-Sitzungen waren:

> *Target 1:* Das Hauptquartier der Galaktischen Föderation der Welten und die wichtigste Konferenz der GFW, die sich mit dem Thema Erde und Menschheit befasste.
> *Target 2:* Das Kommandoraumschiff der GFW, das jetzt für die Erde zuständig ist, und dessen Kommandant.[53]

Die Berichte der Remote Viewer über die beiden Targets stimmten in ihren allgemeinen Beobachtungen erstaunlich gut überein, auch wenn sie sich in einzelnen Details voneinander unterschieden. In Bezug auf beide Targets gab es mehrere bemerkenswerte Aussagen, zum Beispiel:

- Die Galaktische Föderation der Welten (GFW) ist ein großes, buntgemischtes Gremium, dessen Mitglieder unterschiedliche Auffassungen darüber vertreten, wie man mit der Menschheit umgehen sollte.
- Es gibt Mitglieder der GFW, die gegen eine weitere Einmischung in menschliche Angelegenheiten sind.

- Der Gegner der GFW – mit dieser Föderation rivalisierende mächtige außerirdische Koalitionen – hat die Menschheit fest im Griff und wäre nicht leicht zu verdrängen.
- Es gab heftige bewaffnete Konflikte zwischen der GFW und ihren Rivalen im Kampf um die Erde, und das hat den militärischen Befehlshaber der Föderation sehr belastet.
- Wenn die GFW ihre Operationen einstellen würde, käme es zu erheblichen Zerstörungen auf unserem ganzen Planeten, und die Erde würde in einem postapokalyptischen Albtraum versinken.
- Der Führung der GFW ist bewusst, dass die mit ihr rivalisierenden außerirdischen Allianzen ihr in militärischer Hinsicht überlegen sind; doch diese würden ihre Operationen auf der Erde aufgeben, wenn die GFW sich dort ernsthaft engagierte.

Die gegnerischen interplanetaren Mächte, von denen die Remote Viewer sprechen, sind das Imperium der reptiloiden Dracos, auch als Ciakharr bekannt, und die Allianz der Orioner, das Kollektiv, über die bereits in früheren Remote-Viewing-Sitzungen zum Thema Nazis und Reptiloide in der Antarktis[54] und auch bei Treffen von US-Präsidenten mit Außerirdischen diskutiert worden war.[55]

In seiner Auswertung der Daten, die die verschiedenen Remote Viewer lieferten, ist Dr. Brown zu folgenden Schlussfolgerungen und Erkenntnissen über die außerirdischen Allianzen gekommen, die miteinander um die Kontrolle über die Menschheit wetteifern:

> »Was die Galaktische Föderation der Welten betrifft, wollen wir das alles nun einmal kurz zusammenfassen. Ich will gleich zum wichtigsten Punkt kommen: Wir Menschen auf der Erde müssen erkennen – und zwar bald –, dass wir uns in einer sehr prekären Situation befinden. Die Galaktische Föderation der Welten versucht eindeutig, uns zu helfen, doch ihre Möglichkeiten sind begrenzt. Diese Außerirdischen haben es mit gegnerischen Mächten zu tun, die selbst in ihren Augen gigantisch erscheinen. Anscheinend besitzen sie die Fähigkeit, uns zu helfen; aber es sieht wirklich so aus, als bräuchten sie dazu unsere Hilfe.

Dafür gibt es zwei Gründe: Erstens scheinen die Mitglieder der Galaktischen Föderation der Welten in sich gespalten zu sein. Die meisten wollen eindeutig helfen; doch innerhalb der Organisation gibt es große Zweifel darüber, ob sie tatsächlich dazu in der Lage sind, vor allem, was ihre militärischen Kapazitäten anbelangt. Die Erde ist ein noch ziemlich rückständiger Planet in einem Randbereich der Galaxis, und das kommt uns zugute. Wenn gegnerische galaktische Mächte große Anstrengungen unternehmen würden, um die Galaktische Föderation der Welten daran zu hindern, der Menschheit zu helfen, dann könnten diese feindlichen Gruppierungen die Föderation durchaus verdrängen; aber lohnt es sich für sie überhaupt, sich unseretwegen so viel Mühe zu machen? Sind wir ihnen das wert?

Anscheinend gehen die Gedanken der Galaktischen Föderation der Welten in die Richtung, dass die gegnerischen Mächte zum jetzigen Zeitpunkt wohl nicht an einer größeren Auseinandersetzung um die Erde interessiert sind. Wenn es diese Mächte viel kostet, werden sie wahrscheinlich auf eine dermaßen große Konfrontation verzichten.«[56]

Die gegnerischen galaktischen Mächte – das Draconische Imperium und die Allianz der Orioner – haben durch ihre Günstlinge und die Vermögenswerte, die sich unter ihrer Kontrolle befinden, großen Einfluss auf die Menschen, die auf der Erde leben.

William Bramley beschreibt diese Situation in seinem Buch *Die Götter von Eden: Eine neue Betrachtung der Menschheitsgeschichte* kurz und prägnant. In diesem Buch schildert er jahrhundertelange raffiniert ausgeheckte außerirdische Konflikte, angeführt von politischen Eliten, die lediglich Marionetten in den Händen dieser Außerirdischen sind. Diese Konflikte dienen dazu, die Entwicklung der Menschen auf der Erde in eine bestimmte Richtung zu manipulieren.[57]

Als Nächstes verweist Dr. Brown auf die schon seit langem stattfindende Einmischung der Galaktischen Föderation der Welten in unsere Angelegenheiten und erklärt, was für Konsequenzen das hat:

»Offensichtlich betrachten viele Mitglieder der Galaktischen Föderation der Welten die [irdische] Menschheit als erfolgreiches Endergebnis eines Projekts, das sie vor langer Zeit aus evolutionären Erwägungen heraus begonnen haben. Wahrscheinlich handelt es sich dabei um ein Projekt, das aus zahlreichen genetischen und kulturellen Manipulationen und Korrekturen über sehr viele Jahre hinweg entstanden ist. Wir sind ihre Kinder, sie sorgen für uns, und sie wollen uns beschützen. Aber was würden Eltern tun, wenn das Kind irgendwann keine Hilfe mehr will? Alle Eltern müssen loslassen, damit ihre Kinder selbst entscheiden können, wie ihr Leben weitergeht. Aber welche Eltern würden ihren eigenen Kindern nicht helfen wollen, wenn diese Kinder offen zugeben, dass sie vor großen Schwierigkeiten stehen, und die Eltern um Hilfe bitten?

Und jetzt kommt der entscheidende Punkt: Das größte Hindernis, dem sich die Galaktische Föderation der Welten derzeit gegenübersieht, sind interne Unstimmigkeiten. Wären sie sich darin einig, dass sie der Menschheit in ihrer Stunde der Not gegen eine sehr bedrohliche und feindliche Gruppe von Aggressoren helfen wollen, dann könnten sie durchaus erfolgreich etwas für uns tun.«[58]

Die Idee, dass eine oder mehrere außerirdische Zivilisationen für die Aussaat oder Erschaffung der Menschheit auf der Erde verantwortlich sind, geht auf Erich von Dänikens bahnbrechendes Buch *Erinnerungen an die Zukunft* aus dem Jahr 1968 zurück.[59]

Ihm folgten andere Autoren, darunter Zecharia Sitchin, der sich 1976 in seinem Buch *Der zwölfte Planet* intensiv mit der Frage beschäftigte, ob Außerirdische unsere menschlichen Vorfahren auf genetischem Weg erschaffen haben, wie aus alten Aufzeichnungen aus Sumer und andernorts hervorgeht.[60]

Nach Dr. Browns Analyse, die er aufgrund der Aussagen seines Remote-Viewing-Teams erstellte, ist die Galaktische Föderation der Welten schon seit sehr langer Zeit in die Geschicke der Erde involviert und war auch an der genetischen Aussaat der Menschheit beteiligt. Die Galaktische Föderation und das Ashtar-Kommando, von denen bisher die Rede war, sind jedoch nicht die einzigen uns positiv oder wohlwollend gegenüberstehenden außerirdischen Organisationen, die sich bisher in die Angelegenheiten der Menschheit eingemischt oder an langfristigen gentechnischen Experimenten mitgewirkt haben. Eine weitere wichtige Organisation ist die Konföderation der Planeten, die ebenfalls eine entscheidende Rolle in den heutigen Angelegenheiten der Menschheit spielt.

Anmerkungen

1 Das Interview ist auf Hebräisch verfügbar unter https://www.yediot.co.il/articles/0,7340,L-5854241,00.html (aufgerufen am 03.01.2021).

2 David Israel, »Former Head of Israel's Space Program: The Aliens Asked Not To Be Revealed, Humanity Not Yet Ready«, *Jewish Press* vom 12. Mai 2020; https://www.jewishpress.com/news/media/former-head-of-israels-space-program-the-aliens-asked-not-to-be-revealed-humanity-not-yet-ready/2020/12/05/ (aufgerufen am 03.01.2021).

3 Daniel W. Fry, *To Men of Earth* (N.P. 1954). Nachdruck als *To Men of Earth: Valiant Thor's Message of Hope to Mankind* (Saucerian Press 1983; seit 2018 auch als Kindle & Audible). – Dt. Ausgabe: *Das Erlebnis von White Sands und Alans Botschaft an die Erdenmenschen. Ein Techniker spricht mit einem Raum-Menschen und fährt in einer Fliegenden Scheibe.* Ventla Verlag, Wiesbaden-Schierstein 1957; eine veränderte Ausgabe erschien 1988 im selben Verlag unter dem Titel *Mein UFO-Erlebnis von White Sands. Erlebnis einer Raumschiffahrt* von Ph. D. Ing. Dan Fry.

4 Dolores Cannons *The Convoluted Universe*, wie die Reihe im Original heißt, besteht aus fünf umfangreichen Büchern, die von 2001 bis 2015 bei Ozark Mountain Publishing erschienen. Der Verlag bietet auf Amazon auch eine deutsche Übersetzung als Buch & Kindle an.

5 Daniel W. Fry, *The White Sands Incident* (N.P. 1954); p. 27.

6 Für eine ausführliche Erörterung des Ursprungs und der Zusammensetzung der Majestic-12-Gruppe siehe Stanton T. Friedman, *Top Secret/Majic: Operation Majestic-12 and the United States Government's UFO Cover-up*, mit einem Vorwort von Whitley Strieber (Da Capo Press 2005). – Dt. Ausgabe: *Top Secret. Operation Majestic 12.* Bettendorf Verlag, München 1997.

7 Dieses Dokument ist online einsehbar auf https://majesticdocuments.com/pdf/eisenhower_briefing.pdf (aufgerufen am 06.03.2022).

8 »The Oppenheimer Security Hearing: A Chronology«; https://famous-trials.com/oppenheimer/2690-the-oppenheimer-security-hearing-a-chronology (aufgerufen am 03.01.2021).

9 »Oppenheimer's Testimony on His Opposition to H-Bomb«; https://famous-trials.com/oppenheimer/2699-oppenheimer-s-testimony-on-his-opposition-to-h-bomb (aufgerufen am 03.01.2021).

10 »Relationships with Inhabitants of Celestial Bodies«; https://majesticdocuments.com/pdf/oppenheimer_einstein.pdf (aufgerufen am 02.01.2022).

11 »Atoms for Peace«-Rede vom 8. Dezember 1953; https://www.iaea.org/about/history/atoms-for-peace-speech (aufgerufen am 03.01.2021).

12 »Atoms for Peace«-Rede vom 8. Dezember 1953; https://www.iaea.org/about/history/atoms-for-peace-speech (aufgerufen am 03.01.2021).

13 »Atoms for Peace«-Rede vom 8. Dezember 1953; https://www.iaea.org/about/history/atoms-for-peace-speech (aufgerufen am 03.01.2021).

14 »Atoms for Peace«-Rede vom 8. Dezember 1953; https://www.iaea.org/about/history/atoms-for-peace-speech (aufgerufen am 03.01.2021).

15 Der Begriff »Nebu« wird zur Beschreibung der Großen Grauen (Tall Greys) aus dem Sternbild Orion verwendet. Er wurde von Elena Danaan bekannt gemacht in ihrem Buch *A Gift From the Stars: Extraterrestrial Contacts and Guide of Alien Races*, Amazon Book & Kindle, September 2020. – Dt. Ausgabe: *Ein Geschenk der Sterne. Kontakte mit Außerirdischen und Sammlung von Alien-Rassen*. Amazon Book & Kindle, September 2021.

16 Siehe Frank E. Stranges, *The Stranger at the Pentagon* (Inner Light Productions 1967).

17 Siehe Frank E. Stranges, *The Stranger at the Pentagon* (Inner Light Productions 1967).

18 Interview mit Frank Stranges auf https://youtu.be/tytnOJSNrqE (aufgerufen am 16.01.2022).

19 Elena Danaan, *We Will Never Let You Down: Encounters with Val Thor and Journeys beyond Earth*, mit einem Vorwort von Laura Eisenhower, Amazon Book & Kindle, September 2021. – Dt. Ausgabe: *Wir werden Sie nie im Stich lassen. Begegnungen mit Val Thor und Reisen jenseits der Erde*. Amazon Book & Kindle, November 2022.

20 Elena Danaan, *We Will Never Let You Down: Encounters with Val Thor and Journeys beyond Earth*, mit einem Vorwort von Laura Eisenhower, Amazon Book & Kindle, September 2021; pp. 93. – Dt. Ausgabe: *Wir werden Sie nie im Stich lassen. Begegnungen mit Val Thor und Reisen jenseits der Erde*. Amazon Book & Kindle, November 2022.

21 Siehe »Kelly Johnson: The Man Behind Lockheed Skunk Works«; https://internationalaviationhq.com/2020/08/12/kelly-johnson-skunk-works/ (aufgerufen am 06.03.2022).

22 Ausführliche Informationen über die Fliegenden Untertassen, die heimlich auf der Wright Patterson Air Force Base gelagert und untersucht wurden, finden Sie in Thomas Carey & Donald Schmitt, *UFO Secrets Inside Wright-Patterson: Eyewitness Accounts from the Real Area 51* (New Page Books 2019).

23 Zitiert nach Michael E. Salla, »Eisenhower threatened to invade Area 51 former US Congress members hear testimony«; https://exopolitics.org/eisenhower-threatened-to-invade-area-51-former-us-congress-members-hear-testimony/ (aufgerufen am 03.01.2021).

24 Mehr über Stephen Lovekins Hintergrund und Aussagen finden Sie auf http://www.roswellproof.com/Lovekin.html (aufgerufen am 03.01.2021).

25 Siehe »Stephen Lovekin«; http://www.roswellproof.com/Lovekin.html (aufgerufen am 12.03.2022).

26 Siehe »Stephen Lovekin«; http://www.roswellproof.com/Lovekin.html (aufgerufen am 12.03.2022).

27 »Transcript of President Dwight D. Eisenhower's Farewell Address (1961)«; https://www.ourdocuments.gov/doc.php?flash=false&doc=90&page=transcript (aufgerufen am 03.01.2021).

28 Elena Danaan, *We Will Never Let You Down: Encounters with Val Thor and Journeys beyond Earth*, mit einem Vorwort von Laura Eisenhower, Amazon Book & Kindle, September 2021; p. 93. – Dt. Ausgabe: *Wir werden Sie nie im Stich lassen. Begegnungen mit Val Thor und Reisen jenseits der Erde*. Amazon Book & Kindle, November 2022.

29 »Exclusive – Ultra Top Secret Assessment of Situation/Statement on Position on UFOs«; https://www.darkmatter.radio/blogs/blog/exclusive-ultra-top-secret-assessment-situation-statement-position-ufos (aufgerufen am 03.01.2022).

30 MUFON-Journal-Artikel sind für Mitglieder einsehbar unter https://mufon.com/mufon-journal/ (aufgerufen am 22.01.2024).

31 Siehe zum Beispiel John Greenewald, »New Majestic-12 (MJ-12) Briefing Documents Released June 2017«; https://www.theblackvault.com/casefiles/new-majestic-12-mj-12-briefing-documents-released-june-2017/ (aufgerufen am 03.01.2022).

32 MUFON-Journal-Artikel sind für Mitglieder einsehbar unter https://mufon.com/mufon-journal/ (aufgerufen am 22.01.2024).

33 Linda Moulton Howe, »Leaked ›ULTRA TOP SECRET READ-AND-DESTROY‹ Assessment of the Situation On Unidentified Flying Objects«; https://www.earthfiles.com/2017/06/15/part-1-leaked-ultra-top-secret-read-and-destroy-assessment-of-the-situation-on-unidentified-flying-objects/ (aufgerufen am 03.01.2022).

34 Siehe den englischen Wikipedia-Eintrag zu »William H. Webster«; https:/en.wikipedia.org/wiki/William_H._Webster (aufgerufen am 03.01.2022).

35 Das DIA-Dokument kann heruntergeladen werden unter http://wordpress-404679-1273906.cloudwaysapps.com/wp-content/uploads/2017/06/Ultra-Top-Secret-MITD.pdf (aufgerufen am 03.01.2022).

36 Das DIA-Dokument kann heruntergeladen werden unter http://wordpress-404679-1273906.cloudwaysapps.com/wp-content/uploads/2017/06/Ultra-Top-Secret-MITD.pdf (aufgerufen am 03.01.2022).

37 Das DIA-Dokument kann heruntergeladen werden unter http://wordpress-404679-1273906.cloudwaysapps.com/wp-content/uploads/2017/06/Ultra-Top-Secret-MITD.pdf (aufgerufen am 03.01.2022).

38 Das DIA-Dokument kann heruntergeladen werden unter http://wordpress-404679-1273906.cloudwaysapps.com/wp-content/uploads/2017/06/Ultra-Top-Secret-MITD.pdf (aufgerufen am 03.01.2022).

39 Das DIA-Dokument kann heruntergeladen werden unter http://wordpress-404679-1273906.cloudwaysapps.com/wp-content/uploads/2017/06/Ultra-Top-Secret-MITD.pdf (aufgerufen am 03.01.2022).

40 Paul Blake Smith, *President Eisenhower's Close Encounters* (Foundations Book Publishing 2020); p. 55.

41 Das DIA-Dokument kann heruntergeladen werden unter http://wordpress-404679-1273906.cloudwaysapps.com/wp-content/uploads/2017/06/Ultra-Top-Secret-MITD.pdf (aufgerufen am 03.01.2022).

42 Das Beitrittsverfahren für Länder, die der Europäischen Union beitreten möchten, ist online einsehbar unter https://ec.europa.eu/neighbourhood-enlargement/enlargement-policy/steps-towards-joining_en (aufgerufen am 29.11.2021).

43 Elena Danaan, *A Gift from the Stars: Extraterrestrial Contacts and Guide of Alien Races*, Amazon Book & Kindle, September 2020; p. 65. – Dt. Ausgabe: *Ein Geschenk der Sterne. Kontakte mit Außerirdischen und Sammlung von Alien-Rassen.* Amazon Book & Kindle, September 2021.

44 Michael E. Salla, *The U.S. Navy's Secret Space Program and Nordic Extraterrestrial Alliance* (Exopolitics Consultants 2017). – Dt. Ausgabe: *Das Geheime Weltraumprogramm der U.S. Navy & Die Allianz mit den Nordischen*, AMRA Verlag, Hanau 2019.

45 Privates Interview mit William Mills Tompkins; seine Autobiografie erschien als Buch 1 der Reihe *Selected by Extraterrestrials: My life in the Top-secret World of UFOs, Think-tanks and Nordic Secretaries*, herausgegeben von Dr. Robert M. Wood (2015). – Deutsche Ausgabe: *Auserwählt von Außerirdischen. Mein Leben in der streng geheimen Welt von UFOs, Think Tanks und nordischen Sekretärinnen.* AMRA Verlag, Hanau 2024.

46 Zitiert in Michael E. Salla, *Space Force: Our Star Trek Future* (Exopolitics Consultants 2021); p. 232. – Dt. Ausgabe: *Space Force. Unsere Star Trek Zukunft*. AMRA Verlag, Hanau 2022.

47 Nach Tompkins' Tod erschienen ein zweiter und ein dritter Band von *Selected by Extraterrestrials*, die sein Vertrauter Dr. Robert Wood aus verstreuten Unterlagen im Nachlass herausgegeben hat. Sie sind bei AMRA in Vorbereitung.

48 Siehe »Interview with Dr. Robert Wood – Chief Editor of Selected by Extraterrestrials Book 3«; https://exopolitics.org/interview-with-dr-robert-wood/ (aufgerufen am 06.03.2022).

49 Elena Danaan, *We Will Never Let You Down: Encounters with Val Thor and Journeys beyond Earth*, mit einem Vorwort von Laura Eisenhower, Amazon Book & Kindle, September 2021; p. 163. – Dt. Ausgabe: *Wir werden Sie nie im Stich lassen. Begegnungen mit Val Thor und Reisen jenseits der Erde*. Amazon Book & Kindle, November 2022.

50 Elena Danaan, *We Will Never Let You Down: Encounters with Val Thor and Journeys beyond Earth*, mit einem Vorwort von Laura Eisenhower, Amazon Book & Kindle, September 2021; p. 78. – Dt. Ausgabe: *Wir werden Sie nie im Stich lassen. Begegnungen mit Val Thor und Reisen jenseits der Erde*. Amazon Book & Kindle, November 2022.

51 Alex Collier, »The Andromeda Council«, Kapitel 1 von *Defending Sacred Ground: The Andromedan Compendium. The Story of Alex Collier and His Lifetime Personal Contact with the Zenetaen Culture from Andromeda* (Brotherton Press 1998). – Ein Interview mit dem Autor, geführt von Val Valerian, finden Sie auf http://www.reptilianagenda.com/cont/co121099b.shtml (aufgerufen am 14.12.2021).

52 »The Galactic Federation of Worlds«; https://farsight.org/FarsightPress/GFW_main_page.html (aufgerufen am 06.03.2022).

53 »The Galactic Federation of Worlds«; https://farsight.org/FarsightPress/GFW_main_page.html (aufgerufen am 06.03.2022).

54 Siehe Michael E. Salla, »Nazis and Reptilians in Antarctica – Uncovering the Truth through Remote Viewing«; https://exopolitics.org/nazis-and-reptilians-in-antarctica/ (aufgerufen am 06.03.2022).

55 Siehe Michael E. Salla, »Remote Viewing US Presidential Meetings with Extraterrestrials & Secret Agreements«; https://exopolitics.org/remote-viewing-us-presidential-meetings-with-extraterrestrials/ (aufgerufen am 06.03.2022).

56 Dr. Courtney Browns Ausführungen finden sich in dem Video »The Galactic Federation of Worlds«; https://www.farsightprime.com/the-galactic-federation-of-worlds (aufgerufen am 06.03.2022).

57 William Bramley, *The Gods of Eden* (Avon 1993). – Dt. Ausgabe: *Die Götter von Eden. Eine neue Betrachtung der Menschheitsgeschichte.* In der Tat Verlag, Peiting 1994.

58 Dr. Courtney Browns Ausführungen finden sich in dem Video »The Galactic Federation of Worlds«, https://www.farsightprime.com/the-galactic-federation-of-worlds (aufgerufen am 06.03.2022).

59 Das Buch erschien in zahllosen Ausgaben und Auflagen. Aktuell ist das Gesamtwerk Erich von Dänikens erhältlich im Kopp Verlag, Rottenburg. Im AMRA Verlag, mit dessen Verleger er seit den 1970er Jahren bekannt ist, veröffentlichte er Vorworte zu den Büchern *Flucht aus Eden* von Paul Wallis und *Hybride Menschen* von Daniella Fenton, die er für die Hörbuch-Fassungen auch selbst einsprach.

60 Das Buch erschien auf Deutsch in zahllosen Ausgaben und Auflagen. Aktuell sind die zu Lebzeiten Sitchins erschienenen Bücher erhältlich im Kopp Verlag, Rottenburg. Das umfassende Sammelwerk *Die Anunnaki-Chroniken*, und der Roman *Der König, der sich weigerte zu sterben*, die aus dem Nachlass herausgegeben wurden, liegen beide im AMRA Verlag vor, ebenso wie die einzige deutschsprachige Biografie über den Autor: *Zecharia Sitchin und der außerirdische Ursprung des Menschen*, verfasst von seiner engen Mitarbeiterin M. J. Evans, Hanau 2021.

3 Die Konföderation der Planeten oder Galaktische Konföderation

Die Leute aus dem Weltraum sagen, dass zunächst einmal bestimmte soziale und wirtschaftliche Reformen auf unserem Planeten stattfinden müssen, bevor wir so weit sind, wieder in die universelle Konföderation der Planeten aufgenommen zu werden.

– New York Dispatch, 1959 –

Eine eher spirituell orientierte galaktische Vereinigung hat sich auf ganz andere Weise in die Angelegenheiten der Menschheit eingemischt als die bisher beschriebenen Organisationen. Sie wurde mit Begriffen wie Konföderation der Planeten, Galaktische Konföderation und Konföderation des Lichts beschrieben. Im Gegensatz zur Galaktischen Föderation und dem Ashtar-Kommando, die dem Problem negativer außerirdischer Einflüsse eher auf militärische und interventionistische Weise begegnen, verfolgt die Konföderation der Planeten einen längerfristigen spirituellen Ansatz, der von Gewaltlosigkeit, kosmischem Bewusstsein, Bildung und Liebe geprägt ist. Um es kurz zusammenzufassen: Die »Konföderation« ist ein lockeres, nicht-interventionistisches, fast schon pazifistisches galaktisches Bündnis – ganz im Gegensatz zur »Föderation«, die straffer organisiert ist und über ein gemeinsames Militär verfügt, das ein direktes Eingreifen in galaktische Konflikte ermöglicht. Der Unterschied zwischen diesen beiden Vereinigungen lässt sich am besten verdeutlichen, indem man die interventionistische Politik der USA – einer straff organisierten Föderation selbstverwalteter Staaten mit einer gemeinsamen nationalen Armee – mit der Europäischen Union vergleicht, einer Konföderation von Nationalstaaten ohne gemeinsames Militär, die bei internationalen Konflikten folglich einen eher nicht-interventionistischen, pazifistischen Ansatz verfolgt.

Gabriel Green, Robert Renaud & die Konföderation der Planeten

Die erste öffentliche Erwähnung einer Konföderation der Planeten erfolgte am 13. Juli 1959, als ein Kontaktler namens Gabriel Green einen Kongress in Los Angeles organisierte und aus diesem Anlass von mehreren amerikanischen Zeitungen zitiert wurde. In *The York Dispatch* erschien folgendes Zitat von ihm: »Die Leute aus dem Weltraum sagen, dass zunächst einmal bestimmte soziale und wirtschaftliche Reformen auf unserem Planeten stattfinden müssen, bevor wir so weit sind, wieder in die universelle Konföderation der Planeten aufgenommen zu werden.«[1] In seiner Rede auf dem Eröffnungskongress der Amalgamated Flying Saucer Clubs of America, die er im Jahr 1957 gegründet hatte, erklärte Green die Probleme, mit denen die Erde konfrontiert ist, und die Ziele seiner Organisation folgendermaßen:

- Wir möchten dazu beitragen, ein besseres Verständnis und eine engere Zusammenarbeit zwischen den Menschen auf der Erde und den Außerirdischen im Weltraum zu schaffen;
- durch politisches und wirtschaftliches Handeln einen Beitrag dazu leisten, dass Aktivitäten zur Schaffung von Wohlstand für alle in die Wege geleitet werden;
- an der Schaffung einer »universellen Bruderschaft der ganzen Menschheit« und eines »Himmelreichs auf Erden« mitwirken.[2]

Green berichtete, er sei von Mitgliedern der Konföderation kontaktiert worden, die vom Planeten Korendor in einem Sternsystem namens Korena stammten.[3] Nach seiner Aussage lebten bereits Mitglieder der

Konföderation unter den Menschen und halfen dabei, ihr Bewusstsein auf eine höhere Ebene emporzuheben, um das »Himmelreich auf Erden« zu schaffen. Green schrieb über seine Kontakterfahrungen ein Buch mit dem Titel *Let's Face Facts about Flying Saucers* (»Sehen wir den Tatsachen über Fliegende Untertassen ins Auge«), in dem er berichtet, was er von den Außerirdischen erfuhr.[4] Übrigens war er damals nicht der Einzige, der behauptete, Kontakt mit Außerirdischen von einem Planeten namens Korendor gehabt zu haben.

Robert Renaud nahm als achtzehnjähriger Amateurfunker im Jahr 1961 Funkkontakt mit einer Gruppe von Außerirdischen auf, die ebenfalls behaupteten, von Korendor zu stammen. Dieser Planet gehöre zu einer mächtigen galaktischen Organisation, die immer wieder in die Geschicke der Erde eingreife. Renaud wurde mitgeteilt, dass es zwei der Erde positiv gegenüberstehende außerirdische Organisationen gäbe, die sich in ihre Angelegenheiten einmischten, um eine wünschenswerte Zukunft für die Menschheit zu schaffen, und dass beide Organisationen unsere Gesellschaft mit menschenähnlichen Agenten infiltriert hätten, die in großen Unternehmen und Regierungsinstitutionen tätig seien oder der allgemeinen Öffentlichkeit angehörten. Die erste dieser wohlwollenden Organisationen wird als Allianz der Vereinigten Welten – auch bekannt als Galaktische Föderation der Welten – bezeichnet. Sie erlaubt den Einsatz militärischer Gewalt, um positive Ergebnisse für Welten wie die Erde zu erzielen, die von negativen außerirdischen Gruppen bedroht werden. Die zweite positive Organisation ist die Konföderation der Planeten, auch Galaktische Konföderation genannt, die einen gewaltfreien Weg zur Lösung galaktischer Konflikte einschlägt.

Diese beiden positiven galaktischen Organisationen arbeiten zusammen, um der Erde bei der Befreiung vom Einfluss zweier negativer außerirdischer Allianzen namens Omeganer und Syndikat zu helfen, welche die Erde zur Führung eines Stellvertreterkriegs gegen die Galaktische Föderation und die Konföderation benutzen. Danach zu urteilen, wie Renaud das Verhalten dieser feindlichen Organisationen beschreibt, entsprechen sie ungefähr dem, was wir über das

Flying Saucer Club Blasts Earthlings For Doubts

LOS ANGELES, July 13, UPI— The Almalgamated Flying Saucer Clubs of America wound up its first annual convention with a blast at persons who doubt that "space people" and earthlings have met.

"Every new idea is met with ridicule," said Gabriel Green, 34, of Los Angeles, an ex-photographer who is director of the organization. "Television once was considered impossible."

Green maintains he has seen more than 75 space-ships in isolated areas near Los Angeles although, he said, he never personally met space people until the convention opened.

Shortly after the convention opened, he said, spacelings who looked almost exactly like earthlings were attending the meeting.

Green, who says he receives his information about outer space from other earthings who have met inter-planetary travelers, shrugged off a shaply-worded telegram he received from the National Investigations Committee on Aerial Phenomena.

'Carnival' Blasted

The telegram from Major Donald E. Keyhoe, U. S. Marine Corps (Ret.), director of N. I. C. A. P., said in part:

"Your carnival approach to the subject of unidentified flying objects is . . . off-setting serious work by N. I. C. A. P. and other . . . fact-finding U. F. O. groups."

The T. T. list of numerous lectures at the flying saucer convention included such topics as "Landing at Butte," "Universal Vibration," "Aura Rhanes of Venus Speaks" and "Spiritual Significance of Space Ships."

A number of the speakers here have told of their frequent rides into space and back aboard spaceships.

Meanwhile, Green, in his publication "Thy Kingdom Come," outlined the purpose of the flying saucer organization:

—"To help create greater understanding and co-operation between the people of earth and the people of space."

—"To help initiate, through political and economic action, the procedures for providing abundance for all."

—"To help establish 'the universal brotherhood of all mankind' and 'the kingdom of heaven on earth.' "

John Believer Talks

In his publication, Green said he learned of "a wonderful future for our planet" after "several interviews" with a man whom he called John Believer.

He said the man he called Believer "wore a beard and had long, wavy hair to his shoulders. He looked to be about 30 to 33 years of age."

According to Green, space people can help earthlings solve their problems because space people are more advanced.

"This is proven by the fact that they have achieved inter-planetary travel," he said.

One of the main ways to equal the level of the space people, he said, is to form what he termed "God's political party."

He suggested naming this organization the Economic Security Party "since nearly all of our problems are in some way directly connected with economics or the lack of security in the lives of our people."

He added:

"The space people tell us that before we are ready to be received back into the universal confederation of planets, certain social and economic reforms on our planet are necessary."

The York Dispatch
York Pennslvannia
13 July 1959. p.7.

(Bitte beachten: Die Konföderation der Planeten wird am Ende des Artikels erwähnt.)

Abb. 8. Erste öffentliche Erwähnung der Konföderation der Planeten.

Draco-Imperium (Omeganer) und das Orion-Kollektiv (Syndikat) wissen. Renaud erklärt, dass diese beiden negativen Gruppierungen nicht nur die Ressourcen der Erde für ihren eigenen Bedarf abbauen, sondern auch die Streitkräfte der Erde als Söldner für ihre galaktischen Konflikte rekrutieren wollen.

> »Die Omeganer [Draconer] erschaffen eine leidenschaftslose, gefühllose Militärmacht, um interstellare Kriege zu führen und Welten zu erobern. Ein Teil dieses Prozesses besteht darin, die Menschheit gegenüber den Schrecken des Krieges zu desensibilisieren. Die Terroristen von 9/11 hatten genau diese kalte, gefühllose, fast roboterhafter Entschlossenheit, der Welt Tod und Zerstörung zu bringen, die die Omeganer uns als Spezies einimpfen wollen. Diese Terroristen mögen ihre Tat damals im Namen ihrer Religion begangen haben; doch das Ziel besteht darin, die Menschen zu gefühllosen Gewalt- und Eroberungsmaschinen zu machen, die keine anderen Beweggründe kennen als eine unstillbare Gier nach Macht.«[5]

Bezeichnenderweise hat William Mills Tompkins etwas sehr Ähnliches über die Schaffung einer menschlichen Stellvertretertruppe gesagt, die »interstellare Kriege führen und Welten erobern« könnte. Genau das tue das Imperium der Draconer (Ciakharr) mit Hilfe seiner deutschen Stellvertreter in der Antarktis:

> »Heiliger Strohsack, das alles ging weit darüber [Welteroberung] hinaus! Noch einmal: Was wir gerade darüber berichtet haben, war nur die Spitze des Eisbergs. Die Reptiloiden taten das Gleiche auch schon auf den Planeten anderer Sterne in diesem ganzen Bereich der Galaxis … Es war ein groß angelegtes Programm. Die Mission [der Nazis/Reptiloiden] bestand darin, die Herrschaft über den Planeten zu übernehmen, alle Bewohner umzubringen, die ihnen Probleme bereiteten, und die anderen zu versklaven. Alle auf eurem Planeten. [Die] zweite Phase bestand darin, den Planeten mit großen Schwadronen von UFOs zu verlassen, nachdem ihr sie alle gebaut hattet, und das Gleiche mit den Planeten anderer Sterne zu tun.«[6]

Renauds Berichten zufolge war die Konföderation so hundertprozentig von gewaltfreien Lösungen überzeugt, dass sie selbst dann, wenn sie Vorteile in der Anwendung militärischer Gewalt zur Lösung eines galaktischen Konflikts sah, bestenfalls indirekt intervenierte, um eine Militäroperation der Galaktischen Föderation zu unterstützen. In Beantwortung einer Frage von Gabriel Green erklärten die Korendorer die gewaltfreie Politik der Konföderation, die – außer in schwerwiegenden Fällen von planetarischem Völkermord – eher kapitulieren würde, als unmittelbar militärisch einzugreifen, folgendermaßen:

> »Sicherlich müsste die Provokation, die sie zum Handeln zwingen würde, wesentlich schwerwiegender sein als ein Vorfall, der die Allianz [Föderation] zu einer Reaktion veranlassen würde; und wenn sie die Wahl hätten, würden sie normalerweise eher eine Kapitulation erwägen, sofern sich dadurch Gewalt vermeiden ließe. Sie würden niemals einen Vergeltungsschlag in Erwägung ziehen, so wie wir ihn auf dem Sirius-Hauptquartier-Planeten der Omeganer [Draconer] durchgeführt haben; und in den meisten Fällen würden sie auch nicht zurückschlagen, es sei denn, eine Welt der Konföderation wäre in unmittelbarer Gefahr, völlig zerstört zu werden. Wir haben ihre Waffen noch nie im Einsatz gesehen, aber wir wissen, dass sie existieren.«[7]

Dieses gewaltlose Vorgehen der Konföderation der Planeten führte bei den Mitgliedern der Allianz/Föderation zu einer gewissen Verstimmung, wie aus folgendem Statement hervorgeht:

> »Die Konföderation ist nach wie vor fest entschlossen, jeden möglichen Weg zu einer gewaltfreien Lösung auszuloten, und lehnt weiterhin jede militärische Aktion oder Einmischung in die Angelegenheiten anderer Welten entschieden ab. Aus der Not heraus und in Anbetracht der traurigen Realität werden sie inzwischen jedoch auch ein bisschen pragmatischer und suchen nach geeigneten Wegen, um sich zu schützen. Wenn sie zu diesem Zweck einem Programm direkter – und notfalls auch gewaltsamer – Maßnahmen vonseiten der Allianz grundsätzlich zustimmen müssen,

dann werden sie auch auf ihre hochherzigen Prinzipien verzichten und eine solche Politik, zumindest indirekt, unterstützen.«[8]

Das Bemerkenswerteste an Renauds Informationen ist der Hinweis auf eine hochentwickelte intergalaktische Zivilisation/Organisation, die den Kampf zwischen positiven und negativen außerirdischen Organisationen um die Zukunft der Erde überwacht:

»Mir wurde enthüllt, dass diese ganze Konfrontation zwischen der Allianz, der Konföderation, den Omeganern und dem ›Syndikat‹ aus unbeteiligter Perspektive von einer hochentwickelten intergalaktischen Rasse beobachtet wird, die etwa achtzig Millionen Jahre älter ist als jede andere Zivilisation, der die Allianz jemals begegnet ist.

Unter dem Namen ›Die Moderatoren‹ (sie haben keinen offiziellen diplomatischen Kontakt angeboten und sich auch nicht vollständig identifiziert) kontrollieren sie den lokalen Galaxienhaufen schon seit mindestens fünfundsiebzig Millionen Jahren. Bis zum Beginn dieser Angelegenheit haben sie sich damit begnügt, sich im Hintergrund zu halten und die Aktivitäten der verschiedenen Völker und Organisationen in den Galaxien zu beobachten.

Sie haben zwar gelegentlich Spuren ihrer Anwesenheit hinterlassen, die Neugier wecken; doch erst vor kurzem haben sie sich allen Parteien gleichzeitig offenbart und die in meinem letzten Brief beschriebenen Grundregeln aufgestellt. Sie dienen als Schiedsrichter in dem zurzeit stattfindenden Konflikt und werden der Seite, die sich als Sieger erweist, die Herrschaft über diese Galaxis zusprechen.«[9]

Dieser Hinweis auf hochentwickelte außerirdische Rassen oder Organisationen, die als Schiedsrichter in Konflikten zwischen weniger weit fortgeschrittenen außerirdischen Zivilisationen fungieren und den Siegern in einem galaktischen Krieg die Herrschaft über Galaxien und Sonnensysteme zusprechen, ist höchst bemerkenswert. Kapitel 7 enthält nähere Informationen darüber, dass genau dies vor kurzem in unserem Sonnensystem geschehen ist.

In einer anderen Mitteilung erklärt Renaud, dass hochentwickelte außerirdische Spezies, die *nicht* der Galaktischen Föderation oder der Konföderation der Planeten angehören, an genetischen Aussaatprojekten beteiligt sind:

> »Nach Einschätzung der Allianz befinden sich 37 Prozent aller Welten mit intelligentem Leben auf oder über dem Niveau der Erde, und ungefähr drei Prozent stehen weit über dem Niveau der Allianz. Die meisten dieser drei Prozent wollen sich nicht mit der Allianz oder Konföderation verbünden. Sie stehen in loser Verbindung mit einer Organisation, die der Allianz Millionen von Jahren voraus ist, und haben sich früher mit der Aussaat anderer Welten beschäftigt.«[10]

In Kapitel 5 werde ich eine Intergalaktische Konföderation aus vierundzwanzig hochentwickelten außerirdischen Zivilisationen beschreiben, die an der intergalaktischen Aussaat menschlichen Lebens mitwirken und dessen Fortschritte überwachen; das entspricht in etwa dem, was Renaud in seinen Berichten beschrieben hat.

An dieser Stelle möchte ich hervorheben, dass Gabriel Green direkt mit Robert Renaud zusammengearbeitet hat, um mehr über die komplexe Situation auf der Erde und die verschiedenen außerirdischen Organisationen zu erfahren, die in das Schicksal der Erde eingreifen. Green war der Erste, der Renauds Informationen in seinen 1963 bis 1969 erschienenen Zeitschriften veröffentlichte; diese Artikel sind im Internet einsehbar.[11] Außerdem haben die Korendorer viele von Greens Fragen beantwortet; ihre Antworten wurden online in einem umfangreichen Kompendium mit dem Titel *The TerraKor Files* (»Die TerraKor-Akten«) zusammengestellt.[12]

Im Jahr 1989 stellte Green den Korendorern einige Fragen zu unserer aktuellen Politik und zur Gefahr künftiger Katastrophen. Die Antworten zeigen, dass sich an der Politik der Nichteinmischung der Konföderation der Planeten in den über zwanzig Jahren seit Beginn dieser Kommunikation im Grunde nichts geändert hat:

»*Frage Nr. 2:* Die Konföderation selbst ist nicht in der Lage, effektiv in eure Angelegenheiten einzugreifen, und zwar aus dem einfachen Grund, weil sie unerschütterlich und anscheinend unabänderlich an ihren Nichteinmischungs-Richtlinien festhält. Wir gehen nicht davon aus, dass sich an diesem Standpunkt in absehbarer Zukunft viel ändern wird. Wenn die Konföderation also beabsichtigt, zu euren Gunsten in euer Schicksal einzugreifen, so wird dies nicht vor, sondern erst nach einem verheerenden Ereignis auf der Erde geschehen. Dies wäre definitionsgemäß keine Einmischung in eine existenzfähige Kultur mehr, und ein solches Eingreifen wäre ihren Richtlinien zufolge erlaubt.«[13]

Robert Renaud veröffentlichte bis Ende August 2019 Updates auf seiner TerraKor-Website, die viele Daten über seine Kontakte und Kommunikationen mit den Korendorern seit dem Jahr 1961 enthält.[14]

Südamerikanische Kontaktpersonen & die Konföderation der Planeten

Ein Jahrzehnt, nachdem Green und Renaud begannen, über eine Konföderation der Planeten (Galaktische Konföderation) zu berichten, die in die Angelegenheiten von uns Menschen eingreift, begannen Kontaktpersonen aus Südamerika ebenfalls von einer Konföderation zu sprechen, die sich für die spirituelle Evolution und moralische Entwicklung der Menschheit einsetzt.

Der erste und prominenteste dieser Kontaktler war Sixto Paz Wells, der 1974 von Mitgliedern einer Konföderation angesprochen wurde, die er als »Galaktische Konföderation der Sterne« oder »Konföderation der Galaxis« bezeichnete. Er beschrieb diese Galaktische Konföderation der Sterne als gleichgesinnte außerirdische Zivilisationen, die miteinander kooperieren, um ihre Welten zu schützen und anderen Planeten höheres spirituelles Wissen zu bringen.

Die Konföderation wird von einem Rat der vierundzwanzig Ältesten geleitet, den Paz Wells folgendermaßen beschreibt:

»Der Rat [der vierundzwanzig Ältesten] besteht aus den höchsten Geistern [Spirits] von Wesen, die ein hohes Maß an Erleuchtung und Weisheit erreicht haben. Diese vierundzwanzig Meister aus verschiedenen Welten und höheren Entwicklungsebenen wurden von den Mentoren oder Bereichen mit der höchsten Autorität, dem Rat der Zentralgalaxis von Andromeda, ernannt – dem Rat der Neun von Andromeda, der für die Führung verschiedener Zivilisationen zuständig ist.«[15]

Dieser Hinweis auf einen Rat der Neun, der neben oder unter einem Rat von vierundzwanzig Ältesten arbeitet, wobei alle beide als übergeordnete Aufsichtsgremien oder Wächtergruppen für einen Zusammenschluss außerirdischer Welten fungieren, die Galaktische Konföderation, ist von großer Bedeutung. In späteren Kapiteln werde ich auf einen Rat der Neun eingehen, dem der berühmte Biophysiker Andrija »Henry« Puharich im Jahr 1952 zum ersten Mal begegnete. Außerdem werde ich erläutern, wie dieser Rat der Neun mit der von Paz Wells erwähnten Organisation zusammenhängt, und auch eine mögliche Verbindung zu einem Führungsrat vom Sternbild Andromeda herstellen.

Paz Wells berichtete, dass die Galaktische Konföderation einen wichtigen Stützpunkt auf dem Jupitermond Ganymed hat. Diese Rolle von Ganymed als Stützpunkt der Galaktischen Konföderation in unserem Sonnensystem ist ebenfalls sehr wichtig. In Kapitel 12 meines Buches werde ich auf drei Kontaktpersonen eingehen, die behaupten, zum Ganymed gereist und dort auf außerirdische Zivilisationen gestoßen zu sein.

In seinem Buch *The Invitation* (»Die Einladung«) beschreibt Paz Wells ein Treffen, das er mit Mitgliedern des Rats der vierundzwanzig Ältesten erlebt hat:

»Ihr werdet zusammen mit Hunderten anderer Missionare des Lichts von Organisationen und Strukturen befreit, die den Lehren der Liebe und des gegenseitigen Verständnisses im Weg stehen. Durch die Reinheit eurer Ideale wird heute eine neue Menschheit erschaffen. An diesem Tag seid ihr auf die Unterstützung der **tiefen Liebe des kosmischen Bewusst-**

seins getroffen. Erlaubt niemandem, der Spontaneität eures Dienstes Einschränkungen aufzuerlegen, seid wahrhaftig und arbeitet immer im Sinne der neuen Menschheit.«[16]

Diese Begegnung gibt uns eine klare Vorstellung davon, wie wichtig der Galaktischen Konföderation die Förderung der Entstehung eines »kosmischen Bewusstseins« bei den Mitgliedern von Zivilisationen ist, die sich noch im Frühstadium ihrer technologischen Entwicklung befinden. Paz Wells erklärt, wie die Konföderation den spirituellen Zustand der vielfältigen außerirdischen Zivilisationen sieht, die in unserer Galaxis und in anderen Regionen des Universums tätig sind:

»Nicht alle außerirdischen Rassen haben ein hohes spirituelles Entwicklungsstadium erreicht. Es gibt Rassen, deren Eroberungsdrang stärker ist als ihr Interesse, sich als Wesen weiterzuentwickeln. Die Raumschiffe der Konföderation waren immer in der Lage, die bereits entwickelten oder noch im Zustand der Entwicklung begriffenen Welten mit Hilfe spiritueller Fähigkeiten zu schützen, **deren Liebeskraft alles andere übertrifft.**«[17]

Die Macht einer transformativen Liebesethik scheint die treibende Kraft hinter den Aktivitäten der Galaktischen Konföderation zu sein. Die Idee, dass »spirituelle Fähigkeiten, deren Liebeskraft alles andere übertrifft«, Welten schützen und galaktische Konflikte lösen können, scheint eine praktische Anwendungsmöglichkeit der Liebesethik zu sein, wie sie von historischen Gestalten wie Jesus Christus gelehrt worden ist. An dieser Stelle möchte ich darauf hinweisen, dass auch Mahatma Gandhi und Martin Luther King Anfang bis Mitte des 20. Jahrhunderts eine praktische Einsatzmöglichkeit der Liebesethik entwickelt haben, um ausweglos erscheinende soziale und politische Konflikte zu lösen. Gandhi und King glaubten daran, dass Gewaltlosigkeit, persönliches Leid und Vergebung der Schlüssel zur Beilegung schwieriger Konflikte und zur Herbeiführung dauerhafter Lösungen sind.[18] Die Galaktische Konföderation überträgt diese praktische Anwendung der Liebesethik auf die galaktische Arena.

Obwohl die Galaktische Föderation der Welten und die Galaktische Konföderation voneinander getrennte Organisationen mit unterschiedlichen Vorgehensweisen und Überzeugungen zu sein scheinen, erkennen sie dieselben galaktischen Aufsichtsgremien an – den Rat der Neun und den Rat der vierundzwanzig Ältesten, auf die ich in Kapitel 4 eingehen werde. Die Föderation geht bei galaktischen Konflikten mit Zuckerbrot und Peitsche vor – sie belohnt eine Zivilisation, wenn sie sich dem universellen Gesetz entsprechend verhält, reagiert aber bei Verstößen mit militärischer Gewalt. Die Konföderation dagegen steht außerirdischen Zivilisationen, die gegen das universelle Gesetz verstoßen, toleranter gegenüber: Sie versucht allen Konfliktparteien zu helfen und die problematische Situation durch Gewaltlosigkeit, Mitgefühl, Vergebung und Liebe zu transformieren.

Sixto Paz Wells gründete eine Organisation mit dem Namen »Mission Rama«, die sich in den 1970er und 1980er Jahren in ganz Südamerika schnell ausbreitete, nachdem ein prominenter spanischer Journalist, JJ Benitez, in mehreren großen Zeitungen zu jener Zeit positiv über seine Kontakterlebnisse mit Außerirdischen berichtet hatte.[19] Nach einer Umstrukturierung, nötig geworden durch den Weggang von Wells, wurde die Organisation in »Mission Rahma« umbenannt und ist heute noch aktiv. Sie bietet Schulungsseminare und spirituelle Retreats für Menschen an, die an außerirdischen Kontakten interessiert sind. Die Organisation sieht sich selbst folgendermaßen:

> »Mission Rahma ist eine Kontaktbrücke zwischen außerirdischen Zivilisationen und uns Menschen. Diese verbindende Erfahrung ist ein Versuch der Menschheit, sich selbst zu retten, und zwar mit Hilfe der einzigen Kraft, die eine Transformation in unseren Inneren und im gesamten Universum bewirken kann: der Liebe. Aus diesem Grund sagen wir, dass Rahma gleichbedeutend mit Liebe ist. Das Wort Rahma bedeutet »Sonne auf Erden« (Ra = Sonne, Ma = Erde und h = die von der Menschheit geschaffene Verbindung). Das bedeutet, ein Leuchtfeuer des Lichts zu sein, das unserem Planeten den Weg weist. Rahma ist eine Kontaktgruppe, vor allem aber eine Mission für unseren Planeten und für uns selbst.«[20]

Auf der Webseite von Mission Rahma wird die Konföderation der Planeten wie folgt beschrieben:

> »Dabei handelt es sich um einen freiwilligen Zusammenschluss der galaktischen Planeten in der Milchstraße – eine Vereinigung all jener Planeten, die einen hohen Evolutionsgrad erreicht haben«.[21]

Ein weiterer prominenter südamerikanischer Kontaktler ist der Architekt Luis Fernando Mostajo Maertens. Auch er hat darüber geschrieben und gesprochen, welche Rolle die Konföderation der Planeten bei der Evolution der Menschheit spielt:

> »Es ist eine Mission der Kontaktaufnahme, denn die entwickelten Welten in dieser Galaxis, die die *Konföderation der Planeten* bilden, sehen nicht nur die Veränderungen auf der Erde, sondern in der gesamten Galaxis. Sie behaupten, dass dieser Planet, so wie wir ihn kennen, seine Entwicklung noch nicht abgeschlossen hat. Er ist immer noch dabei, sich zu transformieren, und es ist unsere Aufgabe, bei dieser Transformation unseres Planeten eine Rolle zu übernehmen. Erstens behaupten sie, dass das ganze Universum aus reiner Energie besteht, und zweitens, dass diese Energie in dynamischer Weise auf alle Sterne in der Galaxis einwirkt, die ständig Informationen übertragen. Das Universum, so wie wir es nachts sehen, konstituiert sich selbst zum universellen Bewusstsein.«[22]

Wie Sixto Paz Wells und andere, die mit Mission Rahma zu tun haben, betont auch Luis Fernando die Bedeutung des kosmischen Bewusstseins und weist darauf hin, dass die Konföderation der Planeten dieses Bewusstsein bei Welten wie unserer, die sich noch in der Entwicklung befinden, so weit wie möglich fördert.

Ein weiteres wichtiges Element in den schriftlichen Berichten von Luis Fernando und anderen südamerikanischen Kontaktpersonen ist die Bedeutung, die sie »Meistern der Weisheit«, »Aufgestiegenen Meistern« oder »Ältesten« beimessen – Wesen, die bei der Entwicklung des kosmischen Bewusstseins mithelfen können. Diese »Meister« werden in Werken, die Anfang der 1900er Jahre von der Theosophischen Gesellschaft herausgegeben wurde, ausführlich vorgestellt. Ein gutes Beispiel dafür ist die von Baird T. Spalding verfasste Buchreihe *Leben und Lehren der Meister im Fernen Osten*, in der die Aktivitäten und Philosophien dieser Meister, die dem kosmischen Bewusstsein und der universellen Liebe große Bedeutung beimessen, genau beschrieben wurden.[23] In einer Präsentation anlässlich einer im Jahr 2008 stattgefundenen Konferenz, in der er seine Begegnung mit einem dieser »Ältesten« am Titicacasee beschrieb, sagte Luis Fernando:

> »Ich konnte diese Ältesten, die sehr, sehr alt sind, kennenlernen und mich in ihre Gemeinschaft integrieren. Sie sind die Hüter der menschlichen Geschichte. Heute haben sie die Tore geöffnet, damit diese Weisheit und dieses Wissen die Menschheit erreichen können … Das habe ich auf meinen Reisen zum inneren Zufluchtsort des Titicacasees erlebt. Es sind die Inseln des kleinen Sees. Dort befindet sich einer der Durchgänge zum inneren Zufluchtsort. Da ist die eigentliche Paititi, die verlorene Stadt, die Ewige Stadt, die unter der Oberfläche des Sees liegt …«[24]

Deshalb führt Luis Fernando in seinem Retreat am Titicacasee in Bolivien regelmäßig Initiationen und Workshops zur Anhebung des Bewusstseins auf eine höhere Ebene durch.

Eine andere südamerikanische Kontaktperson namens Enrique Castillo Rincón berichtet sehr anschaulich von einer Begegnung mit einem solchen Meister der Weisheit, die ein Außerirdischer von den Plejaden ihm vermittelt hatte. Zur Zeit seiner physischen Kontakte, die im Jahr 1973 begannen, reiste Rincón in seiner Tätigkeit als Bauingenieur viel durch Südamerika und arbeitete an großen Bauprojekten mit. Aufgrund seines beruflichen Hintergrunds war es für ihn sehr riskant, an die Öffentlichkeit zu gehen, weil seine Aussage möglicherweise von Kritikern ins Lächerliche gezogen oder entkräftet werden könnte. Dennoch hielt Rincón seine Erfahrungen für so wichtig, dass er beschloss, der Welt darüber zu berichten und dafür notfalls auch seine Karriere aufs Spiel zu setzen. Im Jahr 1995 erschien – fast zwei Jahrzehnte nach seinen Begegnungen mit Außerirdischen – die spanische Ausgabe seines Buchs *Die große Morgendämmerung der Menschheit: Das Treffen mit anderen Intelligenzen.*[25]

Rincón erklärt, dass er und andere menschliche Kontaktpersonen (insgesamt vierundzwanzig) bei einem seiner Kontakterlebnisse an einen abgelegenen Ort in den Anden gebracht und zu Botschaftern ausgebildet wurden, um uns Menschen auf die Wahrheit über außerirdisches Leben vorzubereiten. Ein wichtiger Bestandteil dieser Schulung war die Entwicklung einer höheren Ethik und eines höheren Bewusstseins, in der sie von den außerirdischen Besuchern unterwiesen wurden. Rincóns Informationen zufolge bildete die Konföderation der Planeten eine Gruppe ausgewählter Menschen für den offenen Kontakt aus: Sie sollten zu Botschaftern für eine Zeit werden, an dem die Welt die Wahrheit erfahren würde.

Rincón und die anderen Kontaktpersonen wurden nicht nur darin geschult, über technische und historische Details aus der Welt der Außerirdischen zu berichten, sondern ihnen wurde auch ein tieferes Verständnis für die Entwicklung eines kosmischen Bewusstseins vermittelt. Die Außerirdischen, mit denen Rincón zusammenarbeitete, arrangierten für ihn und andere Kontaktler ein Treffen mit einem »Meister der Weisheit«. Dieser von Rincón sehr anschaulich beschriebene Vorfall zeigt, dass die Konföderation der Planeten ihre Kontaktpersonen in der Entwicklung eines höheren Bewusstseins schult, indem sie sie mit hochentwickelten Wesen zusammenbringt, die Liebe und Weisheit ausstrahlen. Rincón war von seiner Ausbildung her Ingenieur und wusste daher nichts von der damals auf dem Buchmarkt erhältlichen Literatur über Aufgestiegene Meister oder Meister der Weisheit, und das macht den von ihm beschriebenen Vorfall noch erstaunlicher.

Er und die anderen Kontaktler, die zu Botschaftern der Außerirdischen ausgebildet wurden, trafen also in den Anden mit einem dieser Meister der Weisheit zusammen. Es ist schon ziemlich paradox, dass die Plejader einen Erdbewohner mit einem menschlichen Meister der Weisheit in Kontakt bringen mussten, an dessen Existenz Rincón sonst vermutlich gar nicht geglaubt hätte! Doch da Rincón von der technologischen Überlegenheit der Plejader so beeindruckt war, ging er naturgemäß davon aus, dass alles, was sie ihm mitzuteilen hatten, für den Rest der Menschheit von enormer Wichtigkeit sein würde. Die Plejader* dagegen wollten Rincón und den anderen Kontaktlern klarmachen, dass die außerplanetarischen Besucher der Erde sich nicht für die am höchsten entwickelten Wesen hielten; und so machten sie Rincón mit jemandem bekannt, der auf der Evolutionsleiter noch viel weiter oben stand – einem menschlichen Meister der Weisheit, der in den Anden lebte.

Rincón berichtet, was geschah, als er und die anderen Kontaktpersonen in eine Höhle hoch oben in den Anden gebracht wurden:

> »Der Lehrer [ein Außerirdischer] näherte sich dem Eingang eines in den Fels gehauenen Tunnels und faltete zweimal die Hände. Dann zog er sich an eine Seite der Höhle zurück, und das erstaunlichste Wesen, das ich je gesehen habe, erschien auf der Bildfläche. Wir waren sprachlos. Dieses Wesen sah genauso aus wie der große Meister Jesus. Mir kam sofort der Gedanke, dass die Plejader uns hierher gebracht hatten, damit wir Jesus Christus begegneten, der wieder auf die Erde gekommen war, um seine Prophezeiungen zu erfüllen …«[26]

Als der Meister der Weisheit zu Rincón und den anderen sprach, versuchte er sie zuallererst von dem Glauben abzubringen, er sei Jesus Christus:

> »Ich bin nicht der, für den ihr mich haltet. Ich habe tausend Namen, gebt mir irgendeinen, und Ich Bin Es. Ich bin älter als ihr, nicht an Alter, aber

* Häufig wird im Deutschen statt »Plejader« die Bezeichnung »Plejadier« verwendet. Dabei handelt es sich um einen Übersetzungsfehler; zwar ist im Englischen von »Pleiadians« die Rede, mit einem »i« hinter dem »d«, aber die Endung »-ian« wird in der deutschen Sprache korrekt mit »-er« wiedergegeben. Ähnlich verhält es sich mit dem englischen Begriff »Draconian«, der deshalb nicht mit »Drakonianer«, sondern korrekt mit »Draconer« übersetzt wird. Ein Beispiel für eine solche Fehlübersetzung in der Populärkultur ist »Conan der Cimmerer«, der früher im Deutschen oft fälschlich als »Cimmerianer« bezeichnet wurde. – *Anmerkung des Verlags*

an Wissen … Mein Name ist Alter, denn ich bin die Zeitalter und die Zeit. Ich bin Weisheit, und mein Name ist Weisheit. Ich besitze 35 Prozent der universellen Weisheit.«[27]

Das Individuum, das Rincón beschrieb, stand einfach vor der Höhle und strahlte ein enormes Energiefeld der Liebe und Weisheit aus. Das brachte Rincón zu der Überzeugung, dass es sich bei ihm nur um ein hochentwickeltes Wesen wie den in der christlichen Literatur beschriebenen Jesus handeln konnte. Doch der »Meister der Weisheit« redete ihm diese Vermutung einfach aus: »Ich bin nicht der, für den ihr mich haltet.« Seine Behauptung, »35 Prozent der universellen Weisheit« zu besitzen, zeigt, wie hochentwickelt dieser besondere Meister ist; daraus geht aber auch hervor, dass es noch viel weisere Wesenheiten im Universum gibt.

Das führt mich zu einer anderen Informationsquelle über die Konföderation der Planeten und die große Bedeutung, die diese Konföderation der Entwicklung und Pflege des kosmischen Bewusstseins beimisst.

Das Gesetz des Einen & die Konföderation der Planeten

Zu den zuverlässigsten Quellen über eine »Galaktische Konföderation« oder »Konföderation der Planeten« gehört das Material über das *Gesetz des Einen* (»The Law of One«), das in fünf Büchern zusammengefasst wurde. Dabei handelt es sich um Transkriptionen von Channeling-Sitzungen, die von 1981 bis 1984 stattfanden und an denen der Physikprofessor Don Elkins, das Trancemedium Carla Rückert und ein Mann namens Jim McCarthy mitwirkten, der diese Sitzungen organisierte. Elkins stellte eine Reihe tiefgründiger Fragen und erhielt darauf Antworten, die Rückert von einem außerirdischen Kollektiv channelte, das sich als »sozialer Erinnerungskomplex Ra« [»Ra social memory complex«] bezeichnete. Es war ein sehr hoch entwickeltes kollektives Bewusstsein der sechsten Dichte.[28]

Ra beschrieb eine positive Gruppierung von Außerirdischen als »Confederation of Planets in the Service of the Infinite Creator«, also eine »Konföderation von Planeten im Dienst des Unendlichen Schöpfers«, die Mitglieder aus über fünfzig hochentwickelten Zivilisationen umfasste, wobei in der deutschen Übersetzung des Materials durchgängig von einem »*Bündnis* der Planeten« die Rede ist:

»**Ra:** Ich bin eines der Mitglieder des Bündnisses [im Original: confederation = Konföderation] der Planeten im Dienst des Unendlichen Schöpfers. Es gibt ungefähr dreiundfünfzig Zivilisationen, die ungefähr fünf Hundert planetare Bewusstseinskomplexe umfassen, in diesem Bündnis [dieser Konföderation]. Dieses Bündnis [diese Konföderation] beinhaltet diejenigen von eurem eigenen Planeten, die Dimensionen jenseits eurer dritten erreicht haben. Es umfasst planetare Wesen innerhalb eures Sonnensystems, und es enthält planetare Wesen aus anderen Galaxien. Es ist ein wahres Bündnis [eine wahre Konföderation], insofern, als dass seine Mitglieder nicht ähnlich sind, sondern verbündet im Dienst nach dem Gesetz des Einen.«[29]

Bezeichnenderweise werden im Ra-Material auch Mitglieder von der Erde erwähnt, die höheren Dichten/Dimensionen angehören als unsere eigene Existenz in der dritten Dichte. Vermutlich sind damit im Inneren der Erde lebende Zivilisationen und die Überlebenden von irdischen Katastrophen gemeint, denen es gelungen war, in ihren jeweiligen historischen Epochen die Fähigkeit der Raumfahrt zu entwickeln, so dass sie sich rechtzeitig in Sicherheit hatten bringen können.

Als Elkins eine Frage über die Entstehung der Konföderation stellte, erhielt er eine sehr aufschlussreiche Antwort:

»Fragesteller: Ich danke dir sehr. Kannst du mir schildern, wie das Bündnis [die Konföderation] der Planeten gegründet wurde und warum?

Ra: Ich bin Ra. Das Verlangen zu dienen beginnt, in der Dimension von Liebe oder Erkenntnis, ein überwältigendes Ziel des sozialen Erinnerungskomplexes zu sein. Deswegen fanden sich diese Perzentile

> von planetaren Wesen, plus ungefähr vier Prozent mehr von jenen, deren Identität wir nicht aussprechen können, vor langer, langer Zeit in eurer Zeit, auf der Suche nach der gleichen Sache: Dienst an Anderen. Als sie ein Verständnis anderer Wesen, anderer planetarer Wesen und anderer Konzepte von Dienst betraten, lag die Beziehung zwischen diesen Wesen im Teilen und gemeinsamen Verfolgen dieser gemeinsam getragenen Ziele von Dienst. Auf diese Weise platzierte jeder freiwillig die sozialen Erinnerungskomplex-Daten in das, was du als einen zentralen Gedankenkomplex betrachten könntest, der allen zur Verfügung steht. Dies erschuf dann eine Struktur, der zufolge jedes Wesen in seinem eigenen Dienst arbeiten konnte, während es alle anderen Erkenntnisse aufruft, die benötigt werden, um den Dienst zu verbessern. Dies ist der Grund für die Gründung und die Arbeitsweise des Bündnisses [der Konföderation].«[30]

Hier liegt das Schwergewicht auf der Entwicklung einer Liebesethik, die aber nicht nur auf Einzelne, sondern auf planetarische Kollektive angewendet wird. Auf diese Weise wurde die Liebesethik zum Leitprinzip für viele verschiedene planetarische Zivilisationen, die sich zu einer Konföderation zusammenschlossen; und so praktizieren die Mitglieder der Konföderation in ihrem Umgang miteinander und mit anderen Zivilisationen (beispielsweise auf der Erde) eine Ethik der Liebe und des »Dienstes an Anderen«. Dieser Wunsch, anderen zu dienen, ist laut dem *Gesetz des Einen* der wichtigste philosophische Unterschied darin, wie verschiedene planetarische Zivilisationen miteinander umgehen: Die Welten, die den »Dienst an Anderen« praktizieren, treiben die Weiterentwicklung der Zivilisationen auf anderen Welten voran, indem sie »Liebe und Licht« verbreiten, während diejenigen, die den »Dienst am Selbst« praktizieren, primitivere Welten wie die Erde zu ihrem eigenen Vorteil auszubeuten versuchen.

Die im *Gesetz des Einen* erwähnten Außerirdischen, denen es nur um ihre eigenen Interessen geht, sind die »Orion Crusaders« – Kreuzritter von Orion, auch als Orion-Kollektiv bekannt.

»Fragesteller: Ich weiß nicht, ob das eine kurze Frage ist oder nicht, deshalb können wir sie bis zum nächsten Mal zurückstellen, aber meine einzige Frage ist, warum die Kreuzfahrer von Orion – warum sie das tun. Was … was ist ihr letztendliches Ziel? Das ist wahrscheinlich zu lang, um es zu beantworten.

Ra: Ich bin Ra. Dies ist nicht zu lang für eine Antwort. Dem Selbst zu dienen, ist allen zu dienen. Der Dienst am Selbst, wenn [er] in dieser Perspektive betrachtet [wird], erfordert eine sich immer weiter ausdehnende Nutzung der Energien von Anderen für Manipulation zum Vorteil des Selbst mit Verzerrung zu Macht.«[31]

Das im *Gesetz des Einen* enthaltene gechannelte Material ermöglicht uns ein besseres Verständnis dafür, wie eine eher spirituell oder ethisch orientierte außerirdische Organisation wie die Konföderation der Planeten mit ihren Rivalen, den Kreuzrittern von Orion, in galaktischen Konflikten umgeht.

Zusammenfassend kann man sagen, dass gleich mehrere voneinander unabhängige Quellen von einer Konföderation der Planeten sprechen, die eine Ethik der Liebe praktiziert, Wert auf die Entwicklung eines kosmischen Bewusstseins legt, eng mit den »Meistern der Weisheit« kooperiert und bei der Lösung galaktischer Konflikte mit gewaltfreien Methoden arbeitet.

Dies unterscheidet die Konföderation der Planeten von der Galaktischen Föderation und dem Ashtar-Kommando, die eher militärisch ausgerichtet sind, in ihren jeweiligen Interaktionen mit negativen oder nur ihren eigenen Interessen dienenden außerirdischen Organisationen wie dem Orion-Kollektiv und dem Draco-Imperium.

Dadurch entsteht eine komplexe Dynamik zwischen den verschiedenen außerirdischen Organisationen – ein dynamischer Konflikt, der von einer noch höher entwickelten als den bisher erwähnten außerirdischen Organisationen beaufsichtigt wird: dem Rat der Neun.

Anmerkungen

1 »Flying Saucer Club Blasts Earthlings for Doubts«, *The York Dispatch* (York, Pennsylvania) vom 13. Juli 1959); p. 7.

2 »Flying Saucer Club Blasts Earthlings for Doubts«, *The York Dispatch* (York, Pennsylvania) vom 13. Juli 1959); p. 7.

3 Im Wikipedia-Eintrag zu Gabriel Green wird das Sternsystem stattdessen als Alpha Centauri bezeichnet; https://en.wikipedia.org/wiki/Gabriel_Green (aufgerufen am 06.11.2022).

4 Gabriel Green, *Let's Face Facts about Flying Saucers* (Popular Library, New York 1967).

5 Robert Renaud, »The TerraKor Files«; http://berkshire.net/~brenaud/HTML/Omegans.htm (aufgerufen am 13.12.2021).

6 William M. Tompkins, Robert Wood, Michael E. Salla: »Interview Transcript – US Navy Spies Learned of Nazi Alliance with Reptilian Extraterrestrials« vom 25. Februar 2016; https://exopolitics.org/interview-transcript-us-navy-spies-learned-of-nazi-alliance-with-reptilian-extraterrestrials/ (aufgerufen am 03.01.2022).

7 Die Fragen von Gabriel Green an Robert Renaud und die Korendorer sind abrufbar unter http://berkshire.net/~brenaud/arkay/ArKay_to_Green.htm#19890910-5 (aufgerufen am 08.12.2023).

8 Robert Renaud, »The TerraKor Files«, http://berkshire.net/~brenaud/HTML/Omegans.htm (aufgerufen am 13.12.2021).

9 Robert Renaud, »The TerraKor Files«, http://berkshire.net/~brenaud/HTML/Omegans.htm (aufgerufen am 13.12.2021).

10 Eine eMail von ArKay vom 15. Februar 2009 verweist auf den Artikel »Galaxy Has ›Billions of Earths‹« auf der Webseite der BBC. TerraKor Alliance-Terran Communication Center; http://berkshire.net/~brenaud/HTML/InTheNews1.htm#News3 (aufgerufen am 08.12.2023).

11 Die Artikel, die Robert Renaud für die Zeitschriften von Gabriel Green schrieb, sind online abrufbar unter http://berkshire.net/~brenaud/ (aufgerufen am 13.12.2021).

12 Die Fragen von Gabriel Green an Robert Renaud und die Korendorer sowie ihre Antworten sind einsehbar auf http://berkshire.net/~brenaud/arkay/ArKay_to_Green.htm#19890910-5 (aufgerufen am 08.12.2023).

13 Die Fragen von Gabriel Green an Robert Renaud und die Korendorer sowie ihre Antworten sind einsehbar auf http://berkshire.net/~brenaud/arkay/ArKay_to_Green.htm#19890910-5 (aufgerufen am 08.12.2023).

14 Sein Allianz-Terranisches Kommunikationszentrum »TerraKor« mitden entsprechenden Schriften ist zu finden auf http://berkshire.net/~brenaud/home.htm (aufgerufen am 12.12.2023).

15 Sixto Paz Wells, *The Invitation* (1st World Library 2000); p. 59.

16 Sixto Paz Wells, *The Invitation* (1st World Library 2000); p. 73.

17 Sixto Paz Wells, *The Invitation* (1st World Library 2000); p. 54.

18 Siehe Martin Luther King jr., *Strength to Love* (Pocket 1968) and Mohandas K.

Gandhi, *The Story of My Experiments with Truth* (Beacon Press 1948). – Dt. Ausgaben: *Kraft zum Lieben. Betrachtungen und Reden des Friedensnobelpreisträgers.* Verlag Friedrich Bahn, Konstanz 1964; und *Mein Leben oder die Geschichte meiner Experimente mit der Wahrheit.* C. H. Beck Verlag, München 2020.

19 Siehe »The Latin Connection to Extraterrestrials«; https://mothershipcafe.com/mission-rahma/ (aufgerufen am 03.01.2022).

20 Mission Rahma, »Questions and Answers: A Guide to the Mission«; http://www.exopoliticssouthafrica.org/download/mission_rahma_q_n_a.pdf (aufgerufen am 03.01.2022).

21 Siehe das Glossar auf der spanischen Webseite https://misionrahmaperu.org.pe/glosario/ (aufgerufen am 03.01.2022).

22 Luis Fernando Mostajo Maertens, »Extraterrestrial Guides: The Great White Brotherhood in the Andes & Lake Titicaca«, *Exopolitics Journal* 2:4 (2008); https://exopoliticsjournal.com/vol-2/vol-2-4-Fernando.htm (aufgerufen am 08.12.2023).

23 Baird T. Spalding, *Life and Teachings of the Masters of the Far East,* Vol. 1 (California Press 1924). – Dt. Ausgabe: *Leben und Lehren der Meister im Fernen Osten Band 1-3.* Schirner Verlag, Darmstadt 2020.

24 Luis Fernando Mostajo Maertens, »Extraterrestrial Guides: The Great White Brotherhood in the Andes & Lake Titicaca«, *Exopolitics Journal* 2:4 (2008); https://exopoliticsjournal.com/vol-2/vol-2-4-Fernando.htm (aufgerufen am 08.12.2023).

25 Enrique Castillo Rincón, *Ufos: A Great Dawn for Humanity: Being the True Story of a Contactee and His Encounter With Intelligent Beings Who Have Visited the Planet Earth* (Blue Dolphin Publishing 1997); p. 184. – Dt. Ausgabe: *Die große Morgendämmerung der Menschheit. Das Treffen mit anderen Intelligenzen.* Ancient Mail Verlag, Groß-Gerau 2003.

26 Enrique Castillo Rincón, *Ufos: A Great Dawn for Humanity: Being the True Story of a Contactee and His Encounter With Intelligent Beings Who Have Visited the Planet Earth* (Blue Dolphin Publishing 1997); p. 185. – Dt. Ausgabe: *Die große Morgendämmerung der Menschheit. Das Treffen mit anderen Intelligenzen.* Ancient Mail Verlag, Groß-Gerau 2003.

27 Enrique Castillo Rincón, *Ufos: A Great Dawn for Humanity: Being the True Story of a Contactee and His Encounter With Intelligent Beings Who Have Visited the Planet Earth* (Blue Dolphin Publishing 1997); p. 185. – Dt. Ausgabe: *Die große Morgendämmerung der Menschheit. Das Treffen mit anderen Intelligenzen.* Ancient Mail Verlag, Groß-Gerau 2003.

28 Die maßgebliche deutsche Seite ist https://dasgesetzdeseinen.wordpress.com/. Dort kann man auch unter dem Titel *Der Ra-Kontakt – Das Gesetz des Einen lehren* eine gedruckte Gesamtausgabe des Ra-Materials beziehen, wahlweise auch als eBook. Buch I bis V vom *Gesetz des Einen* kann man kostenlos als PDF lesen oder herunterladen auf http://llresearch.org/library/the_law_of_one_german/index.aspx (aufgerufen am 18. Dezember 2023)

29 »The Law of One«, https://www.lawofone.info/s/6#24 (aufgerufen am 03.01.2022). – Zitiert nach *Das Gesetz des Einen: Buch I,* Sitzung 6.24, Seite 121; wir danken Jochen Blumenthal für die Überlassung der deutschen Übersetzung.

30 »The Law of One«, https://www.lawofone.info/s/16#32 (aufgerufen am 03.01.2022). – Zitiert nach *Das Gesetz des Einen: Buch I*, Sitzung 16.32, Seite 213; wir danken Jochen Blumenthal für die Überlassung der deutschen Übersetzung.

31 »The Law of One«, https://www.lawofone.info/s/11#31 (aufgerufen am 03.01.2022). – Zitiert nach *Das Gesetz des Einen: Buch I*, Sitzung 11.31, Seite 165; wir danken Jochen Blumenthal für die Überlassung der deutschen Übersetzung.

4 Der Rat der Neun

[Gene:] Mit wem spreche ich? Hast du einen Namen?
[Tom:] Ich bin Tom. Ich bin der Sprecher des Rates der Neun.
In Wahrheit bin ich Tehuti. Ja. Ich bin auch Harmarkos,
ich bin auch Herenkar, ich bin bekannt unter dem Namen Thomas,
und ich bin bekannt unter dem Namen Atum.

– Gene Roddenberry befragt Tom vom Rat der Neun (1974) –

Bereits die altägyptische Urgottheit Atum galt in den Pyramidentexten des Alten Reichs als »Vorderster der großen Neunheit«. Die ersten Berichte über einen »Rat der Neun« gehen jedoch auf die paranormalen Forschungen eines amerikanischen Biophysikers namens Andrija »Henry« Puharich, zurück, der 1947 an der Northwestern University promovierte. Im Jahr 1948 gründete Puharich in Glen Cove, Maine, ein privates Forschungslabor namens Round Table Foundation, wo er mit verschiedenen Medien zu arbeiten begann. Das Besondere an Puharichs paranormalen Forschungen in den folgenden Jahrzehnten bestand darin, dass er mit Unterstützung wohlhabender Sponsoren Faradaysche Käfige baute, allseitig geschlossene Metallhüllen, die als elektrische Abschirmung dienten und in denen potenzielle Medien getestet werden konnten. Als Puharich entdeckte, dass ein Faradayscher Käfig die Leistung eines Mediums erheblich verbessert, hatte das amerikanische und französische Militär großes Interesse an dieser Erkenntnis.

Im Jahr 1952 stellte Puharich seine Forschungsergebnisse in einem Vortrag mit dem Titel *A Critique of the Possible Usefulness of Extrasensory Perception in Psychological Warfare* (»Eine Kritik der Nützlichkeit von außersinnlicher Wahrnehmung in der psychologischen Kriegsführung«) vor.[1] Der Anlass war eine Geheimkonferenz im US-Verteidigungsministerium. Puharichs paranormale Forschungen waren ein erstes Beispiel dafür, wie sehr der militärische Geheimdienst sich für die Frage interessierte, ob mediale Phänomene als Waffe und/oder zu geheimdienstlichen Zwecken eingesetzt werden könnten. Im Dezember 1952 lud Puharich ein indisches Medium namens Dr. D. G. Vinod in sein Labor ein, das behauptete, außerirdische Wesen zu channeln. Puharichs Biograf, H. G. M. Hermans, beschreibt, was sich daraufhin abspielte:

> »Als er [Vinod] den großen Saal betrat, geschah etwas Merkwürdiges. Ohne ein Wort zu sagen oder auch nur seinen Mantel abzulegen, ging er geradewegs in die Bibliothek, als wäre er schon einmal dort gewesen. Er setzte sich auf ein Sofa und versank sofort in Trance.
>
> Dann, genau um neun Uhr abends, ertönte eine tiefe, sonore Stimme aus seinem Mund – ganz anders als seine eigene hohe, sanfte Stimme –, die in perfektem, akzentfreiem Englisch sagte: »Hier spricht M. Wir sind Neun Prinzipien und Kräfte – Persönlichkeiten, wenn ihr so wollt –, die in vollständiger Vernetzung miteinander arbeiten. Wir sind Kräfte, und das Wesen unserer Arbeit besteht darin, die positiven, evolutionären und teleologischen Aspekte der Existenz in den Vordergrund zu rücken. Mit Teleologie meine ich nicht die Teleologie der Herkunft der Menschheit in einem multidimensionalen Konzept der Existenz. Teleologie soll hier im Sinn einer anderen Ontologie verstanden werden. Um es in einfachen Worten auszudrücken, legen wir unser Schwergewicht auf bestimmte Richtungen, die die Bestimmung der Schöpfung erfüllen werden. Wir schlagen vor, in einigen wichtigen Aspekten des Zusammenhangs zwischen Widerspruch und Gegensätzlichkeit mit euch zusammenzuarbeiten. Wir werden einen Teil eures Werks negieren und revidieren; und damit meine ich das Werk, das ihr präsentiert habt. Es geht darum, dass wir in einer ganz anderen Dimension beginnen wollen, auch wenn eure Arbeit selbst zu all dem geführt hat.

Ich weiß euer feines Gespür für die große Sache des Friedens, die die Erfüllung der finitesimalen Existenz ist, sehr zu schätzen. Friede ist nicht gleichbedeutend mit Abwesenheit von Krieg. Friede ist die integrale Frucht der Persönlichkeit. Wir haben alles vorbereitet, um euch zu nutzen und auf diese Weise zur Erfüllung zu führen. Friede ist ein Prozess und wird sich nur schrittweise offenbaren. Ihr besitzt ihn im Überfluss; damit meine ich die Geduld, die bei diesem großartigen Abenteuer so dringend gebraucht wird. Und heute, im Augenblick unserer Ankunft, beginnt die ereignisreichste und spektakulärste Phase eures Werks.«[2]

Damit begann eine neue Phase in Puharichs Leben und Forschungsarbeit. Puharich und eine kleine Gruppe anderer Leute versammelten sich zu den Round-Table-Sitzungen, um Dr. Vinods Channelings der »Neun Prinzipien und Kräfte« (den Rat der Neun) zu hören, die behaupteten, die alten Götter der ägyptischen Mythologie zu sein – die Enneade oder Neunheit (vom griechischen Wort »ennea« = neun).[3] Die ägyptische Enneade war der erste Schöpfungsmythos und beschrieb die neun Götter, die aus dem Einen hervorgingen, das zuvor aus der Leere entstanden war.[4]

Das nun folgende Zitat wird einem dieser ersten Round-Table-Gespräche mit den Neun zugeschrieben:

»Ich bin der Anfang. Ich bin das Ende. Ich bin der Botschafter. Aber die ursprüngliche Zeit, in der ich auf dem Planeten Erde war, liegt in eurer Zeitrechnung 34.000 Jahre zurück. Ich bin das Gleichgewicht. Und wenn ich sage: ›Ich‹ – dann meine ich damit, dass ich ein Abgesandter der Neun bin. Es stecke also nicht ich dahinter, sondern die Gruppe … Wir sind neun Prinzipien des Universums, doch zusammen sind wir eins.«[5]

Ende Januar 1953 kehrte Dr. Vinod nach Indien zurück, und Puharich begann mit einem Unterfangen, das sich schließlich zu einem zwanzigjährigen Projekt in Zusammenarbeit mit verschiedenen Medien entwickeln sollte. Das Ziel dieses Projekts bestand darin, die Kommunikation mit dem Rat der Neun wiederherzustellen, die Existenz dieser Wesenheiten zu bestätigen und ihre Lehren in die Welt hinauszutragen.

Puharichs neues Projekt wurde jedoch von der U.S. Army auf unsanfte Weise unterbrochen. Diese beschloss, seine vorherige Entlassung aus medizinischen Gründen im Jahr 1947 zu ignorieren und ihn im Februar 1953 in den Militärdienst zurückzuberufen, wo er als Captain im medizinischen Korps des Army Chemical Center in Maryland dienen sollte. Damit begann eine umstrittene Phase in Puharichs Leben, denn er wurde mit militärischen Forschungsprojekten zur chemischen, radiologischen und bakteriologischen Kriegsführung in Verbindung gebracht, die in der nahegelegenen Einrichtung Fort Detrick in Maryland stattfanden. Puharichs bahnbrechende Forschungsprojekte zu medialen Phänomenen waren als geheim eingestuft worden, und man verweigerte ihm die Sicherheitsfreigabe, die er brauchte, um seine Round-Table-Forschungsarbeit fortsetzen zu können – wenn er nicht der Armee beitrat. Diese Wende der Ereignisse führte dazu, dass er sich »mundtot« gemacht fühlte.[6] Er beschwerte sich in einem Brief über diese Situation:

> »Wenn die Absicht der Leute von der Army nicht darin bestand, meine Erfahrung zu nutzen, sondern meiner Arbeit in Maine Steine in den Weg zu legen, so haben sie sicherlich gute Arbeit geleistet. Obwohl mir klar ist, dass ich keine Sicherheitsfreigabe hätte bekommen können, wenn ich in der Army nicht unter 24-Stunden-Überwachung gestanden hätte, war das ein sehr hoher Preis für mich, den ich zahlen musste.«[7]

Puharichs Rekrutierung so kurz nach seinem Treffen mit Vinod und der Herbeiführung einer klaren Kommunikationslinie mit dem Rat der Neun und der Klassifizierung seiner medialen Forschungen war kein Zufall: Kaum war der Rat der Neun auf mysteriöse Weise in seinem Leben aufgetaucht und hatte ihm eine enge Verbindung zu höheren Lehren und zuverlässigen Informationen aus einer positiven außerirdischen Quelle ermöglicht, wollte die »andere Seite« – Außerirdische mit negativen Absichten – diese potenzielle Zusammenarbeit so schnell wie möglich beenden. Puharich für die U.S. Army zu rekrutieren schien ein raffinierter Weg zu sein, um dieses Ziel zu erreichen – ihn mundtot zu machen, wie er selbst sagte.

Nach Beendigung seines Armeedienstes im Jahr 1955 musste Puharich seine Round-Table-Organisation, die sich während seiner Abwesenheit aufgelöst hatte, erst mühsam wieder ins Leben zurückrufen. Er begann nach verschiedenen Medien zu suchen, mit denen er zusammenarbeiten konnte; doch leider konnte keine zuverlässige Verbindung zu den Neun mehr hergestellt werden. Die Medien, mit denen er arbeitete, litten unter vielen emotionalen und psychischen Problemen, was wiederum an die Möglichkeit denken lässt, dass eine externe Macht Puharichs Bemühungen sabotierte. Im Jahr 1971 lernte Puharich dann das damals erst 25-jährige israelische Medium Uri Geller kennen. Geller begann damals gerade Botschaften von einem Wesen zu empfangen, das sich »Spectra« nannte (angeblich ein mit Bewusstsein ausgestatteter Supercomputer auf einem Raumschiff). Puharich vermutete, dass diese Wesenheit mit den »Neun Prinzipien« in Verbindung stand, und das Wesen bestätigte ihn in dieser Annahme. Geller channelte Botschaften von Spectra/die Neun. Diese Botschaften »machten Puharich auf seine Lebensaufgabe aufmerksam, die darin bestand, die Welt mit Hilfe von Gellers Talenten vor einer bevorstehenden Massenlandung von Raumschiffen zu warnen, mit der Vertreter der Neun auf die Erde kommen würden«.[8]

Puharich brachte Geller in die USA, um ihn im August 1972 von Forschern des Stanford Research Institute (SRI) testen zu lassen, die sich mit paranormalen Phänomenen befassten. Diese Forscher veröffentlichten einen ausführlichen Bericht, in dem sie Gellers mediale Fähigkeiten bestätigten. Der Bericht des SRI löste eine heftige Kontroverse aus, und das *Time Magazine* veröffentlichte daraufhin einen diskreditierenden Artikel mit Kommentaren von zwei Wissenschaftlern aus dem Pentagon, die diesen Bericht widerlegten und Geller als Schwindler bezeichneten. Dennoch machte diese Kontroverse Geller und Puharich zu nationalen Berühmtheiten und führte schließlich dazu, dass sie im ganzen Land Vorträge an Universitäten halten durften. Prominente Wissenschaftler wie Dr. Tom Beardon nahmen Stellung zu der Kontroverse und wiesen darauf hin, welche Bedrohung die Erforschung medialer Phänomene für die Dogmen der materialistischen westlichen Wissenschaft darstellte, denn dadurch geriet die Macht, mit der die »Schattenregierung« die öffentliche Meinung manipulierte, ins Wanken:

> »Das, wozu Geller (und sehr bald auch andere) unter Laborbedingungen imstande war, stellte eine ungeheure neue Bedrohung für die Idee dar, dass der Mensch nur ein Roboter und das Gehirn nur ein aus Fleisch bestehender Computer ist. Das ›Phänomen Geller‹ und das rasch wachsende Interesse der Menschen an paranormalen Phänomenen verursachten einen enormen Aufruhr. Puharich bewegte sich mit souveränen Schritten durch diese plötzlich auf der Weltbühne entstehende Gegenkultur und wirkte geradezu elektrisierend auf die junge Generation – und das gleich auf mehreren Kontinenten. In manchen Kreisen artete die gegen Andrija gerichtete Bosheit und Gehässigkeit fast schon in Raserei aus.
>
> Doch insgeheim, hinter den Kulissen, war die Schattenregierung – die nicht dem Wahlvolk, sondern den Reichen dient, die die Welt beherrschen – besorgt. Ob die Schattenregierung die breite Masse der Bevölkerung unter Kontrolle halten kann, hängt davon ab, wie gut es ihr gelingt, sie vom Materialismus zu überzeugen und Gruppen gegeneinander auszuspielen, um die Menschen voneinander zu isolieren und auf diese Weise machtlos zu machen. Appelle an den spirituellen und moralischen Charakter des Menschen sind der größte Feind dieser Schattenregierung, denn sie führen immer wieder zur Vereinigung großer Gruppen, die nicht durch Dissonanz, sondern durch Harmonie zu politischer und wirtschaftlicher Macht gelangen. Und nun war da plötzlich ein aufstrebender junger Schamane, der in ihren Augen eine inakzeptable Bedrohung für den *Status quo* darstellte, weil seine Arbeit eine elektrisierende Wirkung hatte und die künstlichen Grenzen, die zwischen den Gruppen errichtet worden waren, niederriss.«[9]

Puharich schrieb daraufhin eine autorisierte Biografie über Geller mit dem schlichten Titel *Uri*, das im März 1974 zu einem internationalen

Abb. 9. Der Biophysiker Andrija »Henry« Puharich (links) mit dem israelischen Medium Uri Geller.

Bestseller wurde.[10] Puharichs Forschungsarbeiten und sein Buch *Uri* brachten Gellers Karriere in Gang und machten ihn zu einem internationalen Superstar unter den Medien. Doch mit der Zeit begann Geller Puharichs unermüdliche Bemühungen, die wissenschaftliche Welt durch rigorose Experimente von der Realität medialer Phänomene zu überzeugen, als ermüdend und frustrierend zu empfinden.

Im Juli 1974 beschloss Geller, die Zusammenarbeit mit Puharich und dem Rat der Neun zu beenden, woraufhin Puharich sich beklagte: »Die Liste der Menschen, die mit den Aeonen [dem Rat der Neun] Kontakt hatten, ist mittlerweile ziemlich lang, und doch hat keiner von ihnen sich ernsthaft dafür engagiert und Verantwortung dafür übernommen. Ich muss weitermachen!«[11] Aber der Zufall wollte es, dass Puharich nun einen anderen Kanal für die Botschaften des Rates der Neun fand, der über das nötige Engagement und die hierfür erforderliche emotionale Stabilität verfügte.

Phyllis V. Schlemmer, Geistheilerin und Medium, begann den Rat der Neun zu empfangen, als sie Puharich beim Umgang mit einem anderen Geistheiler namens »Bobby« half, der emotionale Probleme hatte. In einer dieser ersten Channeling-Sitzungen kommentierte »Tom« (T), der Sprecher des Rates der Neun, Puharichs (P) bereits zweiundzwanzig Jahre währende Bemühungen, die Kommunikation mit dem Rat wiederaufzubauen, nachdem er im Jahr 1952 Dr. Vinod begegnet war, mit den folgenden Worten:

»*T:* Du hast viele, viele Jahre lang mit uns gearbeitet, ohne dass es Beweise für unsere Existenz gab, und dafür werden wir dir ewig dankbar sein.

P: Ich scheine mich in einer seltsamen Situation zu befinden, denn ich habe keine Träume, keine Visionen und auch keine besonderen Erkenntnisse.

T: Du hast inneres Wissen.

P: Anscheinend verlasse ich mich einfach auf meinen Glauben.

T: Wissen ist Glaube. Wisse einfach, dass wir von nun an bei dir sein werden. Du wirst geführt, und du gehst in die richtige Richtung.«[12]

Nach einer weiteren Channeling-Sitzung mit Schlemmer am 20. Juli 1974 beschloss der britische Aristokrat und Millionär Sir John Whitmore, den Neun zu helfen, indem er künftige Forschungsprojekte sponserte. Die Gründe für Whitmores Entscheidung, die Neun mit seinen beträchtlichen finanziellen Mitteln zu unterstützen, beschreibt Puharichs frühere Frau und Biografin H. G. M. Hermans folgendermaßen:

»Am Morgen des 20. Juli 1974, nach einer weiteren Channeling-Sitzung, traf John Whitmore die Entscheidung, sich für das ›Management‹ – wie die Neun sich nannten – zu engagieren. Der Hauptgrund, der ihn davon überzeugt hatte, dass diese Botschaften kein gewöhnliches mediales Phänomen waren, sondern von einer externen Quelle stammten, war die Vielfalt und Tragweite der Informationen, die darin enthüllt wurden. Das Management hatte die Erde offensichtlich schon seit Jahrtausenden beobachtet. Seine Mitteilungen enthielten sehr viele Details über die Ursprünge und den Fortschritt der irdischen Zivilisation, die Ursprünge der Sprachen und Mythologien und die Rolle historischer Persönlichkeiten. Außerdem gab es eine ganze Kosmologie, die Informationen über fünf verschiedene außerirdische Zivilisationen, ihre inneren Beziehungen, ihre Technologie und über die Beziehung der Erde zu diesem kosmischen Schema umfasste. Das Management wusste über die aktuellen politischen Situationen und Ereignisse auf der Erde Bescheid und lieferte manchmal auch interessante Informationen darüber, was hinter den Kulissen vor sich ging.«[13]

So begann eine über zwanzigjährige Zusammenarbeit zwischen Schlemmer, Puharich und Whitmore, bei der es um den Rat der Neun und die seit 1974 von diesem Rat übermittelten umfangreichen Informationen ging.

Anfangs bildete Puharich den Mittelpunkt dieser Kooperation und dieser Sitzungen, doch im Laufe der Jahre änderte sich das – vor allem, nachdem sein Labor »Lab Nine« in Ossining am 7. August 1978 von zwei Brandstiftern in Schutt und Asche gelegt worden war. Nur dem Zufall war es zu verdanken, dass keine der dort lebenden Personen (darunter auch Familienangehörige von Puharich) zu Schaden gekommen waren. Puharich war fest davon überzeugt, dass die CIA die Brandstifter zu dieser Tat angestiftet hatte, um seine neuesten biophysikalischen Forschungsarbeiten zu vereiteln. Damals erforschte Puharich die Auswirkungen extrem niedriger Frequenzen (ELF – 3 bis 30 Hertz), die die Verteidigungs- und Geheimdienstorganisationen der Sowjetunion und der USA heimlich mit Hilfe gigantischer Funkanlagen durch die Erde sendeten. Beide Seiten testeten die ELF-Technologie gegen ihre jeweilige Bevölkerung und ihr Territorium. Dieser Missbrauch der Technologie, dem Nikola Tesla im Jahr 1899 mit seinem riesigen Vergrößerungssender in Colorado Springs (der die natürliche Resonanz der Erde zur Übertragung von ELF-Wellen nutzte) den Weg bereitet hatte, stand im Mittelpunkt eines Buches, das Puharich zu veröffentlichen versuchte – allerdings ohne Erfolg, da CIA-Agenten die potenziellen Verleger unter Druck setzten.[14] Puharich floh nach Mexiko, da er befürchtete, vor der Fertigstellung seines Buches ermordet zu werden. Dieser mit Hilfe von »Tesla-Technologie« geführte unerklärte Krieg endete erst mit einem geheimen Waffenstillstand, den Ronald Reagan und Michail Gorbatschow auf ihren Gipfeltreffen zur Abrüstung von Atomwaffen in Genf (1985) und Reykjavík (1986) vereinbarten.[15] Während der langen Abwesenheit Puharichs und der Schwierigkeiten, mit denen er zu kämpfen hatte, setzten Schlemmer und Whitmore die Channeling-Sitzungen mit dem Rat der Neun ohne ihn fort.

Puharich und die CIA

An dieser Stelle möchte ich kurz auf eine vernichtende Kritik an Puharich als CIA-Agent eingehen, die in dem einflussreichen Buch *The Stargate Conspiracy* (»Die Stargate-Verschwörung«) von Clive Prince und Lynne Picknett geäußert wurde, weil sich solche Behauptungen mit ziemlicher Sicherheit negativ auf die Rezeption meiner nachfolgenden Informationen über den Rat der Neun auswirken dürften.[16] Ich möchte daher nun die Meinung dieser beiden Autoren über Puharich und die CIA wiedergeben, die auch von vielen anderen Quellen für stichhaltig gehalten und ausführlich zitiert wurde:

> »Neuere Recherchen haben ergeben, dass Puharich eine ausgesprochen finstere Seite hatte. Als Militärarzt in den 1950er Jahren war er tief in das berüchtigte MKUltra-Projekt der CIA zur Gedankenkontrolle involviert … Zusammen mit dem berüchtigten Dr. Sidney Gottlieb experimentierte er mit verschiedenen Techniken zur Herbeiführung oder Veränderung von Denkprozessen … bis hin zur Erzeugung des Eindrucks, Stimmen zu hören. Zu diesen Techniken gehörten der Einsatz von Drogen, Hypnose und das direkte Einstrahlen von Funksignalen in das Gehirn der Versuchspersonen. Und bezeichnenderweise war Puharich mit dieser Arbeit genau zu der Zeit beschäftigt, als die Neun zum ersten Mal in der Round Table Foundation auftauchten. Von dieser Stiftung selbst ist inzwischen

bekannt, dass sie größtenteils vom Pentagon finanziert wurde und als Fassade für dessen medizinische und parapsychologische Forschungen diente. Puharich war Anfang der 1970er Jahre, als er Uri Geller aus Israel in die USA holte, noch für die CIA tätig.«[17]

Es steht fest, dass die CIA ein großes Interesse an Puharichs Untersuchungen zu paranormalen Phänomenen hatte, das bis zu seinem 1952 im Pentagon gehaltenen Vortrag und zur Klassifizierung seiner Forschungsarbeiten zurückreicht. Prince und Picknett behaupteten außerdem, dass Puharich an dem berüchtigten MKUltra-Programm zur Bewusstseinskontrolle mitwirkte. Somit wären die Channelings des Rates der Neun also ein Nebenprodukt einer psychologischen Operation von CIA und Pentagon gewesen.[18] Diese Behauptungen müssen genau unter die Lupe genommen werden, und eine objektive Analyse zeigt, dass sie nachweislich falsch sind.

An dieser Stelle möchte ich mit allem Nachdruck darauf hinweisen, dass Puharichs Erlebnisse mit Dr. Vinod, die sein lebenslanges Interesse am Rat der Neun weckten, ungeplant und spontan erfolgten und nicht auf ein Nebenprodukt psychologischer Kriegführung, sondern auf eine echte Kommunikation mit hochentwickelten außerirdischen Wesen (»höherer Dichte«) hindeuteten. Puharichs anschließende Rekrutierung in die U.S. Army im Februar 1953 – nur einen Monat nach Vinods Rückkehr nach Indien – sieht sehr nach einem Versuch aus, Puharichs bahnbrechende Forschungen auf dem Gebiet der medialen Kommunikation mit Außerirdischen entweder für die Zwecke der Armee zu vereinnahmen oder aber ihn zu stoppen. Es ist nicht schwer nachzuvollziehen, warum das Pentagon Puharichs unabhängige Kommunikation mit Außerirdischen unter Einsatz wissenschaftlicher Bedingungen wie beispielsweise eines Faradayschen Käfigs unterbinden und ihn in ein Geheimprogramm zur Erforschung solcher Phänomene aufnehmen wollte, denn so konnte es ihn kontrollieren und mundtot machen. Die ersten Jahre der Eisenhower-Administration (von 1953 bis 1961) waren für die Schaffung eines Rahmens geheimer Vereinbarungen mit verschiedenen außerirdischen Gruppen von großer Wichtigkeit. Das Letzte, was die Majestic-12-Gruppe wollte, war, dass unabhängige Wissenschaftler wie Puharich durch ihre Untersuchungen und ihre Kommunikation mit verschiedenen außerirdischen Gruppen, die nicht auf der Liste der außerirdischen Organisationen standen, die MJ-12 genehm waren, Unterstützung oder Bekanntheit erlangten.

Während seiner zweiten Dienstzeit in der U.S. Army als Captain (Februar 1953-1955) verfasste Puharich mehrere wissenschaftliche Fachartikel, die das offizielle Interesse des Pentagon an paranormalen Ereignissen und medialen Fähigkeiten bestätigten.[19] Am 16. März 1953 – nur wenige Wochen nach Antritt seines Dienstes bei der Armee – hielt er an der Aviation School of Medicine der U.S. Air Force in Randolph Field, Texas, einen Vortrag über *Researches in Decreasing or Increasing Telepathy* (»Forschungen zur Verringerung oder Verstärkung von Telepathie«). Zu einem späteren Zeitpunkt im selben Jahr, am 4. Dezember, hielt er in der Armour Research Foundation des Illinois Institute of Technology einen Vortrag über *A Physical Technique for Amplifying Telepathy* (»Eine physikalische Technik zur Verstärkung telepathischer Fähigkeiten«), und am 20. April 1954 referierte er im Army Chemical Center in Edgewood, Maryland, über *Biochemical Foundations for Extrasensory Perception* (»Biochemische Grundlagen für außersinnliche Wahrnehmung«). Woran Puharich während seiner restlichen Dienstzeit bei der U.S. Army arbeitete, geht aus einem Zeitungsartikel hervor, der in der Winterausgabe 1957 von *Tomorrow* unter dem Titel *Can Telepathy Penetrate the Iron Curtain?* (»Kann Telepathie den Eisernen Vorhang durchdringen?«) erschien.[20] Während seiner Dienstzeit in der Armee entwickelte und nutzte Puharich die Telepathie und andere paranormale Fähigkeiten für verschiedene militärische Einsatzmöglichkeiten, einschließlich der Informationsbeschaffung und Spionage.

Die Durchsicht von Puharichs umfangreicher Publikationsliste liefert keinerlei Hinweise darauf, dass er »mit verschiedenen Techniken zur Herbeiführung oder Veränderung von Denkprozessen« experimentierte, wie Picknett und Prince behaupten. Auch zeigte Puharich nie Interesse an traumabasierten Methoden der Gedankenkontrolle, wie sie in den berüchtigten MKUltra-Experimenten der CIA in Zusammenarbeit mit Dr. Sidney Gottlieb eingesetzt wurden, noch hat er Forschungsarbeiten dazu durchgeführt.[21] Eine solche Tätigkeit würde spezielle Fähigkeiten im Hinblick auf Schmerz und verschiedene Toleranzschwellen erfordern, die genutzt werden können, um angeborene menschliche Fähigkeiten zutage zu fördern. Puharich interessierte sich zwar für mediale Fähigkeiten und deren Verstärkung durch Methoden wie Faradaysche Käfige und psychedelische Pilze, zeigte aber nie Interesse an experimentellen Untersuchungen, die darauf abzielten, die Entwicklung solcher Fähigkeiten an unfreiwilligen Probanden oder mit Hilfe nicht einvernehmlicher Methoden zu fördern.[22] Folglich muss man Puharichs Forschungsarbeit über Telepathie und paranormale Fähigkeiten für die U.S. Army und als unabhängiger Forscher getrennt von dem betrachten, was die CIA in ihrem MKUltra-Programm praktizierte. Picknett und Prince lagen daher falsch: Man kann nicht einzig und allein aufgrund von Puharichs Zwangsrekrutierung für die Armee und der Ähnlichkeiten zwischen seiner Erforschung paranormaler Phänomene und den Aktivitäten der CIA davon ausgehen, dass er in deren Forschungsprojekte involviert war.

Zusammenfassend kann man sagen, dass die Armee Puharich zwar tatsächlich gezwungen hat, von 1953 bis 1955 an einer Reihe medizinischer Forschungsprojekte zur Erforschung und Verbesserung menschlicher paranormaler Fähigkeiten mitzuwirken. Es gibt aber keine Beweise dafür, dass er dabei mit unfreiwilligen Probanden gearbeitet oder nicht einvernehmliche Methoden eingesetzt hat. Zwar ist es durchaus möglich, dass er während seines Armeedienstes den Befehl erhielt, in irgendeiner offiziellen Funktion an MKUltra-Experimenten der CIA mitzuwirken, doch liegen auch keine Beweise dafür vor, dass dies auch tatsächlich geschehen ist. Zu Puharichs Verteidigung muss ich außerdem darauf hinweisen, dass er gegen seinen Willen zum Dienst in der Armee gezwungen wurde, indem seine Erforschung medialer Phänomene für geheim erklärt wurde, und dass er sich wirklich sehr darüber geärgert hat, in der Anfangsphase seiner Forschungsarbeiten auf diese Weise von der Armee mundtot gemacht zu werden. Nach seiner Entlassung aus dem Armeedienst im Jahr 1955 musste er sein Round-Table-Labor von Grund auf neu aufbauen und neue Finanzierungsquellen erschließen, was ihn bei seiner Erforschung paranormaler Phänomene um Jahre zurückgeworfen hat. Bei ihrer Behauptung, der Round Table sei lediglich ein Deckmantel für die Forschungsarbeiten des Pentagons zu paranormalen Fähigkeiten gewesen, übersehen Picknett und Prince die unbequeme Tatsache, dass Puharichs unfreiwillige Rekrutierung in die Armee in einer entscheidenden Phase seiner Tätigkeit ab 1953 zum Zusammenbruch des Round Table geführt hat.

Es stimmt, dass CIA- und Pentagon-Beamte sehr an medialen, paranormalen und außerirdischen Angelegenheiten interessiert waren und in den folgenden Jahrzehnten immer wieder versuchten, Puharich anzuwerben. Das war auch zu erwarten, da er als unabhängiger Forscher stets in prekären finanziellen Verhältnissen und ständig auf der Suche nach finanziellen Mitteln für neue Forschungsprojekte war. Und wie auch immer die Beziehung zwischen Puharich und der CIA seit 1952 aussah – fest steht, dass beide sich im Jahr 1978 nach dem Brand seines Labors in Ossining in erbitterter Feindschaft trennten.

Puharich musste nach Mexiko ziehen, um der CIA zu entkommen, die verhindern wollte, dass er den Missbrauch von Tesla-Technologien durch das Pentagon und die CIA in einem verdeckten Krieg mit der UdSSR aufdeckte. Im Jahr 1982 zitierte Puharichs frühere Ehefrau einen höchst bedeutsamen Kommentar aus Puharichs privatem Tagebuch über die Schwierigkeiten, die er mit der CIA hatte, und gab auch einen eigenen einen Kommentar darüber ab, was er anschließend tat:

> »Ich scheine gerade eine schreckliche vierjährige Lebensphase überwunden zu haben. Die CIA akzeptiert jetzt, dass das, was ich getan habe, richtig war, und hat mich gebeten, für sie zu arbeiten. Ich habe das Angebot abgelehnt. (Er sagte ihnen, er wolle nicht für Lügner, Diebe und Mörder tätig sein.)«[23]

Picknetts und Princes Buch *The Stargate Conspiracy* (»Die Stargate-Verschwörung«) will die Behauptungen, dass hochentwickelte außerirdische Intelligenzen mit der Menschheit kommunizieren und dabei medial begabte Menschen als Kanal verwenden, als falsch widerlegen. In Kombination mit falschen Prämissen und unrichtigen Schlussfolgerungen schadet eine solche »Entlarvung«, wie die Autoren sie in ihrer voreingenommenen Analyse von Puharichs Forschungsarbeiten versuchen, den Bemühungen um ein objektives, ausgewogenes Verständnis des realen Geschehens. Zwar gibt es in der Tat eine offizielle psychologische Kriegführungs-Kampagne, die die Öffentlichkeit im Hinblick auf das Thema »paranormale Fähigkeiten und Außerirdische« verwirren und ablenken möchte (und zwar durch fingierte Erfahrungsberichte, bei denen auf MKUltra-Gedankenkontrollopfer zurückgegriffen wird); doch das geschieht nur, um wahre Behauptungen über Kontakte mit Außerirdischen zu diskreditieren. Man sollte das Kind also nicht mit dem Bade ausschütten, wenn es um psychologische Operationen und deren schädliche Auswirkungen einerseits und mediale Fähigkeiten und außerirdische Kontakte andererseits geht. Offizielle Regierungsbehörden täuschen grundsätzlich ein gewisses Desinteresse an den Kontakten und Kommunikationen von Privatpersonen mit außerirdischen Intelligenzen vor.

Aber in Wirklichkeit untersuchen und studieren sie die Resultate solcher Begegnungen sehr genau[24] – und das ist auch nicht weiter verwunderlich, wenn man bedenkt, dass elektronische und andere herkömmliche geheimdienstliche Untersuchungsmethoden bei der Erforschung außerirdischer Besucher an ihre Grenzen stoßen und man daher alternative Informationsbeschaffungsmethoden braucht, um herauszufinden, was diese Besucher bei uns auf der Erde tun.

Heute wird der Rat der Neun mit großer Skepsis betrachtet, und das ist eine unmittelbare Konsequenz der fehlerhaften Recherchen von Picknett und Prince, auf denen ihr Buch *The Stargate Conspiracy* (»Die Stargate-Verschwörung«) beruht. Das ist sehr bedauerlich, und ich hoffe, dass meine vorangegangenen Ausführungen dem Leser helfen werden, den Rat der Neun und die Bedeutung seiner Informationen für unsere heutige Menschheit besser zu verstehen.

Phyllis V. Schlemmer und der Rat der Neun

Bei Schlemmers Channeling der Neun gibt es inzwischen drei bemerkenswerte neue Entwicklungen. Erstens wurden ihre ersten Sitzungen in einem Faradayschen Käfig durchgeführt, der sie vor störenden elektromagnetischen Frequenzen und negativen astralen und außerirdischen Einflüssen abschirmte. Diese störenden Einflüsse wurden im Laufe der Sitzungen schnell zum Problem, und der Faradaysche Käfig blockte sie wirksam ab, so dass die Kommunikation mit dem Rat der Neun ungestört weiterlaufen konnte. Der britische Journalist Stuart Holroyd, der Lab Nine in Ossining im Jahr 1975 besuchte, beschrieb den Faradayschen Käfig, in dem die Channeling-Sitzungen des Rates der Neun mit Schlemmer stattfanden, folgendermaßen:

> »Ihr Faradayscher Käfig ist ein 2,5 x 2,5 x 3,6 Meter großer rechteckiger Metallkasten, der innen mit Kupfer ausgekleidet ist, auf isolierenden Stützen steht und ein vollständiges elektrisches Vakuum enthält. Bei geschlossener Tür können keine elektromagnetischen Wellen in den Käfig eindringen, und das elektrische Umfeld innerhalb des Käfigs kann zu Versuchszwecken kontrolliert werden. Im Inneren des Käfigs befanden sich drei Stühle und ein Tisch, auf dem einige teuer aussehende Aufnahmegeräte und ein kleines tragbares Fernsehgerät standen. John demonstrierte die elektromagnetische Abschirmung des Käfigs, indem er den Fernseher einschaltete und die Tür des Käfigs langsam schloss. Das Bild blieb so lange auf dem Bildschirm, bis das Signal nur noch durch einen Spalt von ungefähr einem halben Zentimeter zu sehen war. Dann zog John die Tür ruckartig zu, und auf dem Bildschirm war nichts mehr zu erkennen.«[25]

Der Faradaysche Käfig zeigte, dass die menschliche Kommunikation mit niedriger stehenden astralen und negativen Außerirdischen ein elektromagnetisches Element beinhaltet, während die Kommunikation mit Wesen höherer Dichte völlig außerhalb des elektromagnetischen Spektrums stattfindet. Die Tatsache, dass ausgerechnet in dem Augenblick ein Faradayscher Käfig bereitgestellt wurde, als der Bedarf danach entstand, kann man wohl ohne zu übertreiben als Synchronizität bezeichnen: Offenbar wollten verborgene Kräfte, dass die Kommunikation mit den Neun in Puharichs neuem privaten Forschungslabor (Lab Nine) auf seinem Anwesen in Ossining, New York, stattfand.

Und hier kommt die zweite neue Entwicklung: Gene Roddenberry, der Schöpfer der *Star-Trek*-Serie, nahm von 1974 bis 1975 an den ersten Channeling-Sitzungen teil, stellte viele tiefgründige Fragen und war von den Antworten des Rates der Neun so beeindruckt, dass er ein halbbiografisches Drehbuch mit dem Titel »The Nine« schrieb. Wie ich in meinem Buch *Das Geheime Weltraumprogramm der U.S. Navy & die Allianz mit den Nordischen* erörterte, stand Roddenberry über Leslie Stevens IV., den Sohn von Vizeadmiral Leslie Stevens und Schöpfer der 1963/1964 laufenden Fernsehserie *The Outer Limits*, mit dem Geheimdienst der U.S. Navy in Verbindung. Ich stellte die These auf, dass die ab 1966 laufende ursprüngliche *Star-Trek*-Serie eine »Sanfte Enthüllung« eines zukünftigen Geheimen Weltraumprogramms der U.S. Navy und einer Allianz mit positiven, humanoiden Außerirdischen war. Später werde ich noch näher auf die Zusammenhänge zwischen dem Rat der Neun, Roddenberry und einer Fortsetzung der *Star-Trek*-Serie eingehen: *Deep Space Nine.*

Eine dritte neue Entwicklung ist, dass inzwischen prominente Beamte, Industrielle, Berühmtheiten und Erforscher paranormaler Phänomene an den Channeling-Sitzungen in Lab Nine teilnahmen. Zu ihnen gehörte auch der Forscher Dr. James J. Hurtak, der von den Neun zu Puharichs Stellvertreter ernannt worden war.[26] Dies verdankte er zweifellos seinen eigenen paranormalen Erfahrungen, die er in seinem erstmals 1973 auf Englisch erschienenen Buch *Die Schlüssel des Enoch* beschrieben hat.[27] Darin schildert Hurtak, wie er vom Planeten Erde entführt und über die wichtige Rolle des Rates der Neun bei der Verwaltung unseres lokalen galaktischen Superhaufens aufgeklärt wurde:

> »Ich wurde aus dieser Sternenregion in die Midway-Station von Arcturus gebracht, dem Hauptprogrammierzentrum des Galaktischen Rates, der

dem Vater auf dieser Seite unserer Galaxis dient, die dem Rat der Neun untersteht – dem Führungsgremium unseres lokalen Universums. Dort wurden mir das Netzwerk und die Gerichtshöfe gezeigt, welche die spirituellen Bruderschaften benutzen, die Entscheidungen bezüglich der Planeten in unserer Region des Weltraums fällen.«[28]

Die Gespräche, die Schlemmer, Puharich, Whitmore und Roddenberry mit dem Rat der Neun führten, und die daraus resultierenden Aktivitäten sind in zwei Büchern beschrieben worden. Das erste, *Briefing for the Landing on Planet Earth* (»Briefing für die Landung auf dem Planeten Erde«), wurde von Stuart Holroyd verfasst, 1979 erstmals veröffentlicht und im Jahr 1995 unter dem neuen Titel *The Nine: Briefing from Deep Space* (»Die Neun: Briefing aus den Tiefen des Weltraums«) neu aufgelegt. Das zweite Buch, *The Only Planet of Choice* (»Der einzige Planet der Wahl«), stammt von Schlemmer und erschien im Jahr 1993.[29] Es ist erwähnenswert, dass im selben Jahr die *Star-Trek*-Serie *Deep Space Nine* startete, in der es um geheimnisvolle Wesenheiten namens »die Propheten« geht, die, wie ich später noch zeigen werde, vom Rat der Neun abgeleitet sind.

In Schlemmers *The Only Planet of Choice* (»Der einzige Planet der Wahl«) ist oft von der Identität des Rates der Neun die Rede:

»Das Prinzip der Neun ist unendliche Intelligenz, und was wir auf diesen Planeten zu bringen versuchen, ist genau diese Art von Intelligenz. Wir sind neun Prinzipien des Universums, doch zusammen sind wir eins. Wir sind voneinander getrennt und doch gleichzeitig eins. Jeder repräsentiert einen Teil der Energie, des Wissens, der Weisheit, der Liebe, Güte, Technologie, und das geht so lange weiter, bis jeder Teil einer Spirale aus allem besteht, was wichtig ist, um jedem Atom vollständige Einsichtsfähigkeit zu verleihen – so lange, bis es mit uns eins wird. In Wirklichkeit gibt es Vervielfältigungen und auch noch andere Dinge, doch im Prinzip sind es neun.

Wir sind das, was in der hebräischen Tradition als die Elohim bezeichnet wird. Ihr sollt wissen, dass wir nicht Gott sind. Wir sind kollektiv und werden eins. Ihr sollt wissen, dass wir ihr sind, so wie ihr wir seid.«[30]

Der Hinweis auf »neun Prinzipien des Universums« erinnert an Dr. Vinods erste Channeling-Sitzungen, in denen die Neun mit den Schöpfergöttern der ägyptischen Mythologie – der Enneade – gleichgesetzt werden. Der Verweis auf die »Elohim« ist auch deshalb von großer Bedeutung, weil dieser Begriff in der Heiligen Schrift immer wieder als Bezeichnung für die Schöpfer der Menschheit verwendet wird. In Kapitel 1 des Buches Genesis wird die Rolle der Elohim in der Schöpfungsgeschichte folgendermaßen beschrieben:

1 Im Anfang schuf ***Elohim*** Himmel und Erde …
3 Da sprach ***Elohim***: »Es werde Licht!« Und es ward Licht.
4 ***Elohim*** sah, dass das Licht gut war. ***Elohim*** schied das Licht von der Finsternis.
5 Das Licht nannte ***Elohim*** *Tag*, und die Finsternis nannte er *Nacht*. Es wurde Abend, dann Morgen – der erste Tag …
20 Dann sagte ***Elohim***: »Lass das Wasser von schwimmenden Lebewesen wimmeln, und lass die Vögel am Himmel über die Erde fliegen.«
21 So schuf ***Elohim*** die großen Meerestiere, alle Arten von Lebewesen, die im Wasser herumschwimmen, und alle Arten von fliegenden Vögeln. ***Elohim*** sah, dass sie gut waren.
22 ***Elohim*** segnete sie und sagte: »Seid fruchtbar und mehret euch, füllt das Meer, und es sollen viele Vögel auf der Erde sein.«
23 Es wurde Abend, dann Morgen – ein fünfter Tag.
24 Dann sagte ***Elohim***: »Die *Erde* bringe *alle Arten* lebender Wesen hervor, Vieh, Kriechgetier und wilde *Tiere*.« Und so geschah es.
25 ***Elohim*** schuf alle Arten von wilden Tieren, alle Arten von Vieh und alle Arten von Lebewesen, die auf dem Boden kriechen. Und ***Elohim*** sah, dass sie gut waren.
26 Dann sagte ***Elohim***: »Lasst uns Menschen machen nach unserem Bilde, uns ähnlich, und sie sollen herrschen über die Fische im Meer und über die Vögel am Himmel, und über das Vieh und über alle Tiere, die auf dem Boden kriechen.«[31]

Die meisten Bibelwissenschaftler drehen und wenden es so, dass sie in den »Elohim« der Schöpfungsgeschichte eine einzige allmächtige Gottheit sehen können, den Gott der Bibel, doch es ist weithin anerkannt, dass der Begriff »Elohim« für eine Vielzahl von Göttern steht.

In Schlemmers Buch fährt der Rat der Neun damit fort, dass er sich selbst im Verhältnis zu den vielen anderen universellen Kräften beschreibt, die es gibt, vor allem zu denen, die hinter den Kulissen die menschlichen Angelegenheiten lenken. Dabei präsentieren die Neun eine ganz besondere Sicht auf die Beziehung zwischen positiven und negativen Kräften und betonen das Prinzip der Ausgewogenheit:

> »Wir stehen im Zentrum. Und wir wollen nicht so klingen, als seien wir perfekt oder selbstgefällig, aber auf unseren beiden Seiten gibt es das Positive und das Negative. Und wenn ich das sage, meine ich damit, dass es das Positive gibt, das nicht ausgewogen ist, und das Negative, das nicht ausgewogen ist. Wir befinden uns in der Mitte, und wir sind ausgewogen. Wir versuchen diese anderen Kräfte ins Gleichgewicht zu bringen. Wir waren noch nie aus dem Gleichgewicht. Es sind andere Dinge im Universum, die nicht im Gleichgewicht sind. Wir existieren am Dreh- und Angelpunkt des Universums. Es gibt ein Gleichgewicht. In jedem von euch ist alles Positive und alles Negative des Universums enthalten.«[32]

Die Vorstellung, dass positive und negative Kräfte sich im Gleichgewicht befinden oder aus dem Gleichgewicht geraten sein können, ist für das Verständnis außerirdischer Interventionen auf der Erde von großer Bedeutung. Was der Rat der Neun hier aufzeigt, ist, dass auch positive Gruppen aus dem Gleichgewicht geraten können. Das könnte zum Beispiel passieren, wenn wohlwollende außerirdische Kräfte aufgrund eines zu streng ausgelegten Grundsatzes der Nichteinmischung nicht gegen negative Gruppen vorgehen.

Andererseits können negative Kräfte sich im Gleichgewicht befinden, wenn sie aggressiv gegen korrupte planetarische Zivilisationen vorgehen, sobald die Zeit zu deren Beseitigung reif ist – und damit eine ähnliche zerstörerische/reinigende Funktion ausüben, wie sie dem Hindu-Gott Shiva zugeschrieben wird.

Der Rat der Neun, das Gesetz des Einen & die vierundzwanzig Ältesten

Es gab Hinweise auf den Rat der Neun im *Gesetz des Einen*, jenes gechannelten Materials, das von Carla Rückert von 1981 bis 1984 als Antwort auf Fragen des pensionierten Physikprofessors Don Elkins empfangen wurde. Angesichts des hohen Ansehens, dass das *Gesetz des Einen* heute als eine der zuverlässigsten gechannelten Informationsquellen genießt, die jemals veröffentlicht worden sind, ist besonders erwähnenswert, dass dieses Material wichtige Elemente im Zusammenhang mit dem Rat der Neun bestätigt und außerdem für die Integrität von Puharich spricht, der die Veröffentlichung solcher Kommunikationen erst ermöglicht hat. Tatsächlich hatten Rückert und Elkins in den Jahren 1977 und 1978 an Channeling-Sitzungen des Rates der Neun in Puharichs Anwesen in Ossining teilgenommen, und das hat sie zweifellos davon überzeugt, dass gechannelte Informationen tatsächlich einen wichtigen Beitrag zum Verständnis außerirdischen Lebens und außerirdischer Kontakte leisten.[33] Die beiden begleiteten Puharich auch nach Mexiko, um sich dort intensiv mit der Geistheilerin Pachita zu befassen.

Im Ra-Material, wie Rückerts Botschaften ursprünglich genannt wurden, findet sich in einer der Sitzungen ein Dialog zwischen Elkins und »Ra« (einem sozialen Gedächtniskomplex der sechsten Dichte) über den Rat der Neun:

»Fragesteller: Hier habe ich eine Frage, glaube ich, über diesen Rat, von Jim. Wer sind die Mitglieder, und wie funktioniert der Rat?

Ra: Ich bin Ra. Die Mitglieder des Rates sind Vertreter vom Bündnis [der Konföderation] und von den Schwingungsebenen eurer inneren Ebenen, die Verantwortung für eure dritte Dichte tragen. Die Namen sind nicht wichtig, denn es gibt keine Namen. Eure Geist/Körper/Seele-Komplexe bitten um Namen und so werden, in vielen Fällen, Klangschwingungskomplexe verwendet, die mit den Schwingungsverzerrungen jedes Wesens übereinstimmen. Das Namen-Konzept ist jedoch nicht Teil des

Rates. Wenn Namen gewünscht werden, dann werden wir versuchen, sie zu ermöglichen. Nicht alle haben jedoch Namen gewählt.

Die Größe des in ständiger Sitzung tagenden Rates, auch wenn die Mitglieder durch einen, wie ihr es nennen würdet, unregelmäßigen Ausgleich variieren, ist neun. Dies ist der Sitzungsrat.

Um diesen Rat zu unterstützen, gibt es vierundzwanzig Wesen, die ihre Dienste auf Wunsch anbieten. Diese Wesen sorgen treu für Schutz und werden die Wächter genannt.«[34]

Die obige Textpassage macht deutlich, dass vierundzwanzig Wesenheiten – die Wächter – als Verstärkung für den Rat der Neun fungieren und ihm helfen, seine Hauptaufgaben zu erfüllen. Noch in derselben Channeling-Sitzung erfahren wir, wie der Rat dabei genau vorgeht:

»Der Rat arbeitet mittels, wie ihr es nennen würdet, telepathischem Kontakt mit dem Einssein oder der Einheit der Neun, wobei sich die Verzerrungen harmonisch vermischen, so dass das Gesetz des Einen mit Leichtigkeit vorherrscht. Wenn der Bedarf nach Denken gegenwärtig ist, fängt der Rat den Verzerrungskomplex dieses Bedarfes auf, gleicht ihn wie beschrieben aus und empfiehlt dann, was er als angemessene Handlung betrachtet. Dies beinhaltet: Eins, die Pflicht, soziale Erinnerungskomplexe zum Bündnis [für die Konföderation] zuzulassen. Zwei, jenen Hilfe anzubieten, die unsicher sind, wie sie dem sozialen Erinnerungskomplex, der um Hilfe bittet, auf eine Art helfen können, die sowohl mit dem Ruf, dem Gesetz als auch mit der Zahl derer, die rufen (das heißt, dem Ruf manchmal zu widerstehen) übereinstimmt. Drei, interne Fragen werden im Rat entschlossen.

Dies sind die hervorstehenden Aufgaben des Rates. Sie können, falls in irgendeinem Zweifel, die Vierundzwanzig kontaktieren, die daraufhin dem Rat Konsens/Urteil/Denken anbieten. Der Rat mag dann jede Frage neu betrachten.«[35]

Der letzte Absatz lässt anklingen, dass der Rat der Neun den vierundzwanzig Wächtern untergeordnet ist, die ihm beim Umgang

Abb. 10. William Blake: Die vierundzwanzig Ältesten, die ihre Kronen vor den göttlichen Thron werfen (ca. 1803-1805).

mit komplexen galaktischen Fragen und Problemen helfen. Über die Identität dieser Gruppe von vierundzwanzig Wächtern, die den Rat der Neun unterstützen, gibt das Buch der Offenbarung einen wichtigen Anhaltspunkt:

»Rund um den Thron standen vierundzwanzig andere Throne, und auf ihnen saßen vierundzwanzig Älteste. Sie waren weiß gekleidet und trugen goldene Kronen auf ihren Häuptern …

Immer wenn die Lebewesen demjenigen, der auf dem Thron sitzt und bis in alle Ewigkeit lebt, Lobpreis, Ehre und Dank erweisen, fallen die vierundzwanzig Ältesten vor demjenigen, der auf dem Thron sitzt, nieder und beten denjenigen an, der bis in alle Ewigkeit lebt.«[36]

Interessanterweise geht auch J. J. Hurtak in einer Einführung zu seinem Buch *Die Schlüssel des Enoch* auf diese vierundzwanzig Ältesten (alias Wächter) ein:

»Die vierundzwanzig Ältesten. Herren, die im Angesicht JHWHs sitzen und ihre Missionen, ihre Pracht und ihre Herrlichkeit in regelmäßigen Zeitabständen mit anderen Meistern austauschen. Ihnen unterstehen vierundzwanzig Throne und Herrschaften, die das Recht der Zentralen Kontrolle durch Räte des Lichts für alle Universen sprechen, welche JHWH anerkennen.«[37]

Diese Aussage ist sehr aufschlussreich, denn sie zeigt, dass der Rat der Neun zu den mit Verwaltungsaufgaben betrauten »Räten des Lichts« gehört, die es in unserem ganzen Universum gibt. Das Ra-Material und Hurtaks Buch *Die Schlüssel des Enoch* deuten darauf hin, dass eine spirituelle Hierarchie existiert, die unser Universum regiert, und der Rat der Neun ist ein wichtiger Bestandteil dieser Hierarchie, auch wenn er nicht an ihrer Spitze steht.

Eine weitere aufschlussreiche Passage aus dem Material vom *Gesetz des Einen* bestätigt die Echtheit von Andrija »Henry« Puharichs und Uri Gellers Kommunikation mit dem Rat der Neun:

»Fragesteller: Ist der Rat der Neun derselbe, der in diesem Buch erwähnt wurde? [Fragesteller deutet auf *Uri*, das von Puharich verfasste Buch.]

Ra: Ich bin Ra. Der Rat der Neun wurde in halb-unverzerrter Form von zwei Hauptquellen erhalten, derjenige, der in eurer Namensgebung als

Mark bekannt ist, und derjenige, der in eurer Namensgebung als Henry bekannt ist. In einem Fall wurde der Kanal auch der Schreiber. Im anderen war der Kanal nicht der Schreiber. Ohne die Hilfe des Schreibers wäre die Energie jedoch nicht zu dem Kanal gekommen.

FRAGESTELLER: Die Namen, von denen du gesprochen hast, sind das Mark Probert und Henry Puharich?

Ra: Ich bin Ra. Dies ist korrekt.«[38]

Die obige Textpassage aus dem *Gesetz des Einen* dürfte alle womöglich noch verbliebenen Zweifel an der Integrität von Puharich, die Picknett und Prince in ihrem Buch *The Stargate Conspiracy* (»Die Stargate-Verschwörung«) geweckt haben, ausräumen. Der Rat der Neun war nicht das Produkt einer psychologischen Operation, wie Picknett und Prince behaupteten, sondern eine echte, hochentwickelte außerirdische Intelligenz, die dem *Gesetz des Einen* zufolge Kontakt mit der Menschheit aufgenommen hat.

Als Uri Geller vorübergehend Spectra/die Neun für Puharich channelte, ging es dabei hauptsächlich um zukünftige Massenlandungen außerirdischer Zivilisationen, die einer Rückkehr der Neun vorausgehen würden. Das gleiche Thema der Massenlandung von Außerirdischen und der Rückkehr des Rates der Neun nahm auch in Schlemmers Channelings der Neun einen breiten Raum ein. Besonders bemerkenswert ist hier die Rolle eines prominenten Schöpfers von Fernsehserien, der Botschaften über eine solche Zukunft erhielt: Gene Roddenberry.

Gene Roddenberry, der Rat der Neun & Massenlandungen auf der Erde/ Rückkehr der Neun

Gene Roddenberry, der Schöpfer der *Star-Trek*-Fernsehserie und der gleichnamigen Kinofilmreihe, war von den Channeling-Sitzungen des Rates der Neun, an denen er von 1974 bis 1975 persönlich teilnahm, tief beeindruckt. Phyllis V. Schlemmer weist in den Danksagungen ihres Buches *The Only Planet of Choice* (»Der einzige Planet der Wahl«) ausdrücklich auf diese Tatsache hin:

> »Dem verstorbenen Gene Roddenberry, Schöpfer von *Star Trek*, für seinen Mut, seine Neugier und seine Sehnsucht danach, mit den Neun in Kommunikation zu treten, und für das halb autobiografische Drehbuch mit dem Titel ›The Nine‹ [Die Neun], das er für uns geschrieben hat.«[39]

Dieses halb autobiografische Drehbuch von Roddenberry hat man leider nie veröffentlicht. Zwei Jahre nach seinem Tod im Jahr 1991 wurde jedoch eine weitere *Star-Trek*-Serie mit dem Titel *Deep Space Nine* gestartet. Diese Serie wurde in sieben Staffeln (1993-1999) ausgestrahlt und war als neuer Beitrag zum *Star-Trek*-Universum sehr erfolgreich. Zwei von Roddenberrys Mitarbeitern, Rick Bergman und Michael Piller, gelten als Schöpfer der DSN-Serie.

Aus Schlemmers Buch wissen wir aber, dass Roddenberry ein Drehbuch schrieb, das auf den Informationen beruht, die der Rat der Neun über seine Identität und seine Aktivitäten weitergab. Aufgrund der engen Beziehung zwischen den beiden hatte Piller mit Sicherheit Zugang zu Roddenberrys unveröffentlichtem Drehbuch. Daher ist es sehr wahrscheinlich, dass Piller, der die Pilotfolge für *Deep Space Nine* schrieb, den Zweiteiler »Der Abgesandte«, Elemente aus Roddenberrys *The Nine* (»Die Neun«) in ihn einfließen ließ.

Statt einer Gruppe körperloser höherer Intelligenzen, die sich »Rat der Neun« nannten, wurden die Neun in der neuen *Star-Trek*-Serie als körperlose Wesen dargestellt, die außerhalb des normalen Raum-Zeit-Kontinuums in einem Wurmloch leben. Lange Rede kurzer Sinn: Die in *Deep Space Nine* dargestellten Propheten sind eindeutig Adaptionen des Rates der Neun, dem Roddenberry während seiner Teilnahme an den Schlemmer-Channelings begegnet war.

Die Fragen, die Gene Roddenberry (G) den Neun stellte, die durch ihren Sprecher Tom (T) antworteten, sind aus einem bestimmten Grund besonders aufschlussreich. Sie zeigen, wie wichtig es ihm war, Antworten darauf zu bekommen, warum Außerirdische sich den Menschen nicht einfach direkt offenbaren und damit allen öffentlichen Debatten über ihre Existenz ein für allemal ein Ende setzen:

»*G:* Eine Frage drängt sich mir auf: Warum gebt ihr uns keine eindeutigen, überzeugenden Zeichen eurer Existenz oder Nähe? Warum nähert ihr euch der Menschheit immer nur auf indirektem Weg, beispielsweise durch diese Channelings oder auf andere Weise? Natürlich werdet ihr eure Gründe dafür haben, aber diese Frage ist mir sehr wichtig.

T: Ihr müsst verstehen, dass die Regierungen eurer Welt – der Erde – sich geweigert haben, an unsere Existenz zu glauben oder sie den Menschen zu vermitteln. Wenn [außerirdische] Zivilisationen versuchen würden, massenweise auf dem Planeten Erde zu landen (was im Laufe der Zeit tatsächlich geschehen wird), würden die auf dem Planeten Erde lebenden Menschen in Panik geraten, denn sie verfügen nicht über das Verständnis oder Wissen, dass wir ihnen keinen Schaden zufügen würden.«[40]

Die prophezeiten Massenlandungen motivierten Roddenberry dazu, die Pilotfolge für eine weitere Fernsehserie, *Mission Erde – Sie sind unter uns,* zu schreiben, die am 6. Oktober 1997, sechs Jahre nach seinem Tod, erstmals ausgestrahlt werden sollte.

Aus dem Originaltitel »Decision« (»Entscheidung«) wurde auf Deutsch »Im Griff des Taelons«. Roddenberry wurde als Schöpfer der neuen Serie genannt, doch sie stand nicht offiziell mit der *Star-Trek*-Franchise in Verbindung und war daher nicht sehr erfolgreich. Sie endete nach fünf Staffeln mit 110 Episoden.

Damit ist meine historische Exkursion über den Rat der Neun abgeschlossen. Die Geschichte geht aber noch weiter, wie ich in Kapitel 12 zeigen werde, in dem ich auf neuere Behauptungen von Elena Danaan eingehe: Sie schreibt, sie sei vor kurzem mit den Neun und einem intergalaktischen Gremium – den vierundzwanzig außerirdischen Zivilisationen – zusammengetroffen, das unmittelbar den Neun untersteht. Diese vierundzwanzig außerirdischen Zivilisationen, die in Schlemmers

Buch *The Only Planet of Choice* (»Der einzige Planet der Wahl«) eine wichtige Rolle spielen, möchte ich als Nächstes untersuchen.

Anmerkungen

1 Andrija Puharich, »A Critique of the Possible Usefulness of Extrasensory Perception in Psychological Warfare«, Vortrag auf einem Seminar über psychologische Kriegsführung, Verteidigungsministerium, Washington, D.C., 23. November 1952.

2 H. G. M. Hermans, *Memories of a Maverick: Andrija Puharich M.D., LL.D.* (PI Publications 1998); p. 56.

3 Siehe Wes Penre, »Galactic Federations and Councils«; https://www.bibliotecapleyades.net/vida_alien/alien_galacticfederations43.htm (aufgerufen am 29.11.2021).

4 Siehe »Myth Nerd«; https://mythnerd.com/ennead-gods-in-egyptian-mythology/ (aufgerufen am 29.11.2021).

5 »Plan Nine from Outer Space«; https://www.urigeller.com/plan-nine-outer-space/ (aufgerufen am 03.01.2021).

6 H. G. M. Hermans, *Memories of a Maverick: Andrija Puharich M.D., LL.D.* (PI Publications 1998); p. 58.

7 H. G. M. Hermans, *Memories of a Maverick: Andrija Puharich M.D., LL.D.* (PI Publications 1998); p. 60.

8 »Plan Nine from Outer Space«; https://www.urigeller.com/plan-nine-outer-space/ (aufgerufen am 03.01.2021).

9 H. G. M. Hermans, *Memories of a Maverick: Andrija Puharich M.D., LL.D.* (PI Publications 1998); pp. 112/113.

10 Andrija Puharich, *URI: A Journal of the Mystery of Uri Geller* (Lab Nine & Futura 1974; zuletzt White Crow Books 2023).

11 H. G. M. Hermans, *Memories of a Maverick: Andrija Puharich M.D., LL.D.* (PI Publications 1998); p. 114.

12 H. G. M. Hermans, *Memories of a Maverick: Andrija Puharich M.D., LL.D.* (PI Publications 1998); pp. 119/120.

13 H. G. M. Hermans, *Memories of a Maverick: Andrija Puharich M.D., LL.D.* (PI Publications 1998); p. 120.

14 Weitere Einzelheiten über den Versuch der CIA, die Veröffentlichung von Puharichs Buch über den Missbrauch der Tesla-Technologie zu verhindern, finden Sie in H. G. M. Hermans, *Memories of a Maverick: Andrija Puharich M.D., LL.D.* (PI Publications 1998); pp. 154-156.

15 H. G. M. Hermans, *Memories of a Maverick: Andrija Puharich M.D., LL.D.* (PI Publications 1998); p. 179.

16 Lynn Picknett & Clive Prince, *The Stargate Conspiracy: The Truth about Extraterrestrial life and the Mysteries of Ancient Egypt* (Berkley 2001).

17 »Plan Nine from Outer Space«; https://www.urigeller.com/plan-nine-outer-space/ (aufgerufen am 03.01.2021).

18 »Plan Nine from Outer Space«; https://www.urigeller.com/plan-nine-outer-space/ (aufgerufen am 03.01.2021).

19 Eine vollständige Liste der Veröffentlichungen und Patente von Andrijia »Henry K« Puharich finden Sie in: H. G. M. Hermans, *Memories of a Maverick: Andrija Puharich M.D., LL.D.* (PI Publications 1998); pp. 182-196.

20 »Can Telepathy Penetrate the Iron Curtain«, *Tomorrow*, Vol. 5, No. 2 (Winter 1957); pp. 1-10.

21 Siehe Stephen Kinzer, *Poisener in Chief – Sidney Gottlieb and the CIA Search for Mind Control* (Macmillan 2019).

22 Andrija Puharichs Forschungen über psychedelische Pilze werden in seinem Buch *The Sacred Mushroom* (Doubleday & Company 1959) behandelt. – Dt. Ausgabe: *Der heilige Pilz. Schlüssel zur Pforte der Ewigkeit.* Edition Rauschkunde, Roßdorf 2019.

23 H. G. M. Hermans, *Memories of a Maverick: Andrija Puharich M.D., LL.D.* (PI Publications 1998); p. 168.

24 Ein Beispiel dafür, wie Militärbeamte die Wirksamkeit medialer Fähigkeiten herunterspielen, diese jedoch selbst für das Sammeln von Informationen und andere Zwecke nutzen, finden Sie in Joseph McMoneagle, *The Stargate Chronicles: Memoirs of a Psychic Spy* (Crossroad Press 2018).

25 Stuart Holroyd, *The Nine: Briefing from Deep Space* (1978); p. 8. – Zuletzt White Crow Books 2023.

26 Siehe Stuart Lynn Picknett und Clive Prince, *The Stargate Conspiracy: The Truth about Extraterrestrial Life and the Mysteries of Ancient Egypt* (Berkley 2001); p. 178.

27 Über das Leben und Werk von J. J. Hurtak und seine Veröffentlichungen informiert Sie auf Deutsch die Website https://shop.schluesseldesenoch.org/ (aufgerufen am 22.01.2024).

28 J. J. Hurtak, *An Introduction to the Keys of Enoch* (The Academy of Future Science 1975); p. vii.

29 Beide Bücher sind 2023 im britischen Verlag White Crow Books wieder verfügbar gemacht worden.

30 Phyllis V. Schlemmer, *The Only Planet of Choice: Essential Briefings from Deep Space* (Gateway Books 1993, reprint Old Kings Road Press 2009); p. 7.

31 BibleGateway, https://www.biblegateway.com/passage/?search=Genesis%201&version=NOG (aufgerufen am 03.01.2022).

32 Phyllis V. Schlemmer, *The Only Planet of Choice: Essential Briefings from Deep Space* (Gateway Books 1993, reprint Old Kings Road Press 2009); p. 11.

33 Siehe Stuart Lynn Picknett und Clive Prince, *The Stargate Conspiracy: The Truth about Extraterrestrial Life and the Mysteries of Ancient Egypt* (Berkley 2001); p. 178.

34 »The Law of One«, https://www.lawofone.info/s/7#9 (aufgerufen am 03.01.2022). – Zitiert nach *Das Gesetz des Einen: Buch I*, Sitzung 7.9, Seite 126; wir danken Jochen Blumenthal für die Überlassung der deutschen Übersetzung.

35 »The Law of One«, https://www.lawofone.info/s/7#9 (aufgerufen am 03.01.2022). – Zitiert nach *Das Gesetz des Einen: Buch I*, Sitzung 7.9, Seite 126/127; wir danken Jochen Blumenthal für die Überlassung der deutschen Übersetzung.

36 *Book of Revelation*, New International Version, 4:4 & 4:9-10; https://biblehub.com/niv/revelation/4.htm (aufgerufen am 04.01.2022).

37 J. J. Hurtak, *An Introduction to the Keys of Enoch* (The Academy of Future Science 1975); p. 128.

38 »The Law of One«, https://www.lawofone.info/s/7#10 (aufgerufen am 03.01.2022). – Zitiert nach *Das Gesetz des Einen: Buch I*, Sitzung 7.10, Seite 127; wir danken Jochen Blumenthal für die Überlassung der deutschen Übersetzung.

39 Phyllis V. Schlemmer, *The Only Planet of Choice: Essential Briefings from Deep Space* (Gateway Books 1993, reprint Old Kings Road Press 2009); p. viii.

40 Phyllis V. Schlemmer, *The Only Planet of Choice: Essential Briefings from Deep Space* (Gateway Books 1993, reprint Old Kings Road Press 2009); p. 33.

5 Die Intergalaktische Konföderation: vierundzwanzig außerirdische Zivilisationen

Die Vorbereitungen, welche die vierundzwanzig Zivilisationen trafen, indem sie ihre Streitkräfte versammelten, dienten dazu, die Menschen auf dem Planeten Erde aufmerksam und wachsam zu machen, um größeren Problemen vorzubeugen. Apokalyptische Prophezeiungen müssen sich nicht unbedingt erfüllen, wenn die Menschen auf dem Planeten Erde das nötige Bewusstsein und Verständnis haben.

– *Rat der Neun, The Only Planet of Choice*[1] –

In mehreren Quellen wird eine Vereinigung außerirdischer Zivilisationen erwähnt, die ursprünglich die Menschheit ausgesät haben und seitdem langfristige genetische Experimente auf der Erde durchführen. Diese außerirdische Vereinigung wird als menschenähnlich beschrieben und soll sich für eine erfolgreiche menschliche Evolution einsetzen. Diese »positive« Gruppierung wird von anderen Außerirdischen bekämpft, die als negativ oder opportunistisch gelten oder bei denen man davon ausgeht, dass sie die menschliche Evolution stören wollen. Die Ähnlichkeiten dieses Szenarios mit der Geschichte vom Garten Eden sind kein Zufall. Sowohl »Jehova« als auch die »Schlange« aus biblischen Texten symbolisieren einander feindlich gegenüberstehende Gruppen von Außerirdischen und deren Bemühungen, das Experiment »Menschheit« entweder zu unterstützen oder zu sabotieren.

Der erste öffentliche Hinweis auf diese positive Vereinigung von Außerirdischen, die die menschliche Evolution überwachen, stammt von den gechannelten Mitteilungen des Rates der Neun aus den Jahren 1974 bis 1993. In diesen Botschaften wies der Rat der Neun auf die Existenz einer Vereinigung namens »Vierundzwanzig physische Zivilisationen« hin, die sich an das kosmische Gesetz halten und mit denen der Rat zusammenarbeitet:

»Im Austausch mit uns stehen vierundzwanzig physische Zivilisationen, die in einem anderen dimensionalen Bereich existieren. Jede von ihnen ist ein totales kollektives Bewusstsein, das eine Aufsichtsfunktion erfüllt; aus diesen Zivilisationen haben sich physische Wesen auf eurem Planeten Erde inkarniert, und manchmal haben sie auch in eure Geschicke eingegriffen, wenn es nötig war. Diese physischen Zivilisationen, die vierundzwanzig – jede in ihrer eigenen Dimension –, sind totale und vollständige Einheiten eines kollektiven Bewusstseins, die sich bereit erklärt haben, in diesem kollektiven Bewusstsein zu sein. Sie haben sich zu genau dieser Form des Handelns entwickelt, um zu überwachen, wichtige Informationen weiterzugeben und anderen physischen Zivilisationen bei ihrem Evolutionsprozess zu helfen.«[2]

Der Rat der Neun betont an dieser Stelle, dass seine Mitglieder zwar körperlos sind und in einer dimensionslosen, nichtzeitlichen Leere existieren, dass dies aber bei den vierundzwanzig Zivilisationen nicht der Fall ist: Letztere interagieren auf physischer Ebene mit der Menschheit und inkarnieren sich sogar hin und wieder als große Propheten, Lehrer, Erfinder, Künstler und dergleichen auf der Erde.

Der Rat der Neun hat den Prozess, durch den vier dieser vierundzwanzig Zivilisationen mit der Menschheit einen Austausch pflegen, folgendermaßen beschrieben:

»In jeder Zivilisation gibt es eine andere Manifestation der Liebe. Altea wird die Entwicklung der Technologie vorantreiben, um Wissen über nicht zerstörerische Technologien hervorzubringen, die im Einklang mit der Natur des Planeten Erde arbeiten – um ohne Destruktion bei der Produktion zu helfen.

Aragon wird mit Wissen und Weisheit kommen und die Fähigkeit mitbringen, Störungen und Schmerzen innerhalb eines physischen Körpers aufzulösen, denn sein Anliegen ist es, die Menschen von den Fesseln zu erlösen, die durch den Einfluss physischer Schmerzen entstehen – eine solche Erlösung kann auch den Geist befreien …

Ashan wird die Kreativität in den Menschen auf dem Planeten Erde erwecken und sie durch großartige Musik und großartige Kunst über das Universum unterrichten.

Mit großer Liebe kommt Hoova der Nazarener [of the Nazarene], um dem Planeten Erde Liebe zu bringen. Sie werden ein System aufstellen, um den Menschen beizubringen, was sie für sich selbst tun müssen, um dem Planeten Erde und den gefangenen Seelen zu helfen … Das Wichtigste: Sie werden den Menschen beibringen, dass das Leben mit dem Tod des physischen Körpers nicht aufhört, dass man also den Konsequenzen seiner Taten nicht entkommen kann.«[3]

Der Rat der Neun hat Beispiele dafür angeführt, in welcher Verbindung die vierundzwanzig Zivilisationen zu alten menschlichen Zivilisationen stehen – Atlantis und die israelitisch-hebräische Nation sind die beiden bekanntesten Fälle:

»Ein Beispiel wäre die Zivilisation von Altea; da wir uns in einem anderen Daseinsbereich befinden, brauchen wir Altea, um mit euch kommunizieren zu können. Sie bewachen den Körper unseres Wesens, während ihr mit uns im Austausch steht, und stellen die Technologie zur Verfügung, mit deren Hilfe wir kommunizieren können. Altea war auch das Oberhaupt dessen, was ihr als die physische Zivilisation kennt, die sich auf dem Planeten Erde als Atlantis manifestierte.

Es gibt noch andere Zivilisationen – und unter euch gibt es Seelen, die aus diesen Zivilisationen hierher gekommen sind, um dem Planeten Erde zu helfen. Eine dieser Zivilisationen, Hoova, war die Zivilisation, die die Bewohner des Planeten Erde ursprünglich ausgesät hat, wie es auch einige andere Zivilisationen getan haben – aber Hoova hat die Bevölkerung des Planeten Erde dreimal neu ausgesät. Hoova ist die Zivilisation, von der die Hebräer abstammen: daher die wichtige Bedeutung der Hebräer. Hoova ist die Zivilisation, die den Nazarener hervorgebracht hat.«[4]

Der Verweis auf den Nazarener – Jesus Christus – ist sehr wichtig, weil er die Hoova-Zivilisation unmittelbar mit der Geburt und dem Leben Jesu in Zusammenhang bringt. Das führt uns zu der faszinierenden Möglichkeit, dass der Stern von Bethlehem in Wirklichkeit ein Hoova-Raumschiff war, das bei der Geburt von Jesus Christus eine unbekannte Rolle spielte. Seine außergewöhnlichen Fähigkeiten als Kind und sein Wunsch, esoterisches Wissen zu erlangen, führten dazu, dass Jesus längere Zeit bei der Essener-Gemeinschaft in der Region Qumran verbrachte, wie Dolores Cannon in ihrem bahnbrechenden Buch *Jesus und die Essener* erklärt.[5] Sie untersucht in diesem Buch die Erinnerungen eines Klienten an ein früheres Leben, in dem er in der Essener-Gemeinschaft von Jesus Christus als Lehrer tätig war. Was Jesus wirklich von seinen Zeitgenossen unterschied, war, wie Cannon hervorhebt, die Tatsache, dass er die »Liebesethik« in den Mittelpunkt all seiner Lehren und Aktivitäten gestellt hat.

Die »Liebesethik« war zur damaligen Zeit eine revolutionäre Lehre, selbst für die zurückgezogen lebende Gemeinschaft der Essener, und deutet darauf hin, dass Jesus vielleicht eine starke Verbindung zu den Hoova-Außerirdischen hatte, die die menschliche Evolution mit einer revolutionären Liebesethik zu beeinflussen versuchten.

Auf die Frage, ob diese Vereinigung positiver Außerirdischer als »Rat der Vierundzwanzig und der ›Ältesten‹ und so weiter« bezeichnet werden könne, antwortete der Rat der Neun: »Das wäre der Kongress.«[6] Ein Kongress definiert sich als »offizielle Versammlung von Vertretern, zum Beispiel verschiedener Nationen, um über Probleme zu diskutieren«.[7] Der Verweis der Neun auf den »Kongress« deutet darauf hin, dass es sich bei den vierundzwanzig Zivilisationen um eine offizielle Organisation handelt, die sich über galaxisweite Probleme im Zusammenhang mit der Evolution der von Menschen bevölkerten Welten berät, und nicht um ein inoffizielles oder Ad-hoc-Gremium, das relativ kurzlebig ist.

Der Rat der Neun beschrieb, wie die vierundzwanzig Zivilisationen andere außerirdische Rassen unter ihrer Führung arbeiten lassen und auf diese Weise ein hierarchisches System bilden, an dessen Spitze die Neun stehen:

> »Die Mitglieder des Rates der Neun haben keine physische Form und hatten auch noch nie eine. Es gibt die Vierundzwanzig Zivilisationen, die eine physische Form aufweisen, und dann gibt es noch das, was wir als Helfer-Zivilisationen bezeichnen könnten, die körperlicher sind als die Vierundzwanzig.
>
> Zum Beispiel: Altea ist eine Zivilisation, die zu den Vierundzwanzig gehört. Diese Zivilisation hat nur einen Gedanken, ein Wesen. Mit anderen Worten: Sie ist ein kollektives Bewusstsein von sehr hohem Kaliber und besteht aus Millionen von Seelen, die sich gegenseitig unterstützen, erschaffen und gemeinsam überleben. Sie wissen alles, was es an ihrem Ort und in ihrem Wissen gibt.
>
> Sie haben ihrerseits andere Zivilisationen unter sich, die ihr als Arbeiter oder Helfer bezeichnen würdet … Wir möchten den Begriff ›Unterzivilisation‹ an dieser Stelle nicht verwenden, aber es gibt Zivilisationen, die Dinge nach unten durchfiltern.«[8]

Die Vielfalt dieser verschiedenen außerirdischen Rassen und ihr Eingreifen in die Geschicke der Erde haben zu vielen langfristigen genetischen Experimenten und dem Aufstieg und Untergang zahlreicher Zivilisationen auf der Erde geführt.

Die außerirdischen Rassen, die an diesen genetischen Experimenten und menschlichen Gesellschaften beteiligt waren, stimmen sich in einem offiziellen Kongress miteinander ab und arbeiten unter der Oberaufsicht des Rates der Neun.

Dieser Zusammenschluss schließt konkurrierende Pläne und Aktivitäten der vierundzwanzig Zivilisationen nicht aus, beschränkt Konflikte zwischen ihnen und ihren jeweiligen Helferzivilisationen jedoch auf ein Minimum.

Gene Roddenberry und die vierundzwanzig Zivilisationen

Als Gene Roddenberry im Jahr 1975 an den Channeling-Sitzungen des Rates der Neun mit Phyllis Schlemmer, Andrija Puharich und John Whitmore teilnahm, die in einem Faradayschen Käfig in Ossining, New York, stattfanden, war er vor allem von den Aussagen des Rates fasziniert, dass der Kongress der Vierundzwanzig Außerirdischen Zivilisationen in naher Zukunft eine groß angelegte Massenlandung orchestrieren würde. Gene Roddenberry (G) bat den Rat der Neun um nähere Informationen dazu, und dieser antwortete durch seinen Sprecher Tom (T):

»*G:* Ihr habt erwähnt, dass irgendwann eine Massenlandung der Zivilisationen auf der Erde stattfinden könnte. Ich denke, bei den nächsten Fragen, die sich in diesem Zusammenhang erheben, geht es um das Wer und Wo, das Wie und Warum; die erste Frage, die die meisten Leute stellen würden, lautet sicherlich: Wie? Mit anderen Worten: Was für ein Transportmittel würden die Außerirdischen für eine solche Landung nutzen; wären das physische Vehikel?

T: Ja. Das würde dem entsprechen, was ihr als physisches Vehikel bezeichnet. Wenn ihr den Wunsch hättet, es zu berühren, wie bei einem Auto, dann könntet ihr es berühren.

G: Könnt ihr mir etwas über die relative Größe, Form und so weiter dieses Transportmittels sagen? Würden viele Personen hineinpassen oder …

T: Es wären Vehikel unterschiedlicher Größe und Machart. Einige werden wie ein Glasdach aussehen, aber in Wirklichkeit ist es kein Dach – es wird nur so aussehen. Es wird auch Raumfahrzeuge geben, die in eurer Atmosphäre verbleiben. Diese werden sehr groß sein und dann kleinere Raumschiffe aussenden … Ihr habt auf euren Ozeanen Trägerschiffe, von denen aus fliegende Schiffe starten können, stimmt das nicht?

G: Doch, das stimmt.

T: Unsere Raumfahrzeuge wären so ähnlich, doch statt auf euren Ozeanen würden sie sich in eurem Himmel befinden.«[9]

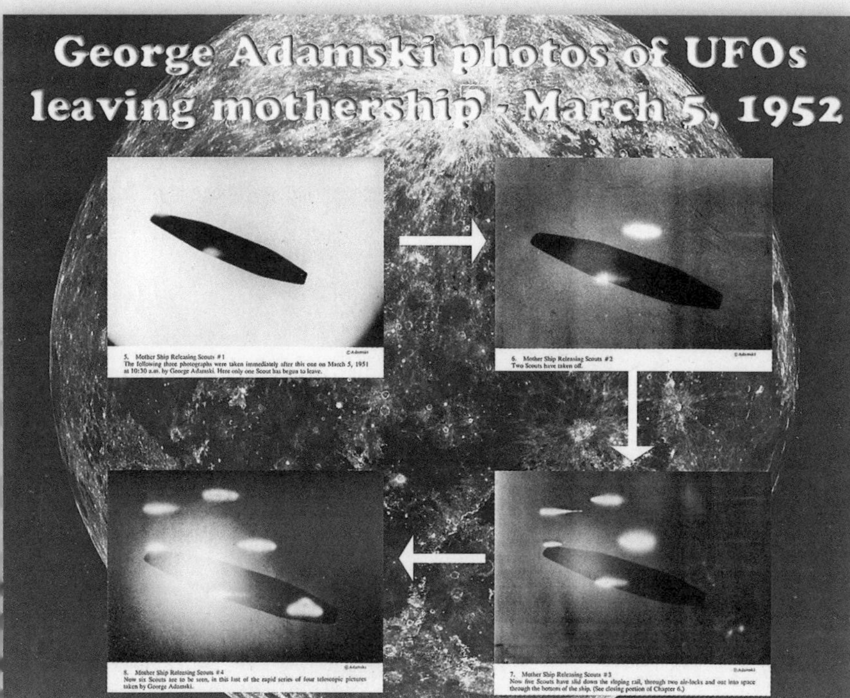

Abb. 11. Fotoserie von George Adamski über UFOs, die ihr Mutterschiff verlassen, aufgenommen am 5. März 1952.

An dieser Stelle sollte man sich vor Augen halten, dass Außerirdische Beobachtungen zufolge schon seit langem Mutterschiffe in der Umlaufbahn der Erde betreiben, von denen aus kleinere Raumschiffe starten und landen, um verschiedene Aktionen durchzuführen. Das hat George van Tassel bereits 1952 in seiner Kommunikation mit dem Ashtar-Kommando enthüllt. Glücklicherweise ist es der Kontaktperson George Adamski (1891-1965) gelungen, eine berühmte Fotoserie von sechs Aufklärungsraumschiffen zu schießen, die sich von einem größeren zigarrenförmigen Raumfahrzeug hoch oben in unserer Atmosphäre erheben.

Als Nächstes fragte Gene Roddenberry (G), ob das ungebetene Auftauchen der vierundzwanzig Zivilisationen auf der Erde wohl zu einem Konflikt mit unseren Regierungen führen würde. Die Antwort von Tom (T), dem Sprecher des Rates der Neun, verrät viel darüber, welche Zivilisationen an diesen Massenlandungen beteiligt sein und aus welchen Beweggründen sie auf die Erde kommen würden:

»*G:* Menschen und Regierungen würden diese Landungen bestimmt auf sehr unterschiedliche Weise beurteilen, und mit ziemlicher Sicherheit würden einige eure Landungen als Bedrohung empfinden. Habt ihr eine Methode, um euch gegen Angriffe zu verteidigen?

T: Ihr sollt wissen, dass wir hier nicht über uns – den Rat der Neun –, sondern über die Zivilisationen sprechen. Wir brauchen uns nicht in physischer Form zu manifestieren. Es gäbe eine Methode, die Menschen von dem Versuch abzuhalten, die Zivilisationen zu zerstören. Das wird mit Liebe und Sanftmut geschehen. Diejenigen Zivilisationen, die uns dienen, werden nicht versuchen, irgendein auf der Erde lebendes physisches Geschöpf zu zerstören oder ihm in irgendeiner Weise zu schaden. Und wir werden auch einen Weg finden, zu verhindern, dass *sie uns* zu zerstören versuchen. Aber wir würden nicht kommen wollen, ohne den Menschen vorher ein paar Informationen über uns zu vermitteln, denn sonst würden sie womöglich glauben, dass wir sie beherrschen wollen. Wir haben weder den Wunsch noch das Bedürfnis, irgendjemanden zu beherrschen, wir kommen nur, um euch einen Nutzen zu bringen.«[10]

In einer späteren Sitzung erklärte der Rat der Neun als Antwort auf Fragen von Sir John Whitmore (J) durch seinen Sprecher Tom, wie »niedriger stehende« außerirdische Gruppen auf die vierundzwanzig Zivilisationen reagieren würden, wenn sie in Form von Massenlandungen auf die Erde kämen:

»*T:* Jene niedriger stehenden Zivilisationen, die den Planeten Erde beobachtet und Kontakt mit den dort herrschenden Regierungen aufgenommen haben und teilweise sogar in den Wesen vertreten sind, die auf dem Planeten Erde und in diesem Reich leben, würden einen kriegerischen Konflikt mit den Vierundzwanzig Zivilisationen oder denen, die mit ihnen zusammenarbeiten, austragen: Dadurch würde also ein zerstörerisches Element in die Atmosphäre des Planeten Erde hineinkommen. In ihrer großen Angst würden die Menschen nicht verstehen oder akzeptieren, dass es auch gute Außerirdische gibt.

J: Weil sie nur zwei Gruppen sehen würden … die sich gegenseitig zerstören.

T: Das ist richtig, und das würde zu einer grauenhaften Verschmutzung und Zerstörung von Teilen des Planeten Erde führen. Wir müssen eine andere Möglichkeit finden, diese anderen dann zu entfernen.«[11]

Hier zeigte der Rat der Neun, wie deutlich ihm bewusst war, dass diese »niedriger stehenden Gruppen von Außerirdischen« – das Imperium der Draconer (Ciakharr) und das Orion-Kollektiv (Greys) –, die mit verschiedenen Regierungen der Erde Kontakt aufgenommen und Vereinbarungen getroffen hatten, eine schreckliche planetenweite Katastrophe mit zerstörerischen Waffen organisieren würden, wenn die vierundzwanzig Zivilisationen sich offen zu erkennen gäben und auf die Erde kämen, um die Evolution der Menschheit voranzubringen. Abgesehen von einigen wenigen Regierungschefs, die über das wahre Geschehen im Bilde wären, könnte der Rest der Menschheit in so einer Situation nicht zwischen positiven und negativen außerirdischen Besuchern unterscheiden und würde zu dem Schluss kommen, dass unser ganzer Planet von Außerirdischen angegriffen wird.

Der Rat der Neun beschrieb klipp und klar, was für eine Situation durch die »niedriger stehenden Zivilisationen« entstanden ist, die mit den menschlichen Eliten zusammenarbeiten mit dem Ziel, den Rest der Menschheit in ihre Gewalt zu bringen. Diese Gruppen entwicklungsmäßig niedriger stehender Außerirdischen sind daran schuld, dass die Vierundzwanzig Zivilisationen und deren Helfer nicht für alle sichtbar auf der Erde landen oder sich den Menschen offenbaren können:

»Denkt daran: Es gibt auch Zivilisationen, die nicht zu den Vierundzwanzig oder ihren Helferzivilisationen gehören und großes Verlangen danach haben, die Erde unter ihre Kontrolle zu bringen und Seelen in Knechtschaft zu halten. Diese Zivilisationen sind immer wieder auf dem Planeten Erde gelandet und haben dort Schwierigkeiten verursacht – Probleme, die sie den auf der Erde lebenden Menschen aufgezwungen haben. Deshalb ist es wichtig, dass keine Panik unter denjenigen entsteht, die auf dem Planeten Erde leben: Man muss ihnen auf behutsame Weise das Wissen vermitteln, dass diese vierundzwanzig Zivilisationen ihnen keinen Schaden zufügen wollen. Das ist von großer Wichtigkeit, denn wenn die Menschen in Panik gerieten, könnten sie womöglich versuchen, ihr eigenes Leben – und auch das Leben ihrer Familien und Nachbarn – zu beenden; und das würde keinem sinnvollen Zweck dienen.«[12]

Wie bereits erwähnt, verfolgt der Rat der Neun bei der Unterscheidung zwischen positiven und negativen außerirdischen Gruppen einen ganz besonderen Ansatz: Er unterscheidet zwischen ausgewogenen und unausgewogenen positiven und negativen außerirdischen Rassen und Organisationen. Der Rat der Neun betrachtet sich selbst als Punkt des Gleichgewichts zwischen diesen verschiedenen Tendenzen bei den vielen außerirdischen Zivilisationen im Universum – als eine besondere, auserwählte Gruppe unter den vielen Außerirdischen, die die Menschheit zurzeit besuchen oder mit ihr interagieren.[13] Und die Neun geben auch ein Beispiel für »unausgewogene positive« Individuen und erklären, auf welche Weise solche Außerirdische Probleme verursachen können. »Denkt daran: Diejenigen, die so positiv eingestellt sind, dass sie nicht bei Sinnen sind, schaffen genauso viele Probleme wie diejenigen, die nur aus Habgier, Wut, Frustration und Ängsten bestehen.«[14]

Das Beispiel, das die Neun hier anführen, impliziert, dass diejenigen, die in ihren Interaktionen mit anderen auf negative Weise vorgehen, dies aber »sinnhaft« – mit einem Grundverständnis der kosmischen Gesetze – tun, ein Beispiel für »ausgewogene Negativität« sind. Das könnte auf räuberische außerirdische Rassen wie die Draconer zutreffen, die darauf achten, dass ihre Eroberungen anderer Welten im Einklang mit den grundlegenden universellen Gesetzen erfolgen. Dieses Ziel wird erreicht, wenn sie nur Zivilisationen infiltrieren, angreifen oder übernehmen, die auf irgendeine grundlegende Weise aus dem Gleichgewicht geraten sind (wie die Erde), und ausgewogene Gesellschaften (wie die vierundzwanzig Zivilisationen) in Ruhe lassen. In der Natur spiegelt sich eine solche Vorgehensweise in der Art wider, wie Raubtiere normalerweise isolierte, verletzte, kranke oder alte Tiere jagen und gesunde, ausgewachsene Tiere verschonen.

Der Rat der Neun ist nicht die einzige Gruppe von Außerirdischen, die die Existenz negativer Kräfte postuliert und von der Möglichkeit spricht, Handlungen so »auszugleichen«, dass sie mit dem universellen Gesetz in Einklang stehen. Auch beim Material im *Gesetz des Einen* wird davon ausgegangen, dass negativ gepolte Individuen und Gruppen, die nur sich selbst dienen, einem evolutionären Weg folgen, der zum Aufstieg (der Ernte) in höhere Dichten führen kann.

> »Fragesteller: Was muss der, sagen wir, Prozentanteil des Wesens sein, falls es für das Negative geerntet werden soll?
>
> **Ra:** Ich bin Ra. Das Wesen, welches den Pfad von Dienst am Selbst verfolgen möchte, muss einen Grad von fünf, das heißt fünf Prozent Dienst an Anderen, 95% Dienst am Selbst, erreichen. Es muss [der] Totalität nahekommen. Auf dem negativen Pfad ist es recht schwierig, Erntefähigkeit zu erreichen, und erfordert großen Einsatz.«[15]

An dieser Stelle lohnt es sich zu untersuchen, ob es auch noch andere glaubwürdige Quellen gibt, die die Existenz eines supragalaktischen Kongresses belegen – jener vierundzwanzig außerirdischen Zivilisationen, die galaktische genetische Experimente überwachen und die Erde schon seit der Antike immer wieder besuchen.

Ein französischer Kontaktler & die Intergalaktische Konföderation

Robert L. ist eine Kontaktperson aus Frankreich, die berichtet, dass sie fast das ganze Jahr 1969 in einem geheimen Stützpunkt von Außerirdischen im Himalaya verbrachte. Er nahm dort an einem genetischen Experiment teil, das dazu diente, menschliches Leben auf einem Planeten in einer anderen Galaxis auszusäen. Nach diesem einjährigen Aufenthalt wurde Robert nach Frankreich zurückgeschickt und aufgefordert, über sein Kontakterlebnis zu schweigen – was er auch fast vierzig Jahre lang tat, bis er im Jahr 2005 erstmals damit an die Öffentlichkeit ging. Er wandte sich an einen bekannten französischen UFO-Forscher namens Georges Metz, der von seinem Bericht so beeindruckt war, dass er Roberts Fall im Jahr 2011 in ein Buch mit dem Titel *Ovnis en France: Les enquêtes de Georges Metz* (»UFOs in Frankreich: Die Ermittlungen des Georges Metz«) aufnahm.[16] Das Buch wurde leider nicht ins Englische übersetzt, so dass nur vergleichsweise wenige Menschen, die sich mit dieser Thematik befassen, von Roberts bemerkenswerten Erlebnissen erfahren haben und um deren Bedeutung wissen.

Was Roberts Geschichte für uns heute so besonders relevant macht, ist die Tatsache, dass er die Außerirdischen als Teil einer »intergalaktischen Konföderation« bezeichnete, die das Leben auf Planeten wie der Erde verwaltet, und dass diese Konföderation unter der Aufsicht einer geheimnisvollen Gruppe von neun sehr hochentwickelten Außerirdischen arbeitet. Hier eine Übersetzung des entsprechenden Abschnitts im Buch von Georges Metz:

> »Die Besucher gaben mir Informationen und Ratschläge. Der Führer [Guide] sagte zu mir: ›Deine Eltern sind gute Menschen – du hast Eigenschaften, die uns interessieren. Wir sind alle Gelehrte. Sternenforscher aus einer anderen Galaxis. Wir sind eurer Zivilisation, die wir seit langem beobachten, um 20.000 Jahre voraus. Wir sind dafür verantwortlich, das Leben auf bewohnten Planeten wie der Erde zu schützen. Wir gehören zu einer Art intergalaktischer Konföderation, welche von neun unbekannten Vorgesetzten beaufsichtigt wird, die die Galaxien verwalten. Wir besuchen Planeten, die sich noch in der Entwicklung befinden, wie beispielsweise den euren. Wir kennen eure ganze Geschichte und alle Sprachen, die auf der Erde gesprochen werden.‹«[17]

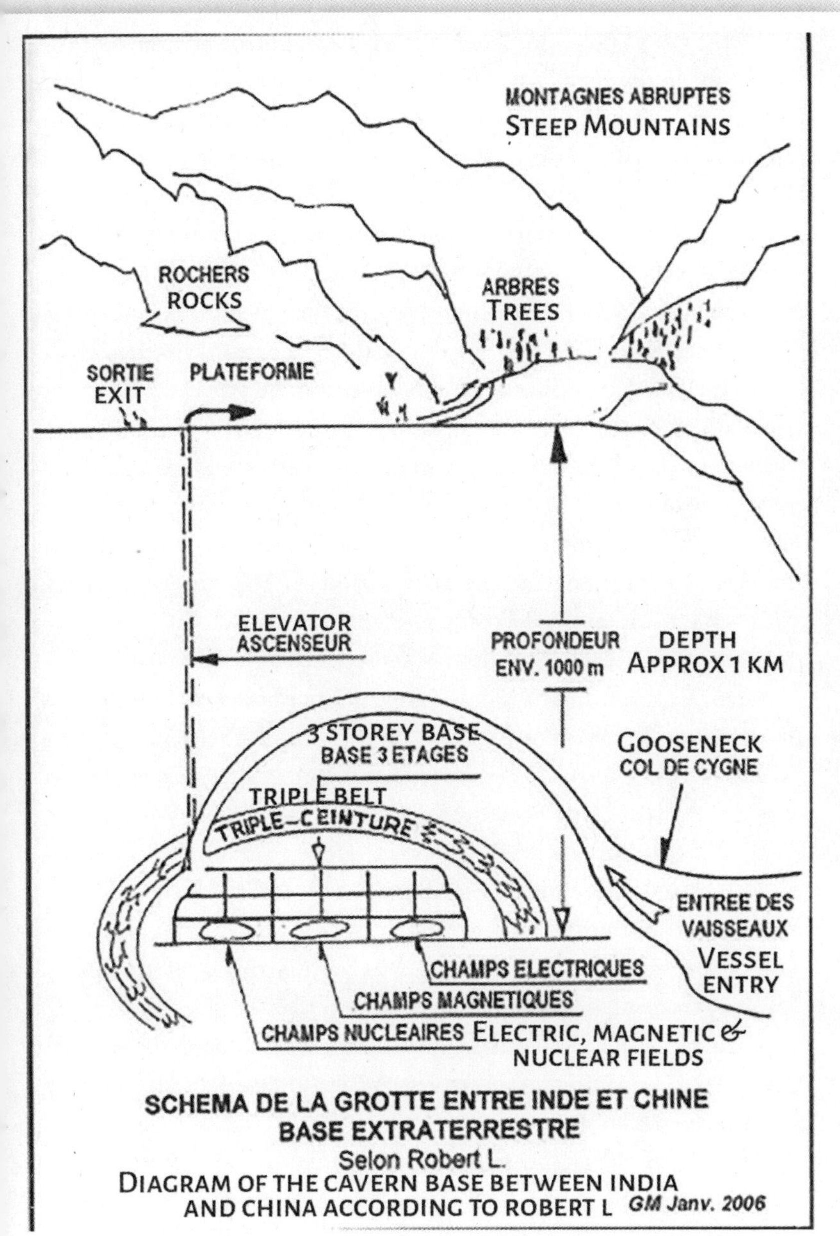

Abb. 12. Stützpunkt von Außerirdischen im Himalaya. Zeichnung von Georges Metz (2006). Englische Übersetzungen ins französische Original eingefügt.

Das passt gut zu den beiden außerirdischen Gruppen, die Schlemmer in ihrem Buch *The Only Planet of Choice* (»Der einzige Planet der Wahl«) beschreibt – dem Rat der Neun und dem Kongress der Vierundzwanzig Außerirdischen Zivilisationen. An dieser Stelle möchte ich darauf hinweisen, dass Robert nie erfahren hat, aus wie vielen außerirdischen Zivilisationen die »Intergalaktische Konföderation« besteht; aber die Ähnlichkeiten mit Schlemmers Informationen deuten darauf hin, dass es sich dabei um dieselben vierundzwanzig Zivilisationen handelt, die auch der Rat der Neun mehrfach erwähnt hat. Erwähnenswert ist in diesem Zusammenhang, dass Elena Danaan behauptet, im November 2021 zu einer »Intergalaktischen Konföderation« gebracht worden zu sein – auf die ich in Kapitel 12 noch näher eingehen werde –, und man habe ihr gesagt, diese Konföderation umfasse insgesamt vierundzwanzig Zivilisationen. Dies bestätigt, dass es sich bei der Intergalaktischen Konföderation und dem (Kongress der) Vierundzwanzig Außerirdischen Zivilisationen um ein und dieselbe Organisation handelt.

Robert hielt die Außerirdischen anfangs für Engel. Doch sie erklärten ihm, sie seien einfach Menschen wie er, nur höher entwickelt, und hätten eine Lebensspanne von bis zu fünfhundert Jahren. Sie seien Wissenschaftler aus einer anderen Galaxis. Robert hatte hauptsächlich mit drei Außerirdischen Kontakt, die er »den Führer« (ein Mann), »die Biologin« (eine schöne, etwa zwei Meter große Frau) und »den Ethnologen« nannte. Im September 1968 fragten die Außerirdischen Robert, ob er bereit sei, an einem genetischen Experiment teilzunehmen. Er solle dabei helfen, menschliches Leben auf einem Planeten in einer anderen Galaxis auszusäen. Dazu müsse er ein Jahr lang in einem abgelegenen Stützpunkt im Himalaya leben und sein biologisches Material einbringen, das für dieses galaktische Aussaatprojekt sehr gut geeignet sei. Robert stimmte zu, und Anfang Januar 1969 wurde er mit einem Raumschiff zu diesem Stützpunkt gebracht.

In Metzens Buch erklärte Robert, dieser Stützpunkt habe irgendwo in der Nähe von Ladakh gelegen, einer strategisch wichtigen Gebirgsgegend in der Grenzregion zwischen China und Indien. Metz zitierte mehrere Artikel aus dem Jahr 2004, in denen von UFO-Aktivitäten in einer angeblichen außerirdischen Basis in dieser Region die Rede war; seine Informationen untermauern Roberts Geschichte.[18] Robert behauptete, die Basis befinde sich vollständig unter der Erde und sei nur durch einen Fahrstuhl mit der Erdoberfläche verbunden. Der Ausgang des Fahrstuhls zur Erdoberfläche sei gut getarnt, sodass dieser Stützpunkt sehr schwierig zu finden sei. Metz erstellte auch eine Zeichnung der Basis, die sich einen Kilometer unter der Oberfläche einer abgelegenen Gebirgsregion befunden haben soll.

Robert berichtete, das Innere des Stützpunkts sei sehr futuristisch gestaltet gewesen; seine Wände schienen von anderer Art zu sein als die einer Höhle. Er war mit fortschrittlichen außerirdischen Technologien ausgerüstet – etwa mit holografischen Fernsehmonitoren, die weit entfernte Gebiete wie sein Haus und sein Dorf überwachen konnten. Ihm wurde klar, dass es sich bei den Lichtkugeln, die er und seine Familie im Juni 1967 zum ersten Mal gesehen hatten, um Überwachungsgeräte handelte; die Resultate ihrer Beobachtungen waren auf den holografischen Monitoren zu sehen. Robert durfte sich in dem Stützpunkt, der drei Ebenen umfasste, frei bewegen. Er begegnete in den Korridoren und Empfangsbereichen immer wieder humanoiden Außerirdischen, die ihn sehr zuvorkommend behandelten. Nur drei Räume durfte er nicht betreten, denn dort herrschten starke elektromagnetische Energien, die seiner Gesundheit hätten schaden können.

In seinem Buch beschrieb Robert Metz, was die Außerirdischen ihm über führende Regierungsbeamte des Planeten Erde erzählten: Sie würden der Öffentlichkeit die Wahrheit über Außerirdische vorenthalten. Viele UFO-Sichtungen seien schlicht und einfach darauf zurückzuführen, dass die Besucher aus dem All sich den Menschen offenbaren wollten, damit sie die Wahrheit über ihre Existenz erfahren:

> »Eure Regierungen haben Angst vor uns. Warum? Fühlen sie sich unwohl dabei, nicht allein im Universum zu sein? Sie wissen sehr wohl, dass wir den Bewohnern der Erde keinen Schaden zufügen möchten; und teilweise sind sie auch über die Leistungsfähigkeit unserer Technologien informiert. Warum wollen sie ihren Bürgern nicht die Wahrheit

sagen? Sie machen sich über die Berichte von Menschen lustig, die uns gesehen haben und mit ihren Berichten an die Öffentlichkeit getreten sind. Deshalb hat die Intergalaktische Konföderation beschlossen, unsere Fähigkeiten möglichst vielen Menschen zu offenbaren. Die ganze Welt muss wissen, dass es uns gibt und dass die Manifeste Intelligenz überall im Universum existiert.«[19]

Robert beschreibt die Außerirdischen, denen er begegnete und bei denen er ein Jahr in einem Stützpunkt im Himalaya verbrachte, als sehr groß, mit langen Armen und weißer Hautfarbe. Diese Beschreibung passt zu einer der »Saatausbringer-Rassen« [seeder races], der Elena Danaan nach eigenen Angaben in der Nähe des Jupitermonds Ganymed begegnete und auf die ich in Kapitel 12 noch näher eingehen werde. Diese Außerirdischen sind jedoch nur eine der insgesamt vierundzwanzig Saatausbringer-Rassen, die an genetischen Experimenten auf der Erde mitwirken.

Außerirdische führen zweiundzwanzig genetische Experimente durch

Wir wissen zwar, dass die Intergalaktische Konföderation (auch bekannt als »Vierundzwanzig Außerirdische Zivilisationen«) in vielen Galaxien menschliches Leben aussäte – die Erde ist nur ein Beispiel dafür –, aber der Rat der Neun hat nie genau erklärt, wie viele dieser genetischen Experimente auf der Erde stattfanden. Bekannte Forscher wie Zecharia Sitchin haben die Erschaffung der Menschheit durch eine Rasse von Außerirdischen beschrieben, die er als »Anunnaki« bezeichnete.[20] Seine Informationen stimmen mit den biblischen Hinweisen auf die Elohim als Schöpfer der Menschheit überein. Doch wir wissen auch, dass es mehrere außerirdische Zivilisationen gibt, die der Menschheit ihren vielfältigen Genpool in Experimenten zur planetarischen Aussaat zur Verfügung stellten, wie der Rat der Neun uns offenbarte. Sie beschrieben Eingriffe der Zivilisationen Altea, Hoova,

Ashan und Aragon in die Angelegenheiten der Menschheit. Bei ihren Experimenten brachten diese Zivilisationen ihre Gene in Gesellschaften ein, die weit in die Antike zurückreichen.

Laut Informationen des Alien-Kontaktlers Alex Collier und eines Insiders von Geheimen Weltraumprogrammen namens Corey Goode finden zurzeit zweiundzwanzig verschiedene genetische Experimente auf der Erde statt. Das entspricht ungefähr dem, was der Rat der Neun uns über die Vierundzwanzig Zivilisationen oder Intergalaktische Konföderation, die in das Schicksal der Menschheit eingreifen, hat wissen lassen. Halten wir fest: Die Intergalaktische Konföderation führt zweiundzwanzig genetische Experimente durch, die von Collier und Goode beschrieben wurden.

Collier, der behauptet, von Außerirdischen aus Andromeda kontaktiert worden zu sein, war der Erste, der diese zweiundzwanzig Gen-Experimente beschrieb, kurz nachdem er im Jahr 1991 mit seinen Informationen an die Öffentlichkeit trat. In einem seiner ersten Vorträge, die in dem Buch *Defending Sacred Ground* (»Heiligen Boden verteidigen«) abgedruckt wurden, wies Collier darauf hin, dass »wir die genetischen Codes von zweiundzwanzig verschiedenen Rassen in unserem Körper haben«,[21] und erklärte, dass diese Theorie genetischer Eingriffe von Außerirdischen in unser Schicksal (auch als Intelligent Design bezeichnet) zutreffender sei als die darwinistischen Vorstellungen von natürlicher Auslese:

> »Tja, meine Damen und Herren, Sie alle sind wirklich großartige Geschöpfe. Wir tragen in unserer DNA die Gene und das genetische Gedächtnis von zweiundzwanzig verschiedenen Rassen. Die Wissenschaft lehrt uns ja, dass der Körper lediglich ein ›Pool chemischer Substanzen‹ ist und sich aus Affen entwickelt hat. Das stimmt aber nicht. Unsere physischen Gestalten wurden genetisch verändert, und viele verschiedene Rassen, die hierher gekommen sind, haben daran ›herumgebastelt‹.«[22]

In einem Vortrag aus dem Jahr 2002 beschrieb Collier, was ihm mitgeteilt worden war, und ging dabei auf die verschiedenen menschlichen

Rassenmerkmale – Körpertypen – ein, die in den geografischen Regionen der Erde vorkommen:

»Worüber wir nun sprechen wollen, sind die zweiundzwanzig [außerirdischen] Rassen ... Um es kurz zu machen: Wir sind ein Gemisch aus vielen verschiedenen Rassen – genau gesagt: zweiundzwanzig. Es ist eine physiologische Tatsache, dass es zweiundzwanzig verschiedene Körpertypen auf diesem Planeten gibt. Und das ist das Ergebnis der außerirdischen Rassen.«[23]

Colliers Meinung nach macht die Tatsache, dass wir eine Mischung aus zweiundzwanzig verschiedenen außerirdischen Genen sind, uns zu etwas ganz Besonderem und verleiht uns außergewöhnliche Fähigkeiten. Er behauptet, dass diese angeborenen genetischen Fähigkeiten uns in den Augen der höherentwickelten Zivilisationen zu etwas »Königlichem« machen:

»Wir, als Produkt außerirdischer genetischer Manipulation, sind im Besitz eines riesigen Genpools, der viele verschiedene rassische Speicherbänke umfasst, die mindestens zweiundzwanzig verschiedene Rassen enthalten. Aufgrund unseres genetischen Erbes und weil wir Geistwesen [spirit] sind, betrachten die uns wohlgesinnten außerirdischen Rassen uns tatsächlich als königliche Geschöpfe [being royalty = Adel].«[24]

Colliers Information, dass wir »genetischer Adel« sind, mag schwer zu glauben sein, doch dürfen wir an dieser Stelle auf den Fall von Robert L. zurückkommen, dem von einer der außerirdischen Saatausbringer-Rassen, die zur Intergalaktischen Konföderation gehören, mitgeteilt wurde, dass seine Gene dazu verwendet werden sollten, menschliches Leben in einer anderen Galaxis anzusiedeln. Diese »Aussaat« wäre nur möglich, wenn hochentwickelte Außerirdische, die an intergalaktischen Aussaat-Experimenten mitwirken, die menschlichen Gene tatsächlich für außergewöhnlich halten würden. Das spricht für die Richtigkeit von Colliers Behauptung, dass die Andromedaner und andere hochentwickelte außerirdische Rassen uns als eine Art »genetischen Adel« betrachten.

Eine weitere Quelle, in der zweiundzwanzig von Außerirdischen auf der Erde durchgeführte genetische Experimente erwähnt werden, ist der bereits erwähnte Insider in Sachen Geheime Weltraumprogramme, Corey Goode. In einem Interview vom 14. Juli 2015, das auf *Gaia TV* ausgestrahlt wurde, sprach Goode über diese zweiundzwanzig genetischen Experimente:

> »Es gab eine Gruppe von vierzig menschenähnlichen Außerirdischen, die so gut wie immer anwesend waren, und bis zu sechzig, die zu anderen Zeiten präsent waren. Es wurden zweiundzwanzig genetische Programme durchgeführt … Diese zweiundzwanzig verschiedenen Programme laufen seit unterschiedlich langer Zeit. Aber die genetische Manipulation der Menschheit reicht mindestens 250.000 Jahre zurück.«[25]

Goode (C) bezeichnete die außerirdischen Rassen, die an der Durchführung der zweiundzwanzig genetischen Experimente beteiligt sind, in Beantwortung der Fragen von David Wilcock (D) als eine »Superföderation«:

> »*C:* … Was ich als diesen Föderations-Superrat bezeichnet habe, okay, das ist eine Superföderation, die aus weiteren Föderationen, Räten und sonstigen Organisationen und Gruppen besteht.
>
> *D:* Daher also das Wort ›Super‹.
>
> *C:* Den Begriff ›Konföderationen‹ habe ich in diesem Zusammenhang schon mal gehört … Und es ist wie eine riesige UNO mit all diesen verschiedenen Föderationen, Konföderationen, Räten, die sich versammeln, und es gibt vierzig Hauptgruppen und zwanzig andere Gruppen, die ziemlich oft – aber nicht immer – mit dabei sind.«[26]

Goodes Ausführungen ähneln dem, was Robert L. zuvor über die Galaktische Konföderation berichtet hatte, die Programme zur genetischen Aussaat von Menschen in dieser und anderen Galaxien durchführt.

Goodes Informationen stimmen auch mit dem überein, was der Rat der Neun zuvor über primäre außerirdische Zivilisationen gesagt hatte, die mit Unterstützung von Helferrassen genetische Experimente auf der Erde durchführen, welche bis weit in die Antike zurückreichen. Während Goode von vierzig außerirdischen Hauptgruppen und zwanzig Helfergruppen ausgeht, die diese Experimente auf der Erde durchführen, spricht der Rat der Neun von vierundzwanzig Hauptgruppen und einer unbekannten Anzahl von Helfern.

Goode (C) sagte gegenüber seinem Gesprächspartner David Wilcox (D), dass die außerirdischen Rassen, die an der Durchführung dieser zweiundzwanzig genetischen Experimente beteiligt sind, unsere Gene verbessern, um uns in unserer spirituellen Entwicklung und unseren Fähigkeiten zu fördern:

> »*C:* Ich habe gehört, dass die von diesen vierzig Gruppen durchgeführten zweiundzwanzig verschiedenen Genexperimente ein Teil des Großen Experiments waren. Dieses Experiment war nicht nur genetischer, sondern auch spiritueller Natur, und ich habe erfahren, dass sie versuchten, uns in spiritueller Hinsicht zu verbessern – dass sie die Zirbeldrüse und etwas, das auch mit unserem Lichtkörper zu tun hat, manipulierten, damit wir spiritueller werden und uns auf diese Weise weiterentwickeln. Sie stehen offensichtlich im Streit mit dieser Draco-Allianz-Gruppe.
>
> *D:* Das würde also bedeuten, dass die Superföderation nicht nur als negativ einzustufen ist.
>
> *C:* Nein. Wie ich schon sagte, es ist alles eine Frage des Standpunkts. Sie haben ihre Absichten und Gründe dafür, uns auf diese Weise zu manipulieren.«[27]

Das entspricht ungefähr dem, was Alex Collier sagte: dass einige höherstehende außerirdische Gruppen die Menschheit als »genetischen Adel« betrachten – unsere Gene verleihen uns die Fähigkeit, kraft unseres Bewusstseins Dinge zu tun, die andere Rassen nur auf technologischem Weg erreichen können. In Anbetracht dieser Ähnlichkeiten kann man wohl zu der Schlussfolgerung gelangen, dass Goodes »Super(kon)föderation« in direkter Verbindung zu den vierundzwanzig Zivilisationen steht, die vom Rat der Neun beschrieben wurden, oder zu der »Intergalaktischen Konföderation«, wie Robert L. und Elena Danaan sie beschrieben haben. Vielleicht ist die von Goode beschriebene Superföderation der lokale Zweig der Intergalaktischen Konföderation.

Es lohnt sich, zu überprüfen, was Goode über den Sitz der Superföderation (alias Intergalaktischen Konföderation) gesagt hat. In einem Interview erklärte er:

> »Diese Gruppen sehen eher menschenähnlich aus, und ihre Stützpunkte scheinen sich hauptsächlich auf der Rückseite des Mondes und den Monden einiger Gasriesen zu befinden, vor allem von Saturn, und zwar in einem Maße, dass es Bereiche rund um bestimmte Monde von Jupiter und Saturn gibt, denen unsere Raumschiffe sich nicht nähern durften – und das in unserem eigenen Sonnensystem. Der Zugang zu diesen Gebieten war streng verboten.«[28]

In Anbetracht neuester Informationen darüber, dass die Intergalaktische Konföderation erst vor kurzem mit einer sehr großen Flotte in unserem Sonnensystem angekommen ist, worauf wir in Kapitel 12 noch näher eingehen werden, ist dieser Hinweis auf die Jupitermonde besonders wichtig.

Anmerkungen

1 Phyllis V. Schlemmer, *The Only Planet of Choice: Essential Briefings from Deep Space* (Gateway Books 1993, reprint Old Kings Road Press 2009); p. 69.

2 Phyllis V. Schlemmer, *The Only Planet of Choice: Essential Briefings from Deep Space* (Gateway Books 1993, reprint Old Kings Road Press 2009); pp. 34/35.

3 Phyllis V. Schlemmer, *The Only Planet of Choice: Essential Briefings from Deep Space* (Gateway Books 1993, reprint Old Kings Road Press 2009); pp. 70/71.

4 Phyllis V. Schlemmer, *The Only Planet of Choice: Essential Briefings from Deep Space* (Gateway Books 1993, reprint Old Kings Road Press 2009); p. 35.

5 Dolores Cannon, *Jesus and the Essenes* (Ozark Mountain Publishing 1999). – Dt. Ausgabe: *Jesus und die Essener*, Ozark Mountain Publishing, Huntsville 2021.

6 Phyllis V. Schlemmer, *The Only Planet of Choice: Essential Briefings from Deep Space* (Gateway Books 1993, reprint Old Kings Road Press 2009); p. 29.

7 The Free Dictionary; https://www.thefreedictionary.com/congress (aufgerufen am 07.12.2021).

8 Phyllis V. Schlemmer, *The Only Planet of Choice: Essential Briefings from Deep Space* (Gateway Books 1993, reprint Old Kings Road Press 2009); p. 46.

9 Phyllis V. Schlemmer, *The Only Planet of Choice: Essential Briefings from Deep Space* (Gateway Books 1993, reprint Old Kings Road Press 2009); p. 40.

10 Phyllis V. Schlemmer, *The Only Planet of Choice: Essential Briefings from Deep Space* (Gateway Books 1993, reprint Old Kings Road Press 2009); pp. 41/42.

11 Phyllis V. Schlemmer, *The Only Planet of Choice: Essential Briefings from Deep Space* (Gateway Books 1993, reprint Old Kings Road Press 2009); p. 64.

12 Phyllis V. Schlemmer, *The Only Planet of Choice: Essential Briefings from Deep Space* (Gateway Books 1993, reprint Old Kings Road Press 2009); p. 34.

13 Phyllis V. Schlemmer, *The Only Planet of Choice: Essential Briefings from Deep Space* (Gateway Books 1993, reprint Old Kings Road Press 2009); p. 78.

14 Phyllis V. Schlemmer, *The Only Planet of Choice: Essential Briefings from Deep Space* (Gateway Books 1993, reprint Old Kings Road Press 2009); p. 78.

15 »The Law of One«, https://www.lawofone.info/s/17#32 (aufgerufen am 07.03.2022). – Zitiert nach *Das Gesetz des Einen: Buch I*, Sitzung 17.32, Seite 232; wir danken Jochen Blumenthal für die Überlassung der deutschen Übersetzung.

16 Georges Metz, *Ovnis en France: Les enquêtes de Georges Metz* (Editions Atlantes 2011).

17 Georges Metz, *Ovnis en France: Les enquêtes de Georges Metz* (Editions Atlantes 2011); p. 180.

18 Sandeep Unnithan, »Mystery Sighting Spooks Soldiers«, *India Today* vom 2. November 2012; https://www.indiatoday.in/magazine/nation/story/20121112-ufo-seen-in-ladakh-jammu-and-kashmir-by-indian-army-itbp-760402-2012-11-02 (aufgerufen am 07.12.2021).

19 Georges Metz, *Ovnis en France: Les enquêtes de Georges Metz* (Editions Atlantes 2011); p. 180.

20 Zecharia Sitchin, *The 12th Planet* (Stein & Day 1976). – Das Buch erschien auf Deutsch in zahllosen Ausgaben und Auflagen. Aktuell: *Der zwölfte Planet. Wann, wo, wie die ersten Astronauten eines anderen Planeten zur Erde kamen und den Homo Sapiens schufen*. Kopp Verlag, Rottenburg 2003 ff.

21 Alex Collier, *Defending Sacred Ground: The Andromedan Compendium. The Story of Alex Collier and His Lifetime Personal Contact with the Zenetaen Culture from Andromeda* (Brotherton Press 1998); p. 32. – Ein Interview mit dem Autor, geführt von Val Valerian, findet sich auf http://www.reptilianagenda.com/cont/co121099b.shtml (aufgerufen am 14.12.2021).

22 Alex Collier, *Defending Sacred Ground: The Andromedan Compendium. The Story of Alex Collier and His Lifetime Personal Contact with the Zenetaen Culture from Andromeda* (Brotherton Press 1998); p. 48. – Ein Interview mit dem Autor, geführt von Val Valerian, findet sich auf http://www.reptilianagenda.com/cont/co121099b.shtml (aufgerufen am 14.12.2021).

23 Sein Vortrag aus dem Jahr 2002 wurde transkribiert und veröffentlicht als »An Andromedan Perspective on Galactic History«, *Exopolitics Journal*, Vol 2:2

(2007); http://exopoliticsjournal.com/vol-2/vol-2-2-Collier.htm (aufgerufen am 04.01.2022).

24 Alex Collier, *Defending Sacred Ground: The Andromedan Compendium. The Story of Alex Collier and His Lifetime Personal Contact with the Zenetaen Culture from Andromeda* (Brotherton Press 1998); p. 25. – Ein Interview mit dem Autor, geführt von Val Valerian, findet sich auf http://www.reptilianagenda.com/cont/co121099b.shtml (aufgerufen am 14.12.2021).

25 »Cosmic Disclosure«, *Gaia TV*, Staffel 1, Episode 1 vom 14. Juli 2015; Transkript verfügbar auf https://tinyurl.com/yc5uhhy4 (aufgerufen am 04.01.2021).

26 »Cosmic Disclosure«, *Gaia TV*, Staffel 2, Episode 11 vom 8. Dezember 2015.

27 »Cosmic Disclosure«, *Gaia TV*, Staffel 1, Episode 10 vom 1. September 2015.

28 »Cosmic Disclosure«, *Gaia TV*, Staffel 2, Episode 11 vom 8. Dezember 2015.

6 Der Andromeda-Rat

Der Andromeda-Rat besteht aus 133 Vertretern von Planetensystemen und Rassen, wie eine Art Vereinte Nationen unserer Galaxis. Diese Vertreter möchten uns bei der Entwicklung unseres Bewusstseins helfen … Der Rat arbeitet schon seit Jahrtausenden nach strengen Kodizes und Verhaltensrichtlinien … Wir sollen die Andromedaner nicht als Retter betrachten. Sie sagen ausdrücklich, dass es uns nichts bringen würde, wenn jemand hierher kommt und uns im wahrsten Sinn des Wortes rettet, denn dadurch nähme man uns unsere Verantwortung ab, so dass wir die Erfahrung der Evolution nicht mehr selbst machen könnten.

– Alex Collier, »ET Overview«, 1994[1] *–*

Das Sternbild Andromeda ist vierundvierzig Lichtjahre von der Erde entfernt und umfasst sechzehn Hauptsterne mit mindestens vierundzwanzig Exoplaneten, deren Existenz bereits durch verschiedene wissenschaftliche Methoden bestätigt wurde.[2] Und dann gibt es noch die berühmte Andromeda-Galaxis oder M31, die schwindelerregende 2,5 Millionen Lichtjahre von unserem Planeten entfernt ist und sich in der gleichen Sichtlinie befindet wie das Sternbild; tatsächlich erscheint die Galaxis als Lichtpunkt im Sternbild Andromeda. Es überrascht zwar nicht, dass es Kontaktler gegeben hat, die behaupteten, Außerirdischen aus dem Sternbild Andromeda begegnet zu sein oder mit ihnen kommuniziert zu haben, und die berichteten, dass diese Außerirdischen über hochentwickelte Raumschiffe verfügten; doch viel wichtiger sind ihre

Hinweise auf die wichtige Rolle, die ein sogenannter Andromeda-Rat für galaktische Angelegenheiten in unserem Sonnensystem spielt.

Billy Meier und der Hohe Rat von Andromeda

Die erste Erwähnung eines »Andromeda-Rats« findet sich in den »Kontaktberichten« von Eduard Billy Meier. Im Jahr 1975 ging Meier mit seinen Behauptungen, Fotos und Videos über Kontakte mit menschenähnlichen Außerirdischen vom Planeten Erra im Sternsystem Taygeta, das zu den Plejaden gehört, an die Öffentlichkeit.

Meier schrieb auf, was ihm eine schöne weibliche Außerirdische namens Semjase erzählte.[3] Seine Aufzeichnungen werden bis heute in chronologischer Abfolge zusammengestellt und unter dem Reihentitel »Plejadisch-plejarische Kontaktberichte« in Buchform als sogenannte »Blöcke« veröffentlicht. Meiers Behauptungen und Beweise wurden weltweit von mehreren UFO-Forschern untersucht, zum Beispiel dem legendären Lieutenant Colonel Wendelle Stevens, einem Mitarbeiter der U.S. Air Force im Ruhestand. Er schrieb daraufhin das Buch *UFO Contact from the Pleiades* (»UFO-Kontakte von den Plejaden«), in dem er Meiers Forschungsergebnisse ausführlich schildert.[4] Außerdem gab er vier Bände mit übersetzten »Kontaktberichten« als *Message from the Pleiades: The Contact Notes of Eduard Billy Meier* (1988-1995)[5] heraus. Wie viele andere Forscher hält Stevens die Informationen in den Kontaktberichten für authentisch. Sie bieten zahlreiche Einblicke in die Geschichte der Galaxis und die Emigration menschlicher Kolonien aus einem Sternsystem ins andere, wo sie vor verschiedenen Feinden und planetaren Katastrophen Zuflucht suchten.

In seinem Bericht über die Geschichte einer dieser galaktischen Migrationsbewegungen beschrieb Meier, wie die Plejader, von ihm auch »Plejarer« genannt, im Sternbild Andromeda auf eine hochentwickelte Rasse von Außerirdischen stießen, die später zu Beratern der Plejarer und ihrer neuen Kolonien wurden. In seinem Kontaktbericht vom 6. Januar 1977 schildert Meier diese Ereignisse:

»Im Laufe der nächsten achttausend Jahre entwickelten die Pleja-Völkern ein sehr hohes spirituelles Niveau. Infolgedessen gingen sie mit allen möglichen ähnlichen und fremden Völkern aus nahegelegenen und fernen Systemen Allianzen ein und waren sich darin einig, ganz für die Evolution zu leben. Auf diese Weise bildeten sie dann gemeinsam eine weitere große Allianz, in deren Rahmen sie auf neue Expeditionen gingen und im Jahr 1951, also der irdischen Zeitrechnung nach erst vor wenigen Jahren, eine halbspirituelle Welt im Sternsystem Andromeda entdeckten, die von halbspirituellen Wesen bewohnt wurde – einer bereits extrem hochentwickelten Lebensform, die noch in halbmaterieller, aber auch schon in halbspiritueller Form existierte. Im Einvernehmen mit diesen Lebensformen beschlossen sie alle, dass diese in Andromeda lebenden Wesen mit ihrem enormen Wissen und ihrer großen Weisheit künftig die Geschicke ihrer Völker und ihrer großen Allianz leiten und lenken sollten – ein Plan, der von allen Völkern freudig begrüßt wurde. Daraufhin beschlossen die spirituellen Führer, die menschliche Wesen und spirituelle Lehrer zugleich waren, einvernehmlich, dass alle Geschicke in Zukunft von ihren mittlerweile besten Freunden – eben diesen halbspirituellen Wesen – geleitet werden sollten. Sie sollten diese Führungsfunktion als Rat durch eine höhere geistige Ebene ausüben; daher wurde diese Kontrolle und Führung ›Hoher Rat‹ genannt, und das wird bis heute so gehandhabt und wird sich nie ändern. Seitdem stehen alle Völker sämtlicher mit uns verbündeten Rassen unter der Leitung des ›Hohen Rates‹, der niemals irgendwelche Befehle erteilt, sondern nur ›höhere Ratschläge‹ gibt, die jeder Lebensform zur Verfügung stehen und normalerweise auch ausnahmslos befolgt werden.«[6]

Dieser »Hohe Rat« aus »halbspirituellen« Wesen vom Sternbild Andromeda ist das, was wir heute als »Andromeda-Rat« bezeichnen. Besonders relevant ist die Behauptung der Plejader oder Plejarer, wie Billy Meier sie nennt, dass der Hohe oder Andromeda-Rat über »enormes Wissen und große Weisheit« verfügte und dass diese Wesen deshalb als Führer akzeptiert wurden. Sehr bedeutsam ist auch die Feststellung, dass der Andromeda-Rat den außerirdischen Rassen, die seine Führung akzeptieren, keine Befehle oder Anweisungen, sondern lediglich »höhere Ratschläge« erteilt.

Meier war nicht der Einzige, der behauptete, Kontakt zu einer Rasse hochentwickelter Wesen aus Andromeda gehabt zu haben. Wendelle Stevens stieß im Rahmen seiner bahnbrechenden UFO-Forschungstätigkeit auch noch auf andere Kontaktpersonen.

Professor Hernandez und die Andromedaner

Bei einem dieser Kontaktler handelte es sich um einen ordentlichen Professor von der medizinischen Fakultät der University of Mexico. Er hatte eine Führungsposition am mexikanischen Nationalinstitut für Kernenergie, dem Instituto Naçional de Energia Nuclear, inne und veröffentlichte seine erstaunliche Geschichte unter dem Pseudonym »Prof. Hernandez«. Dabei arbeitete er mit der mexikanischen Journalistin Zitha Rodriguez zusammen, die seinen Fall untersuchte und die Aufzeichnungen seiner Kontaktgespräche schließlich veröffentlichte.[7] Hernandez schildert, wie eine schöne Außerirdische namens Elyense aus dem Sternbild Andromeda sich mit ihm anfreundete und ihm ihre Herkunft offenbarte. Zitha Rodriquez berichtet, wie Prof. Hernandez sie zum ersten Mal ansprach, als sie am Instituto Naçional de Energia Nuclear gerade mit Recherchen für einen Bericht über Erdbeben beschäftigt war.

> »In den Jahren 1978/79 war ich Chefredakteurin der Zeitschrift OVNI [»UFO«] … Nun, ich schrieb gerade an einem Buch über Erdbeben. Ein Freund schlug mir vor, mit einer bestimmten Person am Instituto Naçional de Energia Nuclear zu sprechen, einem Professor Carlos Graef, der ein erfahrener Seismologe war … Eines Tages ging ich also hin, weil ich dringend mit ihm sprechen wollte, und auf dem Weg nach draußen lief ich Professor Hernandez in die Arme. Der Professor zeigte sofort Interesse an meiner Arbeit. Er bekleidete einen verantwortungsvollen Posten am Institut und war ein hohes Tier an der Universität … Als ich sein Büro zum

ersten Mal betrat, wusste ich nicht genau, was passieren würde .... Er forderte mich auf, Platz zu nehmen, und begann mich auszufragen ... Er wollte wissen, ob ich Leute kennen würde, die UFOs gesehen hätten, und ich bejahte diese Frage ... Da stand er auf, ging um seinen Schreibtisch herum, schlug mit der Faust auf den Tisch und machte mir ein ungewöhnliches Geständnis: ›Ich bin in einem Raumschiff mitgeflogen und habe Freundschaft mit einer Frau geschlossen, die sagte, sie komme aus ... Andromeda. Erst habe ich das nicht geglaubt‹, sagte der Professor – ›zumindest nicht alles davon.‹«[8]

Professor Hernandez beschrieb sehr genau die Prinzipien der freien Energie, die hochentwickelten Technologien und die galaktische Geschichte, über die ihn die Andromedanerin unterrichtete. Elyense erklärte ihm, die Menschheit stamme von außerirdischen Zivilisationen ab, die sich auf der Erde niedergelassen hätten – ein weiterer Beweis dafür, dass Mitglieder der vierundzwanzig Zivilisationen, also der Intergalaktischen Konföderation, regelmäßig ihre Gene auf der Erde ausgesät hatten. Nach zerstörerischen Konflikten, die mit Hilfe hochentwickelter Technologien ausgetragen wurden, begann die DNA der Überlebenden zu degenerieren. Elyense erzählte Professor Hernandez, dass die Andromedaner und andere außerirdische Zivilisationen dabei halfen, die angeborenen Fähigkeiten der Menschheit wiederherzustellen und den Menschen ihre einstige Ausstattung zurückzugeben. Außerdem offenbarte Elyense ihm, dass andere Gruppen von Außerirdischen diese Bemühungen zu sabotieren versuchten und die Menschheit ausbeuten wollten:

»Du hattest mich gefragt, ob es in diesem Universum Wesen gibt, die aggressiver sind als die Erdenmenschen. Ich habe diese Frage bejaht und von den Außerirdischen gesprochen, die zu verschiedenen Zeiten immer wieder auf eure Welt gekommen sind ... Sie verabscheuen euren Empirismus und eure auf wackeligen Füßen stehende Wissenschaft. Sie nehmen sich jegliche Freiheiten in eurer Welt und haben Lebewesen gefangen genommen – Kinder, Alte, Männer, Frauen, Tiere, Fische –, und sie rauben euch den Sauerstoff, den Wasserstoff und absorbieren sogar die elektrische Flüssigkeit der Versorgungsgüter, die in eure großartigen Städte fließen. Menschen, die unglücklicherweise verschwinden und nie wieder zurückkehren, wurden von ihnen entführt.«[9]

Auch das bestätigt die Richtigkeit früherer Informationen über negative außerirdische Gruppen, das Draco-Imperium oder das Orion-Kollektiv, die Menschen missbrauchen und sich in die Evolution der Erde einmischen.

Professor Hernandez beschrieb, wie die Andromedaner sich bemühten, die Menschheit auf die Bedrohungen vorzubereiten, mit denen sie zurzeit zu kämpfen hat, indem sie Wissenschaftlern die dazu notwendigen Informationen vermittelten. Elyense erzählte ihm, dass sie Kontakt zu hochrangigen Vertretern des politischen und wissenschaftlichen Establishments aufgenommen hätten, aber abgewiesen worden seien: »Wir hatten Kontakte mit Botschaftern, Professoren und anderen Vertretern eurer Zivilisation. Aber sie glauben uns einfach nicht.«[10] Die Andromedaner behaupten, dass sie nicht direkt eingreifen könnten, um künftige Bedrohungen abzuwenden. Sie seien in erster Linie Wissenschaftler und Botschafter und verfügten nicht über militärische Streitkräfte. Das entspricht dem, was Meier über den Andromeda-Rat mitgeteilt wurde: dass er eher wissenschaftliche Ratschläge und Anleitungen erteile, aber nicht über ein mächtiges Heer verfüge, um anderen Zivilisationen zu helfen.

Professor Hernandez berichtet, wie seine geistigen und medialen Fähigkeiten sich durch seine Kontakte mit der Andromedanerin drastisch verbesserten:

»Mein Geist hatte sich erweitert, und meine Konzentrationsfähigkeit war geschärft worden. Ich konnte jeden Klang bis ins kleinste Detail wahrnehmen und erstaunlicherweise auch jederzeit wiedergeben und vollständig analysieren, einschließlich seiner musikalischen Ableitungen, falls es welche gab … Wenn ich einen Menschen sehe, egal welcher Abstammung, nehme ich verschiedene Eigenschaften an ihm wahr, und zwar seine außergewöhnlichen – wie Schwingungsfrequenzebenen, seine Herkunft, die chemische Zusammensetzung seines Blutes …«[11]

Leider zog Professor Hernandez durch seine Kontakte mit der Andromedanerin den Zorn seiner Frau auf sich, die überzeugt davon war, dass er eine Affäre mit einer Studentin hatte, und ihn im Jahr 1989 für einen Monat in eine psychiatrische Anstalt einweisen ließ. Nach seiner Entlassung verschwand er und wurde trotz der Bemühungen seiner Familie und der Ermittler bis heute nicht gefunden. Auch Zitha Rodriguez gelang es bei ihren späteren Recherchen nicht, seine Papiere und Unterlagen von mexikanischen Sicherheitsbeamten zu erlangen oder von seiner verzweifelten Familie noch etwas über ihn zu erfahren. Auch Wendelle Stevens untersuchte den Fall Hernandez und konnte die Richtigkeit von Zitha Rodriguez' Recherchen und die Identität des Professors bestätigen.

Der Fall Hernandez zeigt, wie gefährlich es für prominente Wissenschaftler war, sich mit Berichten über Kontakte mit hochentwickelten Außerirdischen an die Öffentlichkeit zu wagen – Außerirdischen, die lebensverändernde Informationen und Technologien an die Menschheit weitergeben wollten, welche unseren Planeten revolutionieren könnten. Später fanden die Andromedaner eine andere Person – einen Nicht-Wissenschaftler, über den sie ihre Informationen verbreiten konnten.

Alex Collier und der Andromeda-Rat

Aus den Aussagen eines anderen Kontaktlers namens Alex Collier, der im Jahr 1991 an die Öffentlichkeit trat, erfahren wir am meisten darüber, dass die Andromedaner zu einem »Hohen Rat« oder »Andromeda-Rat« gehören, der andere außerirdische Rassen wie beispielsweise Meiers Plejarer/Plejader anführt. Collier war Buchhalter und hatte mehrere Jahre lang für die amerikanische Steuerbehörde gearbeitet. Nach Kontakterfahrungen mit Außerirdischen, die ihm seine Lebensaufgabe offenbarten, begann er, Vorträge zu halten, Interviews zu geben und einen regelmäßig erscheinenden Newsletter mit dem Titel *Letters from Andromeda* (»Briefe aus Andromeda«) zu veröffentlichen.[12] Einige seiner Vorträge und Interviews wurden in dem 1997 erschienenen Buch *Defending Sacred Ground* (»Heiligen Boden verteidigen«) zusammengestellt.[13] Ich habe Alex Collier mehrfach getroffen, selbst interviewt und mit ihm zusammengearbeitet und bin dabei zu dem Schluss gekommen, dass er eine sehr aufrichtige und glaubwürdige Informationsquelle ist.

Laut Aussagen von Collier sind die Andromedaner direkte Nachfahren der Lyrer, die, als sie das Sternsystem Lyra auf der Flucht vor räuberischen außerirdischen Rassen verließen, mit einigen Schwierigkeiten zu kämpfen hatten. Schließlich ließen sich die Lyrer im Zenetae-System des Sternbilds Andromeda nieder. Collier beschreibt den Charakter der Andromedaner folgendermaßen:

> »Alles, was sie in technologischer Hinsicht erschaffen, dient dem Fortschritt ihrer Rasse. Es wird nur zu Bildungszwecken genutzt. Aber es kann auch zur Verteidigung eingesetzt werden. Nein, sie haben kein Militär im eigentlichen Sinn. Sie sind Wissenschaftler und lassen ihre Kinder, nach unserer linearen Zeitrechnung, einhundertfünfzig bis zweihundert Jahre lang zur Schule gehen. Sie unterrichten ihre Schüler in sämtlichen Künsten und Wissenschaften. Die Kinder werden buchstäblich zu Meistern in allem; und dann dürfen sie entscheiden, was sie beruflich machen wollen, können ihre Meinung aber jederzeit ändern und etwas anderes anfangen. Man gibt ihnen also alle Werkzeuge in die Hand. Alles dient der Ausbildung und nicht dem Zeitvertreib. Sie würden nie auf die Idee kommen, zum Zeitvertreib fernzusehen. Niemals. Alles, was sie tun, soll ihnen dabei helfen, sich weiterzuentwickeln, und ihre Wissenschaft und ihre Technologien können auch zu Verteidigungszwecken eingesetzt werden – vor allem das holografische Zeug.«[14]

Diese Aussage hat große Ähnlichkeit damit, was Professor Hernandez von seiner andromedanischen Kontaktperson Elyense über die von ihrem Volk angebotenen wissenschaftlichen Dienstleistungen und Botschafterdienste erfuhr – einschließlich der Tatsache, dass es keine militärische Unterstützung leisten kann, da es nicht über ein organisiertes Militär verfügt.

Der wichtigste Beitrag der Andromedaner zum galaktischen Leben besteht darin, dass sie maßgeblich an der Gründung des Andromeda-Rats beteiligt waren, einer Gruppierung von etwa einhundertvierzig Sternsystemen, die über stellare Angelegenheiten beraten und weniger hochentwickelten Zivilisationen wie den Plejarern Ratschläge erteilen, wie Meier bereits erläutert hatte. Collier beschrieb 1997 in einem Interview, wie dieser Rat andere außerirdische Rassen vor einer zukünftigen galaktischen Bedrohung warnte, an der auch die Erde beteiligt sein würde:

> »Nun ja, in unserer Galaxis gibt es viele Räte. Ich weiß nicht alles über all diese Räte, aber ich weiß über den Andromeda-Rat Bescheid – eine Gruppe von Wesen aus 139 verschiedenen Sternsystemen, die zusammenkommen und darüber diskutieren, was in der Galaxis so alles passiert. Dabei handelt es sich nicht um ein politisches Gremium. Worüber diese Wesen in letzter Zeit diskutierten, ist die Tyrannei, die in unserer Zukunft – in 357 Jahren – stattfinden wird, denn dieses Thema betrifft alle. Offenbar haben sie durch Zeitreisen herausgefunden, wo die signifikante Energieverschiebung stattfand, die diese Tyrannei 357 Jahre in unserer Zukunft verursachen wird. Sie konnten sie zuerst bis zu unserem Sonnensystem und dann bis zur Erde, zum Erdmond und Mars zurückverfolgen. Zu diesen drei Orten.«[15]

Man beachte die Ähnlichkeit zwischen dieser Bedrohung, die von der Erde ausgeht, und dem, was Elyense Professor Hernandez erklärt hat! Außerdem habe ich ja bereits in Kapitel 2 über die Galaktische Föderation gesprochen und erwähnt, dass sie vom Andromeda-Rat auf das zukünftige Problem mit der Erde angesprochen wurde. Es macht durchaus Sinn, dass der Andromeda-Rat, der aus Wissenschaftlern und Diplomaten besteht und keine organisierte Armee besitzt, sich an eine Organisation wie die Galaktische Föderation wandte, die über solche Streitkräfte verfügt.

Collier offenbarte auch nähere Details zu den Überlegungen des Andromeda-Rats, was gegen die künftige Bedrohung zu tun sei, die die Erde für die gesamte Galaxis darstellt:

> »In der allerersten Sitzung des Andromeda-Rats ging es darum, zu entscheiden, ob man direkt in die Geschehnisse auf der Erde eingreifen solle oder nicht. Laut Moraney waren es nur achtundsiebzig Systeme, die zu dieser ersten Sitzung zusammenkamen. Von diesen achtundsiebzig Systemen beschloss knapp die Hälfte, nichts mit uns zu tun haben zu wollen – unabhängig von den bevorstehenden Problemen. Ich halte es wirklich für wichtig, dass Sie wissen, warum diese Außerirdischen nichts mit uns zu tun haben wollten. Wir sprechen hier von Sternsystemen, die Hunderte von Millionen Lichtjahre von uns entfernt sind. Sogar einigen, deren Bewohner uns noch nie begegnet sind. Diese Außerirdischen wussten lediglich, dass die Schwingung unseres Planeten die Schwingungsfrequenz der dort lebenden Menschen widerspiegelte. Und sie wollten deshalb nichts mit uns zu tun haben, weil die Erdenmenschen aus ihrer Sicht weder sich selbst noch einander noch ihren Planeten respektieren. Was für einen Wert haben die Erdenmenschen dann überhaupt?
>
> Glücklicherweise vertrat die Mehrheit des Rates die Ansicht, dass wir, da die Erde seit über 5.700 Jahren manipuliert worden ist, eine Chance verdient hätten, uns zu bewähren – zumindest sollte man uns eine Möglichkeit geben, die negative Meinung dieses anderen Teils des Rates zu widerlegen.«[16]

Interessanterweise sagt Collier, dass bei den ersten Treffen des Andromeda-Rats darüber diskutiert worden sei, was für eine Bedrohung Erde, Mond und Mars in Zukunft für den Rest der Galaxis darstellen würden. Das stimmt mit dem überein, was Meier uns über die Gründung des Hohen oder Andromeda-Rats im Jahr 1951 offenbart hat.

Weitere Berichte von Kontaktlern über die Andromedaner

Eine weitere Person, die Kontakt mit den Andromedanern hatte, ist jemand, der unter dem Pseudonym »Tolec« agiert und den ich persönlich getroffen und interviewt habe. Dieser Mann scheint tatsächlich Kontakte mit Außerirdischen zu haben und mit ihnen zu kommunizieren. Tolec trat Anfang des Jahres 2011 mit der Behauptung an die Öffentlichkeit, auf ein andromedanisches Mutterschiff gebracht und als Vertreter des Andromeda-Rats auf der Erde rekrutiert worden zu sein:

> »Der Andromeda-Rat ist ein intergalaktisches und interstellares Führungs- und Entwicklungsgremium aus der Erde wohlwollend gegenüberstehenden Sternsystemen und Planeten, die miteinander einig sind und auf denen es empfindungsfähiges, intelligentes Leben gibt ... für Welten sowohl in der Milchstraße als auch in der Andromeda-Galaxis. Die Andromeda-Galaxis ist den Menschen auf der Erde auch unter dem Namen M31 bekannt. Die vorsitzenden Mitglieder des Andromeda-Rates stammen von insgesamt zwölf (12) verschiedenen Mitgliedswelten und Mitgliedsrassen.«[17]

Tolec behauptet, in regelmäßigem Austausch mit dem Andromeda-Rat zu stehen und sich mit ihm darüber abzustimmen, wie die Erde am besten in eine galaktische Gesellschaft umgewandelt werden kann. Seine Website enthält viel Infomaterial über die neuesten Aktivitäten der Andromedaner, und seine Informationen entsprechen den früheren Aussagen von Alex Collier, den Tolec für einen glaubwürdigen Kontaktler hält.[18] Tolec bietet keine physischen Beweise zur Untermauerung seiner Behauptungen; er ist der Ansicht, dass sein Material für sich selbst spricht.

Neuerdings hat Elena Danaan weitere Informationen über den Andromeda-Rat veröffentlicht, die sie von Informationsquellen aus der Galaktischen Föderation erhalten hat. In ihrem Buch *Ein Ge-*

schenk der Sterne beschreibt sie die früheren galaktischen Migrationsbewegungen von Zivilisationen, die zur Besiedlung des Sternsystems Andromeda geführt haben:

> »Sie sind eine lyranische Kolonie, die Vega verließ, um sich im System Zeta des Sternbilds Andromeda niederzulassen … Ihre höhere Kaste der Weisen kann bis in die 12. Dichte aufsteigen, und ihr Lebenszweck besteht hauptsächlich im Lernen, da die Bewohner von Zeta Andromeda eine große Leidenschaft für die Wissenschaft haben. Sie haben den Andromeda-Rat gegründet, bei dem es sich in Wirklichkeit um die Allianz von Zeta Andromeda handelt, in der sich ungefähr 140 verschiedene Spezies zusammengeschlossen haben. Der Hohe Rat dieser Allianz besteht aus spirituell besonders hoch entwickelten Rassen. Es ist ein unpolitisches Gremium. Sie arbeiten zurzeit sehr intensiv miteinander daran, etwas für Terra zu tun, und zwar an der Seite der Galaktischen Föderation der Welten, aber auch durch Entsendung von Abgesandten (Sternensaaten), um der terranischen Spezies an diesem Wendepunkt in ihrer Evolution beizustehen.«[19]

Interessanterweise entspricht das genau dem, was Meier über frühere Migrationsbewegungen menschlicher Kolonien vom Sternbild Lyra, der Leier, zu anderen Sternsystemen zu berichten hatte. Doch am allerwichtigsten ist Danaans Bestätigung der Aussagen von Alex Collier über eine zukünftige galaktische Tyrannei, deren Ursprünge sich bis zur Erde zurückverfolgen lassen.[20] Ihren Aussagen zufolge informierte der Andromeda-Rat die Galaktische Föderation der Welten über diese zukünftige galaktische Bedrohung. Hauptsächlich deshalb beschloss die Föderation, unser Sonnensystem stärker zu überwachen als bisher und diese Bedrohung durch militärisches Eingreifen zu beseitigen, was im Grunde genommen ein Zeitkrieg war. Das militärische Eingreifen der Galaktischen Föderation hatte enorme Auswirkungen auf die physische Präsenz negativer außerirdischer Rassen in unserem Sonnensystem, wie des Imperiums der Draconer und des Orion-Kollektivs, und gab der Menschheit die Möglichkeit, sich endlich von dieser Heimsuchung durch dunkle Energien zu befreien, die uns Menschen schon seit Jahrtausenden plagen.

Mit meinen Ausführungen zum Andromeda-Rat ist der vorbereitende erste Teil dieses Buches abgeschlossen.

Nun werde ich darauf eingehen, wie die verschiedenen außerirdischen Organisationen, in Zusammenarbeit mit Geheimen Weltraumprogrammen und den Regierungseliten der Erde, mit den folgenschweren Veränderungen umgehen, die nun, da die Menschheit in ihre *Star-Trek*-Zukunft eintritt, stattfinden. Der Ort, an dem wir diese Veränderungen zuallererst untersuchen wollen, ist der größte Planet unseres Sonnensystems: Jupiter. Dieser Planet fungiert als historischer Knotenpunkt für Außerirdische, die in unserem Sonnensystem ankommen, und vor kurzem haben dort Konferenzen stattgefunden, um über das Schicksal der Menschheit zu entscheiden.

Anmerkungen

1 Alex Collier, *»ET Overview – 1994«*; https://www.alexcollier.org/alex-collier-et-overview-1994 (aufgerufen am 28.12.2023).

2 »Andromeda Constellation Facts, Stars, Map, Distance, Meteor Showers, Mythology and How to Find«; https://www.universeguide.com/extrasolar/andromeda (aufgerufen am 13.12.2021).

3 Im Jahr 2020 channelte das deutsche Medium Susanne Hirsch diese Plejaderin in dem Buch *Semjase bringt kosmische Heilung von den Plejaden*, AMRA Verlag, Hanau; auch als eBook erhältlich.

4 Wendelle Stevens, *UFO Contact from the Pleiades: A Preliminary Investigation Report* (UFO Photo Archives 1982).

5 Eduard Billy Meier, *Message from the Pleiades: The Contact Notes of Eduard Billy Meier* (UFO Photo Archives 1988-1995), Vol. 1-4. – Auf Deutsch liegen bereits neunzehn Bände mit Kontaktberichten vor; eine Bibliografie deutscher Bücher von und über Eduard Billy Meier, darunter die ins Englische übersetzten ersten vier Bände »Contact Notes«, gibt es auf https://buchfindr.de/verlage/wassermannzeit-verlag/ (aufgerufen am 28.12.2023).

6 Billy Meier, *Message From the Pleiades: The Contact Notes of Eduard Albert Meier*, Book 3 (UFO Photo Archives 1993), *Contact* #70 vom 6. Januar 1977; http://www.futureofmankind.co.uk/meier/gaiaguys/Aryans.htm (aufgerufen am 13.12.2021).

7 Auf Englisch erschienen als *UFO Contact from Andromeda: Extraterrestrial Prophesy* von Zitha Rodriguez Montiel und R. N. Hernandez, übersetzt von Wendelle

Stevens (UFO Photo Archives 1989). Nachgedruckt in Robert Shapiro, *Ultimate UFO Series: Andromeda* (Light Technology Publishing 2004).

8 Zitha Rodriguez Montiel und R. N. Hernandez, *UFO Contact From Andromeda: Extraterrestrial Prophesy*, nach: Robert Shapiro, *Ultimate UFO Series: Andromeda* (Light Technology Publishing 2004); pp. 169/170.

9 Zitha Rodriguez Montiel und R. N. Hernandez, *UFO Contact From Andromeda: Extraterrestrial Prophesy*, nach: Robert Shapiro, *Ultimate UFO Series: Andromeda* (Light Technology Publishing 2004); pp. 239/240.

10 Zitha Rodriguez Montiel und R. N. Hernandez, *UFO Contact From Andromeda: Extraterrestrial Prophesy*, nach: Robert Shapiro, *Ultimate UFO Series: Andromeda* (Light Technology Publishing 2004); p. 245.

11 Zitha Rodriguez Montiel und R. N. Hernandez, *UFO Contact From Andromeda: Extraterrestrial Prophesy*, nach: Robert Shapiro, *Ultimate UFO Series: Andromeda* (Light Technology Publishing 2004); pp. 294/295.

12 Letters from Andromeda; https://www.bibliotecapleyades.net/andromeda/lfa/lfa.html (aufgerufen am 14.12.2021).

13 Online einsehbar auf https://www.bibliotecapleyades.net/andromeda/esp_andromedacom_0.htm (aufgerufen am 14.12.2021).

14 Alex Collier, »Let's Do Some Questions«; http://www.reptilianagenda.com/cont/co121099f.shtml (aufgerufen am 14.12.2021).

15 Alex Collier, »The Andromeda Council«, Kapitel 1 von *Defending Sacred Ground: The Andromedan Compendium. The Story of Alex Collier and His Lifetime Personal Contact with the Zenetaen Culture from Andromeda* (Brotherton Press 1998). – Ein Interview mit dem Autor, geführt von Val Valerian, findet sich auf http://www.reptilianagenda.com/cont/co121099b.shtml (aufgerufen am 14.12.2021).

16 Alex Collier, »The Andromeda Council«, Kapitel 1 von *Defending Sacred Ground: The Andromedan Compendium. The Story of Alex Collier and His Lifetime Personal Contact with the Zenetaen Culture from Andromeda* (Brotherton Press 1998). – Ein Interview mit dem Autor, geführt von Val Valerian, findet sich auf http://www.reptilianagenda.com/cont/co121099b.shtml (aufgerufen am 14.12.2021).

17 Siehe auf http://www.andromedacouncil.com/about.html (aufgerufen am 14.12.2021).

18 Tolecs Website ist http://www.andromedacouncil.com/about.html (aufgerufen am 14.12.2021).

19 Elena Danaan, *A Gift from the Stars: Extraterrestrial Contacts and Guide of Alien Races*, Amazon Book & Kindle, September 2020; p. 78. – Dt. Ausgabe: *Ein Geschenk der Sterne. Kontakte mit Außerirdischen und Sammlung von Alien-Rassen.* Amazon Book & Kindle, September 2021.

20 Elena Danaan, *A Gift from the Stars: Extraterrestrial Contacts and Guide of Alien Races*, Amazon Book & Kindle, September 2020; pp. 78/79. – Dt. Ausgabe: *Ein Geschenk der Sterne. Kontakte mit Außerirdischen und Sammlung von Alien-Rassen.* Amazon Book & Kindle, September 2021.

Teil 2

Entscheidung über das Schicksal der Menschheit

7 Die Jupiter-Vereinbarungen: das »Jalta« unseres Sonnensystems

Als wir uns in Jalta trafen, gab es neben der Entwicklung strategischer und taktischer Pläne für den vollständigen und endgültigen Sieg über Deutschland noch andere Probleme von enormer politischer Bedeutung … Nie zuvor waren die großen Alliierten nicht nur in ihren Kriegszielen, sondern auch in ihren Friedenszielen enger miteinander vereint. Und sie sind entschlossen, weiterhin im Einklang miteinander – und mit allen friedliebenden Nationen – danach zu streben, dass das Ideal eines dauerhaften Friedens Wirklichkeit wird.

– Präsident Franklin D. Roosevelt,
Rede vor dem amerikanischen Kongress, 1. März 1945 –

Drei Monate vor dem Zusammenbruch Nazi-Deutschlands im Zweiten Weltkrieg trafen sich Vertreter der drei großen alliierten Mächte – USA, Sowjetunion und Großbritannien – in der Hafenstadt Jalta auf der Halbinsel Krim und diskutierten über die Nachkriegsordnung für Europa, die sich aus der bevorstehenden Niederlage der Nazis ergeben sollte. Das Bemerkenswerte an der Vereinbarung von Jalta ist, dass Nazi-Deutschland zum Zeitpunkt dieser Treffen noch nicht kapituliert hatte, sondern im Gegenteil verzweifelt bemüht war, den Vormarsch der alliierten Armeen auf Berlin aufzuhalten. Entsprechend gab es offenbar erst vor wenigen Jahren eine ähnliche Reihe von Treffen in einer schwebenden Stadt/Basis unter Kontrolle des Ashtar-Kommandos in der oberen Atmosphäre des Jupiters. Es wurde über die neue Ordnung in unserem Sonnensystem beraten, die mit dem militärischen Zusammenbruch der Dunklen Flotte und den mit ihr verbündeten Draconern und Orionern, dem Tiefen Staat und der Konzerne entstehen sollte. Elena Danaan war die Erste, die öffentlich behauptete, dass solche Treffen stattgefunden haben. Dabei berief sie sich auf Informationen, die sie von ihrem ersten außerirdischen Kontaktler, Thor Han Eredyon, erhalten hatte. Ihre Behauptungen sind durchaus nicht von der Hand zu weisen, denn es gibt überzeugende Indizien dafür, dass diese Jupiter-Treffen tatsächlich stattgefunden haben und dass dort wichtige Vereinbarungen getroffen wurden.

Danaan deckte auf, dass die Galaktische Föderation der Welten von Anfang bis Mitte Juli 2021 eine Reihe von Konferenzen mit Vertretern einer »Erdallianz« abhielt, die aus den Leitern der nationalen Weltraumprogramme bestand, um über die neue Ordnung in unserem Sonnensystem zu diskutieren. Sie kontaktierte mich am 17. Juli 2021 mit der spannenden Neuigkeit, dass diese Konferenzen, die im Ashtar-Stützpunkt in der Jupiter-Atmosphäre stattgefunden hatten, nun abgeschlossen seien und dass die verschiedenen Nationen mit ihren jeweiligen Weltraumprogrammen daran beteiligt gewesen waren. Wie Danaan mir damals mitteilte, war die letzte Konferenz erst vor einem Tag zu Ende gegangen, und zwar mit der Vereinbarung, eine multinationale Weltraumallianz zwischen den Raumfahrtnationen der Erde unter Führung der USA zu begründen. Das U.S. Space Command sollte bei der Organisation der planetarischen Verteidigung der Erde die Führung übernehmen.

Folgendes schrieb Danaan mir in der ersten von zwei eMails, die ich am 17. Juli von ihr erhielt:

> »Gestern wurden auf dem Jupiter Vereinbarungen zwischen den verschiedenen fortschrittlichen galaktischen Koalitionen und den terranischen Streitkräften getroffen, und zwar dahingehend, sich die Nutzung und den Schutz dieses Sternsystems im Hinblick auf wirtschaftliche und militärische Zwecke untereinander aufzuteilen und sich so auf die Zukunft vorzubereiten. Verschiedene Handlungsbereiche wurden festgelegt. Die auf Terra lebenden Menschen übernehmen offiziell die Verant-

wortung für ihr System. Die USA waren der führende Repräsentant bei diesen Konferenzen; sie wurden von der GFW [Galaktische Föderation der Welten] aufgrund ihrer Fähigkeiten, Ressourcen und Ziele auserwählt, weil sie am ehesten in der Lage sind, eine nachhaltige, glorreiche Zukunft für die Menschheit außerhalb der Erde zu garantieren.

Lange Jahre geheimer Zusammenarbeit mit den Völkern Terras sind nun zu Ende gegangen; aber wir müssen den Krieg zur Befreiung dieses Systems noch zu Ende führen. Das wird ein hartes Stück Arbeit werden, und wenn dieser Tag kommt, werden wir alle bereit sein, gemeinsam in eine neue Ära der Brüderlichkeit und Zusammenarbeit einzutreten.«[1]

Zur näheren Erläuterung dieser neuesten Ereignisse schickte Danaan mir noch am selben Tag eine zweite eMail mit zusätzlichen Informationen darüber, was ihr von Thor Han Eredyon über die Konferenzen berichtet worden war:

»Thor Han hat nicht an diesen Konferenzen teilgenommen; er gehörte nur zur Eskorte für die Vertreter der GFW [Galaktische Föderation der Welten] und blieb in der Jupiter-Umlaufbahn. Aber ihm ist Folgendes darüber bekannt:

Es gab eine ganze Reihe von Treffen, und zwar schon seit einiger Zeit. Insgesamt haben zwölf Konferenzen stattgefunden – zunächst zwischen bestimmten Gruppen, die sich getrennt voneinander berieten, und dann in den letzten Tagen drei große Treffen: das erste, bei dem alle zusammenkamen, das zweite mit einer ausgewählten Personengruppe und das dritte, bei dem die endgültigen Vereinbarungen mit der führenden auserwählten Gruppe getroffen wurden. Jede Gruppe bestand aus Vertretern der Weltraumstreitkräfte und (fortschrittlich denkenden) Unternehmensleitern.

Eine Delegation der GFW hat dabei verschiedene Repräsentanten der Erde – Militärs, die für die Weltraumstreitkräfte zuständig sind, und Leiter bestimmter fortschrittlicher Unternehmen – getrennt voneinander geprüft, um Sicherheitszonen festzulegen und festzustellen, wer den Interessen der Mehrheit am besten dienen würde.«[2]

Bezeichnenderweise verwendete Danaan für die verschiedenen Bereiche der multinationalen Zusammenarbeit im Weltraum und für das, was den Interessen der meisten Nationen dient, den Begriff »Sicherheitszonen«. Diese Bezeichnung entspricht dem Wortlaut des Artemis-Abkommens, auf das ich gleich noch eingehen werde und das sie vor unseren Gesprächen nicht kannte.[3]

Für ein Interview am 6. August 2021, in dem wir über die Jupiter-Konferenzen sprachen, schickte Danaan mir ein Diagramm, das die Abfolge dieser Treffen in der Jupiter-Atmosphäre veranschaulichen sollte.[4] Auf diesem Diagramm beschreibt sie kurz und bündig, was dabei geschah, und gibt Kommentare zu den einzelnen Phasen der Besprechungen. Aus der Abfolge der Konferenzen scheint hervorzugehen, dass sie in erster Linie einem Auswahlprozess dienten: Es sollte festgelegt werden, welche Raumfahrtnationen der Erde die Hauptverantwortung für die Koordination aller menschlichen Weltraumoperationen übernehmen und für die Kontakte zur Galaktischen Föderation der Welten zuständig sein sollten.

Danaan fasst die Geschehnisse bei diesen Konferenzen folgendermaßen zusammen und stützt sich dabei auf Thor Hans erste Botschaften und auf das, was sie später erfahren hat:

> »Es gab eine ganze Reihe von Treffen, und zwar schon seit einiger Zeit. Alle terranischen Gruppen, die an diesen Konferenzen teilnahmen, bestanden aus Vertretern des Militärs der Weltraumstreitkräfte und fortschrittlichen Unternehmensleitern. Zunächst fanden zwölf Treffen statt, die von zwölf separaten Gruppen abgehalten wurden. Jede dieser Gruppen bestand aus Beamten galaktischer Institutionen, die die Vertreter einer bestimmten Erdnation aus den Bereichen der Weltraumstreitkräfte und der Unternehmenswelt prüften.«[5]

Einfach ausgedrückt: Die Galaktische Föderation überprüfte die Raumfahrtnationen der Erde im Hinblick auf ihre Fähigkeiten, ihre Historie und ihr Führungspotenzial. Als Nächstes erklärte Danaan, was nach diesen ersten zwölf Konferenzen geschah.

»Dann fanden drei große Treffen statt: Die erste dieser drei Konferenzen war eine Zusammenkunft der Programme von sechs auserwählten Nationen. An der zweiten Konferenz nahm eine vierköpfige Gruppe teil, die aus der vorherigen sechsköpfigen Gruppe ausgewählt worden war, um zu entscheiden, wer am besten in der Lage wäre, die sechsköpfige Gruppe zu leiten. Die dritte und letzte Vereinbarung wurde zwischen den galaktischen Vertretern und der Nation getroffen, die bei dem Auswahlprozess aus der Vierergruppe als Sieger hervorgegangen war.«[6]

Danaan schreibt, dass es Thor Han verboten war, die Namen der Nationen zu nennen, die an diesen Treffen teilgenommen haben. Man könnte jedoch spekulieren, dass die sechs Nationen, die an der ersten der drei finalen Konferenzen teilnahmen, wohl diejenigen mit den ältesten und größten funktionierenden nationalen Weltraumprogrammen waren. Diese sind in der Reihenfolge ihrer ersten Satellitenstarts: Russland (1957), die USA (1958), Frankreich (1962), Großbritannien (1962), China (1970) und Japan (1970).

An dieser Stelle möchte ich darauf hinweisen, dass die ersten fünf Nationen dieser Sechsergruppe alle ständige Mitglieder des Sicherheitsrats der Vereinten Nationen sind. Jedes dieser Länder ist schon lange stark in die Entscheidungen des Sicherheitsrats über internationale Angelegenheiten eingebunden. Daher ist es nicht sonderlich überraschend, dass diese Nationen bei der Regelung menschlicher Aktivitäten in unserem Sonnensystem eine ähnliche Funktion ausüben sollen.

Ferner könnte man spekulieren, dass es sich bei den vier Ländern, die an der vorletzten Sitzung teilnahmen und aus denen die Galaktische Föderation dann die Nation auswählte, die für die Koordination aller Nationen der Erde in Weltraumangelegenheiten zuständig sein sollte, wohl um die USA, Russland, China und Frankreich gehandelt hat. Aus dieser Gruppe wählte die Galaktische Föderation schließlich die USA als diejenige Nation aus, die von den insgesamt vierzehn Nationen und den Leitern der teilnehmenden Raumfahrtunternehmen am stärksten unterstützt wurde. In seiner ersten Nachricht sagte Thor Han: »Genaugenommen waren dort vierzehn Länder vertreten, die an Weltraumprogrammen beteiligt sind.« Das bedeutet, dass an den zwölf Konferenzen Vertreter von insgesamt vierzehn Ländern mit Weltraumprogrammen sowie Amtsträger der Galaktischen Föderation, des Andromeda-Rats, des Ashtar-Kommandos und anderer außerirdischer Organisationen teilnahmen. Um zu verstehen, wer diese vierzehn Nationen waren und wie sie an der Abfolge dieser Konferenzen teilnahmen, die letztlich dazu geführt haben, dass die USA als federführende Nation ausgewählt wurden, müssen wir uns die Artemis-Abkommen ein bisschen genauer anschauen.

Die Artemis-Abkommen und die Jupiter-Konferenzen & Vereinbarungen

Die Richtigkeit dieser Behauptungen über geheime Konferenzen in der Jupiter-Atmosphäre wird durch die Unterzeichnung der Artemis-Abkommen untermauert, die ein knappes Jahr zuvor stattgefunden hatte und an der Länder mit funktionierenden Weltraumprogrammen mitwirkten, welche ihre kommerzielle, zivile und militärische Kooperation im Weltraum ausweiten wollten. Bei den Artemis-Abkommen handelt es sich um eine bilaterale Vereinbarung, die zwischen den USA und sieben Raumfahrtnationen ausgehandelt und am 13. Oktober 2020 unterzeichnet worden ist: Australien, Kanada, Italien, Japan, Luxemburg, den Vereinigten Arabischen Emiraten und Großbritannien.[7] Das Hauptziel dieser Vereinbarung bestand darin, eine multinationale Weltraumkoalition zu schaffen, die die Artemis-Missionen der NASA zum Mond, gemeinsame Missionen zu Asteroiden und schließlich bemannte Missionen zum Mars unterstützen sollte.

Die Artemis-Abkommen bilden die rechtliche Grundlage für die menschliche Expansion und den Abbau von Ressourcen im gesamten Sonnensystem.[8] Seitdem sind Brasilien, Südkorea, Neuseeland, die Ukraine, Polen, Mexiko und Israel diesen Abkommen beigetreten. Am 10. November 2021 bekräftigte Präsident Emmanuel Macron die Absicht Frankreichs, den Artemis-Abkommen ebenfalls beizutreten.[9] Man geht davon aus, dass weitere große Raumfahrtnationen – beispielsweise Deutschland und Indien – den Artemis-Abkommen noch beitreten werden.[10]

Mit diesen Vereinbarungen wurden die Grundprinzipien einer multinationalen Weltraumallianz unter Führung der USA festgeschrieben. Die Artemis-Abkommen ermöglichen den Teilnehmern gemeinsame wirtschaftliche und wissenschaftliche Aktivitäten im Weltraum, und zwar in Kooperation mit einer multinationalen Militärallianz, die diese Aktivitäten durch »Sicherheitszonen« schützen wird.[11] Diese Zonen sollen, wie in den Artemis-Abkommen erklärt wird, »schädliche Eingriffe« in die Weltraumaktivitäten der Unterzeichnerstaaten verhindern:

> »[Abschnitt 11] 6. Die Unterzeichner beabsichtigen, im Rahmen der Abkommen mit ihren Erfahrungen zu den multilateralen Bemühungen beizutragen, um internationale Praktiken, Kriterien und Regeln für die Definition und Festlegung von Sicherheitszonen und schädlichen Eingriffen voranzubringen.«[12]

Das Wichtige dabei ist, dass die Artemis-Vereinbarungen an dieser Stelle einen multilateralen Prozess empfehlen, in dessen Rahmen die Unterzeichner Regeln und Praktiken für die Schaffung von Sicherheitszonen entwickeln, die mit einer Kombination aus diplomatischen, wirtschaftlichen und militärischen Mitteln durchgesetzt werden sollen. Wie bereits erwähnt, war die Idee der »Sicherheitszonen« auch ein wichtiges Diskussionsthema bei den Jupiter-Konferenzen. Außerdem ist die kontinuierliche Ausweitung der Artemis-Abkommen seit ihrem Start im Oktober 2020 ein Indiz für die Richtigkeit der Behauptung, dass die Galaktische Föderation und andere fortschrittliche außerirdische Allianzen wie der Andromeda-Rat und das Ashtar-Kommando vor kurzem in der Jupiter-Atmosphäre Vereinbarungen mit den wichtigsten Raumfahrtnationen der Erde getroffen haben.

Ferner sollte an dieser Stelle darauf hingewiesen werden, dass nach der Verabschiedung der Artemis-Abkommen immer mehr Nationen Weltraumkommandos gebildet haben. An diesen neu entstandenen

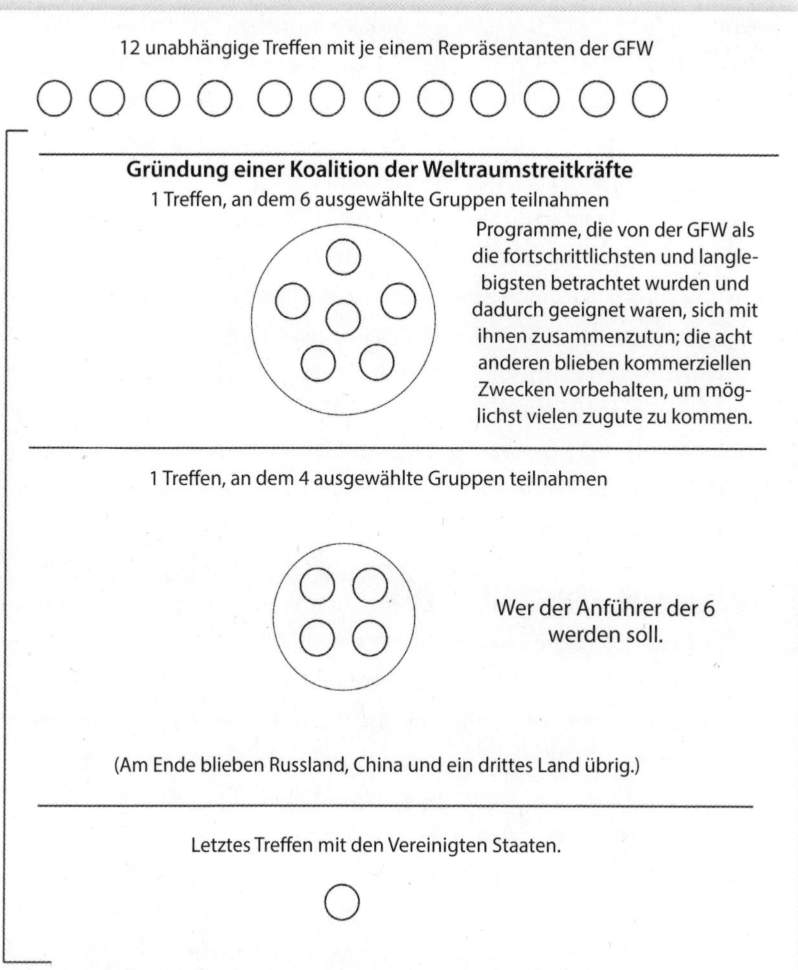

Abb. 13. Elena Danaans Diagramm der drei aufeinanderfolgenden Jupiter-Konferenzen. Ihr englischer Text wurde ins Deutsche übersetzt.

Weltraumkommandos sind die Streitkräfte der verschiedenen Unterzeichnernationen beteiligt, die in Weltraumangelegenheiten immer enger miteinander kooperieren: Großbritannien (2021),[13] Deutschland (2021),[14] Italien (2021)[15] und Australien (2022)[16] haben vor kurzem solche Weltraumkommandos gegründet. Sie alle folgen damit den USA (1985/2019),[17] Frankreich (2010),[18] Russland (2011)[19] und China (2015),[20] die zuvor bereits Weltraumkommandos etabliert hatten, um ihre militärischen Aktivitäten im Weltraum wechselseitig zu integrieren. Vor allem aber hat die NATO im Oktober 2020 ein Weltraumzentrum eingerichtet, das alle ihre Weltraumoperationen vom Luftwaffenstützpunkt Ramstein in Deutschland aus leiten wird.[21] All diese neuesten militärischen Entwicklungen im Hinblick auf Aktivitäten im Weltraum bestätigen die Richtigkeit der Behauptungen darüber, dass vor kurzem Vereinbarungen mit den wichtigsten Raumfahrtnationen der Erde getroffen worden sind.

Auf die Frage, warum nur eine einzige Nation als wichtigstes Sprachrohr und Kontakt zur Erde für Gespräche mit der Galaktischen Föderation der Welten ausgewählt worden ist, gab Danaan in ihrer zweiten eMail vom 17. Juli 2021 folgende Antwort:

> »Die GFW möchte nur mit einer einheitlichen globalen Zivilisation zusammenarbeiten und nicht mit einem Wirrwarr aus verschiedenen miteinander rivalisierenden Weltraummächten, die Machtspielchen betreiben. Thor Han hat gesagt, dass bei diesen Konferenzen insgesamt vierzehn an Weltraumprogrammen beteiligte Länder vertreten waren; doch nur die ersten sechs dieser Nationen verfügen über Programme, die von der GFW als die fortschrittlichsten und dauerhaftesten anerkannt werden und mit denen sie sich deshalb zusammenschließen möchten. Die anderen acht Nationen seien nur aus kommerziellen Gründen dabei, die der großen Masse zugute kämen.
>
> Thor Han sprach auch von einer ›horizontalen‹ Koalition dieser sechs führenden Nationen, die als einheitliche Raumfahrtbehörde auftreten soll. Werden wir womöglich – so wie du, Michael, ja bereits vorausgesagt hast – die Geburt einer Sternenflotte erleben?«[22]

Es ist verständlich, warum die Galaktische Föderation der Welten darauf besteht, in Weltraumangelegenheiten mit einer »einheitlichen globalen Zivilisation« zusammenzuarbeiten, statt sich mit der jetzigen Situation – konkurrierende Raumfahrtnationen mit einander widersprechenden Agenden – zufriedenzugeben: Die Bildung einer Allianz von Raumfahrtnationen, die innerhalb einer einheitlichen Kommandostruktur miteinander kooperieren, ist viel sinnvoller. Von den derzeitigen Mitgliedern der Artemis-Abkommen ausgehend, könnte man spekulieren, dass die vier der sechs Nationen, die als die »fortschrittlichsten und dauerhaftesten« identifiziert wurden, die USA, Frankreich, Großbritannien und Japan sein würden. Die USA, Frankreich und Großbritannien hatten am 13. Februar 2020 im Rahmen der »Combined Space Operations Initiative« miteinander Vereinbarungen über die Integration ihrer Weltraumressourcen und Weltraumoperationen getroffen.[23] Einen Monat später erklärte Japan sich bereit, bei militärischen Weltraumoperationen zu kooperieren, und stellte hierfür einen Vollzeit-Verbindungsoffizier im Hauptquartier des U.S. Space Command zur Verfügung.[24] Die beiden anderen Nationen waren China und Russland, auf die ich gleich noch näher eingehen werde.

In meinem Buch *Space Force: Unsere Star-Trek-Zukunft* erkläre ich, warum das multinationale Weltraumbündnis, das derzeit unter Führung der USA entsteht, der Vorläufer einer zukünftigen Sternenflotte ist, die der von Gene Roddenberry für die Fernsehserie *Star Trek* erdachten Flotte gar nicht so unähnlich ist. Ich liefere sogar Beweise dafür, dass Roddenberrys Sternenflotte einem zukünftigen multinationalen Weltraumbündnis nachempfunden war, über das er in den 1960er Jahren heimlich unterrichtet wurde! Wie ich gleich noch zeigen werde, haben die in der Jupiter-Atmosphäre getroffenen geheimen Abkommen dazu geführt, dass wir von den Außerirdischen sehr stark bei der Schaffung einer zukünftigen Sternenflotte unterstützt wurden. Bei den anderen acht Nationen, die an den Jupiter-Konferenzen teilnahmen, handelte es sich hauptsächlich um Mitglieder der Artemis-Abkommen.

Zum Zeitpunkt der Jupiter-Vereinbarungen hatten zwölf Länder die Artemis-Vereinbarungen unterzeichnet: Australien, Brasilien, Kanada, Italien, Japan, Luxemburg, Neuseeland, die Vereinigten Arabischen Emirate, Südkorea, die Ukraine, Großbritannien und die USA. Außerdem gab es sechs Länder mit nationalen Weltraumprogrammen, die die Artemis-Abkommen *nicht* unterzeichnet hatten:

China, Frankreich, Deutschland, Indien, Israel und Russland. Israel trat den Artemis-Abkommen am 27. Januar 2022 bei.[25] Wie bereits erwähnt, hat Präsident Emmanuel Macron öffentlich bestätigt, dass Frankreich den Abkommen beitreten wird, und man geht davon aus, dass Deutschland und Indien seinem Beispiel früher oder später folgen werden. Nur von China und Russland wird nicht erwartet, dass sie den Abkommen in nächster Zeit beitreten.

Da nur vierzehn dieser achtzehn Nationen an den Jupiter-Konferenzen teilnahmen, könnte man spekulieren, dass einige hinsichtlich ihrer Bevölkerungszahl oder ihrer Weltraumressourcen kleinere Nationen – zum Beispiel Luxemburg, Neuseeland, die Vereinigten Arabischen Emirate oder die Ukraine – strategische Verbündete mit der Vertretung ihrer Weltrauminteressen betraut haben. Entsprechend nahmen folgende vierzehn Länder mit ziemlicher Sicherheit an den Jupiter-Konferenzen teil (die Unterzeichner der Artemis-Abkommens sind durch das alphanumerische »A« gekennzeichnet): Australien (A), Brasilien (A), Kanada (A), China, Frankreich, Deutschland, Indien, Israel (A), Italien (A), Japan (A), Russland, Südkorea (A), Großbritannien (A) und die USA (A).

Das führt uns zu der wichtigen Frage, was für eine Führungsrolle China und Russland in dieser zurzeit entstehenden multinationalen Weltraumallianz spielen, die unmittelbar mit der Galaktischen Föderation und anderen außerirdischen Organisationen zusammenarbeitet. Die Botschaft von Thor Han, die Danaan uns am 17. Juli 2021 übermittelte, gibt uns eine Antwort auf diese Frage:

> »Thor Han zeigte mir auch die einzige visuelle Erinnerung, die er an diese Ereignisse hatte: Von seinem Raumschiff aus gesehen, verließen drei eiförmige Raumfahrzeuge die Umlaufbahn des Jupiter nach der zweiten dieser drei letzten Konferenzen. An Bord jedes Raumschiffs befanden sich – nach Ländern geordnet – verschiedene Militärdelegierte der Erde. Er sagte mir nicht, was es mit dem dritten Raumschiff auf sich hatte, aber zwei der Raumschiffe hatten chinesische und russische Beamte an Bord, und ihm wurde mitgeteilt, dass diese Leute sehr

Abb. 14. Elena Danaans Grafik der drei Raumschiffe, in denen sich die Delegationen der vorletzten Jupiter-Konferenz befanden.

> unzufrieden waren. Er erklärte mir, dass die USA den Wettstreit um die Verantwortung für die Organisation der neuen, vereinigten Weltraumkoalition der Erde gewonnen hatten.«[26]

Danaan fertigte auch eine Grafik mit den Raumschiffen an, die Thor Han nach der vorletzten Konferenz abfliegen sah. Insgesamt waren drei Raumschiffe zu sehen, die die erfolglosen Delegierten der Nationen transportierten, welche nicht dazu ausgewählt worden waren, bei der künftigen Koordination mit der Galaktischen Föderation als Kontaktpersonen oder Sprecher der Erde zu fungieren. Danaan sagt, dass sich in zwei dieser Raumschiffe die russische und die chinesische Delegation befanden, die mit dem Ergebnis der Konferenzen sehr unzufrieden waren. Danaans und auch meinen eigenen Spekulationen zufolge saß in dem dritten Raumschiff die französische Delegation. Die typische Zigarrenform lässt darauf schließen, dass diese Raumschiffe zum Weltraumprogramm *Solar Warden* der U.S. Navy gehörten.

Bestätigt wird die Richtigkeit von Danaans Informationen dadurch, dass keine andere Raumfahrtnation sich an der von China und Russland vorgeschlagenen Initiative für eine internationale Mondforschungsstation, die durch deren bilaterales Abkommen vom Juni 2021 ins Leben gerufen wurde, beteiligte.[27] Dafür gelang es den USA, mit den Artemis-Abkommen eine multinationale Weltraumkoalition zu erschaffen, der Russland nicht beitreten wollte, weil sie »zu stark auf die USA ausgerichtet war«[28] – und China wurde aufgrund seines ständigen Diebstahls geistigen Eigentums und seiner Industriespionage von der Teilnahme daran ausgeschlossen.[29] Deshalb überrascht es nicht sonderlich, dass die chinesischen und russischen Delegationen mit den in der Jupiter-Atmosphäre getroffenen Vereinbarungen, die den USA die wichtigste Rolle als Sprecher und Kontaktstelle zur Galaktischen Föderation der Welten zuwiesen, »sehr unzufrieden« waren. Da wir nun wissen, welche Nationen an den Jupiter-Konferenzen teilnahmen und welche Positionen sie vertraten, lohnt es sich, als Nächstes die teilnehmenden Unternehmen ein bisschen näher unter die Lupe zu nehmen.

Welche Rolle spielten fortschrittlich denkende Unternehmensleiter bei den Jupiter-Vereinbarungen?

In seiner ursprünglichen Nachricht vom 17. Juli 2021 an Elena Danaan, in der es um die Teilnehmer der Jupiter-Konferenzen ging, sprach

Thor Han von »fortschrittlich denkenden Unternehmensleitern«. Damit meinte er höchstwahrscheinlich Vertreter von Unternehmen wie SpaceX, Blue Origin, Virgin Galactic und Bigelow Aerospace – im Gegensatz zu den CEOs älterer, größerer Luft- und Raumfahrtunternehmen wie Boeing, Airbus, Lockheed Martin, Northrup Grumman und dergleichen, die mit dem inzwischen in Verruf geratenen Interplanetarischen Unternehmenskonglomerat, einem wichtigen Verbündeten der Dunklen Flotte, zusammenarbeiteten. An den Jupiter-Konferenzen waren also mit ziemlicher Sicherheit auch prominente CEOs wie Elon Musk, Jeff Bezos und Richard Branson beteiligt. Die Flüge, die Bezos und Branson ins All unternahmen, sprechen für die Richtigkeit dieser Behauptung. Branson flog am 11. Juli 2021 in einem Raumschiff von Virgin Galactic bis zum Rand des Weltraums, der von den US-Behörden als achtzig Kilometer Höhe definiert wird.[30] Danach flog Bezos am 20. Juli in einem Blue-Origin-Raumschiff mit Besatzung ins All.[31] Später sollte sich herausstellen, dass diese beiden sehr öffentlichkeitswirksamen Weltraumflüge tatsächlich nur Tarngeschichten dafür waren, dass Branson und Bezos an den Jupiter-Konferenzen teilnahmen.

An dieser Stelle möchte ich hervorheben, dass in der Schattenwelt der Special Access Programs (SAPs) oder Sonderzugangsprogramme, in die der an »streng geheimen« Programmen beteiligte Militärisch-Industrielle Komplex involviert ist, immer wieder Tarngeschichten entwickelt werden. Nur mit Hilfe dieser plausibel klingenden Geschichten lässt sich die Geheimhaltung rund um die Teilnahme bestimmter Personen an Militär-, Geheimdienst- und Unternehmensprogrammen aufrechterhalten. In der Praxis bedeutet dies, dass Programme, bei denen mit geheimen oder unternehmenseigenen Technologien gearbeitet wird (zum Beispiel ein kommerzieller Weltraumflug), routinemäßig dazu verwendet werden, ein noch geheimeres Programm (zum Beispiel einen geheimen Flug zum Jupiter) vor der Öffentlichkeit zu verbergen. Am 10. Oktober 2014 veröffentlichten Peter Maass und Laura Poitras, die für *The Intercept* schreiben, Powerpoint-Folien aus geleakten NSA-Dokumenten über streng geheime Programme, die der Öffentlichkeit verheimlicht werden sollten.[32] Die Dokumente, die ursprünglich Edward

Snowden an die Öffentlichkeit brachte, zeigen, dass »Sentry Eagle« als Oberbegriff für das Verstecken der sensibelsten NSA-Programme dient, die als »Exceptionally Controlled Information« (ECI), also »Außergewöhnlich Kontrollierte Informationen« eingestuft werden. Mehrere Powerpoint-Folien zeigen, wie ECI-Programme zum Zweck der Verschleierung unter als weniger geheim geltenden Programmen versteckt werden. Die geleakten Dokumente beweisen, dass immer wieder Tarngeschichten und Tarnprogramme dazu verwendet werden, die geheimsten militärischen Angelegenheiten und Unternehmensgeheimnisse vor der Öffentlichkeit zu verbergen.

Musk hat wahrscheinlich noch mit einem anderen Transportmittel und unter dem Vorwand einer anderen Tarngeschichte an den Jupiter-Konferenzen teilgenommen. Diese Tarngeschichte wurde am 23. Juli 2021 veröffentlicht, als das Unternehmen SpaceX bekannt gab, dass es den Zuschlag für den Start der NASA-Mission »Europa Clipper« zum Jupitermond Europa im Oktober 2024 erhalten hatte.[33] Das bedeutet, dass Musk zu der Zeit, als Branson und Bezos mit ihren Reisen an den Rand des Weltraums beschäftigt waren, zusammen mit NASA-Beamten an einer Ankündigung für eine zukünftige Mission zum Jupiter arbeitete – eine plausible Tarngeschichte für Musk, der in Wirklichkeit heimlich zum Jupiter flog, um an den dortigen Konferenzen teilzunehmen. Bei der Ankündigung der Europa-Clipper-Mission durch die NASA ist bemerkenswert, dass die NASA in letzter Zeit immer mehr Aufträge für die Weltraumforschung an SpaceX oder Blue Origin vergibt und nicht an ältere, etablierte Raumfahrtunternehmen. Die Vergabe von Aufträgen durch die NASA an diese neueren Unternehmen ist ein wichtiges Indiz dafür, dass sich am Umgang der nationalen Regierungen und der von ihnen unterstützten Raumfahrtunternehmen in Weltraumangelegenheiten vieles verändert hat.

Bei einem »physischen Kontakt« mit Thor Han, der Mitte August 2021 stattfand, erhielt Danaan neue Informationen über die Jupiter-Konferenzen, die meine Vermutungen über die anwesenden CEOs bestätigen. Hier Elena Danaans (E) Erinnerung an das, was Thor Han (T) ihr damals mitgeteilt hat:

»*E:* Im Hinblick auf die CEOs, hatte Michael da Recht?

T: Ja.

E: Gilt das für alle?

T: Ja, und auch noch für viele andere.«[34]

Während Branson und Bezos die relativ wenigen Minuten, in denen sie in Kapseln schwebten, die in die obere Erdatmosphäre geschickt wurden, öffentlichkeitswirksam im Fernsehen ausstrahlen ließen, lässt Thor Hans Antwort Rückschlüsse darauf zu, was die beiden geheim hielten: dass sie nämlich viele Stunden in der oberen Atmosphäre des Jupiters verbringen würden oder bereits verbracht hatten, um dort über die Zukunft unseres Sonnensystems zu verhandeln.

Das ist nicht das erste Mal, dass Jeff Bezos an hochrangigen Verhandlungen über Geheime Weltraumprogramme beteiligt war. Anfang Februar 2018 organisierte die von der Antarktis aus operierende und von deutschen Nazis geführte Dunkle Flotte hochrangige Konferenzen mit der Trump-Administration, wie der frühere Autor des *Forbes Magazine*, Benjamin Fulford, erstmals aufdeckte.[35] Die Richtigkeit von Fulfords Behauptung wurde dadurch untermauert, dass Trumps Außenminister Rex Tillerson nach Bariloche in Argentinien reiste, wo angeblich geheime Verhandlungen mit der Dunklen Flotte stattfanden, um deren Existenz und einige ihrer fortschrittlichen Technologien zu enthüllen. Was Fulfords Behauptungen noch glaubwürdiger macht, ist die Tatsache, dass auch Bezos sich zu jener Zeit in Bariloche aufhielt, wo er mit ziemlicher Sicherheit zusammen mit Tillerson an diesen geheimen Verhandlungen teilnahm, über die ich in einem Artikel vom 11. Februar 2018 berichtet habe.[36]

Das bringt mich zu der Frage, warum überhaupt CEOs von Unternehmen mit fragwürdigem Hintergrund an den Jupiter-Konferenzen teilnahmen. Die Antwort von Thor Han weist darauf hin, dass eine unheilvolle Situation bevorsteht, die es dringend erforderlich macht, dass die Galaktische Föderation bei der Verteidigung unseres Planeten auch mit solchen Leuten zusammenarbeitet. Hier der relevante Teil des Dialogs zwischen Danaan (E) und Thor Han (T) zu diesem Thema:

»*E:* Warum ausgerechnet sie? Die Menschen auf der Erde werden darüber sehr wütend sein.

T: Weil eben genau diese Leute jetzt bereit dafür sind. Wir haben keine andere Wahl. Wir haben keine Zeit, wir können es uns nicht leisten, darauf zu warten, dass neue Konzerne entstehen und sich mit brandneuen Raumschiffflotten ausstatten – also nehmen wir diejenigen, die jetzt und hier zur Verfügung stehen. Ich weiß, dass sie nicht reinen Herzens sind, aber sie sind die Einzigen, die die terranische Spezies in die Zukunft führen können. Als Unternehmen verfolgen sie finanzielle Ziele. Sie verbünden sich mit den Gewinnern. Ihre alten Verbündeten geraten nun allmählich auf die Verliererseite; also haben diese Unternehmen sich von ihnen abgewandt.«[37]

Thor Hans Antwort, dass »wir keine Zeit haben«, halte ich für sehr beunruhigend. Sie bestätigt, dass die Galaktische Föderation eine bevorstehende planetarische Notlage sieht, die den Aufbau großer Raumflotten zwingend erforderlich macht.

Danaan (E) setzte ihren Dialog mit Thor Han (T) über Musk, Bezos und Branson folgendermaßen fort:

»*E:* Aber habt ihr Vertrauen zu ihnen?

T: Nein. Denkt daran: Ich habe euch gesagt, dass wir sie beobachten, um uns von ihren guten Absichten zu überzeugen. Du darfst das erst dann in aller Öffentlichkeit darlegen, wenn ich sage, dass der richtige Zeitpunkt dafür gekommen ist, denn die Zivilisten auf Terra sind noch nicht über alle Bausteine im Bilde, die notwendig sind, um das große Ganze zu überblicken. Und es gibt auch noch viele andere Gründe, warum wir zurzeit nicht alles offenlegen, denn es betrifft nicht nur uns selbst.«[38]

Thor Han hat Recht mit seiner Aussage, dass die meisten Menschen auf der Erde nicht »das große Ganze« überblicken. Viele werden sich bei den Jupiter-Konferenzen zweifellos auf die Unzulänglichkeiten von Musk, Bezos und Branson als »fortschrittliche Unternehmensleiter«

einschießen, ohne zu begreifen, dass genau diese Leute in einem atemberaubenden Tempo die nötige Infrastruktur aufgebaut haben, um ihre Operationen schnell auszuweiten und große Raumschiffflotten für militärische oder zivile Zwecke zu bauen.

Als ich Danaans Informationen zum ersten Mal hörte, dachte ich sofort, dass der wahrscheinlichste Kandidat für einen so schwerwiegenden planetarischen Notfall eine Mikronova oder eine Sonneneruption ist, die in naher Zukunft stattfinden könnte – ein mögliches Ereignis, das ich bereits in mehreren meiner Artikel diskutierte.[39] Ben Davidson, der Gründer von *Space Weather News*, warnt schon seit mehreren Jahren eindringlich, dass es immer mehr Beweise für eine Mikronova gibt, die noch vor 2030 stattfinden wird.[40] Ganz ähnlich warnt Corey Goode, ein Insider Geheimer Weltraumprogramme, seit 2015 davor, dass in naher Zukunft eine Sonneneruption zu erwarten ist.[41] Historische Beweise zeigen, dass Mikronovae schon früher stattgefunden und hochentwickelte Zivilisationen auf der Erde und in unserem Sonnensystem ausgelöscht haben. Ich ging ursprünglich davon aus, dass große Raumschiffflotten einem großen Teil der Menschheit dabei helfen könnten, einer durch eine Mikronova oder eine geophysikalische Polverschiebung verursachten zukünftigen planetarischen Katastrophe zu entgehen. Immerhin haben Musks SpaceX, Bezos' Blue Origin und Bransons Virgin Galactic ungefähr ein Jahrzehnt lang daran gearbeitet, raketengetriebene Raumfahrzeuge zu entwickeln, um ihre derzeitigen führenden Positionen zu erreichen. Jetzt können sie gefahrlos mit dem Bau von Raumschiffflotten beginnen, die in der Lage sind, viele Menschen ins All – und damit in Sicherheit – zu bringen.

Später stellte sich jedoch heraus, dass Thor Han mit seiner Botschaft eigentlich die Rückkehr der negativen außerirdischen Allianz meinte, die gezwungen wurde, unser Sonnensystem zu verlassen, wie ich in Kapitel 8 noch ausführlich darlegen werde. Die Galaktische Föderation vertrat die Ansicht, dass diese gegnerische Allianz mit Verstärkung zurückkehren würde, was dem fiktiven Szenario entspricht, das in der Fortsetzung des berühmten Films *Independence Day: Wiederkehr* dargestellt wird. Nach Einschätzung der Galaktischen Föderation ist es unwahrscheinlich, dass die Erde durch eine kataklysmische Sonneneruption verwüstet wird, wovor Davidson und Goode gewarnt hatten. Thor Han sagt, dass es »keine andere Wahl« gibt und dass wir nicht genügend Zeit haben, um zu warten, bis »neue Konzerne entstehen und sich mit brandneuen Raumschiffflotten ausrüsten« – was darauf hindeutet, dass die Katastrophe nicht in allzu weiter Zukunft liegt.

Danaan gab noch einen weiteren Teil von Thor Hans Antwort über die Unternehmensleiter weiter; und das vermittelt uns ein paar Hinweise darauf, was uns möglicherweise bevorsteht:

> »Die Galaktische Föderation hat diesen Unternehmen ein Angebot gemacht: Wenn sie sich an die fortschrittlichen Regeln der neuen Abkommen halten, werden wir ihre wirtschaftlichen Interessen schützen und unterstützen. Denn es ist in unserem Sinn, nicht Spaltung, sondern Einigkeit und Fortschritt zu fördern. Wir glauben, dass jeder in diesem Universum eine zweite Chance verdient. Das gehört zu unserem Evolutionsprozess, wir lernen aus unseren Fehlern. Und außerdem: Wenn ihr eure Gegner in euren Kreis aufnehmt, sind sie keine Feinde mehr, sondern werden zu Verbündeten. So schafft man Frieden, und das ist auch der Grund, warum unsere Föderation sich so große Mühe gibt, einst rückschrittliche Kulturen in ihrem Kreis willkommen zu heißen. Einigkeit bedeutet Fortschritt.«[42]

Thor Han räumt an dieser Stelle ein, dass Musk, Bezos, Branson und andere CEOs, die an den Jupiter-Konferenzen teilnahmen, zuvor auf verschiedene Weise mit dem Deep State, dem Tiefen Staat, zusammengearbeitet hatten. Doch angesichts der gerade stattfindenden Niederlage des Tiefen Staates und seiner Verbündeten im Weltraum – der Dunklen Flotte, des Draco-Imperiums und der Orion-Allianz – haben Musk, Bezos und Branson sich neu orientiert und daher eine zweite Chance erhalten, auch wenn ihre neuen Partner – die Galaktische Föderation – sie beobachten und genau darauf achten, ob sie sich auch wirklich an die »fortschrittlichen Regeln der neuen Vereinbarungen« halten.

Galaktische Organisationen bei den Jupiter-Konferenzen

Das Ashtar-Kommando war zwar Gastgeber der Jupiter-Konferenzen, die in seinem Stützpunkt in der Jupiter-Atmosphäre stattfanden, spielte jedoch bei diesen Besprechungen offenbar keine herausragende Rolle. Elena Danaan teilte weitere Einzelheiten über die galaktischen Organisationen mit, die mit den vierzehn irdischen Delegationen zusammentrafen, um das Führungsteam auszuwählen, mit dem die Galaktische Föderation in Zukunft zusammenarbeiten sollte:

> »So überprüften die Delegationen der Galaktischen Föderation der Welten, des Rates der Fünf und des Andromeda-Rats getrennt voneinander verschiedene Beamte, die für Weltraumstreitkräfte und fortschrittliche Unternehmen verantwortlich sind, um Sicherheitszonen festzulegen und festzustellen, wer den Interessen der vielen am besten dienen würde. Die Galaktische Föderation der Welten möchte nur mit einer einheitlichen globalen Zivilisation zusammenarbeiten und nicht mit einem Verbund aus verschiedenen miteinander rivalisierenden Weltraum-Streitkräften, die untereinander Machtspiele austragen.
>
> Thor Han sagte, dass zurzeit vierzehn Länder an Weltraumprogrammen beteiligt sind, aber nur die ersten sechs Länder verfügen über Programme, die von der Galaktischen Föderation der Welten als die fortschrittlichsten und nachhaltigsten anerkannt wurden und daher geeignet sind, sich mit ihnen zusammenzutun. Die übrigen acht Länder verfolgen kommerzielle Absichten, die der großen Masse zugute kommen. Thor Han sprach auch von einer ›horizontalen‹ Koalition dieser sechs Spitzenreiter, die als einheitliches Weltraumministerium unter der Führung der USA auftreten würde.«[43]

Was das von Elena/Thor Han beschriebene Szenario so glaubwürdig macht, ist die Tatsache, dass es genau dem entspricht, was über die Artemis-Abkommen bekannt ist, die sich unter den Raumfahrtnationen immer größerer Beliebtheit erfreuen. Im Gegensatz dazu hat die damit rivalisierende internationale Raumfahrtkoalition Russlands und Chinas, die für eine gemeinsame internationale Mondforschungsstation warb, keinen Anklang gefunden. Daher ist es nur allzu verständlich, dass die Galaktische Föderation und die ihr angeschlossenen galaktischen Organisationen – der Andromeda-Rat und der Rat der Fünf[44] – die USA als Anlaufstelle für die künftige Zusammenarbeit zwischen der Föderation und dem Rest der Menschheit ausgewählt haben.

Die USA werden schon seit Jahrzehnten auf ihre Führungsrolle in der Erdallianz vorbereitet

In ihrer Kommunikation mit Thor Han (T) zum Thema der Jupiter-Konferenzen Mitte August 2021 erhielt Danaan (E) wichtige Informationen über die Rolle, die die Galaktische Föderation bei der Vorbereitung der USA auf ihre zukünftige Führungsrolle unter den Raumfahrtnationen der Erde spielen soll:

»*E:* Das erklärt, warum – wie ich mir schon gedacht hatte – bei den vor kurzem in der Jupiter-Atmosphäre stattgefundenen Abstimmungen Länder wie Russland und China unter die Führung der Vereinigten Staaten gestellt wurden. Aber warum hat man gerade die USA für diese Führungsposition ausgewählt?

T: Weil sie für diese Aufgabe am besten geeignet sind und weil wir wissen, wie die Zukunft aussieht. Wir bereiten die USA schon seit den 1950er Jahren im Rahmen von Geheimprogrammen darauf vor, weil wir wussten …

E: Ich schloss die Augen, als Thor Han mir ein telepathisches Bild übermittelte. Es waren drei ähnliche Logos, von links nach rechts angeordnet, als eine sich entfaltende Zeitlinie: die Sternenflotte von *Star Trek*, die Artemis-Abkommen und die Space Force. Alle drei Logos verschmolzen zu einem einzigen. Kurz darauf sah ich, wie an der GFW-Station, auf der ich mich gerade befand, acht Raumschiffe von *Solar Warden* vorbeiflogen. Was für ein gutes Omen!«[45]

Danaans Antwort unterstreicht die Bedeutung der Artemis-Abkommen und die Führungsrolle, die die USA in den nächsten Jahren innehaben werden, da die Präsenz der Menschheit im Weltraum gerade stark expandiert – weit über das derzeitige Ausmaß hinaus. Die Artemis-Abkommen schaffen einen Rahmen für die Zusammenarbeit zwischen dem zivilen, unternehmerischen und militärischen Sektor, die notwendig ist, um die Herausforderungen einer raschen Ausweitung der menschlichen Präsenz in unserem Sonnensystem zu bewältigen.

Außerdem bestätigen Danaans Informationen die Aussage von William Mills Tompkins, der von menschenähnlichen Außerirdischen (der Galaktischen Föderation) berichtete, die der U.S. Navy schon seit den 1950er Jahren bei der Entwicklung eines Geheimen Weltraumprogramms (*Solar Warden*) helfen.[46] Ich habe Tompkins' Aussagen in meinem Buch *Das Geheime Weltraumprogramm der U.S. Navy & die Allianz mit den Nordischen* genau analysiert. Unter anderem erklärte Tompkins, dass das *Solar-Warden*-Programm der U.S. Navy neue Flotten von Raumtransportern gebaut hat, die irgendwann in den frühen 2030er Jahren in Betrieb gehen sollen. All das deutet darauf hin, dass die Navy in den nächsten Jahren damit beginnen wird, die Existenz ihrer *Solar-Warden*-Anlagen über das neu rekonstituierte U.S. Space Command, das sich schnell zum Drehkreuz einer künftigen multinationalen Weltraumallianz entwickelt, publik zu machen. Das zeigt sich auch an der expandierenden »Combined Space Operations Initiative«, der Initiative für gemeinsame Weltraumoperationen, bei der die Weltraumkommandos von Australien, Kanada, Frankreich, Deutschland, Neuseeland, Großbritannien und – in geringerem Ausmaß – auch Japan eng mit dem U.S. Space Command und der Space Force zusammenarbeiten.[47] In meinem Buch *Space Force: Unsere Star-Trek-Zukunft* erörtere ich diese spannende Entwicklung einer zukünftigen multinationalen militärischen Weltraumallianz – einer modernen Sternenflotte.

Die U.S. Navy wird mit Sicherheit eine Schlüsselrolle bei der Vorbereitung der Menschheit auf die vor ihr liegenden Herausforderungen spielen. In den letzten Jahren hat das Department of the Navy, das Marineamt, die Öffentlichkeit mit Hilfe von Wissenschaftlern wie Dr. Salvatore Pais über einige der fortschrittlichen Weltraumantriebstechnologien, die bei *Solar Warden* zum Einsatz kommen, informiert.[48] Dr. Pais reichte im Auftrag des Marineamts fünf US-Patente ein, die jene Komponenten für den zivilen Sektor umfassen, welche notwendig sind, um Flotten hochentwickelter Antischwerkraft-Raumfahrzeuge und leistungsfähige elektromagnetische Abschirmtechnologien zu bauen, mit denen die Menschheit entweder im Weltraum oder auf der Erde vor elektromagnetischen Stürmen und koronalen Massenauswürfen geschützt werden kann.[49] All diese und noch weitere Patente werden für den Bau künftiger Raumschiffflotten zur planetaren Verteidigung oder zur Bewältigung der verheerenden Auswirkungen einer solaren Mikronova oder anderer katastrophaler planetarischer Ereignisse von großer Bedeutung sein.

Der Leiter des U.S. Space Commands, General James Dickinson, hat auf dem 36. Weltraum-Symposium der U.S. Space Foundation einige sehr aufschlussreiche Bemerkungen gemacht, die wohl der bisher überzeugendste Beweis dafür sind, dass die Treffen und Vereinbarungen in der Jupiter-Atmosphäre tatsächlich stattgefunden haben. Während der Konferenzwoche, die am 23. August 2021 begann, sagte Dickinson, dass mehr als einhundert Vereinbarungen mit verschiedenen Ländern, Behörden und Unternehmen für weltraumbezogene Aktivitäten getroffen worden seien. Ein Reporter gab den Inhalt von General Dickinsons Kommentaren folgendermaßen wieder:

> »Er sagte, dass Spacecom über einhundert Vereinbarungen zur gemeinsamen Datennutzung mit Verbündeten, zwischenstaatlichen Teams und kommerziellen Partnern getroffen hat. Diese Vereinbarungen dienen dem Informationsaustausch, der Verbesserung des Bewusstseins für den Bereich des Weltraums und der Erhöhung der Sicherheit von Raumfahrtoperationen. Außerdem schaffen sie eine Grundlage für die künftige Zusammenarbeit bei Weltraumoperationen.«[50]

Das Bemerkenswerte an diesen Äußerungen ist, dass General Dickinson erst einen Monat zuvor an einer Reihe von Treffen hoch oben in der Jupiter-Atmosphäre teilgenommen haben soll, bei denen umfassende Vereinbarungen zwischen der Galaktischen Föderation der Welten und vierzehn Raumfahrtnationen – darunter auch CEOs großer Raumfahrtunternehmen – getroffen wurden. Es ist sehr wahrscheinlich, dass die Jupiter-Vereinbarungen zu den über einhundert Vereinbarungen gehören, die die Space Command mit verschiedenen Einrichtungen unterzeichnete.

Es gibt also wichtige Indizien dafür, dass die Jupiter-Konferenzen Mitte Juli, an denen, wie Elena Danaan behauptete, vierzehn Nationen und CEOs relativ neuer Raumfahrtunternehmen teilnahmen, tatsächlich stattgefunden haben. Erstens entspricht die Zahl der teilnehmenden Länder (vierzehn) in etwa der Zahl der bekannten Raumfahrtnationen (achtzehn). Zweitens waren die Flüge von Richard Branson und Jeff Bezos an den Rand des Weltraums höchstwahrscheinlich nur ein Vorwand für ihre Teilnahme an den Jupiter-Konferenzen. Drittens zeigt die Ankündigung von Musk, dass SpaceX für den Start der Europa-Clipper-Mission im Jahr 2024 ausgewählt wurde, dass er während der Treffen sehr viel an Jupiter gedacht hat. Viertens lässt die wachsende Akzeptanz der Artemis-Abkommen durch die führenden Raumfahrtnationen – mit Ausnahme von China und Russland – es sehr plausibel erscheinen, dass die Galaktische Föderation die USA als Verbindungsstelle für die künftige Kommunikation und Koordination im Weltraum ausgewählt hat. Und schließlich und endlich weist General James Dickinsons Bemerkung, dass über einhundert Vereinbarungen zwischen dem U.S. Space Command und verschiedenen Einrichtungen getroffen wurden, darauf hin, dass die Jupiter-Vereinbarungen zu diesen Abkommen gehören.

Aus den Jupiter-Konferenzen geht eindeutig hervor, dass unser Sonnensystem auf den Eintritt in eine Ära vorbereitet wird, in der die Macht der Dunklen Flotte und ihrer Verbündeten – des Ciakharr-Imperiums und des Orion-Kollektivs (alias Dunkle Allianz) – erheblich eingeschränkt, wenn nicht gar völlig aufgehoben wird. Die Informationen, die ich in diesem Kapitel vorgestellt habe, deuten darauf hin, dass in Erwartung der bevorstehenden Niederlage der Dunklen Flotte und ihrer Verbündeten tatsächlich eine Reihe von Konferenzen und Vereinbarungen – ähnlich wie in Jalta – stattgefunden hat. Das führt mich zu weiteren Informationen über die angebliche Befreiung des Mondes, des Mars und des übrigen Sonnensystems von der Dunklen Allianz, die für die Richtigkeit dieser Vermutungen sprechen.

Anmerkungen

1 Private Korrespondenz mit Elena Danaan am 17. Juli 2021.

2 Private Korrespondenz mit Elena Danaan am 17. Juli 2021.

3 Siehe »The Artemis Accords: Principles for Cooperation in the Civil Exploration and use of the Moon, Mars, Comets, and Asteroids for Peaceful Purposes«; https:/www.nasa.gov/specials/artemis-accords/index.html (aufgerufen am 24.12.2021).

4 Das Interview ist verfügbar auf YouTube unter https://youtu.be/v-fBFXm3AyQ und auf Rumble unter https://rumble.com/vks7ou-update-on-galactic-federation-intervention-on-earth-moon-mars-phobos-and-ju.html (aufgerufen am 05.01.2022).

5 Interview mit Elena Danaan auf YouTube unter https://youtu.be/v-fBFXm3AyQ und auf Rumble unter https://rumble.com/vks7ou-update-on-galactic-fede ration-intervention-on-earth-moon-mars-phobos-and-ju.html (aufgerufen am 05.01.2022).

6 Interview mit Elena Danaan auf YouTube unter https://youtu.be/v-fBFXm3AyQ und auf Rumble unter https://rumble.com/vks7ou-update-on-galactic-fede ration-intervention-on-earth-moon-mars-phobos-and-ju.html (aufgerufen am 05.01.2022).

7 Siehe »The Artemis Accords: Principles for Cooperation in the Civil Exploration and use of the Moon, Mars, Comets, and Asteroids for Peaceful Purposes«; https://www.nasa.gov/specials/artemis-accords/img/Artemis-Accords-signed-13Oct2020.pdf (aufgerufen am 24.12.2021).

8 Siehe Joey Roulette, »›Star Trek, not Star Wars‹: NASA releases basic principles for moon exploration pact«; https://www.reuters.com/article/us-space-exploration-artemis/star-trek-not-star-wars-nasa-releases-basic-principles-for-moon-explo ration-pact-idUSKBN22R2Z9 (aufgerufen am 02.11.2020).

9 Sandra Erwin, »U.S. and France agree to expand cooperation on space issues«; https://spacenews.com/u-s-and-france-agree-to-expand-cooperation-on-space-issues/ (aufgerufen am 24.12.2021).

10 Siehe Pradeep Mohandas, »Should India Sign the Artemis Accords?«; https://science.thewire.in/spaceflight/should-india-sign-the-artemis-accords/ (aufgerufen am 05.01.2022).

11 Eine Erörterung der Artemis-Abkommen und Sicherheitszonen finden Sie in *Space Force: Our Star Trek Future* (Exopolitics Consultants 2021). – Dt. Ausgabe: *Space Force. Unsere Star Trek Zukunft*, AMRA Verlag, Hanau 2022.

12 Siehe »The Artemis Accords: Principles for Cooperation in the Civil Explora-

tion and use of the Moon, Mars, Comets, and Asteroids for Peaceful Purposes«, p. 5; https://www.nasa.gov/specials/artemis-accords/img/Artemis-Accords-signed-13Oct2020.pdf (aufgerufen am 01.12.2020).

13 Siehe Gareth Jennings, »UK to launch new Space Command«, *Janes*; https://www.janes.com/defence-news/news-detail/uk-to-launch-new-space-command (aufgerufen am 05.01.2022).

14 Siehe Associated Press, »Germany launches ›space command‹ to protect infrastructure«; https://phys.org/news/2021-07-germany-space-infrastructure.html (aufgerufen am 05.01.2022).

15 Siehe Giacomo Cavanna, »The italian Space Operations Command is getting ready«; https://aresdifesa.it/the-italian-space-operations-command-is-getting-ready/ (aufgerufen am 05.01.2022).

16 Siehe Belinda Smith, »What is Australia's space division, and why is it in the military?«; *ABC News Australia*; https://www.abc.net.au/news/science/2021-05-13/australia-space-division-military-satellites-air-force-commander/100127978 (aufgerufen am 05.01.2022).

17 Siehe »United States Space Command«; https://en.wikipedia.org/wiki/United_States_Space_Command (aufgerufen am 05.01.2022).

18 Siehe »French Space Command«; https://en.wikipedia.org/wiki/French_Space_Command (aufgerufen am 05.01.2022).

19 Siehe »Russian Space Command«; https://en.wikipedia.org/wiki/Russian_Space_Command (aufgerufen am 05.01.2022).

20 Siehe Elsa Kania, »China Has a ›Space Force‹. What Are Its Lessons for the Pentagon?«; https://www.defenseone.com/ideas/2018/09/china-has-space-force-what-are-its-lessons-pentagon/151665/ (aufgerufen am 05.01.2022).

21 Siehe »NATO Space Centre«; https://shape.nato.int/about/aco-capabilities2/nato-space-centre (aufgerufen am 05.01.2022).

22 Private Korrespondenz mit Elena Danaan am 17. Juli 2021.

23 U.S. Space Command Public Affairs, »Combined Space Operations Initiative welcomes France and Germany«; https://www.spacecom.mil/MEDIA/NEWS-ARTICLES/Article/2083368/combined-space-operations-initiative-welcomes-france-and-germany/ (aufgerufen am 26.12.2021).

24 Sandra Erwin, »Japanese military strengthens ties with U.S. Space Command«, *SpaceNews*; https://spacenews.com/japanese-military-strengthens-ties-with-u-s-space-command/ (aufgerufen am 26.12.2021).

25 »Israel Signs Artemis Accords«; https://www.nasa.gov/feature/israel-signs-artemis-accords (aufgerufen am 08.03.2022).

26 Private Korrespondenz mit Elena Danaan am 17. Juli 2021.

27 Andrew E. Kramer und Steven Lee Myers, »Russia, Once a Space Superpower, Turns to China for Missions«, *New York Times*; https://www.nytimes.com/2021/06/15/world/asia/china-russia-space.html (aufgerufen am 09.12.2023).

28 Christopher Newman, »Artemis Accords: why many countries are refusing to sign Moon exploration agreement«; https://theconversation.com/artemis-accords-why-many-countries-are-refusing-to-sign-moon-exploration-agreement-148134 (aufgerufen am 05.01.2022).

29 Siehe *Voice of America*, »US Intensifies Crackdown on China Intellectual Property Theft«; https://www.voanews.com/a/usa_us-intensifies-crackdown-china-intellectual-property-theft/6189373.html (aufgerufen am 05.01.2022).

30 Michael Sheetz, »Richard Branson reaches space on Virgin Galactic flight«, *CNBC News*; https://www.cnbc.com/2021/07/11/richard-branson-reaches-space-on-virgin-galactic-flight.html (aufgerufen am 05.01.2022).

31 Michael Sheetz, »Jeff Bezos reaches space on Blue Origin's first crewed launch«, *CNBC News*; https://www.cnbc.com/2021/07/20/jeff-bezos-reaches-space-on-blue-origins-first-crewed-launch.html (aufgerufen am 05.01.2022).

32 »Core Secrets: NSA Saboteurs in China and Germany«; https://firstlook.org/theintercept/2014/10/10/core-secrets/ (aufgerufen am 16.04.2022).

33 Siehe https://twitter.com/SpaceX/status/1418667693016711170 (aufgerufen am 05.01.2022).

34 Mitteilung von Elena Danaan Mitte August 2021.

35 Benjamin Fulford, »Nazis align with White Dragon as isolated Satanists continue their death throes«; https://benjaminfulford.net/2018/02/05/nazis-align-white-dragon-isolated-satanists-continue-death-throes/ (aufgerufen am 05.01.2022).

36 Siehe Michael E. Salla, »Will Antarctic German Space Program Reveal Itself & Release Advanced Technologies?«; https://exopolitics.org/german-space-program-antarctica-to-reveal-itself/ (aufgerufen am 05.01.2022).

37 Mitteilung von Elena Danaan Mitte August 2021.

38 Mitteilung von Elena Danaan Mitte August 2021.

39 Ich hatte die Möglichkeit einer Mikronova bereits in einer Reihe von Artikeln erörtert, zum Beispiel in: »Impending Solar Flash Event Supported by Scientific Studies & Insider Testimony«; https://exopolitics.org/impending-solar-flash-event-supported-by-scientific-studies-insider-testimony/ (aufgerufen am 05.01.2022).

40 Siehe Ben Davidson, »The Earth Disaster Documentary«; https://youtu.be/ihwoIlxHI3Q (aufgerufen am 05.01.2022).

41 Siehe Michael E. Salla, »Preparing for Disclosure & Solar Flash Events – Corey Goode at Cosmic Waves«; https://exopolitics.org/preparing-for-disclosure-solar-flash-events-corey-goode-at-cosmic-waves/ (aufgerufen am 05.01.2022).

42 Erstmals zitiert in: Michael E. Salla, »Did Bezos, Branson & Musk secretly travel to Jupiter for negotiations with the Galactic Federation?«; https://exopolitics.org/did-bezos-branson-musk-secretly-travel-to-jupiter-for-negotiations/ (aufgerufen am 05.01.2022).

43 Erstmals zitiert in: Michael E. Salla, »Update on Jupiter Meetings with the Galactic Federation of Worlds«; https://exopolitics.org/update-on-jupiter-meetings-with-the-galactic-federation/ (aufgerufen am 08.03.2022).

44 Zur Diskussion über den Rat der Fünf siehe Elena Danaan, *Gift from the Stars: Extraterrestrial Contacts and Guide of Alien Races*, Amazon Book & Kindle, September 2020; p. 313. – Dt. Ausgabe: *Ein Geschenk der Sterne. Kontakte mit Außerirdischen und Sammlung von Alien-Rassen*. Amazon Book & Kindle, September 2021.

45 Erstmals zitiert in: Michael E. Salla, »Did Bezos, Branson & Musk secretly travel to Jupiter for negotiations with the Galactic Federation?«; https://exopolitics.org/

did-bezos-branson-musk-secretly-travel-to-jupiter-for-negotiations/ (aufgerufen am 05.01.2022).

46 Siehe die Autobiografie von William Mills Tompkins, *Selected by Extraterrestrials: My life in the Top-secret World of UFOs, Think-tanks and Nordic Secretaries* (2015), herausgegeben von Dr. Robert M. Wood. – Deutsche Ausgabe: *Auserwählt von Außerirdischen. Mein Leben in der streng geheimen Welt von UFOs, Think Tanks und nordischen Sekretärinnen.* AMRA Verlag, Hanau 2024.

47 Siehe »Combined Space Operations Initiative welcomes France and Germany«; https://spacewatch.global/2020/02/combined-space-operations-initiative-welcomes-france-and-germany/ (aufgerufen am 05.01.2022).

48 Siehe Brett Tingley, »The Secretive Inventor Of The Navy's Bizarre ›UFO Patents‹ Finally Talks«, *The Drive*; https://www.thedrive.com/the-war-zone/31798/the-secretive-inventor-of-the-navys-bizarre-ufo-patents-finally-talks (aufgerufen am 05.01.2022).

49 Siehe Michael E. Salla, »US Navy Disclosing Secret Space Program Technologies through Patents System«; https://exopolitics.org/us-navy-disclosing-secret-space-program-technologies-through-patents-system/ (aufgerufen am 05.01.2022).

50 Siehe David Vergun, »Spacecom attains initial operational capability, commander says«; https://www.spacewar.com/reports/Spacecom_attains_initial_operational_capability_commander_says_999.html (aufgerufen am 05.01.2022).

8 Haben Mars und Phobos gerade einen planetarischen Befreiungskrieg durchgemacht?

Der Mars hatte einst ein erdähnliches Klima, einen Ozean und Flüsse, und beherbergte lange Zeit sowohl pflanzliches als auch tierisches Leben sowie eine humanoide Zivilisation. Dann, aus unerfindlichen Gründen, verwüstete eine gewaltige thermonukleare Explosion die Zentren der marsianischen Zivilisation und zerstörte die Biosphäre des Planeten.

– Dr. John Brandenburg, Konferenz des American Institute of Aeronautics & Astronautics, September 2016 –

Einführung in die neuere Marsgeschichte

Der Planet Mars hat eine geheimnisumwitterte Geschichte. Ein bahnbrechendes Buch von Richard C. Hoagland aus dem Jahr 1992, das auf Deutsch unter dem Titel *Die Mars-Connection: Monumente am Rande der Ewigkeit* erschien, öffnete die Tür zum Verständnis der uralten Vergangenheit dieses Planeten durch eine wissenschaftliche Analyse künstlicher Strukturen, die auf Orbitalbildern der *Viking*-Mission der NASA aus dem Jahr 1976 zu sehen waren.[1] Die Pyramiden und andere künstliche Bauwerke, die auf den *Viking*-Bildern zu erkennen waren, bewogen die CIA dazu, heimlich Remote Viewer auf dieses Thema anzusetzen, um etwas über die frühere Geschichte des Mars zu erfahren. Dies belegen Dokumente, die im Rahmen des Freedom of Information Act an die Öffentlichkeit gelangten.[2] Jahrzehnte später analysierte Dr. John Brandenburg in seinem ursprünglich 2015 erschienenen Buch *Tod auf dem Mars: Die Entdeckung eines planetaren nuklearen Massakers* die Orbitaldaten späterer Mars-Missionen und fand überzeugende Beweise für radioaktive Isotypen[3] in der oberen Marsatmosphäre, die auf einen lange zurückliegenden Atomkrieg hindeuten.[4] Aber fand dieser Atomkrieg tatsächlich in grauer Vorzeit statt, wie Brandenburg schlussfolgerte, oder handelt es sich in Wahrheit um Beweise für einen erst in jüngerer Zeit stattgefundenen Atomkrieg auf dem Mars? Um diese Frage zu beantworten, muss ich die Informationen, die ich in meinem Buch *Antarktis – Die verbotene Wahrheit* vorgestellt habe, hier einmal kurz zusammenfassen.[5]

Die menschliche Besiedelung des Mars begann in den 1950er Jahren, als die Draconer und die Orion-Allianz der abtrünnigen deutschen Kolonie, die Stützpunkte in der Antarktis errichtet hatte, dabei halfen, als Nächstes auch Basen auf dem Mond und dem Mars zu erbauen. Hochentwickelte Fliegende Untertassen der *Haunebu*-Klasse und zigarrenförmige Raumschiffe der *Andromeda*-Klasse bildeten die Dunkle Flotte der Deutschen, auch als *Nachtwaffen* bekannt, die zum Aufbau von Kolonien außerhalb der Erde eingesetzt wurde. An dieser Stelle muss ich darauf hinweisen, dass alle deutschen Kolonien die Politik der Sklavenarbeit fortsetzten, die in Nazi-Deutschland während des Krieges eingeführt worden war. Sklavenarbeit war ein wichtiger Bestandteil der Nachkriegspläne des Dritten Reichs für Europa, wie Hitlers Rüstungsminister Albert Speer in seinem 1981 erschienenen Buch *Der Sklavenstaat: Meine Auseinandersetzung mit der SS*[6] bestätigt. Trotz der Niederlage von Hitlers Drittem Reich setzte das in der Antarktis und in Südamerika entstandene geheime »Vierte Reich« die Politik der Sklavenarbeit fort, vor der Speer in seinem Buch gewarnt hatte.

Infolge von Vereinbarungen zwischen der Eisenhower-Administration und der deutschen Antarktis-Kolonie (alias Viertes Reich) wurden die Stützpunkte der Dunklen Flotte auf dem Mond und dem Mars stark erweitert.[7] Was Dr. Brandenburgs Entdeckung wissenschaftlicher Beweise für einen Atomkrieg in der oberen Marsatmosphäre betrifft, so behauptete Corey Goode – ein Insider Geheimer Weltraumprogramme –, dass das US-Militär die Dunkle Flotte mit

Atomwaffen versorgte, die dann gegen die einheimische Marsbevölkerung eingesetzt wurden.[8] Diese Bevölkerung bestand aus Reptiloiden, Insektoiden und anderen weniger hoch entwickelten Spezies, die sich gegen die koloniale Expansion der Dunklen Flotte wehrten. Goode offenbarte, dass die Dunkle Flotte Atomwaffen auf dem Mars nicht nur zu Ausgrabungszwecken, sondern auch als Waffe gegen die einheimische Marsbevölkerung eingesetzt hatte, der sie unter der Oberfläche des Planeten begegnet war.

Goode beschrieb zwei verschiedene Arten intelligenter einheimischer Marsianer, auf die die Deutschen dort stießen: Reptiloide und Insektoide. Er berichtete, dass bei Atombombenangriffen – ähnlich wie auf Nagasaki und Hiroshima – Hunderttausende von Marsianern in ihren von den Deutschen entdeckten Schlupfwinkeln getötet wurden. Die dabei eingesetzten Bomben gehörten zu einer hochentwickelten Atomwaffengeneration und hinterließen kaum radioaktive Rückstände, berichtete Goode. Das könnte eine Antwort auf die Frage sein, die durch Dr. Brandenburgs Entdeckung radioaktiver Isotypen in der oberen Marsatmosphäre aufgeworfen wurde: Diese radioaktiven Rückstände müssen nicht unbedingt bei einem weit in der Vergangenheit liegenden nuklearen Holocaust auf dem Mars entstanden sein, sondern könnten auch ein Überbleibsel vor kurzem stattgefundener Atomwaffenangriffe der deutschen Dunklen Flotte auf die Marsianer sein.

Der berüchtigte Brain-Drain der 1960er und 1970er Jahre, eine Abwanderung von Fachkräften, die unter dem Deckmantel des amerikanischen *Apollo*-Programms stattfand, führte zu einer exponentiellen Zunahme der Präsenz der Dunklen Flotte auf dem Mars.[9] Millionen von Menschen – viele von ihnen waren hochqualifiziert und wurden unter Vorspiegelung falscher Tatsachen von der Erde geholt – erweiterten die deutschen Kolonien und gründeten in Kooperation mit großen irdischen Konzernen neue. Diese neuen, von Unternehmen geführten Kolonien wurden als Interplanetarisches Unternehmenskonglomerat bezeichnet. Laut Aussagen Goodes wird dieses Konglomerat von einem Superboard geleitet, das sich aus pensionierten und amtierenden CEOs von Großunternehmen zusammensetzt.[10] Mit Unterstützung der Draconer und der Orion-Allianz entwickelten sich die Marskolonien in technologischer Hinsicht so weit, dass sie schließlich mit vielen außerirdischen Zivilisationen Handel trieben. Die Marskolonien rüsteten Söldnertruppen, die aus allen größeren Ländern der Erde dazu rekrutiert wurden, sich der Dunklen Flotte anzuschließen und für bestimmte Zeiträume auf dem Mars, an anderen Orten unseres Sonnensystems und in interstellaren Regionen zu dienen, mit Waffen aus. Dieser Zustrom an Personal, Ausrüstung und Ressourcen von der ganzen Erde ermöglichte es der Dunklen Flotte, ihre Operationen in der zweiten Hälfte des 20. Jahrhunderts und bis weit ins 21. Jahrhundert hinein stark auszuweiten.

Die Dunkle Flotte verfügte nun über mächtige Flotten von Raumschiffen mit gut bewaffneten und genetisch verbesserten Truppen, die an der Seite von Reptiloiden und Außerirdischen von Orion in interstellaren Eroberungskriegen mitkämpfen konnten. Das bedeutete, dass der Großteil der Einsatzkräfte der Dunklen Flotte sich außerhalb unseres Sonnensystems aufhielt.

Mit diesen Hintergrundinformationen möchte ich meine Leser in die Lage versetzen, die komplexe exopolitische Situation auf dem Mars besser zu verstehen: Die einheimischen Spezies des Roten Planeten waren durch die Gründung menschlicher Stützpunkte und deren aggressive koloniale Expansion stark dezimiert und beeinträchtigt worden. Über die Vorgänge innerhalb dieser menschlichen Stützpunkte und deren Interaktionen mit den einheimischen Marsianern geben uns drei Insider von Geheimen Weltraumprogrammen einen guten Überblick: Randy Cramer, Corey Goode und Tony Rodrigues.

Randy Cramer und Corey Goode auf dem Mars

Im April 2014 interviewte ich Randy Cramer alias »Captain Kaye«, der behauptet, in einem Geheimen Weltraumprogramm des Typs »Zwanzig Jahre und zurück« gedient zu haben; die ersten siebzehn Jahre dieses Programms brachte er als Weltraum-Marinesoldat auf dem Mars zu.[11] Im Jahr 2019 wurde Cramer von *Gaia TV* interviewt, wobei er einen Lügendetektortest bestand, bei dem der Wahrheitsgehalt seiner sensationellen Aussagen überprüft wurde.[12] Cramer war die erste Person, die behauptete, in einem »Zwanzig Jahre und zurück«-Programm gedient zu haben, seit Michael Relfe im Jahr 2000 mit seinen Informationen an die Öffentlichkeit getreten war. Relfes Erfahrungen wurden in einer zweibändigen Buchreihe von Stephanie Relfe mit dem Titel *The Mars Records* (»Die Mars-Aufzeichnungen«) veröffentlicht.[13] Cramer berichtete, seine Hauptaufgabe als Kämpfer in einem Kontingent von Weltraum-Marines habe darin bestanden, die fünf zivilen Stützpunkte der Mars Colony Corporation vor einheimischen Marsianern und einer nicht-einheimischen außerirdischen Rasse zu beschützen. Cramer beschreibt, wie er zunächst zu einer geheimen Mondbasis reiste, dem Lunar Operations Command (LOC), um Papiere zu unterzeichnen, die ihn zu einer zwanzigjährigen Dienstzeit verpflichteten. Anschließend wurde er zu einer gut ausgestatteten Militärbasis auf dem Mars transportiert, wo seine Marineeinheit in Revierkämpfe mit den einheimischen reptiloiden und insektoiden Marsianern verwickelt war.

Eine andere außerirdische Spezies auf dem Mars wurde als »nicht-einheimische Alpha-Draconer« bezeichnet. Cramer beschrieb diese Außerirdischen als Meister der Manipulation. Er erläuterte, wie die Kommandeure seiner Einheit mit der Zeit immer mehr Einblicke in die komplexe exopolitische Situation auf dem Mars gewannen – eine Situation, in der sowohl einheimische als auch nicht-einheimische reptiloide Rassen, eine insektoide Spezies und menschliche Siedler in eine Reihe bewaffneter Konflikte um Territorien und Ressourcen verwickelt waren:

> »Viele Jahre lang gingen wir einfach davon aus, dass ein Reptiloid ein Reptiloid ist und dass sie alle zur selben Gruppe gehören, auch wenn sie sich in Größe, Form oder Farbe voneinander unterscheiden. Unserer Ansicht nach gab es einfach nur verschiedene Rangstufen, Unterscheidungsmerkmale oder Rassen dieser Lebewesen. Wir haben lange angenommen, dass im Grunde alle Reptiloiden gleich sind; doch das stimmte

nicht. Es gab eine invasive Art von Reptiloiden – das waren die Draconer, die Alpha-Draconer. Lange dachten wir, die beiden Arten von Reptiloiden seien gleich. Die Draconer versuchten wirklich, alle anderen gegeneinander auszuspielen; sie wollten sie dazu bringen, sich gegenseitig zu bekämpfen. Zu je mehr Feindseligkeiten, je mehr irrsinnigen Aktionen sie uns motivieren konnten – gegeneinander und gegen die einheimischen Saurier, die einheimischen Insektoiden zu kämpfen –, umso besser war es für sie. Es hat eine ganze Weile gedauert, bis wir dank unserer Intelligenz erkannten, dass *nicht* alle Reptiloiden gleich waren; daraufhin mussten wir die Situation neu überdenken. Unser Ziel war es auf jeden Fall, alles zu verteidigen, was uns bedrohte; doch an dieser Stelle möchte ich betonen, dass wir viele Situationen falsch einschätzten. Das lag teilweise an mangelnder Intelligenz und teilweise an unserer Unkenntnis der Spezies: Wir dachten, dass sie alle gleich drauf wären … [ohne zu erkennen], dass es sich dabei um zwei völlig verschiedene Spezies handelte.

Wir wussten nicht, dass die einheimischen und die invasiven Reptiloiden gegeneinander kämpften, dass die Insektoiden und die invasiven Reptiloiden gegeneinander kämpften und dass sie uns dazu bringen wollten, ebenfalls gegeneinander zu kämpfen, damit wir *sie* nicht bekämpften. Und wir wussten auch nicht, dass die Reptiloiden, die uns aus der Luft angriffen, nicht dieselben waren, die uns von unter der Erde und auf dem Sandboden anzugreifen versuchten. Eine Zeitlang war die Situation also ziemlich verwirrend, und wir wussten nicht, wer was tat und wen bekämpfte. Unsere alltäglichen Operationen sahen folgendermaßen aus: Immer wenn sich unserem Stützpunkt etwas näherte, zogen wir unsere Kampfanzüge an, gingen raus und kämpften. Bei einem Überfall oder einer Invasion durchlief man die Protokolle zur Verteidigung des Raums, bis die Gefahr vorüber war, und machte am nächsten Tag dann wieder das Gleiche, wenn es sein musste.«[14]

Eine wichtige Bestätigung für Cramers Aussagen kommt von Tony Rodrigues, der ebenfalls behauptet, in einem Geheimen Weltraumprogramm des Typs »Zwanzig Jahre und zurück« gedient zu haben. Er nahm zum ersten Mal im August 2015 mit mir Kontakt auf und erzählte mir von seinen Erfahrungen in einem Geheimen Weltraumprogramm, das von einer abtrünnigen deutschen Zivilisation betrieben wurde. In anschließenden Telefonaten und nachdem ich alle seine Aussagen peinlich genau überprüft hatte, stellte ich fest, dass er ein aufrichtiger und glaubwürdiger Zeuge ist und ehrlich über seine Mitwirkung an einem solchen Programm berichtete.[15] Seitdem habe ich beobachtet, wie Rodrigues seine Geschichte in vielen öffentlichen Foren erzählte, und war beeindruckt von der Stimmigkeit seiner Erinnerungen. Am meisten beeindruckten mich seine Recherchen, mit deren Hilfe er mehrere Fakten aus der Zeit verifizieren konnte, die er in Seattle, Staat Washington, China Lake, Kalifornien, und Peru verbrachte, bevor er seinen Dienst im Weltraum antrat. Das Gleiche gilt auch für sein Buch mit dem Titel *Ceres Colony Cavalier: Zwanzig Jahre und zurück – mein Leben als Sklave der Dunklen Flotte auf Mond-Erde-Mars und in der Ceres-Kolonie*. Alles, was darin steht, stimmt mit den Erlebnissen überein, von denen er mir und späteren Interviewpartnern berichtete, und passt auch zu den Informationen, die er zur Bestätigung seiner Behauptungen zusammentrug.[16]

Rodrigues war der erste Mensch, der einen plausiblen Bericht über seine Zeit bei der Dunklen Flotte vorlegte und beschrieb, wie Sklaven dort systematisch ausgenutzt und misshandelt wurden. Seitdem sind noch viele andere Betroffene mit erschreckenden Geschichten über ihre unfreiwillige Knechtschaft bei der Dunklen Flotte an die Öffentlichkeit getreten.[17] Doch Rodrigues war der erste Augenzeuge, der so detailliert über diese Geschehnisse berichtete, und deshalb spielt sein Buch in unserer heutigen Zeit, in der wir versuchen, tiefere Einblicke in die Fähigkeiten und Operationen der Dunklen Flotte zu gewinnen, eine besonders wichtige Rolle.

Rodrigues schreibt, dass er mehrere Monate lang als Sklavenkämpfer in einer Söldnertruppe diente, die Unternehmensstützpunkte vor den einheimischen Marsianern schützte, was die Aussage von Randy Cramer aus dem Jahr 2014 bestätigt. Außerdem schildert er, wie er als Hilfssoldat eingesetzt wurde und dass seine Aufgabe darin bestand, einheimische insektoide Spezies in Gebiete zu locken, in denen reguläre

Weltraum-Marines vom Mars die Insektoiden dann aus dem Hinterhalt angriffen. Er berichtet, wie er bei einer dieser Militäroperationen, bei denen etwas schiefging, schwere Verletzungen davontrug, bevor das militärische Hilfsprogramm schließlich eingestellt wurde. Daraufhin wurde er nach Aries Prime versetzt, dem wichtigsten zivilen Stützpunkt auf dem Mars, wo er sich strengen Tests und Untersuchungen unterziehen musste. Anschließend brachte man ihn zu einer anderen Kolonie der Dunklen Flotte auf dem Planetoiden Ceres, wo er die nächsten dreizehn Jahre verbrachte. Rodrigues sagt, dass Aries Prime Ähnlichkeit mit einem luxuriösen Hotel hatte, aber er durfte sich nie unter die Bewohner mischen, da er ein Sklave und streng in die Notwendigkeit eingebunden war, seine Eignungstests zu absolvieren.[18]

Auch Cramer sagte, er wisse nicht allzu viel darüber, was in Aries Prime und in den anderen menschlichen Kolonien geschah. Die Weltraum-Marines durften die zivilen Stützpunkte der Mars Colony Corporation nie besuchen. Weitere Details über die Vorgänge in diesen zivilen Mars-Stützpunkten kennen wir jedoch durch Corey Goode, der Ende 2014 und Anfang 2015 mit seinen Erlebnissen an die Öffentlichkeit ging. Corey bezeichnete die Organisation, die die oberste Kontrolle über die zivilen Produktionsstätten auf dem Mars und in anderen Bereichen unseres Sonnensystems ausübte, erstmals als Interplanetary Corporate Conglomerate (ICC) oder Interplanetarisches Unternehmenskonglomerat. Er behauptet, am 22. Juni 2015 an einer Inspektionstour durch eine der Marsanlagen teilgenommen zu haben, die sich auf der südlichen Hemisphäre befanden. In einem Bericht über dieses Erlebnis erklärte er, wie seine Gruppe nach ihrer Ankunft in dem Mars-Stützpunkt Anweisungen erhielt, worüber sie mit den Bewohnern des Stützpunkts, die mit falschen Informationen über die Erde indoktriniert worden waren, sprechen durften und worüber nicht:

> »Dann teilte der ICC-Vertreter uns mit, worum es in diesem Gespräch gehen würde. Er beobachtete unsere Reaktionen ganz genau, während er uns darauf vorbereitete, was wir von dem Kommandanten des Stützpunkts zu erwarten hatten. Er erklärte uns, dass die Menschen in dieser Einrichtung

> schon seit Generationen hier lebten. Sie würden bereits seit Jahrzehnten glauben, dass auf der Erde eine Art Katastrophe passiert und sie daher nicht mehr bewohnbar sei. Man bitte uns, die soziale Dynamik der Einrichtung nicht zu stören, indem wir verrieten, dass dies nicht der Fall ist oder dass jemand von uns von der Erdoberfläche stammte.«[19]

Dann traf Goodes Gruppe mit dem Kommandanten des Stützpunkts zusammen, der ihnen eine Tarngeschichte erzählte: Die Hauptaufgabe dieser Einrichtung bestehe nicht in der Ausbeutung menschlicher Sklaven, sondern in einem jahrzehntelangen sozialen Experiment. Goode berichtet, wie seine Gruppe danach in einen großen Konferenzsaal gebracht wurde, wo er viele Siedler sah, deren Anführer eine Präsentation über die in dem Stützpunkt produzierten hochentwickelten Technologien abhielten. Wie Goode erklärte, erzählten die Siedler ihm von exopolitischen Vereinbarungen, die mit verschiedenen außerirdischen Zivilisationen getroffen worden waren:

> »Wir wurden in die ›Haupthalle‹ gebracht, die wie ein Bereich aussah, in den Menschen für ihre tägliche Propaganda-Berieselung gebracht werden. Dort sahen wir viele ICC-Führungskräfte, die ebenfalls geschäftig in der Halle herumwuselten. Man konnte kaum zählen, wie viele es waren. Diese Führungskräfte forderten uns auf, Platz zu nehmen, und dann begannen sie die Werbetrommel zu rühren: Auf einem großen ›SmartGlass-Bildschirm‹ wurden alle möglichen Technologien gezeigt, die sie produzieren. Außerdem erfuhren wir, was für Produkte sie gegen diese Technologien eintauschen, und sie erklärten uns, dass sie Handelsabkommen mit fast neunhundert Zivilisationen getroffen hätten und manchmal sogar noch mit viel mehr Zivilisationen Handel trieben. Sie zeigten uns alle möglichen Raumschiffe und Raumschiffkomponenten, die manche dieser Gruppen in ihre eigenen Technologien integrieren, und sprachen auch über ihre exopolitischen Vereinbarungen mit Gruppen, die unseren Sektor regelmäßig durch nahegelegene natürliche Portalsysteme durchqueren würden. Diese Portalsysteme seien ein Teil des ›kosmischen Netzes‹.«[20]

Zu den erstaunlichsten Dingen, die Goode während seiner Inspektionsreise erfuhr, gehörte die Behauptung, dass die ICC mit mindestens neunhundert verschiedenen außerirdischen Zivilisationen Handel treibe.[21] Man habe ihm auch ein optisches neurologisches Gerät gezeigt, das an fortgeschrittene Technologien angeschlossen werden könne und sich auf Raumschiffen großer Beliebtheit erfreue. Goode zeigte sich sehr überrascht darüber, wie weit die ICC mit ihrer Entwicklung fortschrittlicher Technologien inzwischen schon gekommen war: Diese Technologien seien bei mehreren außerirdischen Zivilisationen äußerst gefragt.

Als Nächstes beschreibt Goode einen Vorfall, der dazu führte, dass seine Inspektionsgruppe vom Kommandanten des Stützpunkts festgehalten wurde, nachdem die Mitglieder seiner Gruppe begonnen hatten, Fragen zu den Arbeitsbedingungen im Stützpunkt zu stellen. Daraufhin erfuhr Goodes Gruppe am eigenen Leib, was in den dortigen Haftanstalten geschah: »Als wir durch die Zellenreihen gingen, sahen wir ziemlich viele Menschen, die dort eingesperrt waren und sich in verschiedenen Stadien psychischen Stresses befanden.«[22] Die in Goodes Bericht ausführlich beschriebenen Erlebnisse während seiner Inspektion des ICC-Stützpunkts auf dem Mars deuten darauf hin, dass in diesen Einrichtungen Sklavenarbeitsbedingungen herrschten und dass zivile Arbeiter von tyrannischen Führungskräften, die keinerlei Widerspruch duldeten, psychisch manipuliert und körperlich misshandelt wurden. Die fortschrittlichen Technologien, die in diesen geheimen Mars-Produktionsanlagen hergestellt wurden, waren als wertvolle Ware in Handelsabkommen bei einer großen Zahl außerirdischer Zivilisationen sehr begehrt – insgesamt trieb der Stützpunkt mit bis zu neunhundert Zivilisationen Handel, wenn der ICC-Vertreter den Sachverhalt richtig dargestellt hatte.

Goodes Inspektionsreise und Rodrigues' Erfahrungen auf dem Mars vermitteln uns eine Vorstellung davon, unter welchen Bedingungen Sklavenarbeiter auf dem Roten Planeten lebten. Das ist wichtig, denn es erklärt, warum Cramer und die an »Zwanzig Jahre und zurück«-Programmen teilnehmenden Marines, die für die äußere Sicherheit sorgten, die zivilen Marsstützpunkte, die sie beschützten, nie besuchen durften. Sonst wären sie wahrscheinlich über die dort herrschenden Bedingungen entsetzt gewesen und hätten rebelliert, den Kommandanten des Stützpunkts festgenommen und die versklavten menschlichen Arbeiter befreit. Dass es geheime Stützpunkte auf dem Mars gibt, die unter der Kontrolle eines Unternehmenskonglomerats stehen, dass dieses Konglomerat mit hochentwickelten Technologien handelt, die von menschlichen Sklavenarbeitern für den interstellaren Handel produziert werden, und dass diese Unternehmen von Weltraum-Marines beschützt werden, die in separaten Einrichtungen untergebracht sind und gegen verschiedene auf dem Mars lebende Spezies kämpfen, sind samt und sonders wichtige Hintergrundinformationen, die uns helfen, die jüngsten Ereignisse auf dem Mars besser zu verstehen.

Die Befreiung von Mars und Phobos

Am 30. April 2021 lieferte Elena Danaan einen Bericht, der wie eine Bombe einschlug. Sie sprach über eine Reihe militärischer Angriffe auf den Mars mit dem Ziel, die Stützpunkte einer rivalisierenden außerirdischen Allianz zu zerstören – des Imperiums der Draconer und des Orion-Kollektivs.[23] Diese außerirdischen Stützpunkte waren geschaffen worden, um die einheimische Marsbevölkerung zu unterdrücken, die Aktivitäten der dortigen menschlichen Siedler zu managen, die zu einer abtrünnigen deutschen Gruppe namens Dunkle Flotte (*Nachtwaffen*) gehörten, und große irdische Unternehmen zu überwachen, die ihre Produktionsstätten auf den Mars verlegt hatten.

Laut Aussagen von Danaan hatte die Galaktische Föderation der Welten begonnen, an der Befreiung des Planeten Mars vom Einfluss der Draconer, Orioner und der Dunklen Flotte mitzuwirken. Zu diesem Zweck versorgte sie die einheimischen Marsianer mit Nachschub, Waffen sowie taktischen Informationen. Außerdem unterstützte die Föderation eine lokale Widerstandsbewegung, die unter den menschlichen Kolonisten auf dem Mars entstanden war. Und während die Galaktische Föderation die einheimischen marsianischen Widerstandskräfte in logistischer und taktischer Hinsicht unterstützte, setzte sie gleichzeitig ihre hochentwickelte Technologie dazu ein, außerirdische Reptiloide und Orioner außer Gefecht zu setzen. So wollte sie die marsianischen Widerstandskämpfer in die Lage versetzen, gegen ihre außerirdischen Herrscher und deren menschliche Lakaien vorzugehen.

Im Folgenden gebe ich den Bericht von Danaan wieder, der mündlich vorgetragen wurde und auf YouTube verfügbar ist. Dieser Bericht beginnt folgendermaßen:

> »30. April 2021, Datum des Lageberichts auf dem Mars von Kommandant Thor Han Eredyon von der Galaktischen Föderation der Welten. Die Angriffe der Galaktischen Föderation werden durch eine Reihe von Attacken der Marsianer auf die Einrichtungen der Reptiloiden fortgesetzt. Der marsianische Widerstand wurde von der Föderation bewaffnet und unterstützt, und die Marsianer kämpfen nun gegen die reptiloiden Besatzer und all ihre Verbündete. Zu diesen Verbündeten gehört auch ein Außenposten der Dunklen Flotte auf dem Mars, aber nicht nur – stationiert sind dort ebenso Streitkräfte von der Erde, die zu anderen Konzernen gehören. Auf dem Mars gibt es viele Konzerne, die in jüngster Zeit dorthin umgesiedelt sind, weil es ihnen auf der Erde allmählich zu brenzlig wurde. Die Allianz begann diese Konzerne durch ihre Arbeit in den DUMBs (den unterirdischen militärischen Anlagen) für sich zu gewinnen. Auch jetzt finden auf dem Mars nach wie vor Angriffe der Galaktischen Föderation statt. Die Ciakharr sind darüber ungeheuer wütend.«[24]

Danaan weist darauf hin, dass die Galaktische Föderation den marsianischen Widerstand – bestehend aus Menschen, lokalen Reptiloiden und anderen einheimischen Gruppen – gegen die Draco-Reptiloiden (angeführt von den Ciakharr), deren Partner vom Sternsystem Orion und die Dunkle Flotte unterstützt. Es ist wichtig, im Gedächtnis zu behalten, dass zwei verschiedene Gruppen von Reptiloiden an den Kämpfen beteiligt sind – und zwar auf beiden Seiten des Konflikts, so wie auch die Menschen auf beiden Seiten kämpfen.

Danaan berichtet weiter:

»Die Sache ist die, dass die Föderation daran arbeitet, ihre Gegner zu isolieren und dann [in ihrer Kampfstrategie] Stück für Stück vorwärtszugehen. Es gelingt ihnen nicht. Die galaktische Föderation ist nicht in der Lage, sich mit ihrer gesamten Flotte dem Ciakharr-Imperium und der Orion-Gruppe in einem Kampf von Angesicht zu Angesicht zu stellen. Sie sind nicht stark genug. Also müssen sie zu einer anderen Strategie greifen.«[25]

Wichtig ist Danaans Hinweis darauf, dass die Draconer und die Orion-Allianz, was die Gesamtzahl der Weltraumtruppen und des Personals angeht, weit überlegen sind und die Galaktische Föderation daher gezwungen ist, ihre Ziele durch geheime und verdeckte Operationen zu erreichen. Die Strategie der Föderation, lokale Widerstandsgruppen auf dem Mars zu unterstützen und das Personal der Draconer und Orioner mit Hilfe verschiedener Methoden außer Gefecht zu setzen, ist ein gutes Beispiel dafür.

Eine verblüffende Bestätigung für Danaans Informationen über die Größe der Föderation im Vergleich zum militärischen Aufkommen der Draconer/Orioner kommt von einer Remote-Viewing-Session des Farsight-Instituts.[26] Bei diesen Sitzungen stellten die Fernbeobachter fest, dass die Galaktische Föderation der Welten zahlenmäßig nicht mit den gegnerischen Draco-Reptiloiden und Orionern mithalten kann. Getarnte und verdeckte Operationen sind daher die Hauptstrategien, mit denen die Föderation eine feindselige planetarische Situation auf der Erde und dem Mars zu bewältigen versucht.

Danaan berichtet weiter:

»Ich bin nicht in allen Fällen befugt, weiterzugeben, was ich von Thor Han erfahren habe, aber eines kann ich verraten: Sie haben alle Eliten und Anführer des böswilligen terranischen Militärs gezwungen, den Planeten zu verlassen, statt dem Planeten den Krieg zu erklären, vieles dort zu zerstören und Zivilisten umzubringen. Eine solche Situation wollten sie nicht, und es lief tatsächlich alles ihrem Plan entsprechend: Alle Eliten der dunklen Mächte wurden entlarvt, und die meisten von ihnen sind auf den Mars übergesiedelt.«[27]

Damit meint Danaan den Exodus zum Mars, der als Reaktion darauf erfolgte, dass die Galaktische Föderation sämtliche Versuche zunichte gemacht hat, einen Bürgerkrieg in den USA, größere Täuschungsmanöver und einen Dritten Weltkrieg anzuzetteln.[28] Dadurch wurde die Agenda des Tiefen Staates auf der Erde vereitelt, und die irdischen Eliten wollten nicht auf unserem Planeten bleiben, sondern sich lieber der gerechten Strafe für ihre zahlreichen Verbrechen entziehen. Viele Eliten flohen daher von den früheren ICC- und Dunkle-Flotte-Stützpunkten in der Antarktis auf den Mars, worauf ich in Kapitel 9 noch ausführlich eingehen werde. Allerdings boten die Mars-Stützpunkte den früheren globalen Eliten aufgrund der militärischen Erfolge der dortigen einheimischen Widerstandskräfte keine sichere Zuflucht mehr.

Danaan setzt ihren Bericht folgendermaßen fort:

»Und jetzt geraten die Reptiloiden auf dem Mars in Panik und bitten die Dunkle Flotte um Hilfe. Alle sind voneinander abgeschnitten. Die Dunkle Flotte wurde von der Föderation geschlagen – und zwar vernichtend. Sie ist zwar immer noch da, aber sehr, sehr stark beschädigt. Es hat viele Angriffe und Kämpfe auf die Außenposten der Dunklen Flotte in diesem Sonnensystem gegeben. Sie sind also nicht mehr in der Lage, den Reptiloiden im Kampf gegen die Föderation zu helfen. Sie haben sich zurückgezogen, sie sagen: Nein, das schaffen wir im Augenblick nicht.

Die zuvor getroffene Vereinbarung mit den Reptiloiden zum Zweck gegenseitiger Unterstützung funktioniert also jetzt nicht mehr. Daher wenden die Reptiloiden ihre Aufmerksamkeit nun von diesen ehemaligen Verbündeten ab und versuchen Kontakt mit der Dunklen Flotte aufzunehmen, die sich außerhalb des Sonnensystems befindet, vor allem mit dem Aldebaran-Zweig.«[29]

Erste Berichte über Splittergruppen in unserem Sonnensystem, die sich aufgrund einer systemweiten Quarantäne, der Gründung einer

Geheimen-Weltraumprogramm-Allianz und einer Erdallianz von der Dunklen Flotte abgespalten haben, verdanken wir Corey Goode.[30] Die Draconer und Orioner und die Dunkle Flotte wurden von ihren wichtigsten Ressourcen abgeschnitten. Offenbar verfügte die Dunkle Flotte damals nicht über ausreichende Ressourcen, um ihre Befehlshaber aus der Gruppe der Draco-Reptilioiden zu unterstützen.

Als Nächstes liefert Danaan uns wichtige Informationen darüber, wie die Galaktische Föderation ihre Gegner durch Erzeugung hoher Frequenzen ausschaltet:

> »Außerdem sendet die Galaktische Föderation auf dem Mars und auf der Erde sehr hohe Frequenzen aus, um die Frequenz dieser Planeten zu erhöhen. Und was passiert, wenn man die Frequenz erhöht und ein regelrechtes Bombardement hoher Frequenzen erfolgt? Sie benutzen dazu auch die Sonne. Sie nutzen alles, was ihnen zur Verfügung steht, um das Sonnensystem mit sehr, sehr hohen Frequenzen zu bombardieren. Dadurch werden die Menschen aufgeweckt, die aufgeweckt werden müssen. Mit dieser Strategie machen sie den Feind unschädlich, während es auf den niedrigeren Frequenzen Streit gibt, und das tun sie auf der Erde und auf dem Mars, so wie es schon an vielen anderen Orten geschah. Dadurch betäuben sie die Reptiloiden auch, und sie verlieren etwas von ihrer Aggressivität – was sie noch wütender macht.«[31]

Danaan behauptet an dieser Stelle, dass die Draconer und Orioner auf dem Mars durch die Übertragung oder Verstärkung der Hochfrequenzenergien, die in unser Sonnensystem einströmen, passiver werden und gleichzeitig einen inneren Erweckungsprozess durchmachen. Das war es auch, was dazu führte, dass die einheimischen marsianischen Widerstandskämpfer in ihren Bemühungen um die Befreiung des Planeten mehr Erfolg hatten und die Anführer der Ciakharr und Orioner jetzt verzweifelt und frustriert sind.

Danaan erklärte außerdem, was mit den menschlichen Siedlern auf dem Mars passiert, die zurzeit mitten in den Kämpfen auf diesem Planeten feststecken:

»Ihr wisst, dass die Galaktische Föderation vorher nicht angreifen konnte, weil sie abgewartet hat, bis alle Eliten auf dem Mars sind. Also wird der Mars jetzt überfallen, und es finden leider furchtbare Kämpfe auf der Marsoberfläche statt. Ich habe ein bisschen Mitleid mit den Menschen von der Erde, der irdischen Kolonie dort. Sie glauben, von der Erde abgeschnitten zu sein, aber die Föderation tut bei dieser Operation ihr Bestes, um diese Menschen zu retten; und ihr wisst, dass die Mitglieder dieser Föderation die Politik des Tötens nicht gutheißen. Daher fragen sie sie zuerst, ob sie sich ergeben oder evakuiert werden möchten. Nur wenn sie sich weigern, kommt es zu einem Kampf.«[32]

Es ist wichtig, darauf hinzuweisen, dass die Kämpfe nicht von der Galaktischen Föderation, sondern von lokalen Widerstandsgruppen auf dem Mars ausgehen.

Wenn es stimmt, was Thor Han Danaan berichtet hat, könnte es unabhängige wissenschaftliche Beweise für die Behauptung geben, dass auf dem Mars große Kämpfe mit gewaltigen Explosionen und dergleichen stattfanden. Solche Beweise verdanken wir internen Untersuchungen seismischer Daten durch das NASA-Landegerät *InSight*, das im Jahr 2018 auf dem Mars eintraf und seither Marsbeben aufzeichnet. Eigentlich ging man davon aus, dass der Mars seismisch ruhig ist; doch wie drei in der Zeitschrift *Science* veröffentlichte wissenschaftliche Arbeiten zeigen, wurde eine erstaunliche Anzahl von Marsbeben registriert.[33] Ein Bericht der *ABC News* vom 23. Juli 2021 kommentiert diese wissenschaftlichen Fachartikel folgendermaßen:

»Das Kuppelseismometer hat bisher 733 Marsbeben registriert, doch nur die 35 Beben mit einer Stärke von 3,0 bis 4,0 dienten als Grundlage für diese wissenschaftlichen Untersuchungen. Die meisten starken Beben hatten ihren Ursprung in einem ungefähr 1.600 Kilometer weit entfernten Vulkangebiet, wo vor Jahrmillionen Lava geflossen sein könnte.«[34]

In einer eMail fragte ich Elena Danaan, ob die von der NASA beobachtete jüngste Zunahme von Marsbeben mit den Angriffen auf den

Mars zusammenhängt. Die beiden größten Marsbeben ereigneten sich Ende März 2021 in einer Region namens Cerberus Fossae.[35] Folgendes berichtete Thor Han ihr über den Zusammenhang zwischen den Angriffen und den Marsbeben:

> »Ich habe ihn [Thor Han] gerade noch erwischt, und er hat mir in aller Eile geantwortet, dass sämtliche unterirdischen Aktivitäten vom lokalen Widerstand der Marsianer und nicht von der Galaktischen Föderation ausgehen. Er sagte, dass es auf dem Mars endemische Wesen gibt, die ziemlich stark sind und sich in den Boden hineingraben können. Diese Wesen sind in ihrem Bewusstsein nicht sehr weit entwickelt – ein bisschen wie große Tiere –, aber sie werden von der lokalen reptiloiden Widerstandsbewegung eingesetzt, um feindliche militärische Einrichtungen unter der Erde anzugreifen. Er erklärte mir, das geschehe schon seit vier Jahren, und seit zwei Jahren sei es zu einer Zunahme dieser Aktivitäten gekommen, die ziemlich regelmäßig und oft an denselben Stellen stattfinden würden.
>
> Die Galaktische Föderation hat ihnen Waffen zur Verfügung gestellt, damit sie sich besser wehren können. Sie arbeiten zusammen, obwohl die marsianische Widerstandsbewegung manchmal auch gern eigenständige Entscheidungen trifft. Die Aktionen der Galaktischen Föderation finden nicht auf dem Boden statt, sondern kommen von oben. Die Angehörigen der Föderation senden bei ihren Einsätzen hohe Frequenzen aus, um den Feind zu betäuben. Damit bestätigt Thor Han, dass diese Marsbeben eine Folge regelmäßig stattfindender Angriffe des lokalen unterirdischen Widerstands sind.«[36]

Diese Information ist sehr aufschlussreich, denn sie bestätigt, dass die Strategie der Galaktischen Föderation, die planetarischen Bevölkerungen bei ihrem inneren Erwachen und beim Widerstand gegen die Unterdrückung durch die Allianz der Draconer/Orioner zu unterstützen, nach den universellen Regeln für solche Einsätze zulässig ist. Diese Regeln sind in einer »Obersten Direktive« festgeschrieben, von der behauptet wurde, sie sei das Vorbild für die fiktive Oberste Direktive aus der Fernsehserie *Star Trek*.[37]

Als Nächstes erläutert Danaan, in welcher Verbindung der Andromeda-Rat mit dem Mars-Befreiungskrieg steht:

> »Du weißt ja, dass sie [die Ciakharr und Orioner] echt wütend auf die Föderation sind, aber am wütendsten sind sie auf den Andromeda-Rat, weil er das alles schon vor langer Zeit voraussah. Und dem Andromeda-Rat ist es zu verdanken, dass wir uns mit Unterstützung der Föderation wehren, und das ist wirklich wunderbar, und wir siegen.«[38]

An dieser Stelle wiederholt Danaan das, was Alex Collier bereits Anfang der 1990er Jahre mitgeteilt wurde: dass der Andromeda-Rat vorausgesehen hatte, dass Erde, Mond und Mars der Ausgangspunkt der galaktischen Tyrannei sein würden, zu der es 350 Jahre in der Zukunft (um 2340) kommen würde. Der Andromeda-Rat machte die Galaktische Föderation auf diese zukünftige Zeitlinie aufmerksam, und daraufhin begann die Föderation unmittelbar in die Geschehnisse auf der Erde einzugreifen.

Das bedeutet, dass die Ereignisse auf dem Mars, dem Mond und der Erde Teil eines »Zeitkriegs« sind, in dem die Galaktische Föderation, der Andromeda-Rat und das Ashtar-Kommando gegen das Imperium der Draconer und seine Verbündeten vom Sternsystem Orion antreten. Während die Dracos und die Orion-Allianz über mehr Schlagkraft und Manpower verfügen, sind die Föderation, das Ashtar-Kommando und die Andromedaner ihnen in Sachen Geheimdienst und verdeckte Operationen überlegen. Diese Informationen sind sehr wichtig, da vieles von dem, was zurzeit geschieht, auf die Gründung der abtrünnigen deutschen Kolonie in der Antarktis zurückzuführen ist – sie war der Ausgangspunkt dieses Zeitkriegs.[39]

Die große Schlacht auf Phobos

Im Juli 2021 fand auf dem größten Marsmond, Phobos, eine weitere große Schlacht dieses Zeitkriegs statt, der von miteinander konkurrierenden außerirdischen Organisationen geführt wird. Phobos wurde angeblich von der Unterdrückung durch eine feindliche außerirdische Gruppe befreit, die Danaan/Thor Han als kleine Greys von Zeta Reticuli beschrieb. Im Folgenden werde ich wissenschaftliche Daten und historische Beweise für die Behauptung von Danaan/Thor Han vorstellen, dass tatsächlich irgendwo im Inneren von Phobos eine aggressive außerirdische Spezies lebte, die nicht wollte, dass die Menschen detaillierte Informationen über die dortigen Vorgänge erhielten.

Am 24. Juli 2021 bekam ich eine eMail mit neuen Informationen, die Danaan von Thor Han Eredyon erhalten hatte:

> »Kontakt heute. Es scheint ein wiederkehrendes Muster zu sein, dass Thor Han mich am frühen Morgen kontaktiert, da er normalerweise nach Beendigung einer Mission zur Station zurückkehrt. Seine Energie war heute sanft und friedlich, als er mich über die Neuigkeiten informierte. Phobos, einer der Trabanten des Mars, wurde von den Streitkräften der Galaktischen Föderation befreit. Dabei handelte es sich um eine sehr große Operation, die durch die Anwesenheit vieler menschlicher Gefangener in dieser ausgehöhlten Orbitalanlage äußerst heikel war.«[40]

Die Vorstellung, dass es sich bei Phobos um eine ausgehöhlte Orbitalanlage handelt, wird durch wissenschaftliche Daten gestützt. Spekulationen darüber, dass Phobos innen hohl ist, kamen bereits in den 1950er und 1960er Jahren aufgrund seiner ungewöhnlichen Umlaufbahn auf.[41] Die Europäische Weltraumorganisation (ESA) startete 2003 ihre Mission *Mars Express* und veröffentlichte schließlich einen Bericht über die Entdeckungen auf Phobos. Dieser Bericht wurde im Mai 2010 in der Zeitschrift *Geophysical Research Letters* veröffentlicht und enthielt unter anderem folgende Informationen:

> »Wir berichten über Ergebnisse von zwei Untergruppen des *Mars Express* Radio Science (MaRS) Teams [= Wissenschaftliches Funkteam des *Mars Express*], die unabhängig voneinander die Funkverfolgungsdaten von *Mars Express* (MEX) analysierten, um die Anziehungskraft des Mondes Phobos

> auf die MEX-Raumsonde und damit die Masse von Phobos konsistent zu bestimmen … Wir kommen zu dem Schluss, dass das Innere von Phobos wahrscheinlich große Hohlräume enthält. Wenn man diese Ergebnisse im Licht verschiedener Hypothesen über die Herkunft von Phobos betrachtet, sind sie nicht mit der Behauptung vereinbar, dass es sich bei Phobos um einen eingefangenen Asteroiden handelt.«[42]

Der Bericht der Europäischen Weltraumorganisation bestätigt eindeutig, dass Phobos große Hohlräume aufweist, was für wichtige Teile der Hypothese eines hohlen Mondes spricht. Außerdem wird in dem Bericht erwähnt, dass Phobos kein eingefangener Mond ist, was wiederum die Richtigkeit der Behauptung nahelegt, dass Phobos auf künstlichem Weg in die Mars-Umlaufbahn gebracht wurde und von einer oder mehreren außerirdischen Gruppen als Stützpunkt genutzt wird.

Danaans Mitteilung vom 24. Juli 2021 enthielt weitere Informationen über den Stützpunkt der Greys auf Phobos:

> »Phobos – von der Galaktischen Föderation Tyr 2 genannt – befand sich im Besitz der Xrog-Shambtbahali aus Zeta Reticuli: kleiner Greys, die für die Nebu [Außerirdische aus dem Sternsystem Orion] arbeiten. Dieser Ort war eine zentrale Einrichtung für die Behandlung von Menschen, die von der Erde entführt worden waren: nämlich zur Implantation von Trackern und zur Vorbereitung auf die verschiedenen Programme, in denen sie eingesetzt werden sollten. Und genau das machte diese Operationen so heikel: All diese unglücklichen Menschen mussten erst einmal befreit werden, bevor dort eine militärische Operation stattfinden konnte. Das ist der schwierige Teil dieser ganzen Angelegenheit. In fast allen feindlichen Außenposten gibt es Geiseln und Sklaven, deren Leben geschont werden muss. Das macht diese Aktionen äußerst kompliziert.«[43]

Welche Beweise gibt es dafür, dass Phobos von einer aggressiven Gruppe Außerirdischer als Sklavenaußenposten für gefangene Menschen benutzt wurde? Wir haben tatsächlich überzeugende Indizien, die die Richtigkeit dieser Behauptung von Thor Han untermauern.

Im Juli 1988 startete die Sowjetunion die Missionen *Phobos 1* und *Phobos 2*. Die *Phobos-2*-Raumsonde funktionierte einwandfrei, als sie in die Marsumlaufbahn eintrat, achtunddreißig Fotos aufnahm und sich dann weiter in Richtung Phobos bewegte. Doch als *Phobos 2* sich im März 1989 dem Mond Phobos näherte, wurde ein zwanzig Kilometer langes, ellipsenförmiges Objekt fotografiert, das sich auf *Phobos 2* zubewegte, woraufhin die gesamte Kommunikation zusammenbrach.

Sowjetische Wissenschaftler berichteten, dass *Phobos 2* anschließend außer Kontrolle geriet, als wäre die Raumsonde von einem Objekt getroffen worden.[44] Die wissenschaftlichen Daten von *Phobos 2* und ihr plötzliches Verschwinden boten Anlass zu vielen Spekulationen, die darum kreisten, dass im Inneren des Mondes Phobos wohl etwas vor sich gegangen sein muss, das seine Bewohner vor der Menschheit geheimhalten wollten. Wenn es sich bei Phobos um einen außerirdischen Stützpunkt handelte, in dem gefangene Menschen wie Sklaven behandelt wurden – wie Danaan und Thor Han behaupten –, wäre dies sicherlich ein guter Grund, warum die Raumsonde *Phobos 2* angegriffen und außer Gefecht gesetzt wurde.

Danaans Bericht vom Juli 2021 enthielt weitere Informationen über einen Sklavenhandel auf beiden Marsmonden:

> »Das nächste Ziel der Föderationstruppen ist Tyr 1 – der andere Hauptsatellit des Mars namens Deimos, der von den Maytra [einer größeren Art von Greys] besetzt gehalten wird. Dabei handelt es sich um einen Sklavensammelplatz, zu dem gerade erst entführte Menschen gebracht werden, um sie an verschiedene Bestimmungsorte weiterzuleiten.«[45]

Die Idee, dass es einen Sklavenhandel mit gefangenen Menschen gibt, habe ich schon früher im Zusammenhang mit der Firma Siemens erörtert, die in den 1980er Jahren heimlich mehrere Milliarden RFID-Tracking-Chips gebaut und anschließend sämtliche Beweise für deren Herstellung vernichtet hat. In einem Artikel vom 8. September 2015 habe ich überzeugende Insider-Aussagen zitiert und Gründe genannt, die dafür sprechen, dass es einen galaktischen Sklavenhandel gibt.[46]

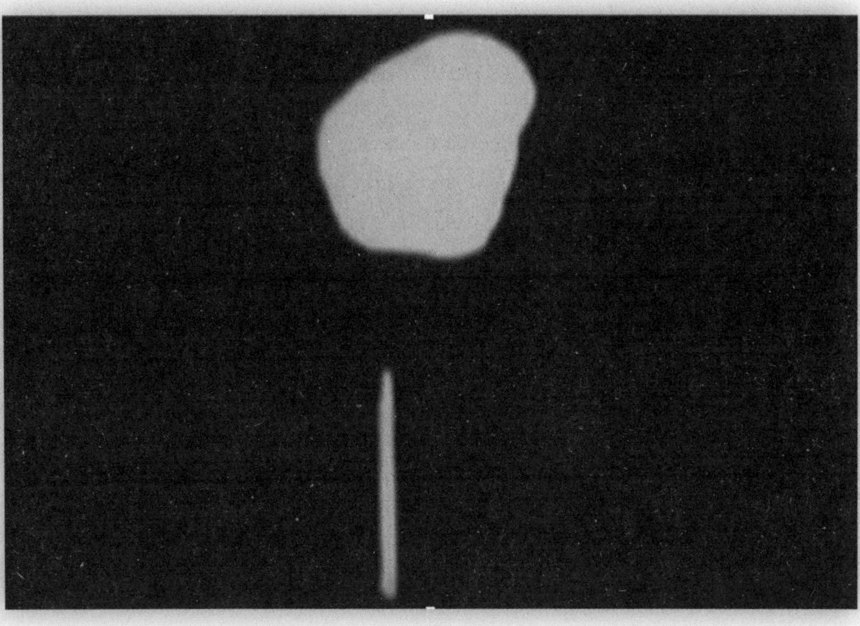

Abb. 15. Die letzte Aufnahme von Phobos 2 zeigt ein zwanzig Kilometer langes elliptisches Objekt zwischen der Raumsonde und dem Mond Phobos.

Zusammenfassend kann man sagen, dass die Behauptung von Danaan/Thor Han, der Mars und seine beiden Monde seien Mitte des Jahres 2021 befreit worden, dem entspricht, was über die jüngste Geschichte des Planeten Mars bekannt ist. Aus den Insiderberichten von Cramer, Goode und Rodrigues wissen wir, dass es immer wieder zu Kämpfen der einheimischen Marsrassen, der Reptiloiden und Insektoiden mit der Dunklen Flotte, mit Unternehmenskolonien und militärischen Außenposten kam, die auf dem Mars errichtet worden sind. Diese Scharmützel haben schließlich zu großen Schlachten mit gefährlichen Sprengstoffen geführt, darunter auch Atomwaffen. Es ist daher sehr wahrscheinlich, dass einige dieser jüngsten Gefechte vom NASA-Landegerät *InSight* als Marsbeben aufgezeichnet wurden, als dieses im Jahr 2018 seinen Betrieb aufnahm. Es macht auch durchaus Sinn, dass die Galaktische Föderation der Welten die einheimischen Marsianer bei ihrem planetarischen Befreiungskampf heimlich mit

Waffen, Ressourcen und durch Spionage unterstützte und deren außerirdischen Gegnern in ihrem Zeitkrieg um Erde, Mars und Mond auf diese Weise einen schweren Schlag versetzt hat. Die Befreiung der Monde Phobos und Deimos wäre ein logischer nächster Schritt gewesen, nachdem es den Marsianern gelungen war, außerplanetarische Gruppen von ihrer Welt zu vertreiben. Das führt mich zu dem wohl wichtigsten Ziel dieses Zeitkriegs – der Antarktis.

Anmerkungen

1 Richard C. Hoagland, *The Monuments of Mars: A City on the Edge of Forever* (North Atlantic Books 1992). – Dt. Ausgabe: *Die Mars-Connection. Monumente am Rande der Ewigkeit.* Bettendorf, München 1994; mit einem Vorwort von Johannes von Buttlar.

2 Siehe Michael E. Salla, »CIA Used Remote Viewing to Learn about Mars Pyramids & Inhabitants«; https://exopolitics.org/cia-used-remote-viewing-to-learn-about-mars-pyramids-inhabitants/ (aufgerufen am 08.03.2022).

3 Als Isotypen werden Gruppen von Makromolekülen bezeichnet, die gemeinsame Merkmale aufweisen.

4 John E. Brandenburg, *Death on Mars: The Discovery of a Planetary Nuclear Massacre* (Adventures Unlimited Press 2015). – Dt. Ausgabe: *Tod auf dem Mars. Die Entdeckung eines planetaren nuklearen Massakers.* Mosquito Verlag, Immenstadt 2018.

5 Siehe Michael E. Salla, *Antarctica's Hidden History: Corporate Foundations of Secret Space Programs* (Exopolitics Consultants 2018); pp. 295-309. – Dt. Ausgabe: *Antarktis – Die verbotene Wahrheit*, AMRA Verlag, Hanau 2019.

6 Albert Speer, *Infiltration: How Heinrich Himmler Schemed to Build an SS Industrial Empire* (McMillan Publishing 1981); p. 83. – Liegt unter dem Titel *Der Sklavenstaat: Meine Auseinandersetzung mit der SS* in verschiedenen Ausgaben auf Deutsch vor.

7 Zur Geschichte der deutschen Antarktis-Kolonie und den Vereinbarungen, die sie mit der Eisenhower-Administration traf, siehe Michael E. Salla, *Antarctica's Hidden History: Corporate Foundations of Secret Space Programs* (Exopolitics Consultants 2018). – Dt. Ausgabe: *Antarktis – Die verbotene Wahrheit*, AMRA Verlag, Hanau 2019.

8 Eine Zusammenfassung der Aussagen von Corey Goode zum Thema Mars und Atomwaffen finden Sie unter Michael E. Salla, »German Secret Societies Nuked Martians & Built Slave Colonies with U.S. Corporations«; https://exopolitics.org/german-secret-societies-nuked-martians-built-slave-colonies-with-u-s-corporations/ (aufgerufen am 28.12.2021).

9 Siehe Michael E. Salla, »Alternative 3 & Global Consciousness«; https://exopolitics.org/alternative-3-global-consciousness-repost/ (aufgerufen am 06.01.2022).

10 Siehe Michael E. Salla, »Insider Reveals UFO & Secret Space Program Disclosure War«; https://exopolitics.org/insider-reveals-ufo-ssp-disclosure-war/ (aufgerufen am 06.01.2022).

11 Ein Transkript meines Interviews mit Randy Cramer, »Mars Defense Force: Defending Human Colonies – Interview Transcript«, ist verfügbar auf https://exopolitics.org/mars-defense-force-defending-human-colonies-interview-transcript/ (aufgerufen am 06.01.2022).

12 Siehe Randy Cramer, »Hybrid Soldier for the SSP«; https://www.gaia.com/video/randy-cramer-hybrid-soldier-ssp (aufgerufen am 06.01.2022).

13 Die Buchreihe *The Mars Records* ist einsehbar auf https://www.themarsrecords.com/wp/category/the-mars-records/ (aufgerufen am 28.12.2021).

14 Zitiert in Michael E. Salla, »Part 2: Mars Defense Force: Defending Human Colo-nies – Interview Transcript«; https://exopolitics.org/mars-defense-force-defending-human-colonies-interview-transcript-pt-2-2/ (aufgerufen am 06.01.2022).

15 Für eine Liste meiner Interviews mit Tony Rodrigues siehe »13 Years on Ceres with the Dark Fleet – An Interview with Tony Rodrigues«; https://exopolitics.org/13-years-on-ceres-with-dark-fleet/ (aufgerufen am 08.03.2022).

16 Tony Rodrigues, *Ceres Colony Cavalier: A True Account of One Man's Twenty Year Abduction,* mit einem Vorwort von Michael E. Salla, Amazon Book & Kindle, Dezember 2021. – Dt. Ausgabe: *Ceres Colony Cavalier: Zwanzig Jahre und zurück – mein Leben als Sklave der Dunklen Flotte auf Mond-Erde-Mars und in der Ceres-Kolonie.* AMRA Verlag, Hanau 2023.

17 Eine hervorragende Zusammenfassung von Personen, die behaupten, in der Dunklen Flotte gedient zu haben, findet sich in Len Kastens Buch *Dark Fleet: The Secret Nazi Space Program and the Battle for the Solar System* (Bear & Company 2020). – Dt. Ausgabe: *Die Dunkle Flotte. Das Geheime Weltraumprogramm der Reptiloiden und die Schlacht um das Sonnensystem.* AMRA Verlag, Hanau 2021.

18 Tony Rodrigues, *Ceres Colony Cavalier: A True Account of One Man's Twenty Year Abduction,* mit einem Vorwort von Michael E. Salla, Amazon Book & Kindle, Dezember 2021. – Dt. Ausgabe: *Ceres Colony Cavalier: Zwanzig Jahre und zurück – mein Leben als Sklave der Dunklen Flotte auf Mond-Erde-Mars und in der Ceres-Kolonie.* AMRA Verlag, Hanau 2023.

19 Siehe Corey Goode, »Joint SSP, Sphere Alliance & ICC Leadership Conference & Tour of Mars Colony on 6.20.2015«; https://spherebeingalliance.com/blog/joint-ssp-sphere-alliance-icc-leadership-conference-tour-of-mars-colony-on-6-20.html (aufgerufen am 06.01.2022).

20 Siehe Corey Goode, »Joint SSP, Sphere Alliance & ICC Leadership Conference & Tour of Mars Colony on 6.20.2015«; https://spherebeingalliance.com/blog/joint-ssp-sphere-alliance-icc-leadership-conference-tour-of-mars-colony-on-6-20.html (aufgerufen am 06.01.2022).

21 Siehe Michael E. Salla, »Secret Mars Colonies Trade with up to 900 Extraterrestrial Civilizations«; https://exopolitics.org/secret-mars-colonies-trade-with-up-to-900-extraterrestrial-civilizations/ (aufgerufen am 06.01.2022).

22 Siehe Corey Goode, »Joint SSP, Sphere Alliance & ICC Leadership Conferen-

ce & Tour of Mars Colony on 6.20.2015«; https://spherebeingalliance.com/blog/joint-ssp-sphere-alliance-icc-leadership-conference-tour-of-mars-colony-on-6-20.html (aufgerufen am 06.01.2022).

23 Elena Danaan, »Mars Wars – 30/04/2021«; https://youtu.be/E4liNicY50I (aufgerufen am 06.01.2022).

24 Elena Danaan, »Mars Wars – 30/04/2021«; https://youtu.be/E4liNicY50I (aufgerufen am 06.01.2022).

25 Elena Danaan, »Mars Wars – 30/04/2021«; https://youtu.be/E4liNicY50I (aufgerufen am 06.01.2022).

26 Farsight Institute, »The Galactic Federation of Worlds«; https://farsight.org/FarsightPress/GFW_main_page.html (aufgerufen am 06.01.2022).

27 Elena Danaan, »Mars Wars – 30/04/2021«; https://youtu.be/E4liNicY50I (aufgerufen am 06.01.2022).

28 Siehe Michael E. Salla, »Update on Galactic Federation attacks on Corporate Satellites & Mars Exodus«; https://exopolitics.org/update-on-galactic-federation-attacks-on-corporate-satellites-mars-exodus/ (aufgerufen am 06.01.2022).

29 Elena Danaan, »Mars Wars – 30/04/2021«; https://youtu.be/E4liNicY50I (aufgerufen am 06.01.2022).

30 Zu Corey Goodes Bemerkungen über eine Quarantäne im gesamten Sonnensystem siehe Michael E. Salla, »The Coming Solar Flash & the Galactic Federation – Q&A with Corey Goode«; https://exopolitics.org/the-coming-solar-flash-the-galactic-federation-qa-with-corey-goode/ (aufgerufen am 06.01.2022).

31 Elena Danaan, »Mars Wars – 30/04/2021«; https://youtu.be/E4liNicY50I (aufgerufen am 06.01.2022).

32 Elena Danaan, »Mars Wars – 30/04/2021«; https://youtu.be/E4liNicY50I (aufgerufen am 06.01.2022).

33 Siehe »Seismic detection of the martian core«, *Science* (Vol. 373, Issue 6553); pp. 443-448. Verfügbar auf https://www.science.org/doi/full/10.1126/science.abi7730 (aufgerufen am 28.12.2021).

34 Marcia Dunn, »Marsquakes offer detailed look at red planet's interior«; https://tinyurl.com/bdza8ma5 (aufgerufen am 06.01.2022).

35 Siehe »Cerberus Fossae«; https://tinyurl.com/2p8c994a (aufgerufen am 06.01.2022).

36 Aus einer eMail, zitiert in Michael E. Salla, »Is Mars in the midst of a Planetary Liberation War?«; https://exopolitics.org/is-mars-in-the-midst-of-a-planetary-liberation-war/ (aufgerufen am 06.01.2022).

37 Siehe Michael E. Salla, »Comparing Prime Directives of the Galactic Federation of Worlds and the Star Trek«; https://exopolitics.org/comparing-prime-directives-of-the-galactic-federation-of-worlds-star-trek/ (aufgerufen am 06.01.2022).

38 Zitiert in Michael E. Salla, »Is Mars in the midst of a Planetary Liberation War?«; https://exopolitics.org/is-mars-in-the-midst-of-a-planetary-liberation-war/ (aufgerufen am 06.01.2022).

39 Ich habe diesen Zeitkrieg am 22. Mai 2022 in einem Webinar mit dem Titel »Antarctica, Dark Fleet and Humanity's Liberation« diskutiert.

40 Zitiert in: Michael E. Salla, »Was Mars moon Phobos just liberated from hostile

extraterrestrial control?«; https://exopolitics.org/was-mars-moon-phobos-just-liberated-from-hostile-extraterrestrial-control/ (aufgerufen am 06.01.2022).

41 Siehe Nancy Atkinson, »Could Phobos Be Hollow?«, *Universe Today* vom 5. März 2010; https://www.universetoday.com/58923/could-phobos-be-hollow/ (aufgerufen am 06.01.2022).

42 Siehe T. P. Andert et altera, »Precise mass determination and the nature of Phobos«; https://agupubs.onlinelibrary.wiley.com/doi/epdf/10.1029/2009GL041829 (aufgerufen am 06.01.2022).

43 Zitiert in Michael E. Salla, »Was Mars moon Phobos just liberated from hostile extraterrestrial control?«; https://exopolitics.org/was-mars-moon-phobos-just-liberated-from-hostile-extraterrestrial-control/ (aufgerufen am 06.01.2022).

44 Siehe »The Phobos II Incident, January 1989«; https://www.ufocasebook.com/phobos2.html (aufgerufen am 06.01.2022).

45 Zitiert in: Michael E. Salla, »Was Mars moon Phobos just liberated from hostile extraterrestrial control?«; https://exopolitics.org/was-mars-moon-phobos-just-liberated-from-hostile-extraterrestrial-control/ (aufgerufen am 06.01.2022).

46 Siehe Michael E. Salla, »Siemens Implicated in Tracking Forced Labor & Slaves in Space«; https://exopolitics.org/siemens-implicated-in-tracking-forced-labor-slaves-in-space/ (aufgerufen am 06.01.2022).

9 Der Exodus der Dunklen Flotte und des Tiefen Staates aus der Antarktis

Die deutsche U-Boot-Flotte ist stolz darauf, dass sie für den Führer in einem anderen Teil der Welt ein Shangri-La gebaut hat, eine uneinnehmbare Festung … eine paradiesische Oase inmitten ewigen Eises.

– Großadmiral Karl Dönitz, 1943 & Nürnberger Prozesse –

Mitte 2021 tauchten Informationen über den Exodus einer vom Vierten Reich geführten »Dunklen Flotte« aus der Antarktis auf, die ihre dortigen Stützpunkte an Nationen mit ähnlichen Ideologien wie beispielsweise China abgab. Später wurde behauptet, China habe beschlossen, diese antarktischen Stützpunkte an eine Erdallianz unter Führung des U.S. Space Command zu übergeben, um damit ein Zeichen für eine verstärkte globale Zusammenarbeit in Weltraumangelegenheiten zu setzen – eine zentrale Klausel der Jupiter-Vereinbarungen. Eine weitere wichtige Bedingung dieser Vereinbarungen bestand offenbar darin, dass die globalen Eliten nur fünf Monate Zeit hatten, um sich auf ihre Kapitulation vorzubereiten, ihre Ressourcen zu übergeben und dann durch ein uraltes großes Portal aus der Antarktis zu verschwinden. Sie sollten auf einem »Gefängnisplaneten« in einer anderen Galaxis ein neues Leben beginnen.

Die ersten Informationen über diesen Exodus aus der Antarktis kamen von Elena Danaan und ihren außerirdischen Informanten sowie von einem früheren Bewohner der amerikanischen McMurdo-Basis, der sich »Frank« nennt und dessen Nachname vorläufig noch geheim bleiben muss. Sowohl Danaan als auch ich haben persönlich Unterlagen eingesehen, die belegen, dass Frank während des fraglichen Zeitraums in der McMurdo-Basis gearbeitet hat.

Am 6. Juni 2021 erhielt Danaan eine eMail, in der Frank sie darüber informierte, dass außergewöhnlich viele Personen über die McMurdo-Station – den größten US-amerikanischen Stützpunkt in der Antarktis – ein- und ausreisten. McMurdo unterhält das ganze Jahr über einen Schiffshafen, wo Transportschiffe mit Personal und Versorgungsgütern für amerikanische und andere Stützpunkte anlanden. Folgendes teilte Frank Elena Danaan in einer eMail mit, die später an mich weitergeleitet wurde:

> »Ich möchte Sie darüber informieren, dass die Chinesen hier bereits fünf Stützpunkte haben und ausgerechnet in der absolut schlimmsten Zeit des Jahres gerade vier weitere errichten. Überall sind Chinesen – noch vor einem Monat habe ich hier unten keinen einzigen gesehen.
>
> Bemerkenswert ist auch, dass die Türkei jetzt eigenständig Truppen entsendet, genau wie einige afrikanische & südamerikanische Länder, die alle hier Stützpunkte errichten wollen und die nötige Infrastruktur dafür herbringen.
>
> Alle scheinen so schnell wie möglich hier unten mitmischen zu wollen, um bei dem, was da gerade abläuft, nicht außen vor zu bleiben. Ich bin mir jetzt sicherer denn je, worauf dieser große Ansturm zurückzuführen ist: nämlich, dass hier irgendwas im Gange sein muss. Mir ist auch aufgefallen, dass immer mehr deutschsprachige Menschen herkommen. Bisher haben die Bevölkerungszahlen hier unten im Winter immer abgenommen und nicht zugenommen.«[1]

Was Frank ebenfalls auffiel, war die Tatsache, dass viele der Personen, die die Antarktis verließen, deutschsprachig waren und dass sie sich in Richtung Südamerika – hauptsächlich Argentinien – absetzten. Diesen Exodus empfand Frank als sehr ungewöhnlich, vor allem in Anbetracht dessen, was Danaan über eine unter deutscher Kontrolle stehende Dunkle Flotte in der Antarktis gesagt hatte, die sich in einem eskalierenden militärischen Konflikt mit einer »Erdallianz« und mit der Galaktischen Föderation befand.

Danaan leitete Franks Informationen und Kontaktdaten an mich weiter. Dann fragte sie ihre wichtigste außerirdische Kontaktperson Thor Han danach, was denn in der Antarktis los sei. Hier ihre Beschreibung dessen, was danach geschah:

> »Ich informierte sofort Michael Salla und stellte einen Kontakt zwischen den beiden her. Noch am selben Abend bat ich um einen Kontakt mit Thor Han, um auf telepathischem Weg seine Meinung zu dieser Nachricht zu erfragen. Thor Han bestätigte mir, dass die deutsche Präsenz (Viertes Reich) ihren Außenposten in der Antarktis aufgibt, nachdem die Dunkle Flotte von der Allianz und der Föderation vernichtend geschlagen worden war. Er erzählte mir, dass gerade ein Exodus in Richtung der Kolonien außerhalb dieses Sonnensystems stattfinde, und zwar durch ein Portal (oder eine Sprungtür, wie er es nennt). Er sagte, dass auch die in der Antarktis stationierten Reptiloiden jetzt abwandern.
>
> Thor Han berichtete mir, dass einige streng geheime Gruppen mancher Regierungen über die Existenz eines solchen Portals am Südpol Bescheid wüssten (und jetzt wollen sie es natürlich haben). Dieses Portal diene dazu, in andere Kolonien wie beispielsweise Aldebaran zu fliehen; doch er erklärte, dass sogar Aldebaran, seit es kürzlich zum Hauptquartier der Dunklen Flotte geworden sei, sich nun von der Antarktis-Gruppe abspalte. Thor Han sagte, dass es der Mentalität dieser Leute entspreche, ein ›infiziertes Glied‹ lieber abzuschneiden. Da unten gibt es jetzt enorme Ressourcen, die es zu erobern gilt, wenn all diese Schurken von dort verschwinden …«[2]

An dieser Stelle muss ich darauf hinweisen, dass Aldebaran der ursprüngliche stellare Standort war, von dem aus Maria Oršić Anfang der 1920er Jahre Kontakt mit menschenähnlichen »nordischen« Außerirdischen aufgenommen hatte. Als Ergebnis dieser Kommunikation wurden die ersten *Vril*-Raum-Zeit-Geräte gebaut, die Personal nach Aldebaran transportieren konnten.

Nachdem Adolf Hitler 1933 an die Macht gekommen war und das *Vril*-Weltraumprogramm vereinnahmt hatte, traf er Vereinbarungen mit den Draco-Reptiloiden. Daraufhin begann die Nazi-SS mit dem Bau als Waffen einsetzbarer Fliegender Untertassen für die Kriegsanstrengungen.[3] In der Zwischenzeit wurden die am weitesten fortgeschrittenen Bereiche der *Vril-* und *Haunebu*-Weltraumprogramme in die Antarktis verlegt, um die Entwicklung interplanetarer und interstellarer Raumfahrzeuge dort fortzusetzen. Daher ist es eigentlich kein Wunder, dass die Dunkle Flotte heute einen wichtigen Stützpunkt im Aldebaran-Sternsystem besitzt – zusätzlich zu Stützpunkten in unserem Sonnensystem wie beispielsweise auf dem Mars und dem Planetoiden Ceres.[4] Das Portal, das von der Antarktis zu einem Planeten im Aldebaran-Sternsystem führt, lässt ein solches Szenario plausibel erscheinen.

Und so geht Danaans Zusammenfassung ihrer Kommunikation mit Frank vom 6. Juni 2021 weiter:

»Natürlich habe ich Frank diese wichtige Frage gestellt: Als er erwähnte, dass ihm eine vermehrte Präsenz deutschsprachiger Menschen in McMurdo aufgefallen war – dachte er da, dass diese Leute aus dem antarktischen Inland kommen könnten und die Absicht hätten, den Kontinent zu verlassen? Wenn sich das bestätigen würde, wäre es äußerst plausibel. Ich glaube nämlich, dass nur höhere Ränge die Erlaubnis haben, den Kontinent durch das Portal zu verlassen. Der einfachen Bevölkerung dieser abtrünnigen Zivilisation blieb also keine andere Möglichkeit, als den Kontinent mit normalen Booten und Flugzeugen zu verlassen.

Und die Tatsache, dass jetzt, wo die Bösewichter fliehen, natürlich jeder einen Teil vom Kuchen haben will, könnte auch den plötzlichen Ansturm von Bewohnern all dieser Länder auf die Antarktis erklären. Thor Han hat auch gesagt, dass die Erdallianz schon seit einiger Zeit Truppen an den Südpol schickt, um die Bösewichter von dort zu vertreiben. Dies bestätigt die Aussage meines Freundes, der in den letzten Monaten eine zunehmende Aktivität von US-Soldaten beobachtet hatte, die sich zum Südpol begaben.«[5]

Wenn Danaans Informationen, dass zurzeit gerade ein Exodus der Dunklen Flotte aus der Antarktis stattfindet, zutreffen, wäre es nicht sonderlich überraschend, dass deutschsprachige Mitarbeiter dieser Flotte unter den Ersten sind, die die Antarktis verlassen. Vermutlich würden, wie von Danaan vermutet, hochrangige wissenschaftliche Facharbeiter mit Raumschiffen oder durch Portale abreisen, das einfache wissenschaftliche und Wartungspersonal dagegen würde die Antarktis auf konventionellem Weg verlassen, etwa mit Transportschiffen aus McMurdo. Diese Massenabreise war offenbar das, was Frank beobachtete, als der antarktische Winter begann.

Am 8. Juni 2021 schickte Frank eine eMail an Danaan und mich, in der er schrieb:

> »Obwohl gerade viele Angehörige ausländischer Nationen hierher strömen, hatte Elena Recht damit, dass die Deutschen alle abreisen. Ich würde sie gerne fragen, ob sie vorhaben, im Frühjahr zurückzukommen, aber die meisten von ihnen wollen gar nicht mit mir sprechen und benehmen sich so, als wäre ich es nicht wert, mit ihnen zu reden. Sie wirken sehr kalt, und wenn sie Englisch sprechen, verstummen sie, sobald ich in ihrer Nähe auftauche. Aber ich sehe keine Deutschen, die über McMurdo hierhergekommen sind und jetzt wieder abreisen.«[6]

Danaan fasst die Mitteilungen von Frank, die sie als Antwort auf die Nachricht von Thor Han bekam, folgendermaßen zusammen:

> »Wir haben eine weitere Nachricht von Frank erhalten, derzufolge Thor Han Recht hatte. Die Deutschen kamen alle aus dem Inland der Antarktis und verließen den Kontinent mit Booten in Richtung Südamerika. Sie taten sehr geheimnisvoll und wollten mit niemandem sprechen. Das ist wirklich passiert … Die Dunkle Flotte wurde von der Erdallianz und der Galaktischen Föderation auf der Erde, dem Mars und in diesem Sternsystem vernichtend geschlagen. Der Exodus aus der Antarktis ist der Beweis dafür, dass sich das alles tatsächlich zugetragen hat.«[7]

In Kapitel 2 und Kapitel 6 dieses Buches bin ich darauf eingegangen, dass die Galaktische Föderation der Welten und der Andromeda-Rat Erde, Mond und Mars für Epizentren einer zukünftigen galaktischen Tyrannei hielten und daraufhin begannen, deren Bevölkerungen in verdeckten Operationen von negativen außerirdischen Einflüssen zu befreien. In späteren Updates bestätigte Frank, dass die deutschsprachigen Personen, die die Antarktis verließen, nach Argentinien reisten und sich auch weiterhin sehr bedeckt hielten, was ihren Weggang aus der Antarktis betraf.

Meine eigenen Nachforschungen über die abtrünnige deutsche Zivilisation in der Antarktis, die unter anderem auf Informationen von Vladimir Terziski, William Mills Tompkins, Corey Goode und Dr. Pete Peterson beruhen, zeigen, dass sich während des Zweiten Weltkriegs viele Angehörige des deutschen Vierten Reichs in der Antarktis etabliert hatten. Diese deutsche Präsenz in der Antarktis wurde durch spätere Abkommen mit den USA und anderen großen Nationen aufrechterhalten. Einzelheiten zu diesen historischen Vereinbarungen und Ereignissen habe ich in meinem Buch *Antarktis – Die verbotene Wahrheit* aufgedeckt.[8]

Der multinationale Antarktisvertrag von 1961 war in Wahrheit ein Deckmantel für die Befriedung der Antarktis, die lediglich dazu diente, die abtrünnige deutsche Kolonie vor zukünftigen militärischen Angriffen zu schützen – ähnlich wie bei den von den USA und Großbritannien durchgeführten gescheiterten Missionen Operation Highjump (1946/1947)[9] und Operation Taberlan (1944-1946).[10] In den folgenden Jahrzehnten wurden die deutschen Antarktisstützpunkte durch den Zustrom von Personal und Ressourcen aus den USA und anderen Ländern stark ausgebaut. Für den Bau von Raumschiffen, die heimlich an die Dunkle Flotte geliefert werden sollten, wurden umfangreiche industrielle Produktionsanlagen errichtet. Diese Produktionsstätten gehörten zu einem großen konzerngeführten Weltraumprogramm, das Goode Interplanetary Corporate Conglomerate (ICC) nannte, Interplanetarisches Unternehmenskonglomerat.[11] Es gab auch ein multinationales ziviles wissenschaftliches Weltraumprogramm in der Antarktis, dessen Existenz spätere Insider wie Spartan 1 und 2 (die von der erfahrenen UFO-Forscherin Linda Moulton Howe interviewt wurden) aufgedeckt haben.[12] Diese Informanten behaupten, dass das Programm vom Hauptquartier der National Security Agency (NSA) in Fort Mead, Maryland, aus geleitet wird.

Leider war in vielen dieser Einrichtungen des Vierten Reichs/der Dunklen Flotte/diverser Konzerne Sklavenarbeit gang und gäbe – ein klarer Verstoß gegen den Antarktisvertrag. Goode hat diesen Missstand im Oktober 2017 als Erster aufgedeckt.[13] Er erklärte, dass er über einen früheren Exodusversuch im Januar 2016 unterrichtet worden war; dieser Versuch wurde jedoch von einer Flotte unbekannter hochentwickelter Raumschiffe vereitelt, die vermutlich der Erdallianz angehörten und die Raumschiffe der Dunklen Flotte/des ICC in der Atmosphäre über der Antarktis bekämpften.[14] Daher ist es sehr leicht möglich, dass die deutschsprachigen Mitarbeiter, die Frank Anfang Juni 2021 beim Verlassen von McMurdo beobachtete, die Stützpunkte der Dunklen Flotte aufgrund dieser jüngsten Rückschläge aufgaben. Franks Meinung nach deutet ihr geheimnistuerisches Verhalten darauf hin, dass sie streng geheime Stützpunkte irgendwo in den Weiten der Antarktis verließen.

Gibt es irgendeine Bestätigung für die bemerkenswerten Enthüllungen von Frank und Danaan, dass die Dunkle Flotte die Antarktis verlassen hat? Der Zustrom von Menschen aus Ländern wie China und der Türkei in die Antarktis, die dort neue Stützpunkte errichten, ist ein Zeichen dafür, dass hinter den Kulissen schon seit einiger Zeit Entwicklungen stattfinden, die der Antarktis eine neue strategische Bedeutung verleihen. Neuere Berichte in den Mainstream-Medien bestätigen, dass sowohl China als auch die Türkei neue Stützpunkte in der Antarktis errichten,[15] wobei China dort eine dominierende Stellung anstrebt.[16] Das Merkwürdige daran ist, dass all dies angeblich Mitte 2021 geschah – also während des Wintereinbruchs, der laut Frank die schlimmste Jahreszeit in der Antarktis ist. Noch einen Monat zuvor waren nur wenige Chinesen in McMurdo zu sehen gewesen. Jetzt waren sie überall, wenn wir Franks auf persönlichen Beobachtungen beruhender Aussage Glauben schenken wollen.

Der plötzliche Zustrom von Personal und Ressourcen in die Antarktis während der Wintermonate deutet darauf hin, dass China, die Türkei und andere Länder versuchen, dort ein neu entstandenes Machtvakuum zu füllen. Es ist äußerst plausibel, dass das Vierte Reich seine Einrichtungen der Dunklen Flotte in der Antarktis nun ausgerechnet denjenigen Ländern überlässt, die seiner politischen Agenda und seinen politischen Aktivitäten am wohlwollendsten gegenüberstehen.

Kabaleführer reisen in die Antarktis, um sich der Erdallianz und der Galaktischen Föderation zu unterwerfen

Im Dezember 2021 tauchten erstmals Gerüchte auf, denen zufolge die globalen Eliten, auch Kabale genannt, zu geheimen Treffen in die Antarktis unterwegs waren. Forscher wie Dr. Joseph Farrell,[17] Benjamin Fulford[18] und andere schrieben über angebliche Reisen, die prominente Weltführer und Unternehmensvertreter dorthin unternahmen.[19] Auch Corey Goode erwähnte Eliten, die sich zur Sonnenwende am 21. Dezember dorthin begaben, um eine Zeremonie in einer der alten Götterstädte durchzuführen – eindeutig eine Tarnung für den wahren Grund ihrer Reise.[20] Da in der Antarktis gerade ein neuer Sommer anbrach, wäre es ja eigentlich auch gar nicht so verwunderlich, wenn prominente Persönlichkeiten wieder einmal dorthin reisen würden – angeblich, um Pinguine zu beobachten und sich ein Bild vom Stand der globalen Erwärmung zu machen. In Wahrheit waren sie jedoch dort, um geheime Verhandlungen zu führen, wie es auch der US-Außenminister John Kerry im November 2016 getan hat.[21] In den vergangenen Jahren fanden diese Treffen und Verhandlungen mit den Anführern der Dunklen Flotte/des Vierten Reichs statt; doch seit deren Abreise hat in der Antarktis eine neue Gruppe das Sagen – die Erdallianz und deren Partner von der Galaktischen Föderation.

Um mir Klarheit über den Wahrheitsgehalt dieser Gerüchte zu verschaffen, fragte ich Elena Danaan, ob eine ihrer außerirdischen

Quellen Informationen über die Antarktis habe. Sie erhielt Antworten von Thor Han Eredyon, einem Kommandanten der Galaktischen Föderation der Welten, und von Oona von der Intergalaktischen Konföderation, auch bekannt als »die Wächter« – und diese Antworten waren verblüffend: Offenbar war inzwischen tatsächlich ein wichtiger Wendepunkt erreicht worden, und die globalen Eliten wurden in die Antarktis gerufen, um dort mit einer Delegation außerirdischer Rassen und den Führern der Erdallianz zusammenzutreffen und die Bedingungen für ihre Kapitulation auszuhandeln.

Man hatte die Antarktis für dieses Treffen ausgewählt, weil sich dort ein Portal befindet, das die globalen Eliten auf eine weit entfernte Welt in einer anderen Galaxis transportieren kann, wo sie gut versorgt, aber für immer verbannt sein werden. Bevor sie jedoch in diese neue Welt aufbrechen konnten, mussten sie bei der Umstellung des globalen Finanzsystems mithelfen und einen Großteil der Schwarzen Magie rückgängig machen, die eingesetzt worden war, um die Menschheit und die Erde in Knechtschaft zu halten.

Hier die erste Botschaft, die Elena Danaan (E) am 14. Dezember 2021 von Thor Han (T) über dieses Antarktis-Treffen erhielt:

»*T:* Auf Beschluss des Hohen Rates der GFW [Galaktische Föderation der Welten], gemäß den jüngsten auf dem Jupiter getroffenen Vereinbarungen zwischen der irdischen Weltraumallianz und der Galaktischen Föderation der Welten, dem Rat der Fünf [einer untergeordneten Gruppe zum Rat der Neun, auf den ich bereits in Kapitel 4 eingegangen bin] und der Zenateanischen Allianz [auch unter dem Namen Andromeda-Rat bekannt] …

Die unter feindlicher Führung stehenden terranischen Eliten waren damit einverstanden, sich mit unseren Vertretern auf dem Südkontinent zu treffen, um der Erdallianz ihre Macht über das globale Finanzsystem zu übergeben. Dieses alte System soll durch ein neues System ersetzt werden, das die Erdallianz einführen wird. Im Gegenzug wird den Eliten ein Leben außerhalb der irdischen Welt angeboten, wo ihnen alle Annehmlichkeiten zur Verfügung stehen werden.

E: Warum werden sie nicht einfach für ihre Missetaten verurteilt und entsprechend bestraft?

T: Sie können nur das dunkle Netz entwirren, das sie geschaffen haben, denn sie haben die Anker einer großen Unmoral in die Fundamente eurer Gesellschaften geworfen. In Übereinstimmung mit der hohen terranischen Hierarchie der Erdallianz wurde beschlossen, dass diese Machtwechsel kein größeres Chaos auslösen sollten, da ein wirtschaftlicher Zusammenbruch in diesen schwierigen Zeiten dem ohnehin schon leidgeprüften terranischen Volk noch mehr Kummer bringen würde. Die GFW und die Erdallianz sorgen dafür, dass dieser Übergang möglichst wenig Schaden anrichtet.

E: Betrifft dies nur Veränderungen im Finanzsystem?

T: Die industriellen Branchen sind eng mit dem Finanzsystem verflochten. Macht euch auf überraschende Veränderungen im Bereich der neuen Energiesysteme und auf die Einführung neuer Technologien in vielen Sektoren gefasst.

E: Warum warst du in diesen letzten Tagen auf dem Jupiter? Und kamst gerade an dem Tag zurück, an dem Informationen über die Treffen in der Antarktis durchsickerten?

T: Ich habe dir gesagt, dass Konferenzen auf dem Jupiter stattfanden. Die dunklen Eliten waren nicht dabei. Man hätte sie in der *Schare*-Einrichtung (des galaktischen Ashtar-Kommandos) nicht geduldet. Die dunklen Mächte trafen sich in der Antarktis mit unseren Abgesandten. Bei den letzten Konferenzen auf dem Jupiter ging es um die soeben Erwähnten, und zwar ausschließlich unter Führung der Erdallianz. Diese Treffen wurden heute (terranische Zeit) abgeschlossen. Das ist die Erklärung, die ich dir mit dem Segen meiner Vorgesetzten geben kann. Hat Oona mit dir Kontakt aufgenommen?

E: Ja.

T: Dann weiß sie nähere Details als ich, zumindest im Augenblick. Ich werde in den nächsten Stunden noch einmal mit dir sprechen. Du kannst das natürlich auch Dr. Michael ausrichten und ihn herzlich von mir grüßen.

E: Das werde ich ganz bestimmt tun, danke, Thor Han.«[22]

Die Botschaft von Thor Han vermittelt uns eine klare Vorstellung davon, was in der Antarktis wirklich geschehen ist. Die dorthin beorderten globalen Eliten trafen sich mit einer Delegation von Führern verschiedener außerirdischer Organisationen und der Erdallianz, die auch schon an den im Juli 2021 ausgehandelten Jupiter-Vereinbarungen beteiligt gewesen waren. Die Eliten sollten einen Plan für einen reibungslosen wirtschaftlichen Übergang zu einem gerechteren Währungssystem ausarbeiten und einen globalen Finanzkollaps verhindern. Könnte dies mit dem Quantenfinanzsystem (QFS) zusammenhängen, über das im Internet schon so viel spekuliert wurde? Laut einer Informationsquelle namens Nigel Matte würde das kommende QFS mit einem Quanteninternet verbunden sein, und dieses soll wiederum durch das von Elon Musks SpaceX gebaute und installierte Starlink-Satellitensystem geschaffen werden.[23]

Thor Han wies darauf hin, dass das enorme Auswirkungen auf mehrere Branchen – angefangen beim Energiesektor – haben wird. Der Verzicht auf fossile Brennstoffe ist der Schlüssel zur Entwicklung und Durchsetzung einer Vielzahl alternativer Energietechnologien, die seit Anfang 1900 unterdrückt worden sind. In ähnlicher Weise werden auch viele andere bisher unterdrückte Technologien – beispielsweise elektromagnetische und holografische Heilmethoden – einen großen Aufschwung nehmen. Diese Heiltechnologien werden dann an die Stelle der pharmazeutischen Industrie treten, die bald in Verruf geraten wird, da die Bevölkerungen der einzelnen Länder sich inzwischen zunehmend gegen Zwangsimpfungen auflehnen.

In diesem Zusammenhang sollte man sich vor Augen halten, dass zurzeit allein in den USA fast sechstausend Patente aufgrund nationaler Sicherheitsanordnungen der Geheimdienste unterdrückt werden.[24] Bei einem Großteil dieser unterdrückten Patente geht es um alternative Energie- und Heiltechnologien.

Als Präsident Donald Trump im Januar 2017 ein streng geheimes Memorandum zur Freigabe von eintausend dieser Patente in den nächsten zwei Jahren erließ, ignorierten die Geheimdienste dies und nahmen seine Regierung anschließend ins Visier.[25]

Invention Secrecy Activity

(as reported by the Patent & Trademark Office)

	FY17	FY18	FY19	FY20	FY21
Total Secrecy Orders in Effect (at end of period)	5784	5792	5878	5915	5976
New Secrecy Orders Imposed	132	85	88	45	61
Secrecy Orders Rescinded	28	77	2	8	0

Abb. 16. Statistiken des US-Patent- und Markenamts über geltende Geheimhaltungsanordnungen.

Interessanterweise war es der Kabale nicht erlaubt, zum Hauptquartier des galaktischen Ashtar-Kommandos zu reisen, wo unter Führung der USA und von Vertretern der galaktischen Gemeinschaft erstmals die Jupiter-Vereinbarungen zwischen vierzehn raumfahrenden Nationen ausgehandelt worden waren. Dies ist ein wichtiger Hinweis darauf, dass sich die Situation in unserem Sonnensystem mit der Vertreibung der Streitkräfte des Imperiums der Draconer (Ciakahrr) und des Orion-Kollektivs (Greys) drastisch verändert hat und dass die irdische Kabale nun von ihren früheren Gönnern und Förderern isoliert ist.

Nach seiner ersten Antwort schickte Thor Han seiner Kontaktperson Elena Danaan weitere Informationen über die Treffen, an denen er auf dem Jupiter teilnahm:

> »Ein weiterer Grund für meine Anwesenheit auf dem Jupiter bestand darin, über ein Phänomen zu diskutieren, das vor kurzem in der Nähe eures Sternsystems aufgetreten ist: den Zusammenbruch des Kontinuums der dritten Dichte. Dies ereignet sich in Taschen im Weltraumgefüge, und euer Sternsystem tritt auf seiner Flugbahn durch diesen Arm der Galaxis in eine dieser Taschen ein. Es wird noch zu weiteren Zusammenbrüchen der dritten Dichte kommen; dadurch wird eine Brücke zur fünften Dichte geschlagen. Der Feind und die dunklen Mächte sind darüber informiert; sie wussten, dass das geschieht – das ist einer der Gründe, warum ihnen schon seit langem klar war, dass sie dieses Sternsystem verloren hatten. Ich werde euch später mehr darüber erzählen.«[26]

Diese Botschaft von Thor Han bestätigt, dass unser Sonnensystem in eine Weltraumregion mit einer galaktischen Anomalie eingetreten ist, die den Raum der dritten Dichte stark beeinträchtigt. Im September 2014 bestätigten Wissenschaftler, dass unser Sonnensystem im Begriff war, in eine ziemlich große interstellare Wolke einzutreten, die als »lokaler Flaum« [local fluff] bezeichnet wird, ungefähr dreißig Lichtjahre breit ist und von einem riesigen Magnetfeld zusammengehalten wird.[27]

Laut Aussagen verschiedener Forscher wurde diese interstellare Wolke erstmals im Jahr 1961 in der Nähe des Sternsystems der Plejaden beobachtet und aufgrund des weißen Lichthofs, den sie ausstrahlte, als »Photonengürtel« bezeichnet. Einer der Verfechter dieser Theorie des »Photonengürtels« war Dr. phil. Noel Huntley, der 2010 den Artikel *The Photon Belt Encounter* (»Begegnung mit dem Photonengürtel«) darüber verfasste. In diesem Artikel beschrieb er die Existenz des Photonengürtels und berichtete, dass dieser bei den Außerirdischen auf großes Interesse stieß:

> »Was ist das für eine elektromagnetische Wolke, dieser von Außerirdischen manchmal als Strahlungsnebel bezeichnete goldene Nebel? Gewöhnlich wird er als ›Photonengürtel‹ oder ›Photonenband‹ bezeichnet. Er besteht aus vielen verschiedenen Bändern, und jede Begegnung mit diesem Gürtel wird von den Außerirdischen als sehr wichtig empfunden.«[28]

Den Informationen von Thor Han nach zu urteilen hatte Dr. Huntley Recht, und die Region des Weltraums, in die wir eingetreten sind, wird unser Bewusstsein tatsächlich von einer materialistischen Existenz der dritten Dichte in eine Realität der fünften Dichte hinein beschleunigen. Diesbezüglich heißt es im *Gesetz des Einen*: »Fünfte Dichte wird vielleicht am besten als extrem weiß in der Schwingung beschrieben werden.«[29] Daher ist »Photonengürtel« keine ungenaue Beschreibung für diese Region der fünften Dichte, egal was viele Kritiker zu diesem Begriff sagen.[30]

Wenn das kollektive Bewusstsein der Menschheit nicht ausreichend hoch entwickelt wäre, um die Frequenzen der fünften Dichte in sich aufzunehmen, würde es in einer selbstverursachten globalen Katastrophe implodieren. Entwickelt sich das Bewusstsein der Menschheit jedoch weiter, wird ein goldenes Zeitalter der Weisheit, des Friedens und der Liebe anbrechen. Wie Thor Han erklärt, ist den globalen Eliten klar geworden, dass sie den Kampf um die Erde verloren haben; sie wollten nichts mit dem zu tun haben, was in Zukunft bevorsteht – daher ihre Bereitschaft, beim Übergang zu einer neuen Erde mitzuwirken, damit sie anschließend das Antarktisportal nutzen und sich für immer auf einen anderen Planeten absetzen können.

In einer zweiten Folgebotschaft, die am 14. Dezember 2021 eintraf, gab Thor Han (T) Elena Danaan (E) weitere Informationen über den »Photonengürtel« oder »lokalen Flaum« und teilte ihr mit, dass die Jupiter-Vereinbarungen der globalen Elite fünf Monate Zeit gaben, sich der Erdallianz zu ergeben.

Folgendes hat Thor Han dazu gesagt:

»*T:* Ich werde jetzt über dieses natürliche Phänomen sprechen, das in der Nähe eures Sternsystems auftritt. Es ist kein isoliertes Phänomen. Während euer Sternsystem sich durch das Gitter dieser Galaxis bewegt, das aus fluktuierenden Frequenzwellen besteht, trefft ihr auf Taschen mit einer höheren Schwingungsdichte der Materie. Was bedeutet das? Die physikalischen Gesetze, die die Atome zusammenbinden, schwingen in einem höheren Tempo. Dabei geht es nicht um Zeit, verstehst du? Die Zeitgeschwindigkeit selbst verändert sich nicht, sondern nur die Art und Weise, wie ihr Zeit wahrnehmt – *eure* Geschwindigkeit ändert sich. Es geht nicht um Zeit – aber die Physikalität des Raumgefüges verschiebt sich. Aufgrund der universellen physikalischen Gesetze tritt dieses Phänomen in zunehmendem Maße auf, es sei denn, die Tasche höherer Dichte ist so groß wie oder größer als das besagte Sternsystem. Die Grenze einer Dichtezone ist nicht scharf, sondern verschwommen und unscharf. Man tritt nach und nach in sie ein, indem man auf ›Blasen‹ stößt, bis man irgendwann ganz in dem neuen Bereich aufgeht.

E: Was wird passieren, wenn die Erde eine dieser höheren Dichtezonen oder Blasen durchquert?

T: Das ist längst kein so dramatisches Ereignis, wie viele Terraner es sich in ihrer Angst vorstellen. Es manifestiert sich als Veränderung des Bewusstseins, weil eure Wahrnehmungen – mental und physisch – sich dann in eine höhere Dimension verschieben. Auch körperliche Symptome können auftreten. Diejenigen, die ihren Geist darauf vorbereitet haben, reiten in einer Haltung innerer Offenheit auf dieser Welle mit. Aber für diejenigen, die inhaltlich nicht bereit sind und sich der Welle widersetzen, äußert sie sich in körperlichem und geistigem Leid. Euer Sehvermögen verändert sich, eure Wahrnehmungen verändern sich – vor allem die Wahrnehmung der linearen Zeit, die als schneller empfunden wird. Dieser Prozess – das Betreten des neuen Bereichs von Nataru [der Milchstraße] – ist unvermeidlich. Die Terraner müssen also wirklich jeden Widerstand dagegen aufgeben, vor allem den größten, nämlich ihre Angst.«[31]

Mit diesen Worten bestätigte Thor Han, dass der eigentliche Eintritt unseres Sonnensystems in den »Photonengürtel« (»lokalen Flaum«) kein Vorbote unserer physischen Zerstörung ist, sondern vielmehr für eine Beschleunigung unseres Bewusstseins steht. Denjenigen, die emotional und geistig ausreichend darauf vorbereitet sind, wird es gelingen, auf den galaktischen Wellen, die auf uns zukommen, zu surfen und eine neue Realität zu manifestieren – das sprichwörtliche Himmelreich auf Erden. Diejenigen, die *nicht* darauf vorbereitet sind, werden genau das Gegenteil erleben: Die neue Veränderung wird großen Stress und Aufruhr in ihr persönliches und kollektives Leben bringen.

In seiner zweiten Folgebotschaft ging Thor Han (T) auch auf folgende Fragen ein, die Elena Danaan (E) ihm stellte:

»*E:* Um noch einmal auf die Antarktis zurückzukommen – was kannst du mir sonst noch darüber sagen? Ich mag diese Leute nicht, sie sind der Inbegriff des Bösen. Sie haben so viel Leid verursacht.

T: Das werden sie von nun an nicht mehr tun. Als die Jupiter-Vereinbarungen getroffen wurden, kündigten wir ihnen an, dass wir uns in fünf Monaten wieder treffen würden und dass sie sich auf ihre Kapitulation

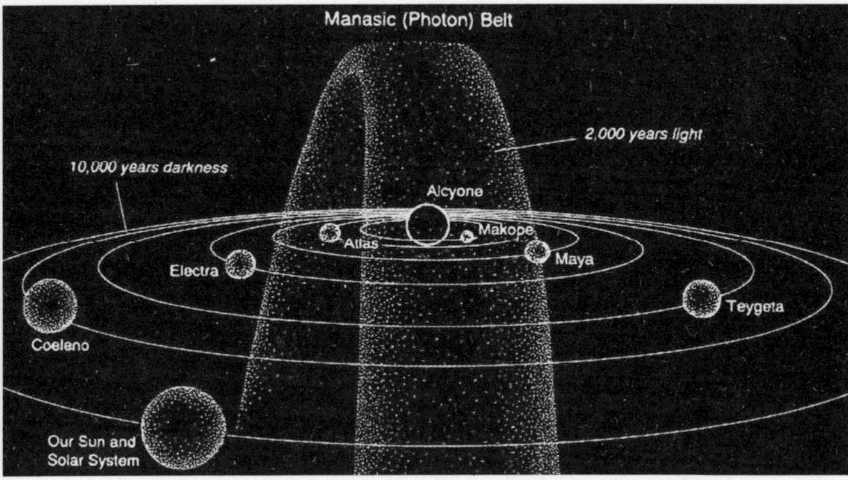

Abb. 17. Grafische Darstellung des Photonengürtels (Quelle unbekannt).

vorbereiten müssten. Das war ihnen also klar, und deshalb treiben sie jetzt in ihrer Verzweiflung alle ihre Pläne auf einmal voran. Doch allmählich fangen eure Leute an, das zu erkennen.

E: Aber wofür lasst ihr ihnen fünf Monate Zeit?

T: Für den Übergang. Dieses Treffen ist nicht nur ein Wendepunkt für euch, sondern auch für sie. Wenn wir diese Leute alle auf einmal ausgeschaltet hätten, wären die Finanz- und Wirtschaftssysteme auf Terra in einem furchtbaren Chaos implodiert. Es gibt bessere Wege: Stattdessen werden diese Leute nun aufgefordert, der Allianz ihre Schlüssel und Werkzeuge zu übergeben, um den Übergang so reibungslos wie möglich zu gestalten.

Erwähnenswert ist außerdem, dass sie (die Kabale) in den dunklen ätherischen Künsten ausgebildet worden sind und dass die Zauber aufgehoben werden müssen, um ihre Macht zu zerstören. Ihre zukünftige Machtlosigkeit zeigt sich auch daran, dass sie diese Welt verlassen werden. Und das *wird* passieren. Als ich von einem Übergangsprozess sprach, wollte ich damit sagen, dass die Terraner die Gesichter ihrer Feinde sehen müssen, um ihr Bewusstsein für die Wahrheit zu öffnen. So schmerzhaft dieser Prozess auch sein mag – er ist unvermeidlich.

E: Das erinnert mich an etwas, was die Neun mir vor kurzem gesagt haben: dass jedes empfindungsfähige Wesen bei den Spielen der Evolution des Universums eine Rolle spielt.

T: Das stimmt. Als ich mich vor vier Jahren im Himalaya-Stützpunkt aufhielt, erfuhr ich von großen Plänen, die für das innere Erwachen der Terraner entwickelt wurden. Am wichtigsten war der Zeitkrieg. Man kann sich so einen Zeitkrieg wie ein aus mehreren Schichten bestehendes Schachbrett vorstellen. Besser kann ich es dir nicht beschreiben.«[32]

Thor Hans Erwähnungen eines »Zeitkriegs« und der Tatsache, dass die globalen Eliten sich »dunkler ätherischer Künste und Zauber« bedienten, sind sehr wichtig. Mit dieser Aussage hebt er einen wesentlichen Aspekt des Kontrollsystems der globalen Eliten hervor, über den sich kaum jemand im Klaren ist: nämlich, dass sie stets all ihren Aktivitäten mit Hilfe Schwarzer Magie Nachdruck verliehen; und dazu gehörten auch Zeitreisen. Das lässt darauf schließen, dass Schwarze Magie auch ein wichtiger Bestandteil des Zeitkriegs war, der vor kurzem geführt wurde, um eine künftige galaktische Tyrannei zu verhindern, die von der heutigen Erde, dem heutigen Mond und dem heutigen Mars ausgegangen wäre. Mit diesen Erwähnungen bestätigt Thor Han etwas, was vor ihm schon mehrere andere Forscher festgestellt hatten: dass die Kabale im Rahmen ihres globalen Kontrollsystems routinemäßig Schwarze Magie einsetzt. Ein gutes Beispiel dafür ist, dass die National Aeronautics and Space Administration (NASA) regelmäßig magische Symbole für das öffentliche Weltraumprogramm verwendete, wie Richard Hoagland und Mike Bara in *Dark Mission: The Secret History of NASA* (»Dunkle Mission: Die geheime Geschichte der NASA«) belegen.[33]

Von Präsident Wladimir Putin und einer Gruppe des Militärgeheimdienstes, die mit der Q-Bewegung in Verbindung steht, erfuhren wir außerdem, dass die globalen Eliten praktizierende Satanisten sind. Sie rufen dämonische und andere negative Wesenheiten an, um die Menschheit und den Geist unseres Planeten zu unterjochen. In diesem Zusammenhang sagte Putin in seiner Rede zur Lage der Nation 2013 – wenn auch in etwas anderen Worten: »Die Neue Weltordnung verehrt Satan.«[34] Die Zeremonien aus dem Bereich der dunklen Magie werden normalerweise an Energiewirbeln oder Heiligen Stätten überall auf unserem Planeten abgehalten, wie viele Okkultismusforscher – beispielsweise Fritz Springmeier in seiner dreibändigen Buchreihe *Bloodlines of the Iluminati* (»Blutlinien der Illuminaten«)[35] – offenlegten. In neuerer Zeit hat auch der hochkompetente Forscher Brad Olsen in seiner Buchreihe *Beyond Esoteric* (»Jenseits der Esoterik«) viele dieser schwarzmagisch-satanistischen Praktiken aufgedeckt:

> »Die menschliche Rasse steht unter totaler Kontrolle, und die Vorstellung, dass Schwarze Magie zur Beherrschung großer Menschenmassen eingesetzt werden könnte, ist beunruhigend. In einer neuen Art von Faschismus wird heute das Okkulte von einigen der elitären Globalisten eingesetzt, die fast jeden Aspekt unseres Lebens vollständig kontrollieren, von Gesundheit und Finanzen bis hin zu Politik und Bildung … Untersuchungen zeigen, dass okkulte Zeremonien und Rituale auf den oberen Ebenen weit über das hinausgehen, was man sich vorstellen kann … Warum ist es so schwer zu glauben, dass okkulte Praktiken ein echtes Kontrollinstrument sind?«[36]

Thor Han wies auf einen eindeutigen Zusammenhang zwischen den im Juli 2021 ausgehandelten Jupiter-Vereinbarungen und den Antarktis-Treffen hin, die fünf Monate später stattfanden. Eine wichtige Klausel dieser Vereinbarungen bestand angeblich darin, dass die globale Elite bis Dezember 2021 kapitulieren musste. Wenn das stimmt, hatte die Kabale fünf Monate Zeit, um sich auf die Übergabe ihrer Macht in andere Hände vorzubereiten, ohne das Weltfinanzsystem zum Einsturz zu bringen; das war die Bedingung dafür, dass sie die Erde durch das intergalaktische Portal in der Antarktis verlassen durfte. Elena Danaan nennt uns noch eine weitere Informationsquelle über die mit der Kabale ausgehandelte Kapitulation und deren bevorstehende Abreise. Sie beruft sich dabei auf Oona, eine »Wächterin« oder »Angehörige der Saatausbringer-Rassen«, die vor kurzem in unser Sonnensystem gekommen sind.

Die Intergalaktische Konföderation der globalen Eliten kapituliert in der Antarktis

In seiner ersten Kommunikation mit Danaan am 14. Dezember 2021 erwähnte Thor Han Eredyon, dass Oona – Mitglied einer Gruppe der Intergalaktischen Konföderation, die auch unter dem Namen »Wächter« oder »Saatausbringer-Rasse« bekannt ist – Näheres über die Treffen in der Antarktis sowie deren Konsequenzen und über die Schwarze Magie wisse, deren sich die globale Elite bediente.[37] Danaan hatte sich vorher schon mit Oona getroffen, die ihr die Reise zum Treffen mit den Wächtern und später zum Treffen mit dem Rat der Neun in einer Weltraumregion zwischen Jupiter und seinem größten Mond Ganymed ermöglichte. Wie bereits in Kapitel 5 erläutert, sind die Wächter die Saatausbringer menschenähnlicher Rassen in vielen Galaxien, und sie waren gekommen, um die Aufnahme der Menschheit in die galaktische Gemeinschaft zu beobachten.

Danaan sagte, dass sie Oonas Wunsch spürte, eine Botschaft zu übermitteln, und sich hinlegen musste, um sie zu empfangen. Hier ist die Botschaft der »Wächterin«:

> »Sie sind gekommen, um die Bedingungen für ihre Freiheit auszuhandeln. Sie sind im Besitz von Schlüsseln und müssen sich damit einverstanden erklären, diese Schlüssel zu übergeben. Es geht dabei nicht nur um materielle Besitztümer, sondern auch um schwarzmagische Rituale, die sie durchgeführt haben, um diesen Planeten und die menschliche Rasse auf Terra in Gefangenschaft zu nehmen. Diese Zauber müssen aufgehoben werden, und sie – nur sie – haben den Schlüssel, um diese dunklen magischen Kreise, die sie um alle Gesellschaften, um die Menschen gezogen haben, wieder aufzulösen.
>
> Wir treffen uns mit ihnen, damit sie den Zauber dieser dunklen Rituale auflösen, die Gedanken der Menschen befreien und den Schutz aufheben, den sie den von ihnen geschaffenen Finanzinstitutionen gewährt haben. Eine uralte, dunkle Struktur. Diejenigen mit dem Namen, der Zahl 33. Diejenigen mit den niedrigeren Zahlen, den umgekehrten

Dreiecken und alle, die den Seelen-Ernter anbeteten. Diejenigen, die daran gearbeitet haben, die Seele von den Menschen und Körpern zu trennen, sind dabei, diesen Planeten zu verlassen. Wir haben die dazu notwendigen Vereinbarungen mit ihnen ausgehandelt. Ihr dürft nicht glauben, dass wir mit ihren Taten einverstanden sind. Wir [sind] unzufrieden [mit] allem, was sie getan haben.

Die Antarktis wurde als Treffpunkt ausgewählt, weil das Portal sie aufnehmen kann, wenn der richtige Augenblick dafür gekommen ist. Sie werden uns die Schlüssel geben, [um] den Zauber ihrer Rituale und die dunklen Kreise, die sie gezogen haben, aufzulösen. Die neun Ebenen der Finsternis werden zu einer einzigen kollabieren und zu Staub zerfallen. Es ist vorbei. Der Staub wird in die vier Winde des befreiten menschlichen Bewusstseins zerstreut werden.

Wir riefen sie herbei, als die großen Vereinbarungen zwischen eurem Planeten und der Galaktischen Föderation von Nataru [der Milchstraße] getroffen wurden. Von diesem Augenblick an flogen wir zu eurem Sternsystem, und nun werden wir im Rahmen dieser Begegnungen mit den dunklen Mächten der menschlichen Rasse von Terra alle Fesseln ihrer Schwarzen Magie auflösen. Sie sind erledigt. In Zukunft werden sie auf einem Gefängnisplaneten leben, der ihnen alles bietet, was sie wollen, den sie aber nie wieder verlassen werden. In einer Welt weit draußen in einer anderen Galaxis, deren Namen ihr noch nicht kennt. Sie werden vergessen werden und zufrieden sein – die beste Art, einen Konflikt zu beenden.

Ich von den Do, den Wächtern, den Gründern, überbringe diese Botschaft. Es ist vorbei mit der Herrschaft der Dunkelheit. Wir haben gewartet und gleichzeitig mit der Galaktischen Föderation von Nataru [der Milchstraße] und der Zenateanischen Allianz zusammengearbeitet, um diesen Planeten zu befreien. Wir haben in unseren Außenposten in den höheren Gebirgsregionen eurer Welt eine Säuberung der Erde von den dunklen Mächten vorbereitet. Dieser Prozess begann schon vor zweihundert eurer Jahre, und nun tritt er in seine letzte Phase ein. Die Dunkelheit wird entfesselt, weil die Menschen auf Terra die dunklen Mächte sehen und bekämpfen müssen. Die Herrschaft der Dunkelheit auf diesem Planeten ist vorbei. Diejenigen, die jahrtausendelang daran arbeiteten, die Seele von den menschlichen Körpern der Terraner zu trennen, werden gehen – keine Seelenernte mehr.«[38]

In diesem ersten Teil von Oonas Botschaft gibt es viel zu entschlüsseln. Darin beschreibt sie die Eliten, die in der Antarktis ankommen, um über ihre Freiheit zu verhandeln. Dieses Feilschen ist notwendig, weil sie immer noch über Mittel und Wege verfügen, um große Teile der Erde zu zerstören oder zu verwüsten. Die globalen Eliten nutzen diese Macht, um die Bedingungen für ihre Flucht von unserem Planeten durch das Antarktisportal auszuhandeln, das sich jetzt in den Händen der Erdallianz befindet. Um ihre Freiheit – die Passage durch das Antarktisportal zu einer neuen Welt in einer anderen Galaxis – zu erlangen, müssen die Eliten alle schwarzmagischen Schlüssel und Kodierungen aushändigen, die sie zur Unterwerfung der Menschheit und der Erde genutzt hatten.

Was für schwarzmagische Schlüssel und Kodierungen da verwendet wurden, geht aus Oonas Hinweis auf eine »uralte, dunkle Struktur« hervor: »Diejenigen mit dem Namen, der Zahl 33«. Das bezieht sich mit ziemlicher Sicherheit auf die Freimaurerei des Schottischen Ritus, die dreiunddreißig Einweihungsstufen kennt. Während die meisten Freimaurer auf dem Weg zu den verschiedenen Graden ihres Ordens echte philanthropische Arbeit leisten, stehen ihre obersten Führer auf Stufe 33 schon seit langem im Verdacht, Luzifer anzubeten und Schwarze Magie zu praktizieren. Albert Pike leitete die Freimaurer des Schottischen Ritus in den USA von 1859 bis 1891 und veröffentlichte 1871 das zu jener Zeit maßgebliche Buch für den Orden, *Morals and Dogma of the Ancient and Accepted Scottish Rite of Freemasonry* (»Brauchtum und Lehre des alten und anerkannten Schottischen Ritus der Freimaurerei«).[39] Darin heißt es: »Luzifer, der Lichtträger … Luzifer, der Sohn des Morgens! Ist er es, der das Licht trägt, dessen Glanz unerträglich ist und schwache, sinnliche oder selbstsüchtige Seelen blendet? Zweifelt nicht daran!«[40] Viele spätere Okkultismusforscher haben Pikes Buch als Beweis für das luziferische Element in der Freimaurerei angeführt.

Abb. 18. Oona – eine Illustration von Elena Danaan.

Als Buzz Aldrin im Jahr 1969 auf dem Mond landete, führte er die Flagge des Obersten Rates des Schottischen Ritus, Südliche Gerichtsbarkeit der USA, bei sich. Der Oberste Rat hatte auch Pikes Buch herausgegeben. In dem Werk *Dark Mission: The Secret History of NASA* (»Dunkle Mission: Die geheime Geschichte der NASA«) von Richard Hoagland und Mike Bara wird gezeigt, dass die Flagge, die Aldrin mit sich führte, für die Freimaurerzeremonie verwendet wurde, die er auf dem Mond durchführte.[41] Vor allem aber beschreibt dieses Werk, wie die NASA von den Freimaurern und anderen okkulten Gruppen beherrscht wurde, die in die ganze Raumfahrtindustrie magische Symbole und Zeremonien einbetteten:

> »Die begeisterten Architekten der permanenten NASA-Brookings-Vertuschung sind zum Teil dieselben Helden, die wir als führende Pioniere unserer technologischen Ära verehren sollen. Ihre Namen sind Synonyme für Amerikas Errungenschaften in der Weltraumwissenschaft und Raketentechnik. In vielen Fällen handelt es sich dabei gleichzeitig auch um Männer mit einer geheimen Vergangenheit – Deutsche, Ägypter, Engländer und Amerikaner, Männer, die an den äußersten Rändern des rationalen Denkens und der gängigen Meinung stehen. Diese ›Randexistenzen‹, im wahrsten Sinne des Wortes, werden innerhalb der Weltraumbehörde, soweit wir das derzeit beurteilen können, in drei Hauptgruppen unterteilt. In diesem Buch wollen wir sie die ›Magier‹, die ›Freimaurer‹ und die ›Nazis‹ nennen – und jede einzelne Gruppe separat behandeln.
>
> Jede ›Sekte‹ wird von einzelnen prominenten Personen angeführt und von weniger bekannten Akteuren unterstützt. Jede hat unserem Weltraumprogramm ihren eigenen unauslöschlichen, aber nachverfolgbaren Stempel aufgedrückt. Und bemerkenswerterweise wird jede dieser ›Sekten‹ von einer geheimen oder ›okkulten‹ Doktrin beherrscht, die weit mehr mit ›uralter Religion und Mystik‹ zu tun hat als mit der rationalen Wissenschaft und dem kühlen Empirismus, die diese Männer der Öffentlichkeit als wichtigstes Mantra der NASA präsentieren.«[42]

Abb. 19. Buzz Aldrin mit Luther A. Smith, dem Sovereign Grand Commander, und der Freimaurerflagge, die er auf den Mond mitnahm (Quelle: The New Age Magazin).

Oona offenbart uns in ihrer Botschaft, dass die magischen Zeremonien, Codes und Schlüssel, mit deren Hilfe die Freimaurer durch ihre aus dreiunddreißig Graden bestehende Hierarchie nach oben aufsteigen, auch in ihrem okkulten Kontrollsystem für unseren Planeten eingesetzt wurden. All diese versteckten Schlüssel und Codes mussten offengelegt und der Erdallianz übergeben werden, um der schwarzmagischen Kontrolle der globalen Eliten über den Planeten Erde ein Ende zu setzen.

Und nicht nur das: Oonas wiederholte Hinweise auf das Ende der »Seelenernte« zeigen, dass dieser Vorgang ein wichtiges Werkzeug war, mit dessen Hilfe die globale Elite unseren Planeten unter Kontrolle gehalten hat. Der Begriff »Seelenernte« steht für die Praxis negativer Außerirdischer oder »Schwarzmagier«, eine Seele vom physischen Körper abzutrennen und für verschiedene eigene Zwecke einzusetzen. Anfang der 1990er Jahre war Alex Collier einer der Ersten, der aufdeckte, dass diese Seelenernte routinemäßig praktiziert wurde. Er beschrieb den Prozess, durch den eine Seele aus einem Körper ausgelagert und durch eine andere ersetzt werden kann, folgendermaßen:

> »Was die Negativen tun (und das kann während einer Entführung oder auch im Rahmen einer Nahtoderfahrung geschehen), ist Folgendes:
>
> Bei einer Entführung wird zum Beispiel ein Mensch an Bord eines Raumschiffs gebracht. Sein Körper wird ins Koma versetzt und bis an den Punkt des Sterbeprozesses gebracht, an dem die Seele den Körper verlässt. Dann wird die ursprüngliche Seele mit Hilfe einer bestimmten Technologie durch eine andere Seele ersetzt. Anschließend holen sie den Körper des Entführten wieder ins Leben zurück. Diesen Vorgang können sie innerhalb von vier Sekunden durchführen; und das neue Individuum hat eine völlig neue Agenda. Als negativ orientierter Außerirdischer muss man sich in der dritten Dichte befinden, um die dritte Dichte manipulieren zu können.«[43]

Besonders schockierend ist es, zu erfahren, dass diese Seelentransfer-Technologie nur vier Sekunden erfordert und dass sie dazu benutzt wurde, die dritte Dichte – also die globalen Eliten, die unseren Planeten beherrschen – unter Kontrolle zu bringen. Aufgrund von Vereinbarungen zwischen der US-Regierung und den Greys, die Mitte der 1950er Jahre getroffen wurden und über die ich erstmals im Jahr 2004 geschrieben habe, steht mit Sicherheit fest, dass dies eine der ersten Technologien war, die die Greys der Majestic-12-Gruppe überließen.[44]

Damals wurde MJ-12 von dem Freimaurer Allen Dulles geleitet, der den 33. Grad erreicht hatte und von 1953 bis 1961 CIA-Direktor war; und mit ziemlicher Sicherheit integrierte er solche Technologien auch in schwarzmagische Zeremonien zur Kontrolle unseres Planeten. Mit diesem Hintergrundwissen wird leichter verständlich, dass

Dulles' Rolle bei der Ermordung Kennedys, die ich in meinem Buch *Kennedy's Last Stand* (»Kennedys letztes Gefecht«)[45] erläuterte, zeitlich genau abgestimmt und Teil eines magischen Rituals zur Beherrschung des Planeten Erde war.

Als Antwort auf die Frage, was mit den ursprünglichen Seelen der Opfer dieser Seelenernte geschah, beschrieb Alex Collier, dass der Andromeda-Rat oft Raumschiffe der Greys abfing, in denen die Seelen vieler Tausende von Kindern und Erwachsenen transportiert wurden. Diese Seelen waren aus ihren Körpern herausgezogen und zum Transport in spezielle Boxen gelegt worden. In einem Interview mit dem UFO-Forscher Val Valerian (V) beschrieb Alex (A), wie die Lebenskraft dieser gefangenen Seelen dann für andere Zwecke genutzt wurde:

> »*A:* … Sie [die Andromedaner] fanden auch mehr als tausend menschliche Kinder, die in eine kryogene Stasis versetzt worden waren, und über eine Million dieser kleinen Boxen, die die Lebenskräfte von Seelen enthielten, die von der Erde stammten.
>
> *V:* Gefangene menschliche Seelen.
>
> *A:* Seelen.
>
> *V:* Und was machen sie mit diesen Seelen?
>
> *A:* Sie ernähren sich von der Energie, die die Seelen ausstrahlen. Im Grunde tun sie Folgendes, Val: Sie nehmen die Lebenskraft, zapfen irgendwie immer wieder ein bisschen davon ab und führen sie den Hybriden zu, um sie am Leben zu erhalten. So versuchen sie sie am Leben zu erhalten und eine Seele in ihnen zu erschaffen.«[46]

Von den vielen finsteren Machenschaften der globalen Elite war die Seelenernte eine der schrecklichsten. Dabei wurden sowohl technologische als auch schwarzmagische Methoden eingesetzt, um eine Seele vom Körper abzuspalten und ihre Energie auf unbestimmte Dauer für finstere Zwecke zu nutzen. Oonas Verweis auf den »Seelen-Ernter«, der von den Freimaurern und der globalen Elite angebetet wurde, scheint eine Anspielung auf Luzifer zu sein, der an der Spitze der von ihr beschriebenen »neun Ebenen der Finsternis« steht.

Hier kommt nun der Rest von Oonas Botschaft:

»Ja, sie treffen sich mit uns und der Delegation der Galaktischen Föderation von Nataru [der Milchstraße], [und] Zenatea [Andromeda] – zwei Wesen. Rat der Fünf – ein Wesen. Intergalaktische Gründerrassen – fünf. Terranische Allianz – zehn. Die Armeen von Terra außerhalb der Welt – zwanzig Soldaten. Sie werden nicht sofort von der Erde weggebracht, denn sie müssen erst die Rituale aufheben und alle Grundlagen ihrer Gesellschaft neu ordnen, um einen chaotischen Zusammenbruch zu vermeiden. Wir wünschen uns für die Menschen auf Terra keinen Zusammenbruch des Finanzsystems. Wir wünschen uns einen sanften Übergang, denn Chaos habt ihr inzwischen schon genug gehabt.

Sie erhalten die Anweisung, die Finanzsysteme auf das neue System umzustellen, das die Erdallianz bringt. Quantenabstrakt, kein Metall mehr, kein Papier mehr, zumindest für eine Weile – für eine Übergangsphase. Du bist müde, deshalb sollen das jetzt meine letzten Worte sein. Bald wird sich der Gang der Ereignisse auf eurem Planeten beschleunigen. Es wird ein furchtbarer Sturm werden, aber je besser ihr in der Lage seid, zu erwachen, desto schneller wird dieser Sturm vorüberziehen. Viele werden durch die Impfung aus eigener Entscheidung ihr Leben verlieren, aber das wurde von den Dunklen so geplant. Freier Wille war eine Falle, das hört jetzt bald auf, ihr werdet sehen.

Die Antarktis ist der Treffpunkt, an dem die alte Welt den Menschen aus anderen Sternsystemen begegnet, um die Schlüssel an die Erdallianz und die Föderation zu übergeben und dann aufzubrechen. Wie gesagt: Sie werden nicht diese Woche gehen, sondern zunächst die Anweisung erhalten, das System zu ändern, und danach für immer verschwinden. Im Jahr 2023 wird all das nur noch eine Erinnerung sein. Wir werden gemeinsam feiern. Gib diese Nachricht ruhig weiter, dein Freund Thor Han wird nichts dagegen haben. Der Weißhaarige, mit dem du immer sprichst [Michael Salla], wird die Nachricht weiterleiten. Richte ihm aus, dass ich ihm in Freundschaft verbunden bin. Ich bin auch schon mit ihm in Kontakt getreten, er wird sich daran erinnern. Oona hat gesprochen.«[47]

Mit ihrem Hinweis auf »Außenposten in den höheren Gebirgsregionen eurer Welt« scheint Oona den Himalaya zu meinen, wo eine französische Kontaktperson 1969 ein Jahr zusammen mit der Intergalaktischen Konföderation verbracht und an einem Aussaat-Experiment für einen Planeten in einer anderen Galaxis teilgenommen haben will.[48] Das wirft eine interessante Frage auf: Könnte dieses Erlebnis der französischen Kontaktperson mit dem »Gefängnisplaneten« in Verbindung stehen, zu dem die Elite durch das Antarktisportal hindurchgeschickt wird, um die Erde von ihrem bösen Einfluss zu befreien?

Das von Oona beschriebene Szenario scheint eine Wiederholung der Situation zu sein, die im Buch Genesis und im *Buch Henoch* beschrieben wird, als die zweihundert »gefallenen Engel« mit Wissen und Technologien auf die Erde kamen, die denen der Menschen weit überlegen waren. *Das Buch Henoch* beschreibt die Ankunft von zweihundert gefallenen Engeln in der Gegend des Berges Hermon, dessen Gipfel in der Grenzregion zwischen Libanon und Syrien liegt. Die gefallenen Engel begannen sich mit den Einheimischen zu vermischen oder sie genetisch zu verändern, wie es im Buch Genesis heißt:

> »6.1 Und nachdem die Menschenkinder sich gemehrt hatten, wurden ihnen in jenen Tagen schöne und liebliche Töchter geboren.
>
> 6.2 Und die Engel, die Söhne des Himmels, sahen sie und begehrten sie. Und sie sprachen zueinander: ›Kommt, wir wollen uns Weiber unter den Menschentöchtern wählen und uns Kinder zeugen.‹ …
>
> 6.6 Und sie waren insgesamt zweihundert, und sie kamen hinab auf den Ardis, den Gipfel des Berges Hermon. Und sie nannten den Berg Hermon, weil sie auf diesem Gipfel schworen und sich gegenseitig mit Flüchen banden.«[49]

Ohne jeden Zweifel wird die globale Elite zu den »gefallenen Engeln« eines Gartens Eden in einer anderen Galaxis werden, wenn sie durch das intergalaktische Sternentor in der Antarktis hindurchtreten und ihr fortschrittliches Wissen und die Technologien, die sie mitnehmen dürfen, dorthin bringen.

Nach Oonas Aussage wird die globale Elite »vergessen werden und zufrieden sein – die beste Art, einen Konflikt zu beenden«. Für die globale Elite, die an den Treffen in der Antarktis teilnimmt, muss es ein verlockendes Angebot sein, ihre ganze Macht über die Erde aufzugeben und dafür als »gefallene Engel« in einem neuen Garten Eden neu anzufangen. Manch einer wird jetzt vielleicht einwenden, dass das eine zu milde Behandlung für psychopathische frühere Eliten ist, die für unzählige Kriege und unermesslich viel menschliches Leid verantwortlich sind, doch in unserer eigenen jüngeren Geschichte gibt es durchaus Präzedenzfälle für solche Amnestieabkommen. Das ausgehandelte Ende des Pro-Apartheid-Regimes in Südafrika von 1989 bis 1992[50] und das Ende der Militärjuntas in Argentinien, Brasilien und Chile im Jahr 1990 – all diese Vereinbarungen beinhalteten eine Amnestie für frühere Eliten, um eine Übergabe der politischen Macht zu gewährleisten.[51]

Nach Oonas Aussagen bestand die außerirdische Delegation, die sich in der Antarktis mit der globalen Elite traf, aus Vertretern der Galaktischen Föderation, des Ashtar-Kommandos, des Rates der Fünf, der Intergalaktischen Konföderation und der Erdallianz. Bevor die Eliten auf den »Gefängnisplaneten« in einer anderen Galaxis geschickt werden, müssen sie zunächst alle schwarzmagischen Schlüssel und Codes aushändigen. In Bezug auf das neue Finanzsystem, das vorbereitet worden ist, erwähnte Oona, dass es nicht aus Papier oder Metallen, sondern in einem Quantenabstrakt bestehen würde. Dabei scheint es sich um eine Anspielung auf das bereits beschriebene Quantenfinanzsystem (QFS) zu handeln, das mit einem Quanten-Supercomputer verbunden ist, der in einem hochkomplexen und integrierten globalen Finanzsystem über Elon Musks Starlink und das U.S. Space Command arbeiten wird. Einer vielzitierten Quelle zufolge scheint das QFS mit außerirdischer Hilfe entwickelt worden zu sein:

> »Das Quantenfinanzsystem (QFS) ist eine megalithische Finanzstruktur, die der Menschheit vom Himmel geschenkt wurde. Ich bezeichne es als Megalithen, weil es das fortschrittlichste Finanzsystem ist, das man sich vorstellen kann. Zurzeit gibt es auf der Erde nichts, was mit dieser

Technologie vergleichbar wäre. Es ist ein großartiges System, das so konzipiert ist, dass es das gesamte Ausmaß der Buchhaltung übernehmen kann, die erforderlich ist, um jede finanzielle Transaktion auf der Welt in Echtzeit auszugleichen.

Das QFS ist im MEGA-Quantenbewusstsein (QC) [= Quantum Consciousness] untergebracht, das oft als Computer bezeichnet wird. Dieses Quantenbewusst[sein] ist Göttliches Bewusstsein, das uns zur Nutzung in der dritten Dimension zur Verfügung gestellt wird. Wir brauchen die Werkzeuge, die es uns bringt, um das Goldene Zeitalter der Menschheit einzuleiten. Das QFS ist ein Hauptbuchhaltungssystem, das aus einzelnen Konten besteht. Das QFS ist nur eine von vielen Anwendungsmöglichkeiten, die bereits im QC enthalten sind und zur Implementierung bereitstehen.«[52]

Auf vielen populären Internetseiten wurde das QFS stark beworben.[53] Oona gibt uns einen wichtigen Zeitplan vor, wann all die globalen Veränderungen eintreten werden. Sie sagt: »Im Jahr 2023 wird all dies nur noch eine Erinnerung sein. Wir werden gemeinsam feiern.« Das verrät uns, dass die Kapitulation der globalen Eliten und deren Abreise durch das Antarktisportal im Jahr 2022 wichtige Ereignisse nach sich ziehen werden. Oona prophezeit, dass die verschiedenen galaktischen Organisationen, die der Erdallianz bei der Befreiung des Planeten geholfen haben, sich den Menschen dann ganz offen zeigen werden und dass unsere Aufnahme in die galaktische Gemeinschaft zu diesem Zeitpunkt abgeschlossen sein wird. Der beste Beweis dafür, dass solche Veränderungen tatsächlich bevorstehen, ist das erstaunliche Tempo, in dem zurzeit der Bau bemannter Stützpunkte auf dem Mond geplant wird und eine multinationale Weltraumkoalition rund um das U.S. Space Command entsteht – eine zukünftige Sternenflotte!

Anmerkungen

1 Erstmals zitiert in: Michael E. Salla, »Is the 4th Reich's Dark Fleet abandoning Antarctica?«; https://exopolitics.org/is-the-4th-reichs-dark-fleet-abandoning-antarctica/ (aufgerufen am 07.01.2022).

2 Erstmals zitiert in: Michael E. Salla, »Is the 4th Reich's Dark Fleet abandoning Antarctica?«; https://exopolitics.org/is-the-4th-reichs-dark-fleet-abandoning-antarctica/ (aufgerufen am 07.01.2022).

3 Für eine ausführliche Diskussion über Hitler und die Vereinbarungen der Nazis mit Außerirdischen siehe Michael E. Salla, *Antarctica's Hidden History: Corporate Foundations of Secret Space Programs* (Exopolitics Consultants 2018). – Dt. Ausgabe: *Antarktis – Die verbotene Wahrheit*, AMRA Verlag, Hanau 2019.

4 Zur Diskussion über Ceres als wichtiger Stützpunkt der Dunklen Flotte siehe Michael E. Salla, »20 Years a Slave in Secret Space Programs – ExoNews TV Episodes 3-5«; https://exopolitics.org/20-years-a-slave-in-secret-space-programs-exonews-tv-episodes-3-4/ (aufgerufen am 07.01.2022).

5 Erstmals zitiert in: Michael E. Salla, »Is the 4th Reich's Dark Fleet abandoning Antarctica?«; https://exopolitics.org/is-the-4th-reichs-dark-fleet-abandoning-antarctica/ (aufgerufen am 07.01.2022).

6 Erstmals zitiert in: Michael E. Salla, »Is the 4th Reich's Dark Fleet abandoning Antarctica?«; https://exopolitics.org/is-the-4th-reichs-dark-fleet-abandoning-antarctica/ (aufgerufen am 07.01.2022).

7 Erstmals zitiert in Michael E. Salla, »Is the 4th Reich's Dark Fleet abandoning Antarctica?«; https://exopolitics.org/is-the-4th-reichs-dark-fleet-abandoning-antarctica/ (aufgerufen am 07.01.2022).

8 Im Mai 2021 habe ich meine Informationen über die Geschichte der Dunklen Flotte in einem vierstündigen Webinar aktualisiert, das auf Vimeo verfügbar ist unter https://vimeo.com/ondemand/antarcticadarkfleet (aufgerufen am 07.01.2022).

9 Zur Diskussion von Operation Highjump siehe Michael E. Salla, *Antarctica's Hidden History: Corporate Foundations of Secret Space Programs* (Exopolitics Consultants 2018); pp. 91-103. – Dt. Ausgabe: *Antarktis – Die verbotene Wahrheit*, AMRA Verlag, Hanau 2019.

10 Zur Operation Taberlan siehe Großbritanniens geheimen Krieg in der Antarktis, »Britain's Secret War in Antarctica«; https://plausiblefutures.com/britains-secret-war-in-antarctica/ (aufgerufen am 07.01.2022).

11 Siehe Michael E. Salla, *Insiders Reveal Secret Space Programs and Extraterrestrial Alliances* (Exopolitics Institute 2015); pp. 179-188. – Dt. Ausgabe: *Geheime Weltraumprogramme & Allianzen mit Außerirdischen*, AMRA Verlag, Hanau 2018.

12 Siehe Michael E. Salla, »Navy Insiders Confirm Multinational SSP with bases throughout Solar System & Beyond«; https://exopolitics.org/navy-insiders-confirm-multinational-ssp-with-bases-throughout-solar-system-beyond/ (aufgerufen am 07.01.2022).

13 Siehe Michael E. Salla, »Illegal Military Research and Development in Antarctica«; https://exopolitics.org/illegal-military-research-and-development-in-antarctica/ (aufgerufen am 07.01.2022).

14 Siehe Michael E. Salla, »Secret Space Programs Battle over Antarctic Skies During Global Elite Exodus«; https://exopolitics.org/secret-space-programs-battle-over-antarctic-skies-during-global-elite-exodus/ (aufgerufen am 07.01.2022).

15 Michael Wenger, »Turkey plans its own Antarctic Station«, *Polar Journal* vom

25. Februar 2021; https://polarjournal.ch/en/2021/02/25/turkey-plans-its-own-antarctic-station/ (aufgerufen am 07.01.2022).

16 Craig Hooper, »With New Gear And Bases, China Is Beginning To Make A Play For Dominance In Antarctica«, *Forbes* vom 23. Dezember 2020; https://www.forbes.com/sites/craighooper/2020/12/23/big-antarctic-stakeholders-get-ignored-as-chinas-new-antarctic-gear-gets-hyped/?sh=41beb61952ea (aufgerufen am 07.01.2022).

17 Joseph P. Farrell, »More Antarctic Strangeness About Guess Who?«; https://gizadeathstar.com/2021/12/more-antarctic-strangeness-about-guess-who/ (aufgerufen am 07.01.2022).

18 Benjamin Fulford, »Klaus Schwab and Christine Lagarde turned in major white hat victory«; https://benjaminfulford.net/2021/12/13/78817/ (aufgerufen am 07.01.2022).

19 Siehe »Did The Global Elite Meet In Antarctica?«, *The Void*; https://www.thevoid.uk/void-post/did-the-global-elite-meet-in-antarctica-gossip/ (aufgerufen am 07.01.2022).

20 Siehe Corey Goodes Update »Antarctica – December Eclipse Ceremonies within ancient ruins beneath the ice« vom 22. Dezember 2021; https://ascensionworks.tv/groups/corey-goode-updates/ (aufgerufen am 17.01.2022).

21 Siehe Paul Seaburn, »Wikileaks Photos, John Kerry Visit and UFOs in Antarctica«, *Mysterious Universe* vom 15. November 2016; https://mysteriousuniverse.org/2016/11/wikileaks-photos-john-kerry-visit-and-ufos-in-antarctica/ (aufgerufen am 07.01.2022).

22 Erstmals zitiert in: Michael E. Salla, »Cabal leaders go to Antarctica to surrender to Extraterrestrials & Earth Alliance«; https://exopolitics.org/cabal-leaders-go-to-antarctica-to-surrender-to-extraterrestrials-earth-alliance/ (aufgerufen am 07.01.2022).

23 Siehe Nigel Matte, »The quantum financial system explained and updated in detail«; https://nigelmattepost.wordpress.com/2021/07/02/the-quantum-financial-system-explained-and-updated-in-detail/ (aufgerufen am 07.01.2022).

24 Eine Aufschlüsselung der Gesamtzahl der Geheimhaltungsverfügungen für beim US-Patent- und Markenamt eingereichte Patente finden Sie auf https://sgp.fas.org/othergov/invention/stats.html (aufgerufen am 07.01.2022).

25 Siehe Michael E. Salla, »Secret Presidential Memorandum issued to Declassify Anti-aging & Free Energy Technologies«; https://exopolitics.org/secret-presidential-memo-anti-aging-free-energy/ (aufgerufen am 07.01.2022).

26 Erstmals zitiert in: Michael E. Salla, »Cabal leaders go to Antarctica to surrender to Extraterrestrials & Earth Alliance«; https://exopolitics.org/cabal-leaders-go-to-antarctica-to-surrender-to-extraterrestrials-earth-alliance/ (aufgerufen am 07.01.2022).

27 Siehe John Morse, »Astronomers Try To Explain Mysterious ›Photon Belt‹«; https://theeventchronicle.com/explain-mysterious-photon-belt/ (aufgerufen am 07.01.2022).

28 See Noel Huntley, Ph.D., »The Photon Belt Encounter«; https://www.bibliotecapleyades.net/universo/esp_cinturon_fotones_3a.htm (aufgerufen am 07.01.2022).

29 »The Law of One«, https://www.lawofone.info/s/33#20 (aufgerufen am 07.01.2022). – Zitiert nach *Das Gesetz des Einen: Buch II*, Sitzung 33.20, Seite 59; wir danken Jochen Blumenthal für die Überlassung der deutschen Übersetzung.

30 Zur Kritik an der Photonengürtel-Hypothese siehe Rational Wiki; https://rationalwiki.org/wiki/Photon_belt (aufgerufen am 07.01.2022).

31 Erstmals zitiert in: Michael E. Salla, »Cabal leaders go to Antarctica to surrender to Extraterrestrials & Earth Alliance«; https://exopolitics.org/cabal-leaders-go-to-antarctica-to-surrender-to-extraterrestrials-earth-alliance/ (aufgerufen am 07.01.2022).

32 Erstmals zitiert in: Michael E. Salla, »Cabal leaders go to Antarctica to surrender to Extraterrestrials & Earth Alliance«; https://exopolitics.org/cabal-leaders-go-to-antarctica-to-surrender-to-extraterrestrials-earth-alliance/ (aufgerufen am 07.01.2022).

33 Richard Hoagland und Mike Bara, *Dark Mission: The Secret History of NASA* (Feral House Book 2007).

34 Zitiert in: Michael E. Salla, »QAnon on the Rothschilds & Satanism – Trump's Secret Alliance with Putin«; https://exopolitics.org/qanon-rothschilds-satanism-trumps-alliance-putin/ (aufgerufen am 07.01.2022).

35 Fritz Springmeier, *Bloodlines of the Illuminati* (Public Domain PDF 1995; Neuausgabe 2005; dreibändige Ausgabe, auch als Kindle: iLLamanati Research Group 2019). Band 1: Astor, Bundy, Collins, DuPont, Freeman, Kennedy, Li und Onassis. Band 2: Rockefeller, Rothschild, Russell, Van Duyn und Merowinger. Band 3: Disney, Reynolds, McDonald und Krupp.

36 Brad Olsen, *Beyond Esoteric: Escaping Prison Planet* (CCC Publishing, 2020); p. 55.

37 Erstmals zitiert in: Michael E. Salla, »Cabal leaders go to Antarctica to surrender to Extraterrestrials & Earth Alliance«; https://exopolitics.org/cabal-leaders-go-to-antarctica-to-surrender-to-extraterrestrials-earth-alliance/ (aufgerufen am 07.01.2022).

38 Erstmals zitiert in: Michael E. Salla, »Part 2 – Cabal leaders go to Antarctica to surrender to Extraterrestrials & Earth Alliance«; https://exopolitics.org/part-2-cabal-leaders-go-to-antarctica-to-surrender-to-extraterrestrials-earth-alliance/ (aufgerufen am 07.01.2022).

39 Leider existiert bisher – zumindest offiziell – keine verwendbare Übersetzung ins Deutsche; die in den letzten Jahren auf Amazon kursierenden deutschen Ausgaben stammen unbearbeitet von einer KI.

40 Albert Pike, *Morals and Dogma of the Ancient and Accepted Scottish Rite of Freemasonry*, Supreme Council of the Thirty Third Degree for the Southern Jurisdiction of the United States 1871; p. 321.

41 Richard Hoagland und Mike Bara, *Dark Mission: The Secret History of NASA* (Feral House Book 2007).

42 Richard Hoagland and Mike Bara, *Dark Mission: The Secret History of NASA* (Feral House Book 2007); Introduction.

43 Alex Collier, *Defending Sacred Ground: The Andromedan Compendium. The Story of Alex Collier and His Lifetime Personal Contact with the Zenetaen Culture from*

Andromeda (Brotherton Press 1998). – Ein Interview mit dem Autor, geführt von Val Valerian, findet sich auf http://www.reptilianagenda.com/cont/co121099b.shtml (aufgerufen am 14.12.2021).

44 Siehe Michael E. Salla, »Eisenhower's 1954 Meeting With Extraterrestrials: The Fiftieth Anniversary of First Contact?«; https://exopolitics.net/Study-Paper-8.htm (aufgerufen am 07.01.2022).

45 Siehe Michael E. Salla: *Kennedy's Last Stand: Eisenhower, UFOs, MJ-12 & JFK's Assassination* (Exopolitics Institute 2013). – Nicht auf Deutsch erschienen.

46 Alex Collier, *Defending Sacred Ground: The Andromedan Compendium. The Story of Alex Collier and His Lifetime Personal Contact with the Zenetaen Culture from Andromeda* (Brotherton Press 1998). – Ein Interview mit dem Autor, geführt von Val Valerian, findet sich auf http://www.reptilianagenda.com/cont/co121099b.shtml (aufgerufen am 14.12.2021).

47 Alex Collier, *Defending Sacred Ground: The Andromedan Compendium. The Story of Alex Collier and His Lifetime Personal Contact with the Zenetaen Culture from Andromeda* (Brotherton Press 1998). – Ein Interview mit dem Autor, geführt von Val Valerian, findet sich auf http://www.reptilianagenda.com/cont/co121099b.shtml (aufgerufen am 14.12.2021).

48 Siehe Michael E. Salla, »French Contactee confirms Intergalactic Confederation is seeding human worlds«; https://exopolitics.org/french-contactee-confirms-intergalactic-confederation-is-seeding-human-worlds/ (aufgerufen am 07.01.2022).

49 *Das Buch Enoch* ist auf Englisch online verfügbar unter http://www.markfoster.net/rn/texts/AllBooksOfEnoch.pdf (aufgerufen am 07.01.2022).

50 Zur Diskussion über das Ende der Apartheid in Südafrika siehe im Office of the Historian, im offiziellen Geschichtsarchiv der US-Regierung für die Auswärtige Politik der USA und des Department of State: »The End of Apartheid«; https://history.state.gov/milestones/1989-1992/apartheid (aufgerufen am 09.03.2022).

51 Zur Diskussion über die Militärjuntas in Südamerika und ihr Ende im Jahr 1990 siehe Roberto Malta; https://www.risetopeace.org/2018/09/14/latin-american-military-dictatorships/rmalta/ (aufgerufen am 09.03.2022).

52 Zitiert auf der Blogseite von Nigel Matte; https://nigelmattepost.wordpress.com/2021/07/02/the-quantum-financial-system-explained-and-updated-in-detail/ (aufgerufen am 07.01.2022).

53 Auch durch Simon Parkes, der zum Zeitpunkt der Fertigstellung dieses Buchs über 650.000 Follower auf YouTube hatte; allerdings wurde sein Kanal inzwischen gelöscht (aufgerufen am 03.01.2024).

10 Die Befreiung des Mondes

Professor: Was ist da draußen mit Apollo 11 wirklich passiert?
Armstrong: Es war unglaublich … Natürlich hatten wir immer gewusst, dass es die Möglichkeit gab … Tatsache ist, dass wir vorgewarnt wurden. Damals war nie die Rede von einer Raumstation oder Mondstadt.
Professor: Was meinen Sie mit »vorgewarnt«?
Armstrong: Ich kann nicht ins Detail gehen, sondern nur sagen, dass ihre Raumschiffe den unseren sowohl in ihrer Größe als auch in ihrer Technologie weit überlegen waren – Junge, waren die groß! … und bedrohlich …. Nein, von einer Raumstation kann keine Rede sein.[1]

– Apollo-11-Astronaut Neil Armstrong im Gespräch mit einem ungenannten Professor –

Ein bemerkenswerter Aspekt des Zeitkriegs, auf den ich bereits in vorigen Kapiteln dieses Buches eingegangen bin, ist die Frage: Welche Rolle spielt der Mond bei der »galaktischen Tyrannei«, die prophezeit wurde und ungefähr 350 Jahre in der Zukunft der Menschheit eintreten sollte? Alex Collier, der als Erster mit dieser Warnung des Andromeda-Rats an die Öffentlichkeit ging, führte deren Ursprung auf Mars, Erde und Mond zurück. Über die Befreiung des Mars und die Evakuierung der wichtigsten Stützpunkte der Dunklen Allianz in der Antarktis habe ich schon berichtet, und so bleibt jetzt nur noch das dritte Standbein dieser in der Zukunft liegenden Tyrannei zu besprechen – der Mond.

In meinem Buch *Antarktis – Die verbotene Wahrheit* habe ich Insideraussagen und Beweise dafür vorgestellt, dass die Deutschen von der Antarktis aus Expeditionen zum Mond schickten und schließlich in einer der riesigen Kavernen unter der Mondoberfläche eine unterirdische Basis errichteten. In den letzten Jahren haben mehrere wissenschaftliche Untersuchungen bestätigt, dass es durchaus machbar ist, riesige unterirdische Stützpunkte auf dem Mond zu erbauen. Entsprechend berichteten Wissenschaftler der NASA und der japanischen Raumfahrtagentur JAXA im Oktober 2017 über die Entdeckung riesiger Mondkavernen, die aus alten Lavaröhren entstanden sind und in denen problemlos eine Großstadt wie Philadelphia Platz finden würde (siehe Abbildung 20).[2] Außerdem bestätigten NASA-Wissenschaftler im August 2018, dass auf der Mondoberfläche in den Polregionen große Mengen an Eiswasser gefunden wurden.[3] Im November 2021 wurde außerdem festgestellt, dass der Mond genügend Sauerstoff für bis zu acht Milliarden Menschen enthält, der in Regolithgestein gespeichert ist und durch Elektrolyse gewonnen werden kann.[4] Kurzum: Es wurde bestätigt, dass alle Voraussetzungen für die Aufrechterhaltung von Leben in großen Stützpunkten unter der Mondoberfläche über längere Zeiträume hinweg erfüllt sind.

Die erste Mondbasis der Antarktis-Deutschen wurde in den 1970er Jahren von der Dunklen Flotte an US-Behörden übergeben, zu denen damals die Air Force, Navy, NASA, CIA, das National Reconnaissance Office (NRO),[5] die National Security Agency (NSA) und ein Konsortium von Unternehmen[6] gehörten. Diese Übergabe war das Ergebnis geheimer Vereinbarungen, die bis in die Eisenhower-Administration zurückreichen.[7] Mit der Verwaltung der geheimen Mondbasis wurde ein Konsortium namens Lunar Operations Command (LOC) beauftragt, auch als Interplanetarisches Unternehmenskonglomerat oder Interplanetarischer Mischkonzern bekannt.[8] Auf diese Weise vereinnahmte die Dunkle Flotte das mächtige US-Militär; es infiltrierte ganz einfach die großen Luft- und Raumfahrtkonzerne, die die fortschrittlichen Waffentechnologien für ihre Geheimen Weltraumprogramme entwickelten.[9] Solange genügend Rekruten und Weltraumtechnologien durch das Lunar Operations Command flossen, um die Operationen der Dunklen Flotte vereinbarungsgemäß zu unterstützen, war im Grunde alles in Ordnung.

Welche Rolle spielt aber nun die U.S. Navy beim Lunar Operations Command? Das ist eine interessante Frage, auf die ich im Folgenden näher eingehen möchte. Die Navy hatte eine ganz besondere Beziehung zu nordischen Außerirdischen, die ihr bei der Entwicklung ihres Geheimen Weltraumprogramms geholfen hatten, wie William Mills Tompkins in seinem Buch *Auserwählt von Außerirdischen* erläutert.[10] Die U.S. Air Force, die CIA, das NRO und die NASA wiederum hatten eine engere Beziehung zur Dunklen Flotte, den Draco-Reptiloiden und den Greys, wie ich in meinem Buch *Die Geheime Geschichte der U.S. Space Force* dargelegt habe.[11] Trotzdem ließ die Navy, genau wie die anderen Geheimen Weltraumprogramme, ihre Rekruten zur Ausbildung und zum weiteren Training das Lunar Operations Command durchlaufen, wenngleich sie nur begrenzten Einfluss auf das Management dieser Einrichtung hatte.

Die erste Person mit Insiderwissen über Geheime Weltraumprogramme, die über das Lunar Operations Command sprach, war Randy Cramer, der mit seinen Enthüllungen im April 2014 an die Öffentlichkeit trat. Nachdem er im Alter von fünf bis siebzehn Jahren eine verdeckte Ausbildung im Rahmen der Operation Moon Shadow durchlaufen hatte, wurde er, wie er berichtet, zum Lunar Operations Command gebracht, um dort in ein Geheimes Weltraumprogramm aufgenommen zu werden.[12] Cramer behauptet, anschließend für siebzehn Jahre als Supersoldat auf den Mars geschickt worden zu sein, um dort gegen einheimische Reptiloiden und Insektoiden zu kämpfen und die Marskolonien der Konzerne zu beschützen, bevor er drei weitere Jahre lang im *Solar-Warden*-Programm diente und dabei Operationen im tiefen Weltraum begleitete.[13] Er beschrieb, dass er am Ende seines »Zwanzig Jahre und zurück«-Programms im Jahr 2007 zum Lunar Operations Command zurückgebracht und technologisch einer Altersregression unterzogen wurde, die sein biologisches Alter auf siebzehn Jahre zurücksetzte.[14] Anschließend

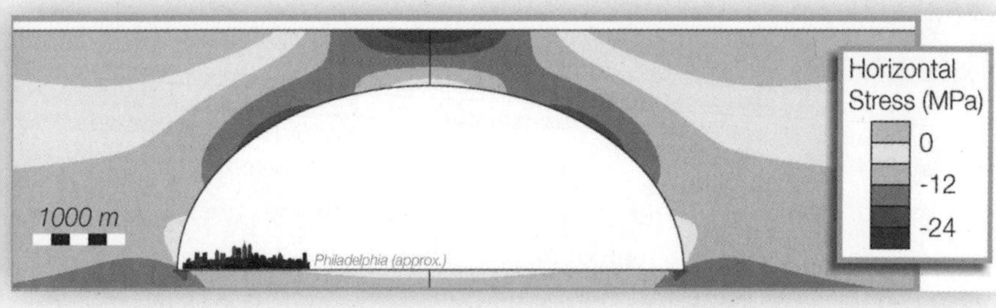

Abb. 20. Die Stadt Philadelphia im Inneren einer Lavaröhre auf dem Mond (Quelle: David Blair/Purdue University).

wurde er zu dem Zeitpunkt zurückversetzt, zu dem er 1987 seinen streng geheimen Militärdienst angetreten hatte.

Cramers Erlebnisse bei den Mondoperationen hatten große Ähnlichkeit mit denen, die Corey Goode beschrieb, als er Anfang 2015 mit seinen Erfahrungen an die Öffentlichkeit trat. Ich habe die Erlebnisse von Cramer und Goode in einem im April 2015 erschienenen Artikel[15] miteinander verglichen und sie zusammen mit Berichten eines weiteren Insiders, des ehemaligen U.S. Navy-Soldaten Michael Relfes, sowie mit Informationen über die Ereignisse auf dem Mars in ein Kapitel meines Buches *Geheime Weltraumprogramme & Allianzen mit Außerirdischen* aufgenommen.[16] Alle drei Insider beschreiben, dass sie in den medizinischen Einrichtungen des Lunar Operations Command einem »Reverse Aging« (Altersregression) und anderen Heilverfahren unterzogen wurden. Interessanterweise berichtete Goode, dass das Lunar Operations Command für die Kontrolle des zislunaren Raums zuständig war, der Weltraumregion zwischen Erde und Mondumlaufbahn – wie ein großes Luftverkehrskontrollzentrum. Inzwischen haben sich weitere Insider zu Wort gemeldet, die ihre eigenen Erfahrungen im Lunar Operations Command und die dort eingesetzten hochentwickelten Technologien beschreiben, vor allem die unglaublich fortschrittlichen Heilmethoden.

Einer dieser Augenzeugenberichte stammt von Tony Rodrigues, der zum Lunar Operations Command gebracht und dort verschiedenen Eignungstests unterzogen wurde, um festzustellen, welche Funktion er bei den zahlreichen Geheimen Weltraumprogrammen, die damals im Gange waren, übernehmen konnte. Ich habe Rodrigues im September 2016 am Mount Shasta interviewt und seine Aussage als Video online gestellt. Das war das erste Mal, dass die Öffentlichkeit Tony bei seiner bemerkenswerten Aussage beobachten konnte. Er berichtete, dass er 1988 im Alter von sechzehn Jahren zum Lunar Operations Command gebracht wurde und eine rudimentäre Ausbildung als Sklavensoldat erhielt, um anschließend an Selbstmordmissionen gegen Insektoiden und andere außerirdische Spezies auf dem Mars teilzunehmen.[17] Dank der hochentwickelten Heilungstechnologien der Geheimen Weltraumprogramme konnten schwer verletzte Sklavensoldaten sehr schnell wieder genesen und dadurch an vergleichsweise vielen Missionen teilnehmen.

Abgesehen vom Lunar Operations Command gab es noch eine trapezförmige Mondbasis, die von der Dunklen Flotte und ihren Partnern betrieben wurde, den Draco-Reptiloiden und Greys von Orion. Das war die Einrichtung, die die Dunkle Flotte benutzte, nachdem sie das Lunar Operations Command vereinbarungsgemäß an die USA übergeben hatte. Mehrere Insider berichteten, in diese von Menschen und Aliens gemeinsam betriebene Mondbasis gebracht worden zu sein; es soll dort unglaublich viel Missbrauch geherrscht haben und gefangene Menschen sollen als Sklaven eingesetzt worden sein.

Zu den Ersten, die erklärten, zu dieser Basis der Dunklen Flotte gebracht worden zu sein, gehörte Niara Isley, eine ehemalige Bedienerin von Radaranlagen der U.S. Air Force. In Interviews und ihrem 2013 erschienenen Buch *Facing the Shadow, Embracing the Light* (»Sich dem Schatten stellen, das Licht annehmen«) berichtet sie über die brutale Behandlung, die sie sowohl auf der Erde als auch auf dem Mond erfuhr, nachdem sie im Jahr 1980 während eines verdeckten Militäreinsatzes auf dem Tonopah-Testgelände in Nevada ein UFO gesehen hatte. Danach wurde sie acht bis zehn Mal zu einer geheimen Mondbasis gebracht, wo menschliche Arbeiter misshandelt und von Außerirdischen bewacht wurden, von Reptiloiden und Greys:

»In Interviews wollen die Leute immer wissen, was ich auf dem Mond alles erlebt habe, und ich kann diese lebhafte Neugier durchaus verstehen. Ich kann nur sagen, dass es schrecklich war, und zwar in mehrerlei Hinsicht: Ich hatte ständig Angst um mein Leben. Ich wurde sehr schlecht ernährt und musste tagsüber hart arbeiten. Manchmal bediente ich eine Art elektronisches Gerät für Ausgrabungen, dann wieder musste ich schwere körperliche Arbeit verrichten, zum Beispiel Kisten heben und stapeln. Das Schlimmste war jedoch, dass ich nachts von Mann zu Mann weitergereicht und sexuell missbraucht wurde. Ich durfte kaum schlafen. Inzwischen habe ich erfahren, dass dies eine weitere Facette des Missbrauchs durch Gedankenkontrolle ist. Ich schaltete bei all diesen Misshandlungen so weit ab, dass ich mich nicht einmal mehr lebendig fühlte.«[18]

Der Stützpunkt, zu dem Isley gebracht wurde, unterschied sich deutlich vom Lunar Operations Command, einer von Menschen geführten Einrichtung zur Rekrutierung, Prüfung und Beurteilung potenzieller Rekruten für Geheime Weltraumprogramme. Diese zweite Einrichtung – die Mondbasis der Dunklen Flotte – schien wie ein Nazi-Sklavenarbeitslager geführt zu werden. In einem Interview mit David Wilcock (D) der Sendereihe *Cosmic Disclosure*, das am 3. November 2015 ausgestrahlt wurde, beschrieb Corey Goode (C) diesen Stützpunkt der Dunklen Flotte folgendermaßen:

»*C:* Es gibt eine separate Basis auf dem Mond, die von Dracos und Menschen, deutschen Abtrünnigen-Gruppen, gemeinsam genutzt wird, und zwar bis zum heutigen Tag. Diese Basis der Dunklen Flotte hat die Form einer oben abgeschnittenen Pyramide, oder wie würden Sie diese Form nennen?

D: Trapezförmig?

C: Ja, trapezförmig.

D: Wissen Sie, wann diese Basis erbaut wurde?

C: Das muss in den 1960er, Anfang der 1970er Jahre gewesen sein.

D: Hatten die Dracos ihre eigenen Gebäude in diesem Trakt, einen, den sie vorher schon auf dem Mond besessen hatten?

C: … Unter dem Mond.

D: Ihre Bemühungen, den Deutschen beim Bau einer eigenen Einrichtung zu helfen, dienten also eher dazu, ihnen ein eigenes Territorium zu überlassen, so dass sie sich sicher fühlten und das Gefühl hatten, ihr eigenes Zuhause zu haben?

C: Na ja, das gehört zu einem umfassenderen Plan, alle zusammen in dieses System zur Kontrolle über die Erde zu integrieren, an dem die Dracos sehr stark beteiligt sind.«[19]

Tony Rodrigues berichtet ebenfalls, zu einer Mondbasis mit trapezförmigem Grundriss gebracht worden zu sein, nachdem er im Jahr 1981 zum ersten Mal unfreiwillig in ein »Zwanzig Jahre und zurück«-Programm aufgenommen worden war. Er sei von Greys untersucht worden, um festzustellen, über welche Fähigkeiten er verfügte und für welche Programme er am besten geeignet war.[20]

In Anbetracht all dieser historischen Berichte über Misshandlungen auf der Mondbasis der Dunklen Flotte und der Tatsache, dass das Lunar Operations Command als Rekrutierungszentrum für Mitarbeiter diente, die für verschiedene Geheime Weltraumprogramme – einschließlich der Dunklen Flotte – eingesetzt werden sollten, war es eine Überraschung, dass diese Mondbasen Ende 2020, Anfang 2021 angeblich von der Galaktischen Föderation der Welten ins Visier genommen wurden. Thor Han berichtete Elena Danaan Folgendes über die Befreiung des Mondes, die damals in vollem Gange war:

»Im selben Zeitraum eroberten die Erdallianz und die Galaktische Föderation den Erdmond in einem brutalen militärischen Schlag von den Nebu [Orion-Greys] zurück. Wochenlang fanden heftige Kämpfe statt; sogar Explosionen wurden von der Erde aus beobachtet. Die Bergwerke und Sklavenlager auf der dunklen Seite des Mondes, die sich im Besitz von böswilligen Außerirdischen befanden, wurden angegriffen. Ihre Bewohner wurden vertrieben und alle Sklaven befreit. Die Nebu-Greys wehrten sich zwei Wochen lang mit brutaler Entschlossenheit, aber die Föderation hielt ihre Positionen, und es ist den Greys nie wieder gelungen, den Erdmond zurückzuerobern. Diese Zeit erbitterter Kämpfe war für mich sehr stressig, weil ich wusste, dass Thor Han bei dieser Schlacht auf der Rückseite des Mondes seine Flotte von fünfzehn Raumschiffen kommandierte.«[21]

Die entscheidende Frage, die sich nun stellt, lautet, ob es unabhängige Beweise dafür gibt, dass der Mond von der Galaktischen Föderation befreit wurde, wie Danaan behauptet.

Wir wissen, dass es Ende 2020, während der Trump-Administration, eine Zunahme von Aktivitäten im Zusammenhang mit den Artemis-Abkommen gab, die darauf abzielten, eine multinationale Weltraumkoalition zu schaffen, welche zunächst Kolonien auf dem Mond und dann auf dem Mars errichten wollte. Auf der NASA-Website zum Artemis-Plan werden die Pläne der NASA für den Mond und den Mars folgendermaßen beschrieben:

»Im Zuge der Artemis-Missionen wird die NASA die erste Frau und die erste farbige Person auf dem Mond landen lassen und innovative Technologien einsetzen, um mehr von der Mondoberfläche zu erforschen als je zuvor. Wir werden mit kommerziellen und internationalen Partnern zusammenarbeiten und die erste Langzeitpräsenz auf dem Mond aufbauen. Anschließend werden wir das, was wir auf dem Mond und in seiner Umgebung gelernt haben, für unseren nächsten großen Schritt nutzen: die ersten Astronauten zum Mars zu schicken.«[22]

Das Zieldatum des Artemis-Plans der NASA für die erste bemannte Mission war 2024, wurde aber unter der Biden-Regierung auf 2025 verschoben. Der Artemis-Plan sieht die Errichtung einer Raumstation in der Mondumlaufbahn, eines sogenannten Gateways, vor, bevor die erste ständige Basis am Südpol des Mondes errichtet werden soll:

»In diesem Streben nach einer solideren bemannten Präsenz auf dem Mond werden die NASA, die US-amerikanische Industrie und unsere globalen Partner die Infrastruktur, die Systeme und die Robotermissionen etablieren, die nötig sind, um eine dauerhafte Anwesenheit auf der Mondoberfläche zu ermöglichen. Zu diesem Zweck werden wir die Kapazitäten des Gateways erweitern, große Sicherheit im Hinblick auf kommerzielle Mondlandegeräte entwickeln, die vom Gateway aus starten, und das Artemis-Basislager am Südpol des Mondes errichten.«[23]

Während der Artemis-Plan der NASA keinen Termin für den Bau dieser ersten Basis auf dem Mond nennt, haben Russland und China ihren eigenen multinationalen Plan für bemannte Mondmissionen und die Errichtung einer gemeinsamen »Internationalen Mondforschungsstation« bekanntgegeben: All dies soll bis 2036 erfolgt sein.[24] Die Beschleunigung der Rückkehr von Menschen auf den Mond bis zum Jahr 2025 im Rahmen des Artemis-Plans ist ein deutlicher Hinweis auf Veränderungen auf dem Mond, die es den Menschen ermöglichen, dahin zurückzukehren und dort dauerhafte Kolonien zu errichten. Es hat sich also eindeutig etwas an unserem Umgang mit dem Mond verändert – das ist ein überzeugender Indizienbeweis für die Behauptungen von Danaan.

Eine weitere Bestätigung für diese vor kurzem stattgefundenen großen Veränderungen auf dem Mond kommt von einem meiner Informanten, der zurzeit bei der U.S. Army dient und an verdeckten Missionen im Weltraum teilnimmt: JP – ein Pseudonym, um seine Anonymität zu wahren. Ich arbeite schon seit 2008 mit ihm zusammen und habe Hunderte von Stunden damit verbracht, seine Erfahrungen aufzuzeichnen. 2017 ging ich erstmals mit einer Aussage von ihm an die Öffentlichkeit. Sie ließ sich durch Hunderte von Fotos untermauern, die er mit mir teilte; einige von ihnen wurden in meinen Büchern veröffentlicht, andere sind online einsehbar.[25] Das Besondere an JPs Informationen war, dass er von verdeckten Mitarbeitern der Air Force Special Operations dazu angespornt wurde, in der Nähe der MacDill Air Force Base bei Tampa, Florida, dem Sitz des U.S. Special Operations Command, Fotos von Antischwerkraft-Raumschiffen zu machen.[26] Einer der Air-Force-Mitarbeiter freundete sich mit JP an und ermutigte ihn, sich zum Dienst beim US-Militär zu melden, damit sie enger mit ihm zusammenarbeiten könnten. JP beschloss Ende 2018, diesen Rat zu befolgen, und trat

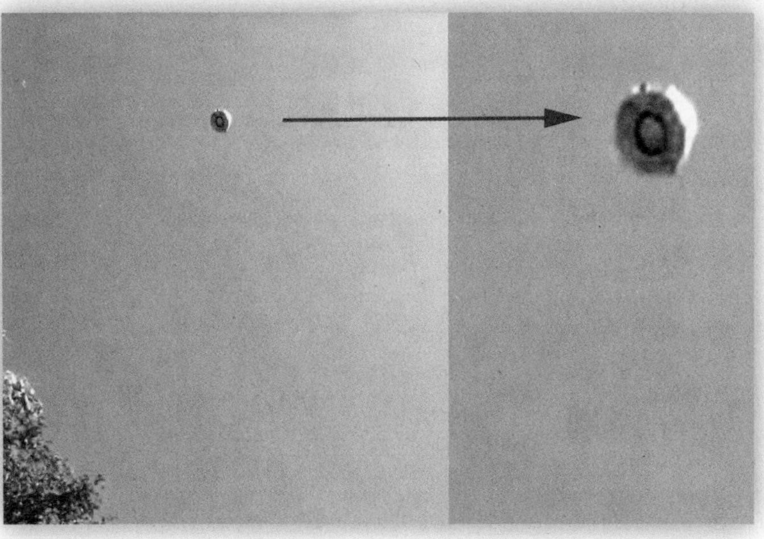

Abb. 21. Foto des abfliegenden Raumschiffs der Nordischen, die mit der U.S. Air Force zusammenarbeiten (aufgenommen am 24. Mai 2018).

im Januar 2019 seinen Dienst dort an. Seitdem erfüllt er in der amerikanischen Armee zwei Hauptaufgaben: Erstens ist er im Rahmen seiner militärischen Sonderausbildung (MOS 91J) als Quartiermeister und Reparateur für chemische Ausrüstung tätig. Zweitens führt er mit den verdeckten Operateuren des Space Command Einsätze im Weltraum durch. Mir liegen Unterlagen vor, aus denen hervorgeht, dass JP zurzeit bei der U.S. Armee dient und dass er neben der für seine Tätigkeit als Quartiermeister und Reparateur chemischer Geräte notwendigen Ausbildung noch eine Sonderausbildung absolvierte, die man für verdeckte Weltraummissionen benötigt.[27]

Am Morgen des 7. September 2021 erzählte JP mir, dass er und ausgewählte Kollegen von der U.S. Army an mehreren Missionen zum Mond teilgenommen hätten – mit hochentwickelten Shuttle-Raumschiffen, die auf der Erde gebaut und mit Technologien von nordischen Außerirdischen ausgerüstet dem U.S. Space Command zur Verfügung gestellt worden waren. In einem am 26. Mai 2018 veröffentlichten Artikel berichtete ich über eine Begebenheit, in deren Verlauf JP einen dieser nordischen Außerirdischen traf, die mit dem US-Militär zusammenarbeiten, und ein Foto von einem Raumschiff machte.[28] JP teilte mir mit, dass er sich genau an diese Mondmissionen erinnere, während die Erinnerung daran bei seinen Armeekollegen gelöscht worden sei. Er berichtete, das Shuttle habe große Ähnlichkeit mit einem nordischen Raumschiff gehabt, das er 2008, kurz nach Beginn unserer Kommunikation, in Brasilien gesehen habe.

JP beschrieb diese Mond-Shuttles als völlig autonome Raumschiffe, die mit einer Kombination aus menschlicher und außerirdischer Technologie ausgerüstet sind und vom Mond oder von der Erde aus ferngesteuert werden, je nachdem, wo das Shuttle gerade hinfliegt. Das Prinzip ähnelt dem eines Flughafen-Shuttles – nur mit dem Unterschied, dass dieses Raumschiff militärisches Personal für Verteidigungs- und Bauprojekte sehr schnell zum Mond hin- und wieder zurücktransportieren soll.

Es folgen ein paar Auszüge aus meinem Skype-Gespräch mit JP vom 7. September 2021:

»Ermüdend … Mond und zurück, Mond und zurück, Mond und zurück, Mond und zurück, Mond und zurück … Eis in Wasser umwandeln … Ich [hatte] dieses Raumschiff noch nie gesehen. Ähnlich wie das in Brasilien, mit schärferen Enden … Ich erinnere mich an etwas Interessantes, der Boden hatte Ähnlichkeit mit einer Art Gel … Wir saßen im Kreis herum. Angeschnallt … Man spürt für den Bruchteil einer Sekunde die Schwerkraft, dann scheint alles wieder ganz normal zu sein …Viele Leute fliegen zum Mond und können sich nachher nicht mehr daran erinnern, aber ich habe noch Erinnerungen daran. Ich erinnere mich an alles … Es sind ständig Bauarbeiten im Gange. Es wird immer wieder neues Zeug nach oben transportiert …

Irgendwie war es lustig, als wir wieder einmal von dort wegflogen und eine andere Gruppe dablieb, die aber nur Französisch sprach … Es ist so etwas wie eine internationale Angelegenheit. Und ein anderes Mal blieb eine andere Gruppe dort. Eine Gruppe, die nicht einmal menschenähnlich aussah … Ähnlich wie wir … Wir halten abwechselnd an diesen

> Punkten die Stellung … Es sieht eher nach nordischer Technologie aus. Es ist wie eine Mischung aus unserer und ihrer Technologie.«[29]

JPs MOS-91J-Status spricht für die Richtigkeit seiner Aussage, dass er auf den Mond geschickt wurde, um Geräte zur Umwandlung von Eis in Wasser zu installieren oder zu reparieren. JPs Behauptung, dass auf dem Mond viele Bauarbeiten stattfinden, bestätigt Danaans Aussage, dass sich an unserem Umgang mit Mondangelegenheiten aufgrund der Intervention der Galaktischen Föderation vor kurzem einiges verändert hat. Die nordischen Außerirdischen, mit denen JP in Kontakt stand, gehören zur Galaktischen Föderation, die bei der Befreiung des Mondes eine wichtige Rolle spielte und jetzt bei der Renovierung und Errichtung neuer Stützpunkte auf dem Mond mit dem U.S. Space Command zusammenarbeitet.

Zusammenfassend kann man sagen: Die jüngsten Entwicklungen lassen darauf schließen, dass auf dem Mond drastische Veränderungen stattgefunden haben, die eine menschliche Besiedlung im Rahmen des Artemis-Plans und einer gemeinsamen chinesisch-russischen Mondinitiative ermöglichen. Es ist sehr gut möglich, dass diese Veränderungen ermöglicht wurden durch militärische Eingriffe der Galaktischen Föderation gegen Stützpunkte auf dem Mond, die fest in der Hand von Außerirdischen waren, wie Danaan/Thor Han erstmals ausgesagt haben. Gemäß ihrer Obersten Direktive ist die Galaktische Föderation nach Artikel IX und X zur Ergreifung von Gegenmaßnahmen befugt, wenn außerplanetarische Spezies wie das Draco-Imperium und die Orion-Allianz, die in den 1930er Jahren aufgrund geheimer Vereinbarungen mit Nazi-Deutschland begannen, sich in die Angelegenheiten der Menschheit einzumischen, Unrecht begehen.[30] Die frühen Abkommen mit Nazi-Deutschland und die darauffolgenden Vereinbarungen mit Draconern und Greys von Orion, an denen die USA und andere Nationen beteiligt waren, führten zur Unterdrückung Tausender von Technologien, die mit freier Energie sowie exotischen Antriebssystemen und Heilverfahren zu tun haben. Diese Unterdrückung lässt sich heute am besten an den fast sechstausend US-Patenten ablesen, die aufgrund von Geheimhaltungsverfügungen bisher nicht veröffentlicht wurden.[31]

Zu den Zielen der militärischen Interventionen der Galaktischen Föderation gehörte wahrscheinlich auch die trapezförmige Mondbasis der Dunklen Flotte, an deren wichtigsten Operationen Draco-Reptiloide und Greys von Orion beteiligt waren. Und was am allerwichtigsten ist: Dem Interplanetarischen Unternehmenskonglomerat wurde das Kommando über die Mondoperationen entzogen und der Erdallianz übergeben. Diese Übergabe wird durch eine Bekanntgabe des Air Force Research Laboratory vom März 2022 bestätigt, wonach die Space Force in Zukunft für die Überwachung des Weltraumverkehrs im zislunaren Raum zuständig sein wird – mit Hilfe des sogenannten Cislunar Highway Patrol System (CHPS), des Zislunaren Highway-Patrouillensystems. In der offiziellen Ankündigung wird dieses neue Weltraumüberwachungssystem folgendermaßen beschrieben:

> »Das Zislunare Highway-Patrouillensystem ist ein vom Air Force Research Laboratory Space Vehicles Directorate[32] entwickeltes Raumfahrzeug, das die U.S Space Force besser dazu befähigen soll, künstliche Objekte aufzuspüren und zu identifizieren, die im Mondbereich und darüber hinaus operieren – das heißt in einer Entfernung von 385.000 Kilometern. Die meisten Sensoren der Space Force sind zur Erkennung und Verfolgung von Satelliten ausgelegt, die sich in einer geosynchronen Umlaufbahn (~ 36.000 Kilometer) oder näher an der Erde befinden.«[33]

Die Space Force wäre von da an für die Überwachung, Regulierung und das Abfangen aller in den zislunaren Raum eintretenden Objekte verantwortlich. Laut JPs Aussage erfordert diese neue Aufgabe nicht nur die Umstrukturierung des Lunar Operations Command, sondern auch die Errichtung neuer Anlagen auf dem Mond. Und es gibt tatsächlich Belege dafür, dass so etwas im Gange ist: Am 6. März 2022 gab die NASA bekannt, dass sie Bauprojekte für die Mondinfrastruktur finanzieren wird.[34] Diese NASA-Initiative scheint ein Deckmantel für die großen Bauprojekte auf dem Mond zu sein, von denen JP sprach.

Die Galaktische Föderation hat mit Unterstützung ihrer Verbündeten – Erdallianz, Andromeda-Rat, Ashtar-Kommando – Maßnahmen ergriffen, um die furchtbaren Menschenrechtsverletzungen innerhalb der Dunklen Flotte und anderer von Außerirdischen betriebenen Mondbasen zu beenden. Das führte dazu, dass wichtige Einrichtungen auf dem Mond und deren Funktionen an die U.S. Space Force und die Erdallianz übergeben wurden. Die Rückgabe dieser Einrichtungen mitsamt ihrer Funktionen ist ein wichtiger Schritt zur Schaffung einer zukünftigen »Sternenflotte«.

Anmerkungen

1 Timothy Good, *Above Top Secret: The Worldwide UFO Cover-up* (Grafton, New Edition 1989); p. 186. – Dt. Ausgabe: *Jenseits von Top Secret. Das geheime Ufo-Wissen der Regierungen*. Zweitausendeins Verlag, Frankfurt am Main 1991.

2 Siehe Alan Martin, »Scientists have found the perfect spot to set up camp on the moon«; https://www.alphr.com/space/1007415/scientists-have-found-the-perfect-spot-to-set-up-camp-on-the-moon/ (aufgerufen am 09.01.2022).

3 Frank Tavares, »Ice Confirmed at the Moon's Poles«, NASA; https://www.nasa.gov/feature/ames/ice-confirmed-at-the-moon-s-poles (aufgerufen am 09.01.2022).

4 John Grant, »The Moon's Surface Has Enough Oxygen to Sustain 8 Billion People for 100,000 Years«; https://singularityhub.com/2021/11/14/the-moons-surface-has-enough-oxygen-to-sustain-8-billion-people-for-100000-years/ (aufgerufen am 09.01.2022).

5 Das National Reconnaissance Office ist ein 1960/61 gegründeter Militärnachrichtendienst der USA, der für das militärische Satellitenprogramm verantwortlich ist.

6 Ein Konsortium besteht aus mehreren rechtlich und wirtschaftlich selbstständigen Unternehmen, den sogenannten Konsorten, und wird von einem oder mehreren Konsortialführern geleitet.

7 Zur Diskussion über diese geheimen Vereinbarungen siehe Michael E. Salla, *U.S. Air Force Secret Space Program: Shifting Extraterrestrial Alliances & Space Force* (Exopolitics Consultants 2019); pp. 167-86. – Dt. Ausgabe: *Die Geheime Geschichte der U.S. Space Force*. AMRA Verlag, Hanau 2021.

8 Erstmals habe ich den Interplanetarischen Mischkonzern diskutiert am 17. April 2015 in »Secret Space Programs More Complex than previously revealed«; https://exopolitics.org/secret-space-programs-more-complex-than-previously-revealed/ (aufgerufen am 09.01.2022).

9 Zur Diskussion über diese Unterwanderung durch Unternehmen siehe Michael E. Salla, *Antarctica's Hidden History: Corporate Foundations of Secret Space Programs* (Exopolitics Consultants 2018). – Dt. Ausgabe: *Antarktis – Die verbotene Wahrheit*, AMRA Verlag, Hanau 2019.

10 Siehe William Mills Tompkins, *Selected by Extraterrestrials: My life in the Top-secret World of UFOs, Think-tanks and Nordic Secretaries*, herausgegeben von Dr. Robert M. Wood (2015). – Deutsche Ausgabe: *Auserwählt von Außerirdischen. Mein Leben in der streng geheimen Welt von UFOs, Think Tanks und nordischen Sekretärinnen.* AMRA Verlag, Hanau 2024.

11 Siehe Michael E. Salla, *U.S. Air Force Secret Space Program: Shifting Extraterrestrial Alliances & Space Force* (Exopolitics Consultants 2019). – Dt. Ausgabe: *Die Geheime Geschichte der U.S. Space Force*; AMRA Verlag, Hanau 2021.

12 Siehe »Audio – Supersoldiers and Project Moon Shadow – Full Interview with Captain K. Part 1«; https://youtu.be/9vj4N2RHYc0 (aufgerufen am 09.01.2022).

13 Siehe »Mars Defense Force: Defending Human Colonies – Part 2 Capt K Interviews«; https://youtu.be/ZJ6OpdyNHIQ (aufgerufen am 09.01.2022).

14 Siehe »Full Audio – Capt K Interviews Part 4 – Physical age regression & regaining wiped memories«; https://youtu.be/WwinDEomGvM (aufgerufen am 09.01.2022).

15 Siehe Michael E. Salla, »Comparative Analysis: Corey/GoodETxSG & Randy Cramer/Capt Kaye«; https://exopolitics.org/recruitment-covert-service-for-secret-space-programs/#Comparison (aufgerufen am 09.01.2022).

16 Siehe Michael E. Salla, *Insiders Reveal Secret Space Programs & Extraterrestrial Alliances* (Exopolitics Institute 2015); pp. 309-344. – Dt. Ausgabe: *Geheime Weltraumprogramme & Allianzen mit Außerirdischen.* AMRA Verlag, Hanau 2018.

17 Siehe »Moon Training & Suicide Missions on Mars – 20 Years a Slave in Secret Space Programs – Pt2«; https://exopolitics.org/moon-training-suicide-missions-on-mars-20-years-a-slave-in-secret-space-programs-pt2/ (aufgerufen am 09.01.2022).

18 Siehe Niara Terela Isley, *Facing the Shadow, Embracing the Light* (Amazon Book & Kindle 2013); p.271.

19 »We Were Never Alone«, *Cosmic Disclosure* vom 3. November 2015 mit David Wilcock und Corey Goode, Staffel 2, Episode 6.

20 Siehe Tony Rodrigues, *Ceres Colony Cavalier: A True Account of One Man's Twenty Year Abduction,* mit einem Vorwort von Michael E. Salla, Amazon Book & Kindle, Dezember 2021. – Dt. Ausgabe: *Ceres Colony Cavalier: Zwanzig Jahre und zurück – mein Leben als Sklave der Dunklen Flotte auf Mond-Erde-Mars und in der Ceres-Kolonie*. AMRA Verlag, Hanau 2023.

21 Elena Danaan, *We Will Never Let You Down: Encounters with Val Thor and Journeys beyond Earth*, mit einem Vorwort von Laura Eisenhower, Amazon Book & Kindle, September 2021; p. 125. – Dt. Ausgabe: *Wir werden Sie nie im Stich lassen. Begegnungen mit Val Thor und Reisen jenseits der Erde*. Amazon Book & Kindle, November 2022.

22 NASA; https://www.nasa.gov/specials/artemis/ (aufgerufen am 09.03.2022).

23 Der Artemis Plan ist einsehbar auf https://www.nasa.gov/sites/default/files/atoms/files/artemis_plan-20200921.pdf (aufgerufen am 09.03.2022).

24 Stuart Clark, »Russia and China team up to build a moon base«; https://www.theguardian.com/science/2021/jun/25/russia-china-team-up-build-moon-base (aufgerufen am 09.03.2022).

25 Artikel, Fotos und Videos über JP finden Sie unter https://exopolitics.org/jp-articles-photos-videos/ (aufgerufen am 11.01.2022).

26 Siehe Michael E. Salla, »Covert Disclosure of Antigravity Rectangle Weapons Platforms by USAF Special Operations«; https://exopolitics.org/covert-disclosure-rectangle-craft-usaf-spec-ops/ (aufgerufen am 11.01.2022).

27 Siehe U.S. Army, »Quartermaster and Chemical Equipment Repairer«; https://tinyurl.com/5ckv5s24 (aufgerufen am 11.01.2022).

28 Siehe Michael E. Salla, »Contact with Nordic Alien in USAF Uniform whose Spacecraft was Photographed«; https://exopolitics.org/contact-with-nordic-alien-in-usaf-uniform-whose-spacecraft-was-photographed/ (aufgerufen am 8.01.2022).

29 Zitiert in Michael E. Salla, »Galactic Federation is helping humanity build a Starfleet for Planetary Defense«; https://exopolitics.org/galactic-federation-is-helping-humanity-build-a-starfleet-for-planetary-defense/ (aufgerufen am 16.01.2022).

30 Die Oberste Direktive der Galaktischen Föderation ist online einsehbar unter »Did the Galactic Federation just release its Prime Directive«; https://exopolitics.org/did-the-galactic-federation-just-release-its-prime-directive/ (aufgerufen am 10.01.2022).

31 Eine Aufschlüsselung der Gesamtzahl der Geheimhaltungsverfügungen für Patente, die beim US-Patent- und Markenamt eingereicht wurden, finden Sie unter https://sgp.fas.org/othergov/invention/stats.html (aufgerufen am 07.01.2022).

32 Auf www.afrl.af.mil/RV beschreibt das Air Force Research Laboratory seine Aufgaben: »Von der Entwicklung der neuesten Technologie der Weltraumkomponenten bis hin zu hochmodernen Satellitenexperimenten stellt das AFRL sicher, dass die Vereinigten Staaten und ihre Verbündeten die Weltraumüberlegenheit behalten. Das AFRL Space Vehicles Directorate, das Kompetenzzentrum der Air Force für Weltraumforschung, entwickelt und überführt Technologien, die der Nation weltraumgestützte Fähigkeiten bieten. Wissenschaftler und Ingenieure der AFRL leiten führende Raumsondenprogramme.«

33 »Cislunar Highway Patrol System (CHPS)«; https://afresearchlab.com/technology/cislunar-highway-patrol-system-chps/ (aufgerufen am 12.03.2022).

34 Siehe »NASA Funds Research for Moon Infrastructure Construction«; https://www.governing.com/next/nasa-funds-research-for-moon-infrastructure-construction (aufgerufen am 12.03.2022).

11 Die Galaktische Föderation hilft der Menschheit beim Aufbau einer Sternenflotte

Alle acht Hauptkampfgruppen des Solar Warden sind alt, wirklich alt. Sie werden jetzt durch zwölf neue ersetzt. Das ist ein enormes Unterfangen, denn sie sind sehr alt … Ich denke, dass zwei [Kampfgruppen] im Jahr 2031 oder kurz davor erstmals zum Einsatz kommen werden.

– William Mills Tompkins (25. Februar 2016) –

Aufgrund des Exodus der Dunklen Flotte und ihrer Verbündeten – der Draco-Reptiloiden und Orion-Greys (alias Dunkle Allianz) – aus unserem Sonnensystem, den wir dem Eingreifen der Galaktischen Föderation der Welten zu verdanken haben, findet auf der Erde gerade eine große Machtverschiebung statt. Ich habe bereits beschrieben, was für eine wichtige Rolle die Galaktische Föderation und deren außerirdische Partnerorganisationen (Ashtar-Kommando und Andromeda-Rat) bei der Befreiung von Mars, Antarktis und Mond im Rahmen eines Zeitkriegs gespielt haben. Ein wichtiges Element dieses Zeitkriegs bestand darin, eine Allianz der wichtigsten Raumfahrtnationen der Erde zu ermöglichen, die nach der Niederlage der Dunklen Allianz für die Verwaltung unseres Sonnensystems zuständig sein sollte. Die Jupiter-Vereinbarungen waren ein entscheidender Schritt auf diesem Weg. Sie beruhten darauf, dass die vierzehn wichtigsten Raumfahrtnationen der Erde sich bereit erklärten, die Führung der USA über einen sechsköpfigen »Exekutivrat« zu akzeptieren, an dem vermutlich die fünf ständigen Mitglieder des UN-Sicherheitsrats – China, Frankreich, Russland, Großbritannien und die USA – plus Japan beteiligt sein würden.

Die wichtigste amerikanische Militärorganisation, über die eine multinationale Weltraumallianz aufgebaut wird, ist das U.S. Space Command. Wie schon in Kapitel 7 erwähnt, gab ihr Leiter, General James Dickinson, öffentlich zu Protokoll, dass zu diesem Zweck über einhundert Vereinbarungen mit verschiedenen Einrichtungen – Militärs, Unternehmen und Wissenschaftlern – aus aller Welt getroffen worden seien. Damit bestätigt General Dickinson, dass das U.S. Space Command der Dreh- und Angelpunkt einer internationalen militärischen Weltraumkoalition ist, die sich zum Zeitpunkt der Erstellung dieses Buches gerade im Aufbau befindet. In Anbetracht meiner bisherigen Ausführungen sollte es daher niemanden überraschen, dass die Galaktische Föderation zum Zweck der Schaffung einer »Sternenflotte« mit dem U.S. Space Command zusammenarbeitet.

Zwei Hauptquellen verfügen über Informationen, die für die Schaffung einer solchen Sternenflotte unmittelbar relevant sind und auf die ich in diesem Kapitel noch ausführlich eingehen werde. Die erste ist Elena Danaan, die von ihrer außerirdischen Kontaktperson Thor Han Eredyon Informationen über die Rolle der Galaktischen Föderation beim Zeitkrieg, bei der Befreiung von Erde, Mond und Mars und bei den Jupiter-Vereinbarungen erhielt. Die zweite Informationsquelle ist JP, der ebenfalls Kontakt zu menschenähnlichen Außerirdischen hatte und zurzeit in der U.S. Army dient, wo er an verdeckten Missionen im Weltraum teilnimmt.

Danaan erwähnte die Gründung einer Sternenflotte im Zusammenhang mit den Jupiter-Vereinbarungen erstmals in ihren eMails vom 17. Juli 2021, in denen sie enthüllte, dass Treffen zwischen verschiedenen außerirdischen Organisationen und vierzehn Raumfahrtnationen stattgefunden hatten. Thor Han teilte ihr mit, dass eine Sternenflotte rund um ein »horizontales Komitee« (alias Exekutivrat) der sechs führenden Raumfahrtnationen geschaffen werden würde. Ich spekulierte daraufhin, dass es sich dabei wohl um China, Frankreich, Japan, Russland, Großbritannien und die USA handeln würde.

Das »horizontale Komitee« würde von den USA »gemanagt« werden, da die Galaktische Föderation und der Andromeda-Rat festgestellt hatten, dass die USA von den Nationen der Erde am meisten unterstützt wurden. Ich interpretiere den Begriff »managen« so, dass das U.S. Space Command als eine Art Vorsitzender fungieren würde, der die Tagesordnung für die Sitzungen und die vom horizontalen Komitee oder Exekutivrat zu erörternden Themen festlegt und die teilnehmenden Nationen bei der Umsetzung der Entscheidungen des Komitees koordiniert. Dieses Vorgehen ist insofern sinnvoll, als die USA der Dreh- und Angelpunkt der Artemis-Abkommen sind – einer Reihe bilateraler Abkommen zwischen den USA und anderen Raumfahrtnationen, vertreten von ihren jeweiligen Raumfahrtbehörden.[1]

Die Jupiter-Vereinbarungen besagten, dass das U.S. Space Command das Zentrum der gerade entstehenden »Erdallianz« sein würde. Der beste Beweis dafür ist die Tatsache, dass ihr Leiter, General James Dickinson, einen Monat später von über einhundert Vereinbarungen sprach, die mit mehreren Militärs, Raumfahrtbehörden und Unternehmen weltweit getroffen worden seien.[2] Bezeichnenderweise berichtete Danaan, ein telepathisches Bild von der Zukunft erhalten zu haben, in dem die Logos von *Star Trek*, den Artemis-Abkommen und der Space Force (dem wichtigsten Militärdienst hinter dem U.S. Space Command) zu einem einzigen Symbol miteinander verschmolzen.[3] Dieses telepathische Bild signalisierte, dass die Jupiter-Vereinbarungen zur Entstehung einer Sternenflotte führen würden. Das ist kein Zufall.

Anfang 2019 fand ein Space Future's Workshop statt, an dem sechzig Experten aus verschiedenen US-Militärs, Raumfahrtbehörden, Unternehmen und internationalen Partnern teilnahmen.[4] Dieser Workshop wurde vom Vorgänger der U.S. Space Force, dem U.S. Air Force Space Command, organisiert. Dort wurde über drei wichtige Variablen diskutiert, die im Hinblick auf die Expansion der Menschheit in den Weltraum während der nächsten vierzig Jahre eine wichtige Rolle spielen würden: zivile und finanzielle Aspekte sowie die Führungsrolle der USA. Diese drei Variablen wurden im Licht von acht möglichen Szenarien erörtert, wobei das optimale Szenario eine *Star-Trek*-Zukunft

Abb. 22. Vergleichende Nebeneinanderstellung der Logos von Space Force und Sternenflotte.

ist. Der Konsens, der auf dem Workshop erzielt wurde, fiel – wie nicht anders zu erwarten – zugunsten der *Star-Trek*-Zukunft aus.

Wenige Monate später wurde von Präsident Donald Trump und dem Pentagon das U.S. Space Command genehmigt. Es wurde offiziell am 29. August 2019 ins Leben gerufen – nur gut einen Monat nach den Jupiter-Vereinbarungen. Auf die Gründung des Space Command folgte die Genehmigung des amerikanischen Kongresses zur Einrichtung der U.S. Space Force, die Präsident Trump am 20. Dezember 2019 unterzeichnete.[5] Ich habe die diesbezügliche Bedeutung des Space Future's Workshops und seine Auswirkungen in meinem Buch *Space Force: Unsere Star-Trek-Zukunft* erörtert.

Und an dieser Stelle werden die Informationen von JP relevant. Am Morgen des 7. September 2021 berichtete mir JP, dass er und ausgewählte Kollegen der U.S. Army an mehreren Mondmissionen mit hochentwickelten Shuttle-Raumschiffen teilgenommen hätten. Die Shuttles seien auf der Erde gebaut und mit Technologien nordischer Außerirdischer ausgerüstet worden, die dem US-Militär zur Verfügung gestellt worden waren. In einem Artikel vom 26. Mai

2018 beschrieb ich einen Vorfall, bei dem JP einen dieser nordischen Außerirdischen traf, die mit dem US-Militär zusammenarbeitete, und ein Foto des Raumschiffs machte.[6] JP teilte mir mit, dass er sich genau an diese Mondmissionen erinnere, während die Erinnerungen daran bei seinen Armeekollegen gelöscht wurden. Er berichtete, das Shuttle habe große Ähnlichkeit mit einem Raumschiff der Nordischen gehabt, das er im Jahr 2008, kurz nach Beginn unserer Kommunikation, in Brasilien gesehen habe.

JP beschrieb diese Mond-Shuttles als autonome Raumschiffe, die mit einer Kombination aus menschlicher und Alien-Technologie ausgerüstet sind und vom Mond oder von der Erde aus ferngesteuert werden, je nachdem, wo die Fähre gerade hinfliegt. Das Prinzip ähnelt dem eines Flughafen-Shuttles – nur mit dem Unterschied, dass dieses Raumschiff militärisches Personal für Verteidigungs- und Bauprojekte sehr schnell zum Mond hin- und wieder zurücktransportieren soll.[7]

JPs Armeeausbildung als Quartiermeister und Reparateur für chemische Ausrüstung (MOS 91J) spricht für die Richtigkeit seiner Behauptung, dass er auf den Mond geschickt wurde, um Geräte zur Umwandlung von Eis in Wasser zu installieren oder zu reparieren.[8] Bezeichnenderweise hörte JP eine Gruppe von Leuten auf dem Mond Französisch sprechen, was darauf hindeutet, dass Frankreich an einem multinationalen Weltraumprogramm teilnimmt (eine Tatsache, auf die ich gleich noch näher eingehen werde). JPs Informationen bestätigen die Richtigkeit von Danaans Behauptung, dass die Galaktische Föderation den USA und verbündeten Militärs beim Bau von Flotten hochentwickelter neuer Raumschiffe für viele verschiedene Missionen hilft – eine moderne Sternenflotte.

Zusammenfassend kann man sagen, dass sich im Weltraum zurzeit wichtige Ereignisse abspielen, die mit einer Koordination zwischen den großen Raumfahrtnationen und der Galaktischen Föderation der Welten einhergehen, und dass unser Sonnensystem sich dadurch für die Menschheit öffnet. Das von der Dunklen Flotte und ihren negativen außerirdischen und der Unternehmenswelt angehörigen Verbündeten geschaffene System zur Kontrolle des Lebens in unserem Sonnensystem wird nun sehr rasch durch eine positivere multinationale Weltraumallianz unter Führung des U.S. Space Command ersetzt. Die Schaffung einer Sternenflotte ist eine logische Folge der fortschrittlichen Technologien, die das U.S. Space Command vor kurzem von der Galaktischen Föderation erworben hat.

An dieser Stelle möchte ich unbedingt darauf hinweisen, dass die in diesem Kapitel vorgestellten Informationen mit dem Bericht über den Space Futures Workshop 2019 übereinstimmen, in dem bestätigt wurde, dass die USA bei der Expansion der Menschheit in den Weltraum die militärische und politische Führung übernehmen und eine *Star-Trek*-Zukunft schaffen sollen.[9]

Die multinationale Sternenflotte & das Weltraumprogramm der Navy

Das führt mich zu einer wichtigen Frage: Wie hängt die Tatsache, dass die Galaktische Föderation das U.S. Space Command beim Aufbau einer multinationalen Weltraumflotte unterstützt, mit *Solar Warden* zusammen, dem Geheimen Weltraumprogramm der U.S. Navy? Laut Aussagen von William Mills Tompkins, Corey Goode und Randy Cramer verfügt *Solar Warden* über mindestens acht Weltraumkampfgruppen, die in der Lage sind, unser Sonnensystem zu verteidigen. Diese Navy-Kampfgruppen wurden, nach Tests gegen Ende der 1970er Jahre, Anfang der 1980er Jahren in Betrieb genommen, sind nun schon seit über vierzig Jahren im Einsatz und umfassen Mitglieder einiger derselben Nationen, die auch an den Artemis-Abkommen beteiligt sind. Tompkins deckte auf, dass die U.S. Navy in den Weltraumwerften ihrer nordischen außerirdischen Partner, die mit ziemlicher Sicherheit Mitglieder der Galaktischen Föderation sind, zwölf modernere Weltraumkampfflotten baut, die Anfang der 2030er Jahre ausgeliefert werden sollen. Ich habe sämtliche Daten und Zeugenaussagen, die die Existenz von *Solar Warden* belegen, in meinem Buch *Das Geheime Weltraumprogramm der U.S. Navy & die Allianz mit den Nordischen* vorgestellt.

Im Februar 2022 interviewte ich zwei Teilnehmer eines französischen Geheimen Weltraumprogramms, die bei *Solar Warden* auf einem gemeinsamen US-amerikanisch-französischen Weltraumtransporter namens *Solaris* gedient hatten.[10] Jean Charles Moyen begegnete ich erstmals im August 2019 auf einem Kongress in Quebec und war über ein Jahr lang damit beschäftigt, seine Dokumente und Aussagen zu prüfen, die ich für glaubwürdig halte. Ende 2021 erzählte Moyen mir von seiner erstaunlichen Wiederbegegnung mit David Rousseau, der behauptet, im Jahr 1982 ebenfalls auf der *Solaris* gedient zu haben, als die beiden sich während ihres jeweiligen »Zwanzig Jahre und zurück«-Dienstes kennenlernten und Freunde wurden.[11] Sowohl Moyen als auch Rousseau haben lebhafte Erinnerungen an die zahlreichen Missionen, an denen sie im Rahmen des *Solar-Warden*-Programms auf Flügen der *Solaris* zum Mars und an andere Orte in unserem Sonnensystem teilnahmen. Sie beschreiben *Solar Warden* als gemeinsames amerikanisch-französisches Programm aus dem Jahr 1982, das in zunehmendem Maß internationalisiert wurde, und behaupten, dass die *Solar-Warden*-Flotte mit einer Gruppe positiver Außerirdischer zusammenarbeitete, die sie beide als die Galaktische Föderation der Welten identifizierten. Kombiniert man die Angaben von Moyen und Rousseau mit den Informationen von Tompkins, so deutet alles darauf hin, dass *Solar Warden* sich zu einer multinationalen Sternenflotte entwickelt hat, die zurzeit die alten Raumflottenschiffe benutzt.

Angenommen, die U.S. Navy und ihre internationalen Partner verfügen bereits über acht Flotten inzwischen »veralteter« Raumtransporter und bauen jetzt zwölf »modernere« Kampfgruppen. Warum muss das U.S. Space Command dann mit Unterstützung der Galaktischen Föderation eine neue multinationale Flotte bauen? Die plausibelste Antwort auf diese Frage lautet, dass die Notwendigkeit, neue Flotten zur Verteidigung unseres Sonnensystems zu bauen, ein Vorwand für die künftige Integration des nun vollständig internationalisierten *Solar-Warden*-Programms in eine kombinierte Space-Command-Initiative ist, an der die USA und deren militärische Verbündete sowie ein künftiges US-amerikanisches Department of Space Force beteiligt sind. Oder einfacher ausgedrückt: Statt zu verkünden, dass schon seit Beginn der 1980er Jahre eine streng geheime multinationale »Sternenflotte« existiert, und damit viele unangenehme Fragen für das Pentagon und andere militärische Führer der Welt aufzuwerfen, ist es doch viel einfacher, zu behaupten, dass sich zurzeit eine Sternenflotte im Aufbau befindet, die bis zu den 2030er Jahren so weit sein wird, dass sie vom U.S. Space Command und seinen Partnern eingesetzt werden kann.

Anmerkungen

1 Siehe NASA; https://www.nasa.gov/specials/artemis-accords/index.html (aufgerufen am 11.01.2022).

2 Siehe David Vergun, »Spacecom attains initial operational capability, commander says«; https://www.spacewar.com/reports/Spacecom_attains_initial_operational_capability_commander_says_999.html (aufgerufen am 05.01.2022).

3 Erstmals zitiert in: Michael E. Salla, »Did Bezos, Branson & Musk secretly travel to Jupiter for negotiations with the Galactic Federation?«; https://exopolitics.org/did-bezos-branson-musk-secretly-travel-to-jupiter-for-negotiations/ (aufgerufen am 05.01.2022).

4 Siehe Air Force Space Command, »The Future of Space 2060 and implications for US Strategy: Report on the Space Futures Workshop«; https://tinyurl.com/4htrh793 (aufgerufen am 11.01.2022).

5 Siehe Michael E. Salla, »Trump signs Space Force Act – Stage Set for Secret Space Program Disclosure«; https://exopolitics.org/trump-signs-space-force-act/ (aufgerufen am 08.01.2022).

6 Siehe Michael E. Salla, »Contact with Nordic Alien in USAF Uniform whose Spacecraft was Photographed«; https://exopolitics.org/contact-with-nordic-alien-in-usaf-uniform-whose-spacecraft-was-photographed/ (aufgerufen am 08.01.2022).

7 Für JPs Diskussion über diese autonomen Shuttle-Raumschiffe siehe Michael E. Salla, »Galactic Federation is helping humanity build a Starfleet for Planetary Defense«; https://exopolitics.org/galactic-federation-is-helping-humanity-build-a-starfleet-for-planetary-defense/ (aufgerufen am 15.03.2021).

8 Siehe U.S. Army, »Quartermaster and Chemical Equipment Repairer«; https://tinyurl.com/5ckv5s24 (aufgerufen am 11.01.2022).

9 Siehe Air Force Space Command, »The Future of Space 2060 and implications for US Strategy: Report on the Space Futures Workshop«; https://tinyurl.com/4htrh793 (aufgerufen am 11.01.2022).

10 Siehe Michael E. Salla, »French SSP Insiders Speak Out«; https://exopolitics.org/french-ssp-insiders-speak-out/ (aufgerufen am 8.01.2022).

11 David Rousseau hat seine Erfahrungen in zwei Büchern niedergelegt, die in französischer Sprache erschienen sind, wobei das erste Buch auch auf Englisch erhältlich ist. Seine Website mit Informationen über diese Bücher ist https://davidrousseau.net/.

12 Treffen mit der Intergalaktischen Konföderation und dem Rat der Neun

Kardashev hielt eine Zivilisation des Typs IV für »zu« hoch entwickelt und kam auf seiner Skala nicht über Typ III hinaus. Er war der Meinung, dass das sicherlich dem Ausmaß der Fähigkeiten jeder Spezies entsprach. Viele denken so, aber einige wenige glauben, dass es noch eine weitere Stufe gibt, die erreicht werden könnte … Typ-IV-Zivilisationen könnten fast den Energiegehalt des gesamten Universums nutzen und damit die sich beschleunigende Expansion des Weltraums durchqueren (außerdem könnten hochentwickelte Rassen dieser Spezies im Inneren supermassiver Schwarzer Löcher leben).

– Jolene Creighton, Futurism.com –

Die Flotte der Intergalaktischen Konföderation erreicht Ganymed und Jupiter

Eine Flotte von Raumschiffen einer hochentwickelten Gruppe freundlicher außerirdischer Besucher ist in unserem Sonnensystem eingetroffen und hat sich auf dem Jupitermond Ganymed niedergelassen. Das berichten vier voneinander unabhängige Informanten, die mit den Ereignissen im Weltraum vertraut sind. Diese neuesten Informationen fallen zeitlich mit der Tatsache zusammen, dass William Shatner, der weltweit als Darsteller von Captain Kirk in der *Star-Trek*-Franchise verehrt wird, am 13. Oktober 2021 in den Weltraum geschossen wurde – vermutlich ein Deckmantel für die Tatsache, dass er bei den Ereignissen auf Ganymed eine wichtige Rolle spielt.[1]

Mein erster Informant, JP, der zurzeit bei der U.S. Army dient, hat aufgedeckt, dass eine internationale Weltraumkoalition heimlich Personal und Raumschiffe zum Jupitermond Ganymed schickte, um sich dort mit einer mächtigen neuen Gruppe außerirdischer Besucher zu treffen, die als freundlich gelten. Meine zweite Informationsquelle zu den Vorgängen auf Ganymed ist Elena Danaan, die Kontakt mit Außerirdischen hat. Sie gab Berichte ihres Informanten bei der Galaktischen Föderation, Thor Han Eredyon, an mich weiter, wonach diese Besucher einen Außenposten auf Ganymed eingerichtet haben, um sich so lange mit der Erdallianz abzustimmen, bis die Menschheit für einen direkten Kontakt bereit ist. Mein dritter Informant ist Alex Collier, der schon seit vielen Jahren Kontakt zu Außerirdischen von Andromeda hat: Er bestätigte mir, dass in letzter Zeit viele Aktivitäten in der Nähe von Ganymed stattgefunden haben, auf dem es bereits seit Jahrtausenden mehrere große Einrichtungen von Außerirdischen gibt. Die vierte Informationsquelle ist James Gilliland, der ebenfalls schon seit Jahren Kontakte zu Außerirdischen pflegt und die Ankunft einer Flotte von über fünfhundert Raumschiffen beschreibt. Und schließlich haben zwei französische Kontaktpersonen, Jean Charles Moyen und David Rousseau, die im Rahmen eines geheimen französisch-amerikanischen Weltraumprogramms an »Zwanzig Jahre und zurück«-Rekrutierungen teilnahmen, die kürzliche Ankunft von uralten außerirdischen »Saatausbringer-Rassen« bestätigt.

Ich beginne mit Informationen meines langjährigen Informanten JP, den ich schon seit 2008 kenne, als er erstmals mit mir in Kontakt trat und mir von seinen Begegnungen mit Außerirdischen in Brasilien berichtete. Am 7. September 2021 enthüllte JP, dass er und andere Angehörige des US-Militärs zu verdeckten Operationen auf den Mond entsendet worden waren und dort mit Unterstützung menschenähnlicher Außerirdischer, die mit dem U.S. Space Command zusammenarbeiten, große Einrichtungen baute. In Kapitel 10 sprach ich bereits über die Informationen, die er über die militärischen Operationen der USA auf dem Mond und den Bau neuer Anlagen dort offenlegte.

Am 21. September 2021 informierte JP mich erstmals über einen riesigen Weltraumkonvoi, der den Mond verließ und in Richtung Ganymed unterwegs war, um sich mit einer gerade dort ankommenden Gruppe befreundeter Außerirdischer zu treffen.

Er berichtete mir dazu Folgendes:

»Es passiert auch etwas Gutes. Sie transportieren einige Technologien vom Mond zum Ganymed. Unter den Soldaten haben alle darüber geredet. Ein großer Weltraumkonvoi … Irgendwann diese oder nächste Woche bricht der Konvoi auf. Den genauen Ankunftszeitpunkt kenne ich nicht – Erdsatellit zu Jupitersatellit.«[2]

Der große Weltraumkonvoi würde keine raketengetriebenen Technologien verwenden, um zum Ganymed zu gelangen, weil das über ein Jahr gedauert hätte. Mit Hilfe von Antischwerkraft-, Torsionsfeld- und anderen neuartigen Antriebssystemen benötigt der Konvoi nur einen Bruchteil dieser Zeit. JP beschrieb mir die Route, die der Konvoi der Erdallianz nehmen sollte:

»Zum Mond, dann zu Ganymed. Aber zwischen dem Mond und dem Jupitersatelliten wird es größere Zwischenstopps geben, wie auf dem Mars und im Astro-Gürtel … bevor sie in den Bereich der Anziehungskraft des Jupiters eintreten.«[3]

Am 27. September 2021 fragte JP mich: »Weißt du von deinen Informanten irgendetwas über diese Reise nach Ganymed? Die Soldaten reden immer noch darüber …« Ich entgegnete: »Meine Informanten bei der Föderation sprechen nicht über Ganymed. Erzähl mir, was die Soldaten sagen.« JP antwortete:

»Dass sie einige hochentwickelte Technologien vom Mond auf den größten Mond unseres Sonnensystems bringen … Und als ich dich von den Jupiter-Treffen sprechen hörte … hat mich das sehr interessiert. Es ist ein Mond mit einem Magnetfeld und viel Wasser … Es gibt dort bereits sehr große Anlagen. Wir transportieren gerade eine Menge Zeug dorthin … Es gibt dort riesige Bauten und Einrichtungen, riesige … Ich erinnere mich, dass sie sagten, dort [auf Ganymed] habe es vor ein paar tausend Jahren einen großen Krieg gegeben … Ich weiß nur, dass eine Armada auf dem Weg dorthin ist … GROSSE, große Raumschiffe.«[4]

In Kapitel 7 habe ich über die Jupiter-Treffen berichtet, die über die Kontaktperson Elena Danaan erstmals von Thor Han Eredyon aufgedeckt wurden. Einer der Belege dafür, die ich erwähnte, war die Ankündigung der NASA, dass der Auftrag für den Bau der Trägerrakete für die Clipper-Mission zu Europa, dem Schwestermond von Ganymed, an SpaceX vergeben worden war. Ich spekulierte, dass dies sicherlich ein Vorwand für Musk war, um an den Jupiter-Treffen teilzunehmen.[5] Dank dieser neuen Informationen von JP wird immer offensichtlicher, dass die Europa-Clipper-Mission der NASA ein Deckmantel für eine viel größere, langfristig angelegte Weltraumoperation ist – ein Konvoi der Erdallianz, der zum Ganymed reisen soll, um dort Einrichtungen für ein Treffen und für Kontakte mit einer neu ankommenden Gruppe außerirdischer Besucher zu bauen.[6]

Als Nächstes hatte JP eine Begegnung mit einem menschenähnlichen nordischen Außerirdischen. Dieser sagte ihm, er solle sich darauf vorbereiten, im Rahmen einer der bevorstehenden Militärmissionen zum Ganymed zu reisen, um sich mit einer dort ankommenden Besuchergruppe zu treffen. Diese Begegnung überraschte mich nicht, da JP schon seit 2008 immer wieder Begegnungen mit Nordischen hat, von denen er mir berichtete. Ein besonders wichtiger Kontakt fand am 26. Mai 2018 statt, als er sich mit einem dieser Außerirdischen traf, der in einem Stützpunkt der U.S. Air Force stationiert war und dessen Fliegende Untertasse in der Nähe von JPs Haus in Orlando, Florida, landete. JP machte Fotos von dem abfliegenden Raumschiff, die ich auf meiner Website veröffentlichte – sie sind unten abgebildet.[7] JP gehört zu der kleinen Gruppe von Kontaktlern, die Fotos oder Videos von Raumschiffen Außerirdischer, denen sie begegnet sind, zur Verfügung stellten. Einige Monate nach seiner Begegnung mit dem

Nordischen beschloss JP, in die U.S. Army einzutreten. Für seine Rekrutierung setzten sich Spezialkräfte ein, die ihm 2017 dabei geholfen hatten, in der Nähe der MacDill Air Force Base Fotos von Antischwerkraft-Raumschiffen zu machen, um zur Aufdeckung dieses Sachverhalts beizutragen. Ich habe JPs Fotos in einer Reihe von Artikeln und auch in meinem Buch *Space Force: Unsere Star-Trek-Zukunft* analysiert.[8] Alles deutet darauf hin, dass seine Rekrutierung in die U.S. Army dazu diente, ihn auf seine späteren verdeckten Missionen im Zusammenhang mit außerirdischem Leben vorzubereiten – einschließlich der Reise zum Jupitermond Ganymed, wo er sich mit einer gerade dort ankommenden Gruppe außerirdischer Besucher treffen sollte.

Am 4. Oktober 2021 fragte ich Elena Danaan, ob sie über »irgendetwas Großes … das in unser Sonnensystem kommt« informiert sei.

Sie antwortete:

> »Ich habe von einer großen Rückkehr mächtiger wohlwollender Kräfte aus einer anderen Dimension und einem anderen Reich gehört. Einer großen Kraft, die immer versucht hat, die Menschen auf der Erde aus ihrer Sklaverei zu befreien. Auch diese Außerirdischen sind jetzt zurück. Wir stehen vor einem großen Finale.«[9]

Das führt mich zu Informationen, die Elena Danaan am 10. Oktober 2021 von Thor Han erhielt und die uns mehr über diese gerade eintreffenden wohlwollenden Außerirdischen und deren Verbindung zum Ganymed verraten. Thor Han sagte:

> »Die Flotte der Intergalaktischen Konföderation ist in diesem Sternsystem angekommen. Ihre Raumschiffe werden eine Zeitlang in der Nähe des Jupiters stationiert sein, bis sie näher an die Erdumlaufbahn heranfliegen können. Das Personal und die Logistik werden auf dem Ashtar-Außenposten willkommen geheißen. Hohe Beamte halten sich in der Einrichtung des Rates der Fünf auf dem Mond Ganymed auf. Sie sind gekommen, um die Ergebnisse unserer gemeinsamen Arbeit bei der Zerschlagung der Dunklen Allianz zu bewerten und gemeinsam mit

der Galaktischen Föderation der Welten ein Prozedere für den nächsten Schritt zu erarbeiten.«[10]

Diese Informationen von Thor Han waren eine verblüffende Bestätigung dessen, was JP mir im September 2021 mitgeteilt hatte: Eine multinationale Allianz der Erde unter Führung des U.S. Space Command hat einen großen Konvoi zum Ganymed geschickt, um sich mit einer anreisenden Gruppe außerirdischer Besucher – der Intergalaktischen Konföderation – zu treffen und mit ihr zusammenzuarbeiten. Thor Han (T) berichtet durch Elena Danaan (E) Folgendes über diese immer enger werdende Zusammenarbeit zwischen den neuen Besuchern und der Erdallianz:

»*E:* Worin soll denn der nächste Schritt bestehen?

T: Mit der irdischen Space Force in Verbindung zu treten und über die Möglichkeit von Kontakten mit Zivilisten nachzudenken. Normalerweise brauchen wir ihre Hilfe nicht, aber wir haben sie kürzlich um Unterstützung gebeten, um diese Zeitlinie zu sichern. Terra ist nämlich nicht so wie eine von diesen Zivilisationen der Stufe 2 oder 3, die die Galaktische Föderation der Welten vor externen Einmischungen rettet. Terra ist etwas ganz Besonderes. Denn Terra trägt die Samen, die sie gepflanzt haben.

E: Kannst du darüber sprechen?

T: Sie sind unsere Vorfahren. Sie haben uns ausgesät, hier in Nataru [der Milchstraße]. Terra – wie auch einige andere Orte in dieser Galaxis – ist schon seit langem eines ihrer besonders beliebten Experimentierfelder für die menschliche Entwicklung und das menschliche Bewusstsein. Wie zum Beispiel in Mana *(K62-Lyra)*. Sie sind die Saatausbringer-Rasse.

E: Soweit ich weiß, sind sie eine bunt zusammengewürfelte Gruppe aus verschiedenen Rassen, nicht wahr?

T: Ja, sie sind sehr vielfältig, aber nicht so breit gefächert wie die Lebensformen, die sie erschaffen haben.

E: Wie ›erschafft‹ man Lebensformen?

T: Durch Hybridisierung. Das bereitet ihnen großes Vergnügen, hat aber einen ernsten Hintergrund. Sie arbeiten im Einvernehmen mit der

Quelle. Natürlich ERSCHAFFEN sie nicht alle Lebensformen; das tut die Quelle; sie spielen allerdings mit dem Material, um hybride Rassen zu erschaffen und Welten zu bevölkern.«[11]

Diese Mitteilung ist faszinierend, denn sie entspricht genau den Informationen mehrerer Forscher und Kontaktler über die außerirdischen Ursprünge der Menschheit und bestätigt außerdem, dass unser Planet von verschiedenen Rassen besiedelt wurde.[12] Die ältesten Hinweise auf solche Informationen finden sich in biblischen Texten wie dem Alten Testament, in denen die Elohim als Schöpfer der Menschheit bezeichnet werden.[13]

Berichten von Alex Collier zufolge haben ihm Außerirdische von Andromeda erzählt, die Menschheit sei eine hybride Spezies, die die Gene von zweiundzwanzig verschiedenen außerirdischen Zivilisationen in sich trage. In seinem Buch *Defending Sacred Ground* (»Heiligen Boden verteidigen«) spricht er davon, dass Ganymed von den Andromedanern als Außenposten genutzt wird: »Die Andromedaner haben riesige Mutterschiffe auf Jupiter [und] dem Mond Ganymed.«[14] Daher ist es sehr wahrscheinlich, dass diese neue Gruppe von Außerirdischen, die sich auf Ganymed niedergelassen hat, mit einer oder mehreren dieser zweiundzwanzig Zivilisationen verwandt ist.

Und so ging Elena Danaans (E) Gespräch mit Thor Han (T) weiter:

»*T:* Habe ich dir schon von den Neun Ältesten erzählt?

E: Ja.

T: Sie sind die höchste Ebene individualisierten Bewusstseins vor der Quelle. Manche nennen sie die Neun Götter, andere die Neun Propheten der Quelle. Sie leben nicht in einer bestimmten Dimension, sondern in keiner Dimension. Ich meine, um es für dich verständlich auszudrücken: Sie wohnen zwischen den erschaffenen Universen, an einem Ort, wo Zeit und Raum unerschaffen sind. Wir nennen diesen Ort die ›Leere‹ oder das ›Heiligtum‹. Ihr Bewusstsein umfasst alle Bewusstseine. Sie können sich fraktal aufteilen, um an so vielen Orten gleichzeitig zu sein, wie sie möchten, denn sie bewegen sich weder im Raum noch in der Zeit. Wenn sie eine Botschaft übermitteln oder irgendetwas tun wollen, verbinden sie sich mit einem Ort und einer Entität – unabhängig von der Entfernung und der Zeit. Zeit gibt es für sie nur, wenn sie sich mit einem Raum-Zeit-Kontinuum verbinden. Sie sind die ersten Kinder der Quelle.

E: Erzengel?

T: Höher als Erzengel. Sie sind reines Bewusstsein, nicht-inkarniert, formlos, aber jeweils mit einem eigenen individuellen Denken, obwohl sie zu einer Einheit verbunden sind. Neun Stimmen, ein Herz. Sie sind die Neun, sie haben keinen anderen Namen.

E: Werden sie manchmal auch ›der Rat der Neun‹ genannt?

T: Na ja, manchmal. Ihr wisst ja, dass es unheimlich viele Räte gibt. Diese Neun sind eine Art intergalaktischer Rat, und ihr habt auch den Rat der Neun von Nataru *(dieser Galaxis)*, der jetzt ›Die Fünf‹ heißt. Und an der Spitze der Zenae *(Andromedaner)* stehen ebenfalls neun Älteste.«[15]

An dieser Stelle möchte ich daran erinnern, was ich in Kapitel 4 schrieb: Der erste Hinweis auf einen Rat der Neun, der sich für die Angelegenheiten der Menschen interessiert, stammt aus gechannelten Kommunikationen, an denen Dr. D. G. Vinod beteiligt war, der im Jahr 1952 mit dem Psychiater Dr. Andrija Puharich zusammenarbeitete. Puharich kooperierte mit mehreren Medien, die den Rat der Neun channelten; zu ihnen gehörten unter anderen das berühmte israelische Medium Uri Geller und zuletzt Phyllis Schlemmer. In ihrem Buch *The Only Planet of Choice* (»Der einzige Planet der Wahl«) fasst Schlemmer zwanzig Jahre der Forschung und Kommunikation mit dem Rat der Neun zusammen.[16] Auch Gene Roddenberry nahm an einigen Channeling-Sitzungen mit dem Rat der Neun teil und stellte ihnen Fragen. Anschließend schrieb er um das Jahr 1975 herum ein Drehbuch mit dem Titel »The Nine«, das mit ziemlicher Sicherheit bei der Entstehung von *Deep Space Nine* aus dem Jahr 1993 eine Rolle spielte. In dieser äußerst erfolgreichen Fernsehserie bewohnt eine geheimnisvolle Gruppe körperloser Außerirdischer, die »Propheten«, ein Wurmloch mit nicht-linearer Zeit, das verschiedene Teile unserer Galaxis augenblicklich miteinander verbindet.

Was Elena Danaan (E) als Nächstes von Thor Han (T) über den Rat der Neun erfuhr, hat eine geradezu unheimliche Ähnlichkeit mit den Propheten in Roddenberrys Fernsehserie:

»*E:* Und die Galaktische Föderation verfügt über einen Hohen Rat der Fünfundzwanzig, nicht wahr?

T: Vierundzwanzig plus einer, der Gesetzeshüter. Dieser trifft die endgültigen Entscheidungen. Aber die Mitglieder des Rates erfüllen diese Aufgabe abwechselnd: Alle zehn Zyklen wird ein anderes Ratsmitglied zum Gesetzeshüter.

E: Basierend auf welchem Zyklus?

T: Einem Fraktal der zeitlichen Zyklen dieser Galaxis.

E: Kommen die Neun jetzt auch in unser Sternsystem?

T (lacht): Sie brauchen keine Raumschiffe, um sich fortzubewegen. Ihr Geist kann sich mit jedem Ort verbinden. Sie können jede Form annehmen, sich jederzeit irgendwohin teleportieren und sich in einem temporären biologischen Gefäß materialisieren, das der Spezies entspricht, die sie gerade besuchen. Sie können sich in alles verwandeln: biologische Lebensformen, Elemente wie Feuer, Wasser …

E: Und warum haben sie dann all diese Ereignisse in unserem Sternsystem zugelassen?

T: Du musst verstehen: Die Neun stehen über allem. Sie überblicken die Geschichten aller Geschöpfe, die diese Universen bevölkern, und spielen auf individueller Ebene nur selten eine Rolle im Gleichgewicht der Dinge.«[17]

Als Nächstes fragte Danaan (E) Thor Han (T) nach der Intergalaktischen Konföderation oder Superkonföderation, die sie in ihrem Buch *Wir werden Sie nie im Stich lassen* beschrieb und die ich in Kapitel 5 des vorliegenden Buches behandelt habe:

»*E:* Du hast gesagt, dass Terra etwas Besonderes ist und der Intergalaktischen Superkonföderation sehr am Herzen liegt … Oh, wie lautet übrigens ihr genauer Name?

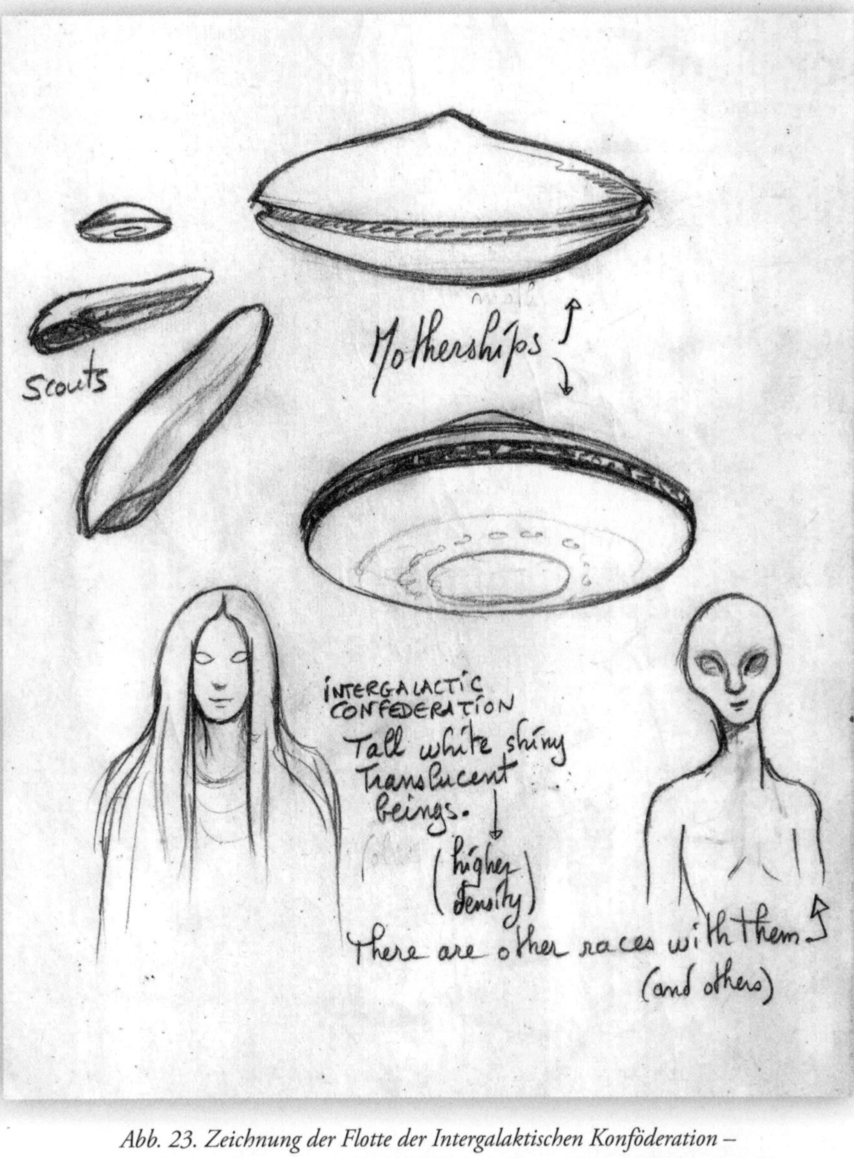

Abb. 23. Zeichnung der Flotte der Intergalaktischen Konföderation – oben und in der Mitte zwei Mutterschiffe, links davon drei Aufklärungsschiffe. Zwischen den beiden Gestalten steht: »INTERGALAKTISCHE KONFÖDERATION. Hochgewachsene, weiß leuchtende, durchscheinende Wesen (höhere Dichte). Es gibt noch weitere Rassen unter ihnen (auch bei anderen).« Mit freundlicher Genehmigung von Elena Danaan.

T: Sie haben einen eigenen Namen, der in Form von Frequenz existiert und sich nicht in eine menschliche Sprache übersetzen lässt. Auf Taami bezeichnen wir sie als Ard Oraa Tu, aber das ist eine sehr ungenaue Übersetzung einer multidimensionalen frequenzbasierten Sprache. Wir nennen sie lieber: ›Do‹ – die Wächter –, denn darin besteht ihre eigentliche Tätigkeit. *(Thor Han antwortet hier auf meine Frage nach der Intergalaktischen Superföderation, nicht nach den Neun.)*«[18]

Interessanterweise haben die Mitarbeiter der U.S. Space Force beschlossen, sich selbst als »Guardians« (Wächter) zu bezeichnen, und stehen nun in direktem Kontakt mit einer Besuchergruppe, die sich »Wächter« oder »Propheten« nennt.[19]

Zusammenfassend kann man sagen, dass es sich bei dieser außerirdischen Rasse, die vor kurzem in unser Sonnensystem gekommen ist und sich auf Ganymed niedergelassen hat, laut Thor Han um die Intergalaktische Konföderation handelt. Diese Konföderation ist hier, um den faszinierenden Übergang zu überwachen, der sich auf der Erde und in unserem Sonnensystem vollzieht. Außerdem wird sie mit der neu gegründeten Erdallianz in Verbindung treten, zu der vierzehn Raumfahrtnationen und Raumfahrtunternehmen gehören, die an den Jupiter-Treffen im Juli 2021 teilnahmen. Thor Han hat offenbart, dass ein intergalaktischer Rat der Neun – in unserer Galaxis als »Propheten« oder «Wächter« bekannt – ebenfalls interdimensional eingetroffen ist, um zu beobachten, wie sich die Ereignisse in unserem Sonnensystem weiterentwickeln.

Ich habe am 11. Oktober 2021 privat mit Alex Collier gesprochen, und er teilte mir mit, dass diese neue Gruppe außerirdischer Besucher tatsächlich schnurstracks den Jupiter angeflogen und sich auf Ganymed niedergelassen hat, um die Entwicklung der Ereignisse in unserem Sonnensystem zu beobachten. Ganymed verfüge über enorme Einrichtungen, die viele tausend Jahre alt sind. In seinem Buch *Defending Sacred Ground* (»Heiligen Boden verteidigen«) berichtete Alex, dass Ganymed auch von den Andromedanern als Außenposten genutzt wurde: »Die Andromedaner haben riesige Mutterschiffe auf dem Jupiter [und] dem Mond Ganymed.«[20] Als ich ihm von JPs Informationen über einen Weltraumkonvoi erzählte, der zum Ganymed unterwegs sei, meinte er, dass den Mitgliedern dieses Konvois wahrscheinlich eine der riesigen Einrichtungen auf Ganymed als vorgelagerte Operationsbasis zugewiesen worden sei. In einem Interview, das am 21. November 2021 veröffentlicht wurde, ging Collier näher auf diese Bauwerke auf Ganymed ein:

»Ganymed war schon immer ein Treffpunkt. Die Oberfläche und das Innere dieses Mondes, der genaugenommen ein Planet ist, wurden für solche Treffen konzipiert und sollten eine Art galaktisches Botschaftsgebäude sein, das Angehörige aller Rassen aufsuchen konnten. Auf der Oberfläche des Ganymeds gibt es diese unglaublichen Konstruktionen, die fast wie riesige Dinosaurier-Brustkörbe aussehen, wirklich von gewaltigen Ausmaßen; und die Raumschiffe kommen angeflogen, landen auf der Oberfläche und fahren in diese Konstruktionen hinein; und dann, sobald sie drin sind, können sie ihr elektromagnetisches Feld an der Außenseite des Raumschiffs einschalten und das Raumschiff öffnen, und die Besatzungen können aussteigen und innerhalb dieser Konstruktion auf der Oberfläche des Ganymeds herumlaufen.

Du erinnerst dich sicher noch, dass Richard Hoagland von den Edens sprach: diesen kuppelförmigen Strukturen, die sich gewissermaßen terraformen und unter denen dann Menschen leben, außerirdische Rassen, und sie … sie errichten sie buchstäblich unterwegs, damit sie auf einem Planeten arbeiten, ihn erforschen, seine Ressourcen abbauen können oder was auch immer sie dort vorhaben. Nun ja, das ist im Grunde genommen das Gleiche, nur dass diese Konstruktionen für die Mutterschiffe, die Raumschiffe, da sind, um das Feld selbst zu erzeugen, und sie befinden sich überall auf der Oberfläche.

Es gibt einen sehr großen Ozean im Inneren, im Kern von Ganymed, und es existieren noch andere Konstruktionen im Inneren für bestimmte Rassen, die hyperboräisch sein müssen, das heißt, sie müssen in Innenräumen leben. Sie kommen mit dem Licht unserer Sonne nicht zurecht, also müssen sie sich im Inneren des Planeten aufhalten. Ich war bisher nur *auf* Ganymed, daher kenne ich auch nur die Konstruktionen auf seiner Oberfläche.«[21]

Am 12. Januar 2022 interviewte ich James Gilliland, der seit über fünfunddreißig Jahren mit Außerirdischen in Kontakt steht, drei Bücher über diese Erfahrungen geschrieben hat und ein sehr beliebtes Retreat in der Nähe von Mount Adams, Washington, leitet, wo regelmäßig UFOs fotografiert und auf Video aufgenommen werden.[22] In seinem 2016 erschienenen Buch *Anunnaki Return, Star Nations and the Days to Come* (»Die Rückkehr der Anunnaki, Sternenvölker und die kommenden Tage«) stellt Gilliland Informationen aus verschiedenen Quellen über die prophezeite Rückkehr einer der »Saatausbringer-Rassen« – der Anunnaki – vor. In unserem Interview fragte ich (M) ihn (J), ob seine außerirdischen Informanten etwas über eine große Flotte von Raumschiffen gehört hätten, die in unserem Sonnensystem angekommen sei und sich in der Nähe von Ganymed niedergelassen habe:

»*M:* Was sagen Ihre Informationsquellen über die Geschehnisse im Weltraum? Ich meine, ich habe viel über eine Flotte gehört, die vor kurzem angekommen ist und um Ganymed und Jupiter herum geparkt wurde. Können Sie uns darüber etwas sagen?

J: Nun ja, man teilte uns mit, dass fünfhundert Raumschiffe – sehr große Raumschiffe – eintreffen würden, und man sagte uns auch, dass zwei von ihnen hier auf der Erde sehr aktiv sein würden. Sie werden ihre Anwesenheit publik machen, und zwar als Teil der Offenlegung und um bei der Offenlegung mitzuhelfen … Sie erledigen sehr viel Arbeit in den anderen Dimensionen und arbeiten über Frequenzen und in unseren Traumzuständen und so weiter mit uns zusammen, um bei der Säuberung unseres Planeten zu helfen. Es ist also ein riesiger planetarischer Befreiungsprozess im Gange …«[23]

Gillilands Informationen sind ein weiterer Beleg dafür, dass vor kurzem eine große Flotte außerirdischer Raumschiffe in unserem Sonnensystem eingetroffen ist und begonnen hat, sich mit Vertretern verschiedener Raumfahrtnationen zu treffen.

Am 19. Februar 2022 wurde mein Interview mit den französischen Kontaktlern Jean Charles Moyen und David Rousseau schließlich veröffentlicht.[24] Ich fragte sie beide getrennt voneinander, was sie über die Ankunft einer neuen Flotte außerirdischer Raumschiffe gehört hätten. Beide erklärten mir daraufhin, dass sie von ihren primären außerirdischen Kontakten in der Galaktischen Föderation/Allianz Botschaften über eine vor kurzem stattgefundene Ankunft der Saatausbringer-Rassen erhalten hätten, die bei der Gründung alter Zivilisationen auf der Erde eine Rolle spielten. Das erste unten wiedergegebene Gespräch fand zwischen Moyen (JC) und mir (M) statt; darin geht er auf Informationen ein, die er von seiner wichtigsten außerirdischen Kontaktperson Victor erhielt, einem Mitglied der Galaktischen Föderation/Allianz:

»*M:* Jean Charles, du hast vorhin von den ›Saatausbringer-Rassen‹ gesprochen. Kannst du uns vielleicht noch ein bisschen mehr Informationen darüber geben, was du über diese Gruppe von Außerirdischen weißt?

JC: Die Saatausbringer-Rassen, die gerade in unser Sonnensystem gekommen sind, das ist die einzige Information, die ich habe ... Victor erzählte mir ... [vor] einer Woche, dass ... zurzeit viele Flotten im Sonnensystem eintreffen, um der Erde zu helfen. Diese Informationen entsprechen dem, was Elena [Danaan] dir gesagt hat, und ich denke, dass in ein paar Monaten vielleicht etwas sehr Wichtiges passieren wird ...

M: Das ist also noch etwas ganz Neues. Ich meine, Victor hat dir das erst vor einer Woche erzählt. Damit haben wir jetzt eine weitere Informationsquelle, die bestätigt, dass eine sehr große Flotte von Außerirdischen, die ›Saatausbringer-Rassen‹, in unserem Sonnensystem angekommen ist, um zu beobachten, was auf der Erde gerade geschieht.

JC: Ja, es ist wie eine große Stadt im Weltraum. Es gibt ein sehr großes ... Mutterschiff. Es ist sehr groß ... Ich glaube, einige Rassen denken ... dass es nicht normal ist, was zurzeit auf der Erde passiert, und sie wollen uns helfen, etwas daran zu ändern und vielleicht den Dracos im Universum in den Hintern treten.«[25]

Als Nächstes fragte ich David Rousseau, ob er vielleicht durch seinen wichtigsten außerirdischen Kontakt »Ezahyel«, ein Mitglied der Galaktischen Föderation/Allianz, von den Saatausbringer-Rassen erfahren habe. Rousseaus Antwort auf meine Frage (M) wurde von seiner Verlegerin, Malou Panchèvre (MP), übersetzt:

»*MP:* Ja, er [David] bestätigt … dass es eine große, sehr große Flotte gibt, die in unser Sonnensystem gekommen ist, um die Menschheit in dieser Phase ihrer Geschichte zu beobachten und zu unterstützen. Es ist eine ganz entscheidende Phase, weil wir hier bald eine große Veränderung erleben werden, und sie sind hier, um uns in dieser Übergangsphase zu unterstützen, die sehr wichtig ist. Nicht nur für uns Erdenmenschen, sondern auch für sie. Also … Die Saatausbringer-Rassen sind hier, weil sie ein Teil dieses Prozesses sind, der hier auf der Erde abläuft.[26]

M: Und wie hat David von den ›Saatausbringer-Rassen‹ erfahren? Hat Ezayel ihm davon erzählt, oder ist das etwas, was er intuitiv weiß oder auf andere Weise erfahren hat?

MP: Er sagt ja … verschiedene Informationsquellen. Eine Quelle ist Ezahyel, denn der hat ihm bestätigt, dass die Saatausbringer-Rassen wieder hier sind, und David hat sie in einer Bewusstseinsprodukt-Projektion [außerkörperliche Erfahrung] gesehen, bei der er ihnen wiederbegegnet ist. Er nennt sie ›die Ältesten‹ … Er weiß also, dass sie wieder hier sind.«[27]

Am 13. Oktober 2021 ereignete sich eine wichtige Synchronizität, die für die Richtigkeit der obigen Informationen über geheime Treffen mit kürzlich eingetroffenen Außerirdischen der uralten »Saatausbringer-Rassen« spricht: Das Raumschiff *Blue Origin* von Jeff Bezos startete, und zwar mit William Shatner – dem berühmten Captain Kirk aus der ursprünglichen *Star-Trek*-Serie – als einem der vier Astronauten.[28] Laut Aussagen von Elena Danaan haben die *Blue-Origin*-Uniformen große Ähnlichkeit mit den Uniformen des Personals der Erdallianz, die mit der Galaktischen Föderation und anderen Gruppen von Außerirdischen zusammenarbeitet. Ich vermute, dass die *Blue-Origin*-Mission vom 13. Oktober lediglich ein Deckmantel war, unter dem Shatner und die anderen drei Astronauten heimlich zum Ganymed reisten, um an der Begrüßungszeremonie für die neu angekommene Intergalaktische Superföderation und möglicherweise sogar für den Rat der Neun teilzunehmen.

Wie ich bereits in Kapitel 7 erwähnte, werden immer wieder Tarngeschichten für streng geheime Special Access Programs (SAPs) oder Sonderzugangsprogramme erfunden, zu denen sicherlich auch diplomatische Treffen mit außerirdischen Besuchern gehören. Shatner ist eine weltweit populäre Persönlichkeit und wäre somit ein hervorragender kultureller Botschafter der Erde bei Erstkontakten mit einer so wichtigen Besuchergruppe. Seine Teilnahme an derartigen Treffen würde auch den offiziellen Eintritt der Menschheit in eine *Star-Trek*-Zukunft einläuten.

Zusammenfassend lässt sich sagen, dass es bisher sechs Informationsquellen gibt, die bestätigen, dass im Oktober 2021 eine mächtige neue Gruppe von Außerirdischen in unserem Sonnensystem eintraf und sich auf dem Jupitermond Ganymed niederließ. Diese Gruppe scheint mit den vierundzwanzig Zivilisationen oder der Intergalaktischen Konföderation identisch zu sein, die ich in Kapitel 5 besprochen habe. Es kann kein bloßer Zufall sein, dass die Clipper-Mission der NASA zum Jupitermond Europa im Juli 2021 angekündigt wurde, denn sie war ein hervorragender Deckmantel für einen großen Weltraumkonvoi, der auf diese Weise heimlich zusammengestellt und zum Schwestermond Ganymed geschickt werden konnte, ohne allzu großen Verdacht zu erregen. Der große Konvoi und der Aufbau einer menschlichen Präsenz auf Ganymed in einer der dortigen großen Einrichtungen wäre auch eine Erklärung für den weltweiten Arbeitskräftemangel, den ich in einem Artikel über riesige Bauprojekte auf dem Mond erstmals erörtert habe.[29] Und schließlich verleiht die *Blue-Origin*-Weltraummission, an der William Shatner mit seiner engen Verbindung zur *Star-Trek*-Franchise beteiligt sein könnte, der Idee, dass die Menschheit offiziell in eine spannende neue Phase ihrer Geschichte eingetreten ist, eine gewisse Plausibilität.

Wir arbeiten mit einer Gruppe hochentwickelter außerirdischer Besucher zusammen, der Intergalaktischen Konföderation, die sich auf

Ganymed niedergelassen hat und ihrerseits eng mit einer noch geheimnisvolleren außerirdischen Gruppe kooperiert, die in *Deep Space Nine* als »die Propheten« bezeichnet wird.

Kontakt mit dem Rat der Neun & Roddenberrys Star-Trek-Zukunft

Einer der faszinierendsten Aspekte von Gene Roddenberrys Schöpfung der *Star-Trek*-Franchise war seine Beziehung zu einer geheimnisvollen außerirdischen Gruppe, die sich »Rat der Neun« nannte und in den 1970er Jahren von dem Medium Phyllis Schlemmer gechannelt wurde. Roddenberry nahm von 1974 bis 1975 an Channeling-Sitzungen teil und wirkte als Fragensteller an Schlemmers 1993 erschienenem Buch *The Only Planet of Choice* (»Der einzige Planet der Wahl«) mit. In Kapitel 4 des vorliegenden Buches habe ich die Geschichte des Rates der Neun behandelt und bin darauf eingegangen, dass seine Informationen durch die berühmten Channeling-Sitzungen zum *Gesetz des Einen*, die von 1981 bis 1984 stattfanden und weithin als glaubhafteste Channelings aller Zeiten gelten, als echt bestätigt wurden.

Diese historischen Ereignisse liefern einen wichtigen Kontext für Elena Danaans Kontakterlebnisse, bei denen sie, wie sie sagt, zum Jupitermond Ganymed gebracht wurde. Dort traf sie auf den Rat der Neun und erfuhr, warum Roddenberry dazu auserwählt wurde, die Menschheit auf eine *Star-Trek*-Zukunft vorzubereiten.

Am 3. November 2021 nahm Danaan mit mir Kontakt auf und berichtete mir über eine Begegnung, die sie gerade mit dem Rat der Neun gehabt hatte. Das ist dieselbe Gruppe, die die Intergalaktische Konföderation begleitete, als diese sich auf Ganymed niederließ, um das globale Erwachen der Menschheit zu beobachten. Nach den vier unabhängigen Informationsquellen, die die neuen außerirdischen Besucher in unserem Sonnensystem erwähnen, erzählte Danaan mir, wie sie zum Ganymed gebracht wurde, wo sie erstmals mit der Intergalaktischen Konföderation zusammentraf. Bei ihrer anschließenden Begegnung am 3. November ging es um die Beziehung zwischen dem Rat der Neun und Gene Roddenberry, dem Schöpfer der *Star-Trek*-Serie.

Und so beginnt die Nachricht, die Danaan mir schickte:

»Ich wachte plötzlich auf, meine Stirn kribbelte, und ich hatte das Gefühl, als wirbelte ein mächtiger Strudel in meinem Kopf. Ich richtete mich in meinem Bett auf und sah die ätherische Gestalt der großen weißen Frau von der Intergalaktischen Konföderation vor mir, die ich vor ungefähr einer Woche an Bord eines ihrer Mutterschiffe in der Nähe von Ganymed getroffen hatte. Sie drückte sich wieder in derselben holografischen Sprache aus, die aus Gedankenform-Frequenzmodulen bestand. Sie deutete mit einem Finger auf meine Stirn, und das Ende des Fingers leuchtete grün auf. In dem Augenblick, in dem ihre grün leuchtende Fingerspitze meine Stirn berührte, wurde ich nach innen in den mächtigen Strudel hineingeschleudert. Es war ein Gefühl, als würde ich mich auflösen – als würden alle Moleküle meines Körpers sich in den Raum hinein ausdehnen. Unter normalen Umständen hätte das durchaus ein beängstigendes Gefühl sein können, doch in meinem jetzigen Bewusstseinszustand schien ich keine Angst mehr empfinden zu können.

Ein opalisierender Lichtschleier materialisierte sich vor mir. Er schillerte weiß mit silbernen und goldenen Funken, und ich nahm mehrere Präsenzen darin wahr. Dann ertönte eine sanfte Stimme mit einem leichten Echo-Effekt in meinem Kopf. Sie klang überhaupt nicht theatralisch, wie man es hätte erwarten können, sondern ganz sanft und weich, männlich.

›Wir sind die Neun.‹

Alles an mir zitterte. Nach ein paar Sekunden begann ich menschenähnliche Silhouetten zu erkennen, die sich aus dem opalisierenden, glitzernden Dunst heraus formten. Ich denke, es waren neun Silhouetten, alle sehr groß und schlank. Als sich eine dieser Silhouetten mir näherte, spürte ich eine Art Druck auf den Ohren, so wie wenn man in einem Flugzeug sitzt, das allmählich immer höher steigt. Es war das gleiche Gefühl, wurde aber von meiner ganzen Seele wahrgenommen. Das Wesen nahm die Gestalt eines großen Außerirdischen an, ähnlich wie ein Pa-Taal, doch mir war sehr wohl bewusst, dass diese Plasma-Überbewusstseinswesen des Kollektivs der ›Neun‹ in Wirklichkeit keine richtige körperliche Form hatten. Ich wusste, dass sie sich in alles verwandeln konnten, und die Form, in der sie sich mir präsentierten, sollte mir wahrscheinlich eine bessere Kontakterfahrung ermöglichen. Das elegante, über zwei Meter siebzig große Wesen, hatte grüne Haut und trug keine Kleidung. Es war dünn und hatte einen langen Hals. Sein Kopf war kahl, sein Schädel an der Hinterseite etwas größer als der eines Menschen, und er hatte wunderschöne, schräg gestellte Augen, die in Violett- und Granatrottönen funkelten. Mir fiel auf, dass er an jeder Hand fünf lange, elegante Finger hatte. All das geschah aus einem bestimmten Grund, und als das Wesen stumm blieb, wurde mir klar, dass ich ihm wahrscheinlich eine Frage stellen sollte.«[30]

Wie bereits erwähnt, begannen die ersten Kommunikationen mit dem Rat der Neun im Jahr 1952, und daran waren verschiedene Medien beteiligt, die von dem berühmten US-amerikanischen Psychiater und paranormalen Forscher Dr. Andrija Puharich dazu eingesetzt wurden, mit außerirdischen Intelligenzen Kontakt aufzunehmen. Nachdem Schlemmer zwanzig Jahre lang den Rat der Neun gechannelt hatte, schrieb sie das Buch *The Only Planet of Choice* (»Der einzige Planet der Wahl«). Darin erklärte der Rat der Neun seine Identität folgendermaßen:

»Es gibt viele, die zu verstehen versuchen, wer wir sind. In eurem irdischen Dasein ist es schwierig für euch, etwas zu akzeptieren, was ihr nicht versteht! Manchmal verfärbt der Versuch, etwas zu verstehen, die Wahrheit des Universums. Es gibt nur Schlüssel, um Teile von uns zu enträtseln, denn der menschliche Verstand kann nicht alles verstehen. Es gibt viele Interpretationen und auch viele Konflikte rund um die Frage, wer wir sind. Ja. In einer zukünftigen Zeit werden wir versuchen, uns auf einer anderen Bewusstseinsebene zu erklären, aber zuerst muss der Planet Erde den Zustand des evolutionären Bewusstseins erreichen, in dem wir verstanden werden können, ja. Der Rat hat gesagt, versucht nicht, uns in eine Schublade zu stecken, wir existieren nicht in dieser Form, ja.«[31]

Diese Beschreibung stimmt mit der Schilderung der rätselhaften nicht-körperlichen Erscheinungen überein, denen Danaan begegnete, und entspricht auch den Mitteilungen des Rates der Neun. Meiner Meinung nach ist dabei ganz besonders wichtig, dass der Rat der Neun auf einen zukünftigen Zeitpunkt verwies, an dem er seine Identität ausführlicher erläutern würde.

Was die Existenz des Rates der Neun sehr glaubwürdig erscheinen lässt, ist die Tatsache, dass er im *Gesetz des Einen* erwähnt wurde und dort seine Aktivitäten und seine Identität erörtert werden.[32] Der Rat der Neun wurde als Gruppe von neun Außerirdischen identifiziert, die mit einer Konföderation der Planeten in Verbindung stehen. Diese scheint wiederum mit der Intergalaktischen Konföderation identisch zu sein, die vor kurzem auf Ganymed ankam. An späterer Stelle im *Gesetz des Einen* wird der Rat der Neun als eine Gruppe hochentwickelter Außerirdischer beschrieben, die in der achten Dimension lebt:

> »Fragesteller: Wo befindet sich dieser Rat?
>
> **Ra:** Dieser Rat befindet sich in der Oktave, oder achten Dimension, des Planeten Saturn und nimmt dort seinen Platz in einem Bereich ein, den ihr in dreidimensionalen Begriffen als die Ringe versteht.«[33]

Die genaue Beziehung zwischen den Ringen des Saturn und Ganymed als jetziger Operationsbasis der Intergalaktischen Konföderation und des Rates der Neun muss noch erklärt werden. Doch zunächst einmal ist es wichtig, die Verbindung zwischen dem Rat der Neun und Gene Roddenberry ein bisschen näher unter die Lupe zu nehmen.

Es ist eine historische Tatsache, dass Roddenberry von 1974 bis 1975 an Channeling-Sitzungen des Rates der Neun teilnahm und den Mitgliedern dieses Rates Fragen stellte. Das war für Roddenberry persönlich eine sehr schwierige Phase, da es ihm nicht gelungen war, eine weitere Fernsehserie zu entwickeln, nachdem die ursprüngliche *Star-Trek*-Serie (1966-1969) durch ständige Wiederholungen hinreichende finanzielle Erfolge erzielte. Immer wieder durchkreuzten die Leiter der US-Fernsehstationen seine Bemühungen, eine Nachfolgeserie zu entwickeln. Roddenberry musste bis 1979 warten, als der erste *Star-Trek*-Spielfilm erschien; doch auch das war für ihn nur ein Teilerfolg, da der Posten des Regisseurs an Robert Wise vergeben wurde.

In den Channeling-Sitzungen des Rates der Neun, an denen er teilnahm, war Roddenberry vor allem von der Aussicht auf zukünftige Massenlandungen von Außerirdischen fasziniert, über die die Neun sprachen. Diese Channelings inspirierten Roddenberry dazu, die Pilotepisode für eine neue Fernsehserie zu schreiben, die erst sechs Jahre nach seinem Tod im Jahr 1991 erscheinen sollte: *Mission Erde – Sie sind unter uns* (1997-2002). Verschiedene Forscher haben sich über den Einfluss geäußert, den der Rat der Neun auf Roddenberry hatte. Ein Okkultismusforscher, Wes Penre, fasste diese Zusammenhänge folgendermaßen zusammen:

> »Er [Roddenberry] gehörte von 1974 bis 1975 zur Neuner-Gruppe und schrieb sogar ein Drehbuch für einen Kinofilm über die Neun. Es heißt auch, er sei von den Informationen, die er in seinen Sitzungen mit den Neun erhalten hatte, sehr stark inspiriert gewesen, als er die frühen *Star-Trek*-Spielfilme *The Next Generation* und *Deep Space Nine* schrieb (das ein hammerhaftes Giveaway war).«[34]

Der enorme Einfluss, den die Sitzungen des Rates der Neun auf Roddenberry hatten, wurde auch von einem Forscher namens Chris Knowles bestätigt:

> »Was immer man von den Neun halten mag, eines kann man mit Sicherheit sagen: Roddenberrys Erfahrungen mit dem Kult haben ihn *sehr* beeindruckt und in vielerlei Hinsicht die Grundlage für den Rest seines Lebenswerks gebildet. Ebenso wie für die gesamte *Star-Trek*-Franchise.«[35]

Die Kommentare von Penre und Knowles liefern den entscheidenden Kontext, den man braucht, um zu verstehen, was der Rat der Neun Elena Danaan (E) über Roddenberry mitteilte. Ihr unten zitierter Kommentar ist für ein Verständnis der Zusammenhänge zwischen dem Rat der Neun (R), Roddenberry und dem Aufbruch der Menschheit in eine *Star-Trek*-Zukunft besonders wichtig:

»*E:* Seid ihr diejenigen, die Gene Roddenberry kontaktiert haben?

R: Ja.

E: Warum?

R: Weil wir wussten, dass es einen Zeitkrieg geben würde, und wir eine Brücke bauen mussten.

(Als er diese Worte in meinem Kopf sprach – oder sollte ich besser sagen: Als er diese Worte in meinem Bewusstsein zur Resonanz brachte –, enthielt seine holografische Sprache weit mehr als nur Worte. Sie umfasste Inhalte: Jedes Gedankenmodul trug eine Geschichte in sich. So begriff ich, dass diese Brücke, von der er sprach, eine Verbindung von der Vergangenheit in die Zukunft war, die dazu diente, eine fortschreitende Zeitlinie zu sichern. Gewissermaßen eine *Star-Trek*-Zukunft. Dadurch, dass das Kollektiv der Neun einer Gruppe von Menschen zu einem bestimmten Zeitpunkt einen riesigen Informations-Download hatte zukommen lassen, wollten sie die Wurzeln ihrer fortschrittlichen Zukunft im kollektiven Unbewussten der Menschheit verankern und den Menschen helfen, diese Zukunft durch die schöpferische Kraft ihres Geistes zu manifestieren.

Sie verlockten Gene Roddenberry und seine Entourage dazu, eine populäre Fernsehserie zu schaffen, die das Bewusstsein der Menschheit auf der Erde für die nächsten Generationen tief und stark beeinflussen sollte. So vermittelten sie den Menschen eine Art Schablone, die sich über einen längeren Zeitraum in Serien und Filmen entfalten konnte. *Star Trek* hallte tief im Bewusstsein der Menschheit nach, stärker als jede andere Science-fiction-Produktion, die bis heute geschaffen wurde – vielleicht gleichauf mit *Star Wars*, aber nur, weil diese Serie so gut war und sich auf die Orion-Kriege bezog. *Star Trek* hat uns durch Quantenresonanz eine bereits existierende zukünftige Realität widergespiegelt. DAS war die Brücke.)

E: Und hat diese Brücke funktioniert?

R: Ja, das hat sie. Jetzt sind WIR hier, am anderen Ende der Brücke. Ihr habt die Brücke zu eurer Zukunft überquert.

WIR sind hier. WIR sind die Neun.

(Als seine Worte in meinem Innersten widerhallten, wurde ich rückwärts in den Wirbel hineingeschickt und von meinem dimensionalen Körper auf der Erde zurückgesaugt. Aus dem verwirrenden Gefühl, molekular bis in alle Unendlichkeit verstreut zu sein, kehrte ich wieder in meine ursprüngliche kompakte Form zurück. Ich reintegrierte meinen Körper. Die große weiße Dame befand sich immer noch hier in meinem Zimmer und fungierte als Platzhalterin dafür, einen Kontakt zum Kollektiv der Neun herzustellen. Dann lächelte sie und löste sich in Luft auf. Danach hing noch ein paar Minuten lang Ozongeruch in der Luft. Ich nahm einen tiefen Atemzug. Mir war schwindelig, und in meinem Kopf drehte sich alles, aber ich schaffte es trotzdem, nach meinem Handy zu greifen, um dieses Erlebnis in Worte zu fassen und hineinzusprechen.)«[36]

Dieser Kommentar von Elena Danaan ist von entscheidender Bedeutung. *Star Trek* war als Brücke zu einer künftigen Realität inmitten eines unerklärten Zeitkriegs zwischen rivalisierenden Alien-Fraktionen konzipiert worden. Und der Erfolg der Serie verdankte sich dem kollektiven Unterbewusstsein der Menschheit, das im Inhalt dieser Serie eine potenzielle Zeitlinie erkannte, die die Menschen in sich aufnehmen mussten, damit sie sich in der Realität manifestieren konnte.

Danaans Kommunikation mit dem Rat der Neun ist außerdem eine verblüffende Bestätigung der Informationen, die ich bereits in zwei anderen meiner Bücher vorgestellt habe: *Das Geheime Weltraumprogramm der U.S. Navy & die Allianz mit den Nordischen* und *Space Force: Unsere Star-Trek-Zukunft*. Beide Bücher enthalten Kapitel, in denen die Zusammenhänge zwischen der U.S. Navy, Roddenberry und der *Star-Trek*-Serie erörtert werden. Beide Bücher machen deutlich, dass *Star Trek* eine Initiative zur sogenannten »Sanften Enthüllung« war, die insgeheim vom Geheimdienst der U.S. Navy durch Vermittlung von Leslie Stevens IV., dem Schöpfer der Fernsehserie *The Outer Limits* (1963-1965), unterstützt wurde. Stevens hatte Roddenberry heimlich bei der Entwicklung der *Star-Trek*-Serie geholfen.

In meinen genannten Büchern habe ich auch deutlich gemacht, dass die U.S. Navy schon Anfang der 1950er Jahre begonnen hatte, mit einer menschenähnlichen Gruppe Außerirdischer zusammenzuarbeiten, die der frühere Konstrukteur und Ingenieur von Raumfahrzeugen William Mills Tompkins in seiner Autobiografie *Auserwählt von Außerirdischen* bisher am ausführlichsten darstellte.[37] Wir wissen jetzt, dass die von Tompkins beschriebenen »Nordischen« Mitglieder der Galaktischen Föderation der Welten waren, wie Dr. Robert Wood, der Herausgeber von Tompkins Werk, in einem Interview bestätigte.[38] Die historischen Ereignisse bestätigen, dass es in der Tat bedeutende außerirdische Gruppierungen gab, die mit der U.S. Navy und Roddenberry zusammenarbeiteten, um die Menschheit mit Hilfe einer Initiative der Sanften Enthüllung auf eine *Star-Trek*-Zukunft vorzubereiten.

Wie Danaan in ihrem Kommentar kurz und knapp dargelegt hat, war *Star Trek* eine Brücke. Diese Serie sollte der Menschheit helfen, in einem unerklärten »Zeitkrieg« kollektiv ein positives Schicksal zu manifestieren – inmitten eines Krieges, in dem negative außerirdische Kräfte, das Draconische Imperium und die Orion-Allianz, versuchten, die Menschheit zu manipulieren, um 350 Jahre in der Zukunft eine galaktische Tyrannei etablieren zu können. Weiter vorne habe ich bereits erklärt, dass diese bevorstehende galaktische Tyrannei zuerst vom Andromeda-Rat, einer anderen außerirdischen Organisation, erkannt wurde, der dann die Galaktische Föderation der Welten über die drohende Gefahr informierte. Daraufhin griff die Föderation in einen umfassenden galaktischen Zeitkrieg ein, in dem verschiedene Gruppen aus dem Weltraum die potenziellen Zeitlinien der Menschheit stark beeinflussten.

Danaans Begegnung mit dem Rat der Neun und deren Bestätigung der Rolle, die Roddenberry dabei spielte, die Hoffnungen und Bestrebungen der Menschen zu beeinflussen, ist sehr wichtig, wenn man verstehen will, in welche Richtung sich die Menschheit kollektiv entwickelt. Ferner ist es historisch belegt, dass die Gründung der U.S. Space Force, des U.S. Space Command und einer multinationalen Weltraumallianz mit dem offiziellen Bericht des Space Future's Workshop 2019 übereinstimmt, der als optimales Szenario für die Menschheit im Weltraum eine *Star-Trek*-Zukunft erarbeitete.[39] Und über Elena Danaan als Informationskanal hat auch der Rat der Neun bestätigt, dass er und andere positive außerirdische Gruppen unbemerkt zur Schaffung einer *Star-Trek*-Zukunft für die Menschheit beigetragen haben, und zwar in einem Zeitkrieg, der sich nun seinem Ende nähert. Somit schulden wir Gene Roddenberry und vielen anderen, die *Star Trek* als Brücke zu einer zukünftigen Realität aufgebaut haben, einer Realität, die viel schneller eintreten wird, als irgendjemand erwartet hätte, großen kollektiven Dank.

Anmerkungen

1 Siehe Richard Luscombe, »William Shatner in tears after historic space flight: ›I'm so filled with emotion‹«; https://www.theguardian.com/science/2021/oct/13/william-shatner-jeff-bezos-rocket-blue-origin (aufgerufen am 10.03.2022).

2 JPs Informationen über den Bau der Mondbasis wurden erstmals veröffentlicht in Michael E. Salla, »Galactic Federation is helping humanity build a Starfleet for Planetary Defense«; https://exopolitics.org/galactic-federation-is-helping-humanity-build-a-starfleet-for-planetary-defense/ (aufgerufen am 12.01.2022).

3 Privates Gespräch mit JP.

4 Privates Gespräch mit JP vom 27. September 2021.

5 Erstmals zitiert in: Michael E. Salla, »Earth Alliance Mission to Ganymede to greet ET visitors & inaugurate a Star Trek Future«; https://exopolitics.org/earth-alliance-mission-to-ganymede-to-greet-et-visitors-inaugurate-a-star-trek-future/ (aufgerufen am 12.01.2022).

6 Siehe Michael E. Salla, »Did Bezos, Branson & Musk secretly travel to Jupiter for negotiations with the Galactic Federation?«; https://exopolitics.org/did-bezos-branson-musk-secretly-travel-to-jupiter-for-negotiations/ (aufgerufen am 12.01.2022).

7 Siehe Michael E. Salla, »Contact with Nordic Alien in USAF Uniform whose Spacecraft was Photographed«; https://exopolitics.org/contact-with-nordic-alien-in-usaf-uniform-whose-spacecraft-was-photographed/ (aufgerufen am 10.03.2022).

8 Eine Anzahl von Artikeln, die Fotos und Videos von JP analysieren, sind online einsehbar unter https://exopolitics.org/jp-articles-photos-videos/ (aufgerufen am 12.01.2022).

9 Erstmals zitiert in: Michael E. Salla, »Earth Alliance Mission to Ganymede to greet ET visitors & inaugurate a Star Trek Future«; https://exopolitics.org/earth-alliance-mission-to-ganymede-to-greet-et-visitors-inaugurate-a-star-trek-future/ (aufgerufen am 12.01.2022).

10 Erstmals zitiert in: Michael E. Salla, »Earth Alliance Mission to Ganymede to greet ET visitors & inaugurate a Star Trek Future«; https://exopolitics.org/earth-alliance-mission-to-ganymede-to-greet-et-visitors-inaugurate-a-star-trek-future/ (aufgerufen am 12.01.2022).

11 Erstmals zitiert in: Michael E. Salla, »Earth Alliance Mission to Ganymede to greet ET visitors & inaugurate a Star Trek Future«; https://exopolitics.org/earth-

alliance-mission-to-ganymede-to-greet-et-visitors-inaugurate-a-star-trek-future/ (aufgerufen am 12.01.2022).

12 Siehe Arthur David Horn, Ph.D., *Humanity's Extraterrestrial Origins: ET Influences on Humankind's Biological and Cultural Evolution* (Book Three 1994; reprint New Leaf Distribution 1997). – Dt. Ausgabe: *Götter gaben uns die Gene. Die außerirdischen Ursprünge der Menschheit.* Silberschnur Verlag, Güllesheim 1997.

13 Siehe Jason Horne, »The Biblical Elohim were a Race of Extraterrestrial Extradimensional Aliens«; https://discover.hubpages.com/religion-philosophy/elohim-race-et (aufgerufen am 10.03.2022).

14 Alex Collier, *Defending Sacred Ground: The Andromedan Compendium. The Story of Alex Collier and His Lifetime Personal Contact with the Zenetaen Culture from Andromeda* (Brotherton Press 1998). – Ein Interview mit dem Autor, geführt von Val Valerian, findet sich auf http://www.reptilianagenda.com/cont/co121099b.shtml (aufgerufen am 14.12.2021).

15 Erstmals zitiert in: Michael E. Salla, »Earth Alliance Mission to Ganymede to greet ET visitors & inaugurate a Star Trek Future«; https://exopolitics.org/earth-alliance-mission-to-ganymede-to-greet-et-visitors-inaugurate-a-star-trek-future/ (aufgerufen am 12.01.2022).

16 Phyllis V. Schlemmer, *The Only Planet of Choice: Essential Briefings from Deep Space* (Gateway Books 1993, reprint Old Kings Road Press 2009).

17 Erstmals zitiert in: Michael E. Salla, »Earth Alliance Mission to Ganymede to greet ET visitors & inaugurate a Star Trek Future«; https://exopolitics.org/earth-alliance-mission-to-ganymede-to-greet-et-visitors-inaugurate-a-star-trek-future/ (aufgerufen am 12.01.2022).

18 Elena Danaan, *We Will Never Let You Down: Encounters with Val Thor and Journeys beyond Earth*, mit einem Vorwort von Laura Eisenhower, Amazon Book & Kindle, September 2021; p. 125. – Dt. Ausgabe: *Wir werden Sie nie im Stich lassen. Begegnungen mit Val Thor und Reisen jenseits der Erde*. Amazon Book & Kindle, November 2022.

19 Siehe U.S. Department of Defense, »Space Force Personnel To Be Called Guardians«; https://www.defense.gov/News/News-Stories/Article/Article/2452910/space-force-personnel-to-be-called-guardians/ (aufgerufen am 19.12.2020).

20 Alex Collier, *Defending Sacred Ground: The Andromedan Compendium. The Story of Alex Collier and His Lifetime Personal Contact with the Zenetaen Culture from Andromeda* (Brotherton Press 1998); https://www.alexcollier.org/alex-collier-defending-sacred-ground-1996/ (aufgerufen am 10.03.2022).

21 Alex Collier über den Andromeda-Rat und die Befreiung der Menschen auf https://youtu.be/x1gpEGdiMaY?t=2702 (aufgerufen am 10.03.2022).

22 Die drei Bücher von James Gilliland werden Ihnen angezeigt auf https://tinyurl.com/44nas3z6 (aufgerufen am 18.01.2022).

23 »Extraterrestrial Fleet arrives to watch humanity's liberation – Interview with James Gilliland«; https://youtu.be/l_WS-m5ZZyI?t=1692 (aufgerufen am 18.01.2022).

24 Siehe »French SSP Insiders Speak Out«; https://exopolitics.org/french-ssp-insiders-speak-out/ (aufgerufen am 16.03.2022).

25 »French SSP Insiders Speak Out«; https://exopolitics.org/french-ssp-insiders-speak-out/ (aufgerufen am 16.03.2022).

26 »French SSP Insiders Speak Out«; https://exopolitics.org/french-ssp-insiders-speak-out/ (aufgerufen am 16.03.2022).

27 »French SSP Insiders Speak Out«; https://exopolitics.org/french-ssp-insiders-speak-out/ (aufgerufen am 16.03.2022).

28 William Harwood, »William Shatner sets record in space with Blue Origin spaceflight«, *CBS News* vom 13. Oktober 2021; https://www.cbsnews.com/live-updates/william-shatner-blue-origin-space-flight/ (aufgerufen am 30.12.2021).

29 Siehe Michael E. Salla, »Are Secret Moon Construction Projects causing Worldwide Labor Shortage?«; https://exopolitics.org/are-secret-moon-construction-projects-causing-a-worldwide-labor-shortage/ (aufgerufen am 12.01.2022).

30 Erstmals zitiert auf https://exopolitics.org/contact-with-the-council-of-nine-roddenberrys-star-trek-future/ (aufgerufen am 10.03.2022).

31 Phyllis V. Schlemmer, *The Only Planet of Choice: Essential Briefings from Deep Space* (Gateway Books 1993, reprint Old Kings Road Press 2009); p. 9.

32 »The Law of One«, https://www.lawofone.info/s/7#9 (aufgerufen am 12.01.2022). – Zitiert nach *Das Gesetz des Einen: Buch I*, Sitzung 7.9, Seite 126/127; wir danken Jochen Blumenthal für die Überlassung der deutschen Übersetzung.

33 »The Law of One«, https://www.lawofone.info/s/6#8 (aufgerufen am 12.01.2022). – Zitiert nach *Das Gesetz des Einen: Buch I*, Sitzung 6.8, Seite 117; wir danken Jochen Blumenthal für die Überlassung der deutschen Übersetzung.

34 Wes Penre, »Galactic Federations and Councils«; https://www.bibliotecapleyades.net/vida_alien/alien_galacticfederations43.htm (aufgerufen am 12.01.2022).

35 Chris Knowles, »Secret Star Trek: ›Not Entirely Real‹«; https://secretsun.blogspot.com/2013/06/secret-star-trek-part-3-stranger-than.html (aufgerufen am 12.01.2022).

36 Erstmals zitiert auf https://exopolitics.org/contact-with-the-council-of-nine-roddenberrys-star-trek-future/ (aufgerufen am 10.03.2022).

37 Siehe William Mills Tompkins, *Selected by Extraterrestrials: My life in the Top-secret World of UFOs, Think-tanks and Nordic Secretaries* (2015), herausgegeben von Dr. Robert M. Wood. – Deutsche Ausgabe: *Auserwählt von Außerirdischen. Mein Leben in der streng geheimen Welt von UFOs, Think Tanks und nordischen Sekretärinnen.* AMRA Verlag, Hanau 2024.

38 Siehe »Interview with Dr. Robert Wood – Chief Editor of Selected by Extraterrestrials Book 3«; https://exopolitics.org/interview-with-dr-robert-wood/ (aufgerufen am 10.03.2022).

39 Siehe Air Force Space Command, »The Future of Space 2060 and Implications for U.S. Strategy: Report on the Space Futures Workshop«; https://tinyurl.com/2p87rfn8 (aufgerufen am 12.01.2022).

13 Mit der Ankunft einer Flotte der Intergalaktischen Konföderation werden uralte Weltraumarchen aktiviert

Es gab eine große Flut und eine Arche voller Tiere, und es gab einen Noah und jemanden, den Noah für Gott hielt. Danach weicht die Geschichte jedoch drastisch von den Legenden in den alten Texten ab. Die Arche selbst war in Wahrheit eine sehr große Hightech-Konstruktion, ein Raumschiff, das sich zum Zeitpunkt der Flut größtenteils unter Wasser befand.

– Dr. Courtney Brown, Farsight-Institut –

Seit Ende Dezember 2021 erhielt ich Informationen über uralte außerirdische Weltraumarchen, die auf dem Mond, dem Mars, der Erde und an anderen Orten in unserem Sonnensystem entdeckt wurden. Zwei Informanten gaben erstmals unabhängig voneinander wichtige Informationen über diese Weltraumarchen und deren Aktivierung weiter. Und am allerwichtigsten war: Beide erklärten, dass eine Weltraumarche in einer Wüstenregion der Ukraine vergraben liegt und dass die Aktivierung dieser Arche höchstwahrscheinlich die russische Militärintervention am 24. Februar 2022 auslöste. Einer der Informanten ist JP, mein Insider bei der U.S. Army, der sogar schon zwei Weltraumarchen besuchte: eine auf dem Mond und eine, die sich unter dem Atlantischen Ozean befindet. Die andere Informationsquelle ist Thor Han Eredyon, der Kommandant der Galaktischen Föderation, dessen Botschaften von Elena Danaan empfangen und weitergegeben werden. Diese beiden, JP und Thor Han, berichteten unabhängig voneinander, dass die riesigen Weltraumarchen nun aktiviert wurden, weil im Jahr 2021 in der Nähe des Jupiters und dessen Mond Ganymed eine große Flotte von Raumschiffen der Intergalaktischen Konföderation eintraf. Thor Hans Informationen enthielten viele Details über Geschichte und Funktion der Archen, und JP beschrieb seine Erlebnisse, als er die aktivierten Weltraumarchen auf dem Mond und unter dem Meeresboden des Atlantischen Ozeans im Rahmen geheimer Missionen besuchte, die von den USA, China, Russland und anderen Mitgliedsstaaten der Erdallianz unter Leitung des U.S. Space Command gestartet wurden.

JP und Thor Han sind nicht die Einzigen, die behaupten, dass in unserem Sonnensystem zurzeit Weltraumarchen aktiviert und gefunden werden. Auch Jean Charles Moyen und David Rousseau – zwei französische Kontaktpersonen von Außerirdischen, die für ein geheimes französisch-amerikanisches Weltraumprogramm rekrutiert wurden und über die ich bereits in Kapitel 11 berichtete – haben erklärt, dass es uralte Weltraumarchen gibt, die sich Ende 2021 mit der Ankunft von Raumschiffflotten einer neuen Gruppe außerirdischer Besucher zu aktivieren begannen.[1]

Um ein klareres Verständnis zu entwickeln, könnte es hilfreich sein, die Diskussion über verborgene Weltraumarchen in der Neuzeit zunächst in einen historischen Kontext zu stellen, denn die meisten Leser werden mit der biblischen Geschichte von der Arche Noah vertraut sein. In dieser Geschichte wird die Arche als Holzkonstruktion beschrieben, die erbaut wurde, um eine Sintflut zu überleben. Zuvor hatte Noah von Gott/Elohim den Auftrag erhalten, von jeder Art zwei Tiere an Bord zu nehmen und auch Pflanzen, Samen und dergleichen einzulagern, um die menschliche Gesellschaft nach dem Rückgang der Flut neu aufzubauen. Diese Geschichte gehört zu den kanonischen Texten der christlichen, hebräischen und islamischen Religion. Sie ähnelt sehr dem Utnapischtim-Mythos im Gilgamesch-Epos und ist anscheinend von ihm abgeleitet. Aber ebensogut lässt sich für diese Geschichte eine wissenschaftliche Erklärung heranziehen, der nachzugehen sich lohnt.[2] War die Arche Noah vielleicht ein großes Raumschiff, das dazu diente, am Ende eines Zeitalters biologische Exemplare einer Zivilisation zu retten, um auf diese Weise in einer zukünftigen Ära neues Leben aussäen zu können? Waren die Elohim, die Noah befahlen, die Arche zu bauen, in Wirklichkeit hochentwickelte Außerirdische – die »Saatausbringer-Rassen« oder »Wächter«, von denen in Kapitel 5 die Rede ist?

Mögliche Antworten auf diese Fragen kommen vom Farsight-Institut, das im Februar 2022 – kurz nachdem Informationen über die Entdeckung uralter Weltraumarchen aufzutauchen begannen – ein Remote-Viewing-Experiment zur Arche Noah durchführte. In seiner Schlussfolgerung zu dem Experiment, an dem drei unabhängige Fernwahrnehmer beteiligt waren, bestätigte Dr. Courtney Brown, wie zu Beginn dieses Kapitels zitiert, dass die Arche Noah ein hochentwickeltes Raumschiff war, das sich während der Sintflut größtenteils unter Wasser befand.[3] Und das fand ich an diesem Experiment des Farsight-Instituts am interessantesten: die Aussage, dass die Arche, die Menschen, Tiere und Pflanzen an Bord hatte, um das Leben nach dem Rückgang der Flut wieder erneuern zu können, in Wahrheit offenbar ein hochentwickeltes Raumschiff war, das sich auch unter Wasser fortbewegen konnte.

Diese Zusammenfassung des Farsight-Experiments führt mich zu den Aussagen von JP, Thor Han und anderen Informanten über die Archen, die in unserer heutigen Zeit unter der Erde vergraben oder im Meer versenkt wurden.

Die Weltraumarche auf dem Mond steht mit einer Arche unter dem Atlantik in Verbindung

JP behauptet, am frühen Morgen des 23. Dezember 2021 in einem dreieckigen Antischwerkraft-Raumfahrzeug zu einer geheimen Forschungseinrichtung auf dem Mond geschickt und dann zu einer riesigen Weltraumarche gebracht worden zu sein, die teilweise unter der

Mondoberfläche versunken war. Er sagt, dass der *Yutu-2*-Rover der Chinesen einen Teil der äußeren Umrisse des Raumschiffs entdeckte. Inzwischen hätten das U.S. Space Command und die Weltraumstreitkräfte der chinesischen Volksbefreiungsarmee eine gemeinsame Operation zur Erforschung dieses Raumschiffs gestartet, das die Größe von zwei Flugzeugträgern habe.[4]

JPs Aussage nach sei das riesige außerirdische Raumschiff unter der Mondoberfläche entdeckt worden, als es sich zu aktivieren begann, nachdem im Oktober 2021 eine außerirdische Flotte in unser Sonnensystem eingetreten war und ihre Raumfahrzeuge zwischen Jupiter und Ganymed geparkt hatte. Auf einer geheimen Mission zum Ganymed war er schon einigen der dort stationierten außerirdischen Besucher begegnet.[5] Nun betrat er das riesige kugelförmige Raumschiff in Begleitung eines Archäologen, der die dort angebrachten hieroglyphischen Schriftzeichen untersuchte. JP gehörte zu dem Geleitschutz für Wissenschaftler, die aus den USA und China zur Untersuchung des aktivierten Raumschiffs dorthin geschickt worden waren.

Am 10. Januar 2022 teilte mir JP mit, dass er an einer weiteren geheimen Mission zu einer außerirdischen Weltraumarche teilnähme. Auch diese Mission begann mit einem offiziellen Briefing in dem Militärstützpunkt, wo er zurzeit dient. Mit einem Osprey-Senkrechtstarter wurde er zu einer großen, ringförmigen Plattform im Atlantik gebracht, die sich direkt über einer vor der Küste Floridas in der Nähe des Bermuda-Dreiecks unter Wasser liegenden Arche befand.[6] JP schätzt, dass diese Arche mindestens anderthalb Kilometer lang und eiförmig ist. Ein Aufzug brachte die Einsatzkräfte von der Meeresoberfläche hinunter ins Innere des Raumschiffs. Das Personal stammte hauptsächlich aus den USA und China, denn nachdem China den USA den Zugang zu der von ihrem *Yutu-2*-Rover auf dem Mond entdeckten Weltraumarche gewährt hatte, war ihm als Gegenleistung der Zugang zur Weltraumarche unter dem Atlantik gewährt worden. An der Mission war auch eine Gruppe indigener Azteken beteiligt. Nachdem sie sich von der Hauptgruppe getrennt hatten und tiefer in die Arche eingedrungen waren, wurden sie zunächst dort zurückgelassen.

JP stellte fest, dass die Raum-Zeit im Inneren dieser Arche anders funktionierte und Bewegungen dadurch spürbar beeinflusst wurden. Ein einfaches Winken mit der Hand erschien zum Beispiel als mehrere Hände, die sich langsam durch die Luft bewegten. Er und ein paar andere konnten die Arche aktivieren, indem sie sich einfach physisch in ihrer Nähe aufhielten. JP beschrieb, wie die Arche in Bereichen aufleuchtete, die er betrat, was aber bei anderen Personen nicht der Fall war. Immer wenn die Arche aufleuchtete, wurden Hieroglyphen sichtbar. Wie auf dem Mond waren auch hier Archäologen anwesend, die Fotos vom Inneren machten. JPs Hauptaufgabe bestand darin, diese Archäologen bei ihren Exkursionen zu begleiten.

Abb. 24. Ägyptische Hieroglyphen im Vergleich mit Schriftzeichen der Maya.

JP sagte, es sei eine zweite Mission zu der Arche im Atlantik erforderlich gewesen, um die Gruppe indigener Azteken, die während der ersten Mission dort zurückgelassen worden waren, zu finden und zu retten. In einem am 2. Februar 2022 veröffentlichten Interview beschrieb er diese multinationale Rettungsmission, an der erneut amerikanische und chinesische Soldaten sowie ein aztekisch-mexikanischer Dolmetscher teilnahmen – diesmal jedoch in Begleitung russischer Spezialeinheiten.[7] JP berichtet, dass das multinationale Team die indigenen Azteken schnell fand und dabei ein mächtiges Portal entdeckte, das die Arche im Atlantik mit anderen Archen in unserem

Sonnensystem verband. Fünfzehn Soldaten seien bei der Erkundung einer ähnlichen Arche auf dem Mond versehentlich durch ein solches Portal getreten. JP beschrieb das Portal als Kugel aus blauem Wasser, die inmitten eines großen Raumes schwebte.

An dieser Stelle möchte ich auf eine Frage eingehen, die viele mir zu den vermeintlich banalen Funktionen stellen, die JP bei seinen verdeckten Missionen auf Ganymed und dem Mond erfüllte. Offiziell bekleidet er einen vergleichsweise niedrigen militärischen Rang und hatte die eher langweilige Aufgabe, Archäologen als bewaffnete Eskorte zu dienen.[8] Allerdings hatten menschenähnliche Außerirdische ihn schon oft in große halbkugelförmige Konstruktionen geführt, die er als Archen bezeichnete. Dort sah er uralte Pflanzen, Tiere und Technologien, die für eine zukünftige Zeit aufbewahrt wurden. Er erzählte mir auch, er habe mehrere andere Personen getroffen, die zu diesen Archen gebracht wurden – darunter einen chinesischen Staatsbürger. Und er ist überzeugt davon, dass er zur Vorbereitung auf eine Zeit dorthin gebracht wurde, in der die Menschheit diese riesigen Archen brauchen würde, um planetarische Notsituationen zu bewältigen.

Bereits seit 2008 überwachten US-Geheimdienstmitarbeiter seine außerirdischen Kontakte und auch unseren Austausch. Im Jahr 2014 begann er, seine Informationen über Archen an mich weiterzugeben, aber ich behielt sie für mich, weil damals noch niemand darüber sprach. Die Überwachung durch den Geheimdienst wird durch Fotos von geheimen dreieckigen und rechteckigen Raumschiffen belegt, die JP im Jahr 2017 in der Nähe der MacDill Air Force Base machte. Diese Fotos schickte er mir mit aktiver Unterstützung von Geheimdienstmitarbeitern zum Zweck der Veröffentlichung.[9] Das lässt mich vermuten, dass JP in Wahrheit eine sehr viel wichtigere Aufgabe erfüllt, als einfach nur Archäologen zu diesen alten Archen zu begleiten und banale Dienste als Geleitschutz zu leisten. Aufgrund seines früheren Zugangs zu den Archen oder einer angeborenen »genetischen Kompatibilität« ist er anscheinend Träger einer energetischen Frequenz oder Schwingung oder eines energetischen Codes, der Teile des Raumschiffs, die er besucht, aktiviert und so überhaupt erst für die Sicherheit und den Erfolg von Missionen zu den uralten Weltraumarchen sorgt.

Den Informationen von Thor Han verdanken wir zusätzliche Details über diese alten Archen. Außerdem bestätigen sie die Richtigkeit dessen, was JP mir zuvor privat mitgeteilt hatte. Am 4. Januar 2022 übermittelte Elena Danaan mir die Botschaften, die sie von Thor Han (T) über die Aktivierung der uralten Weltraumarchen in unserem Sonnensystem erhalten hatte:

»**4. Januar 2022**

Um ein Uhr morgens kontaktiert Thor Han mich telepathisch über mein Implantat.

T: Ich habe die Genehmigung, deine Frage über die alten Raumschiffe, die sich aktiviert haben, zu beantworten. Diejenigen, die von den terranischen Wissenschaftlern untersucht werden. Es ist spannend, diese Wissenschaftler zu beobachten und anzuleiten, während sie eine Vergangenheit aufdecken, die ihnen jahrtausendelang verborgen war. Die terranische Kultur ist schon seit langem bereit, doch nun, da die bedrohlichen Schatten eure Welt verlassen, kann die Wahrheit ans Licht kommen. Endlich entfaltet die Erdallianz den gemeinsam mit der Intergalaktischen Konföderation und der Galaktischen Föderation der Welten von Nataru [der Milchstraße] ausgearbeiteten Plan und offenbart, was euch bis zum heutigen Tag verborgen gewesen ist.

Vor langer Zeit besaß die Intergalaktische Konföderation mehrere Kolonien in diesem Sternsystem. Auf Naara *(Venus),* Terra, dem Mond von Terra, Tyr (Mars) und dem fünften Planeten. Dann kam es zu großen Kriegen mit den Anunnaki, und die Kolonien wurden verlassen. Doch bevor die Mitglieder der Intergalaktischen Konföderation abreisten, sammelten sie ihr wichtigstes Wissen in Archen, die sie tief unter der Oberfläche der oben aufgezählten Planeten vergruben. Diese Archen bewahrten die Informationen auf, die notwendig waren, um den Glanz und die Herrlichkeit dieser Kolonien wiederherzustellen, falls es eines Tages dazu kommen sollte.«[10]

Die Informationen von Thor Han bestätigen die Richtigkeit dessen, was JP über seine Missionen zu den auf dem Mond (23. Dezember 2021) und im Atlantik (10. Januar 2022) vergrabenen Archen berichtete. Bei beiden Missionen betrat er das riesige ovale Raumschiff in Begleitung von Archäologen, die die dort angebrachte Hieroglyphenschrift studierten, welche aufleuchtete, wenn JP in der Nähe war.

Thor Han erwähnt in seiner Botschaft Weltraumarchen, die zu uralten Kolonien der Intergalaktischen Konföderation gehörten und aufgrund großer Kriege in unserem Sonnensystem vor Jahrtausenden aufgegeben werden mussten. Seine Botschaft enthält sehr aufschlussreiche Details im Hinblick auf ihre Herkunft. So wie es schon seit langem Gerüchte darüber gibt, dass die Sphinx in Ägypten ein Aufbewahrungsort für uralte atlantische Technologien ist, so gibt es auch Verwahrungsorte für Technologien alter Kulturen, die in unserem Sonnensystem versteckt sind. In diesem Zusammenhang sollte man sich daran erinnern, dass die atlantische Zivilisation ein Ableger einer der vierundzwanzig außerirdischen Zivilisationen war, aus denen die Intergalaktische Konföderation besteht. Laut Informationen des Rates der Neun, die Phyllis Schlemmer gechannelt hat und in ihrem Buch *The Only Planet of Choice* (»Der einzige Planet der Wahl«) beschreibt, gründete Altea die Atlantis-Kolonie auf der Erde.

Thor Hans Informationen verraten uns, dass Altea und andere außerirdische Saatausbringer-Rassen Archen an den Orten ihrer früheren Kolonien auf der Erde und in unserem Sonnensystem verstreut und versteckt haben, wo sie sich heute noch befinden.

Als Nächstes erklärte Thor Han, wie und warum diese uralten Weltraumarchen aktiviert worden sind:

> »Als sich die Flotte der Intergalaktischen Konföderation diesem Sternsystem näherte, wurden die Archen aktiviert. Jetzt war die Zeit dafür reif. Die Rückkehr der Saatausbringer-Rassen markiert den Beginn einer neuen Ära, in der die Terraner bereit sind, das lange verborgene Wissen zu empfangen. Es ist kein Verstoß gegen die Regeln, wenn die Terraner selbst nachforschen und die Schlüssel entdecken. Dir ist klar, dass dieses

Wissen und diese Technologie nicht in falsche Hände geraten dürfen. Die Ankunft der Saatausbringer-Rassen erfolgt, wenn der Feind all seine Macht und all seine Besitztümer in diesem Sternsystem verloren hat. Die Zeit ist jetzt reif dafür. Mir wurde auch erlaubt, dir mitzuteilen, dass in diesem Jahr zwei große archäologische Entdeckungen auf Terra bevorstehen. Sie werden dazu führen, dass die Terraner die Chronologie ihrer Geschichte mit anderen Augen betrachten. Was sie für eine in Stein gemeißelte Wahrheit hielten, wird dann wie Wasser zerfließen.«[11]

Thor Hans Botschaft offenbart, dass die alten Archen gut versteckt waren und von der Dunklen Flotte und deren außerirdischen Verbündeten, die bis vor kurzem unseren Planeten beherrschten, ferngehalten wurden. Am wichtigsten ist jedoch, dass die Kabale also die Führer des Tiefen Staates, die mächtige Geheime Weltraumprogramme unter ihrer Kontrolle hatten, nach diesen Archen suchten, die meisten von ihnen aber nicht finden konnten. Nun, da die Dunkle Allianz gezwungen wurde, unser Sonnensystem zu verlassen, werden die uralten verborgenen Technologien aktiviert, damit sie von der Erdallianz, die im Juli 2021 im Rahmen der Jupiter-Vereinbarungen gegründet wurde, gefunden und erforscht werden können. Jetzt ist die Zeit gekommen, diese Technologien offenzulegen, damit die Menschheit etwas über längst vergessene außerirdische Kolonien und deren hochentwickelte Kulturen und Technologien erfahren kann – bevor verheerende Kriege zu ihrem Untergang führen.

Als Nächstes führte Elena Danaan (E) ein Frage-Antwort-Gespräch mit Thor Han (T):

»*E:* Was du gerade gesagt hast, dieser letzte Satz, ist eine Metapher, die eine Geschichte prophezeit, richtig? Ich kenne dich doch: ›*Was sie für eine in Stein gemeißelte Wahrheit hielten, wird dann wie Wasser zerfließen.*‹ (T lacht). Darfst du darüber sprechen, was sich in diesen Archen befindet?

T: Eine großartige Technologie, die alles verändern wird.

E: Wie sehen diese Archen aus?

T: Langgestreckt – manche sind kilometerlang. Kristalltechnologie.

E: Was meinst du damit?

T: Die Intergalaktische Konföderation verwendet größtenteils kristalline Materialien, um Dichten zu transzendieren, so dass eine von ihnen erbaute Konstruktion gleichzeitig in mehreren Dichten existieren kann.

E: So wie die kristalline Architektur, die ich in den Mutterschiffen der Intergalaktischen Konföderation gesehen habe? Heißt das, dass diese Schiffe sich in verschiedenen Dichten gleichzeitig in einem festen Aggregatzustand befinden?

T: Richtig. Die Terraner haben noch nicht alle Fähigkeiten der Kristalle entdeckt. Kerntriebwerke werden von Kristallen angetrieben, Portale bestehen aus flüssigen Kristallen, ebenso Zeitmaschinen, pyramidenförmige Energiegeneratoren und vieles andere mehr. Die Dichtegürtel, die wir tragen, werden aus Nanokristallen gefertigt. Der Stoff unserer Anzüge, unsere Waffen, die äußere Schale unserer Raumschiffe …«[12]

Hierbei ist zu beachten, was JP sagte, als er die Archen auf dem Mond und unter dem Meeresboden des Atlantiks betrat: Darin war Moldavit verarbeitet. JP berichtete, dass dieser Kristall eine angenehme Schwingung erzeugt, die dazu beiträgt, das Bewusstsein auf eine höhere Stufe zu heben. Wenn man bedenkt, dass JP früher schon mit Archen in Berührung kam, oder wenn man seine genetischen Eigenschaften berücksichtigt, ist es sehr wahrscheinlich, dass JP genau die richtige Frequenz aufweist – eine Frequenz, die vom Bewusstsein der Arche wahrgenommen und erkannt werden kann.

Elena Danaans (E) Frage-Antwort-Session mit Thor Han (T) ging folgendermaßen weiter:

»*E:* Diese vergrabenen Raumschiffe haben sich also bei der Ankunft der Intergalaktischen Konföderation aktiviert.

T: Sie empfingen das Signal und reagierten durch Resonanz, einfach aufgrund der Nähe der Mutterflotte. Denke daran, was ich dir gezeigt habe: Bestimmte Raumschiffe sind lebendige Wesen. Sie sind aufgewacht. Allerdings wussten eure Leute bereits von einigen der Orte. Wir haben ihnen Hinweise hinterlassen, damit sie sie finden. Die Dunkle Flotte hat eine dieser Archen unter dem Eis der Antarktis gefunden, aber sie konnten ihre Kraft nicht aktivieren und ihr Potenzial nicht nutzen. Das ist einer der Gründe, warum die Intergalaktische Konföderation gewartet hat.«[13]

Dieser Hinweis auf die Antarktis ist sehr wichtig, da ein nicht näher bekannter Lieutenant Colonel JP Koordinaten nannte, die sich auf ein künstliches Gebilde auf dem gefrorenen Kontinent beziehen. Dieses Gebilde befindet sich in einem Gebiet, das bis Mitte 2021 von der Dunklen Flotte genutzt wurde.[14] Das Gebilde, auf das die Koordinaten hinweisen, könnte mit einer der darunter oder in der Nähe versteckten Weltraumarchen in Verbindung stehen, beispielsweise der Arche im geheimnisvollen Wostok-See.

Die Arche im Wostok-See

Am 18. März 2022 wurde von einer Hitzewelle in der Ostantarktis berichtet, deren Epizentrum in der Wostok-Region lag. Diese Region befindet sich oberhalb eines mysteriösen Sees, der rund 3,2 Kilometer unter der Eisdecke liegt. Wissenschaftler staunten über den Temperaturanstieg von mehr als 70 Grad über den Durchschnittstemperaturen und suchten nach Antworten. Eine wahrscheinliche Erklärung stammt von zwei Informationsquellen, die behaupten, dass eine uralte Weltraumarche unter der Eisdecke in der Wostok-Region begraben liegt und die Ostantarktis durch die Aktivierung dieser Arche aufgeheizt wurde.

Die *Washington Post* berichtete als Erste über die Hitzewelle in der Ostantarktis. In einem Artikel mit dem Titel *It's 70 degrees warmer than normal in eastern Antarctica; Scientists are flabbergasted* (»In der Ostantarktis ist es 70 Grad wärmer als normal; die Wissenschaftler sind fassungslos«) wurde Folgendes berichtet:

»Die durchschnittliche Höchsttemperatur in Wostok – im Zentrum des östlichen Eisschilds – liegt im März bei minus 63 Grad (minus 53 Grad Celsius). Doch am Freitag sprang die Temperatur auf null Grad (minus 17,7 Grad Celsius) – die wärmste Märztemperatur seit Beginn der Wetterbeobachtung vor fünfundsechzig Jahren. Damit wurde der bisherige Monatsrekord um unglaubliche 27 Grad (15 Grad Celsius) gebrochen.«[15]

Antarktis-Wissenschaftler sind über diese Hitzewelle Ende März 2022 verblüfft, denn »die Antarktis verliert jeden Tag ungefähr fünfundzwanzig Minuten Sonnenlicht«, wie sie der *Washington Post* erklärten. Meteorologen berichteten von einer regelrechten »Hitzekuppel« über der Ostantarktis und erklärten: »So etwas haben wir noch nie gesehen.«[16] Bezeichnenderweise war die Eisdecke in der Region, wie die *Washington Post* berichtete, merklich geschmolzen.

Das ungeklärte Geheimnis hinter der schnellen Erwärmung führt mich zu der Entdeckung einer großen magnetischen Anomalie an einem Ende des Wostok-Sees, über die erstmals in der *Antarctic Sun* vom 4. Februar 2001 berichtet wurde.[17] Wissenschaftlichen Messungen zufolge hatte diese Anomalie eine Größe von 65 x 46 Meilen, was 105 x 75 Kilometern entspricht. Die erfahrenen NASA-Forscher Richard Hoagland und Mike Bara vermuteten schon bald nach dieser Entdeckung, dass es sich dabei um eine vergrabene Stadt handeln könnte:

»Eine Anomalie wie diese könnte auch durch eine Anhäufung von *Metallen* verursacht werden, wie man sie *bei den Ruinen einer uralten vergrabenen Stadt* finden würde!

Eine ›uralte Stadt unter dem Eis‹? Eine solche Entdeckung wäre absolut überwältigend und würde Schockwellen durch unsere Welt senden – sie wäre genauso erschütternd wie die Entdeckung von ›Artefakten auf dem Mars‹ oder ›Ruinen auf dem Mond‹. Und dieser Gedanke ist gar nicht so abwegig, wie Sie vielleicht denken.«[18]

Seit 2001 gibt es mehrere Informanten, die behaupten, sie hätten eine uralte Stadt oder große außerirdische Mutterschiffe besucht, die entweder am Wostok-See oder in anderen Gebieten der Antarktis unter der Eisdecke begraben liegen, oder seien über so etwas informiert worden.[19] Wo könnte die Ursache für die Hitzewelle und die Hitzekuppel über der Ostantarktis liegen? Besteht womöglich ein Zusammenhang mit der magnetischen Anomalie am Wostok-See, der sich dreitausend Meter unter der Eisdecke befindet? Die Meteorologen ringen zwar um eine Erklärung, die zu unserem konventionellen Denken passt, geben aber zu, dass sie die Ereignisse verblüffend finden. Doch es gibt noch eine andere, nicht-konventionelle Erklärung für diese Hitzewelle in der Ostantarktis – eine unterhalb der Wostok-Region vergrabene Weltraumarche, die sich jetzt allmählich aktiviert!

Abb. 25. Bodenradaraufnahme eines Sees in der Antarktis mit magnetischer Anomalie unter der Wostok-Region (Quelle: The Canadian Space Agency).

Am 29. März 2022 wurde ich von Jean Charles Moyen kontaktiert, der mir von einem außerirdischen Teleportations-Erlebnis berichtete. Dabei gelangte er zunächst nach Irland, wo er Elena Danaan traf. Dann reiste er mit ihr zu einem Mutterschiff der Galaktischen Föderation der Welten in der Erdumlaufbahn. Anschließend wurden die beiden zum Wostok-See in der Antarktis gebracht, wo sie eine Weltraumarche unter dem Eis sahen. Sie betraten die Arche und sahen einen Teil ihrer Inneneinrichtung. Moyen fasst sein Erlebnis folgendermaßen zusammen:

»Montag, 28. März, 3:33 Uhr morgens: Und nun will ich berichten, was ich alles erlebt habe!!!

Gestern Abend arbeitete ich an *South Shore Origin 2*. Dann stand ich auf, um mich in meinem Büro auf die Couch zu legen, weil mir schwindelig war (wahrscheinlich zu lange am Computer gearbeitet), und plötzlich spürte ich, wie ich in die Couch hineinsank und ohnmächtig wurde. Als ich die Augen wieder aufschlug, fand ich mich auf dem Weg der anderen Zeit in Irland wieder und hörte, wie jemand sagte: ›Präge dir ein, was jetzt geschieht‹; und dann sah ich die gleiche Szene noch einmal, aber diesmal ohne Unterbrechung bis zum Ende!!! Elena hielt meine Hand und sagte: ›Ich werde dich der Familie vorstellen‹, und dann sah ich den nächsten Teil …

Ich spürte ein Kribbeln am ganzen Körper – genau das gleiche Gefühl, wie wenn man im Schlaf auf seinem Arm gelegen hat und dann das Blut wieder in den Arm zurückfließt. Sicherlich kennst du dieses schaurige Gefühl. Plötzlich befand ich mich auf einem Raumschiff, in einem großen Kontrollraum mit einem breiten Panoramablick in den Weltraum, und Elena stand neben mir und sagte: ›Siehst du, sie ist wunderschön, diese Aussicht. Ich komme gerne hierher; es entspannt mich, die Erde so zu sehen; es beruhigt mich.‹ Und in der Mitte stand Melanie [Jean Charles' Frau] in einem engen silbernen Anzug! ›Du wunderst dich bestimmt, mich hier zu sehen, Schatz!!! Elena und ich kennen uns schon lange, wir sind miteinander befreundet, aber nun lasse ich dich deinen Besuch fortsetzen‹ – sie hat sich teleportiert!!!

Dann tauchte jemand hinter uns auf, ich spürte sofort seine Energie, und die Härchen auf meinen Armen stellten sich auf, als stünden sie unter Strom. Ich drehte mich um und sah einen Mann in Uniform mit Schulterpolstern, mandelförmigen Augen von einem sehr leuchtenden Blaugrün – so ähnlich wie bei einer Lagune – und wunderschönem blonden Haar, der wie ein Engel aus der Bibel aussah. Sein Gesicht war makellos. Ich fand die Vollkommenheit seiner Gesichtszüge irgendwie beunruhigend. Er lächelte mich an, und in Gedanken hörte ich die Worte: ›Entspann dich, mein Freund, du weißt, wer ich bin‹, und er kam näher und legte mir seine Finger in einem Dreiecksmuster auf Stirn und Schläfen. Da war ich plötzlich von durchscheinendem blauen Eis umgeben und fragte: ›Wo sind wir?‹ Er antwortete: ›Unter der Antarktis, genau unter dem Wostok-See, wo es eine Arche gibt.‹

Ich drehte mich um, und da war Elena, in einem enganliegenden Anzug, der in einer Art bläulicher Energie pulsierte, die mit Wärme einherging, um die Temperatur zu regulieren. Ich trug zwar keinen Anzug, hatte aber die gleiche bläuliche Energie um mich herum. Und ich fragte: ›Aber warum sind wir hier?‹ Und ich hörte: ›Weil ihr alle Schlüssel zum Erwachen der Menschheit seid.‹

Und plötzlich spürte ich, wie ich nach hinten gezogen wurde, als würde ich in ein Loch fallen. Ich schreckte aus dem Schlaf hoch, und mein Herz schlug wie verrückt. Es war genau 3:33 Uhr.«[20]

In einem späteren Interview, das am 29. April 2022 veröffentlicht wurde, verriet Moyen, dass es sich bei dem engelsgleichen Außerirdischen in Uniform um niemand anderen als Thor Han Eredyon gehandelt habe.[21] In dem Interview, an dem auch Danaan teilnahm, bestätigte sie, dass Thor Han tatsächlich die gemeinsame Teleportation von ihr und Moyen zur Arche im Wostok-See koordiniert und auch den Prozess der Veröffentlichung dieser Information beeinflusst hat.

All das wusste ich am 29. März noch nicht, als ich die Informationen von Jean Charles erstmals erhielt und Danaan kontaktierte, um zu erfahren, ob sie oder Thor Han irgendwelche Informationen über den Wostok-See und Moyens Erlebnis hatten.

Die Antwort von Thor Han auf meine Anfrage war verblüffend und enthielt wichtige Informationen, die die Hitzewelle und das schmelzende Eis in der Wostok-Region erklären:

»WOSTOK-SEE

29. März 2022

Die Zivilisation, die diese Technologie unter dem schmelzenden Eis der Antarktis hinterließ, stammt nicht aus Nataru [der Milchstraße]. Vor langer Zeit – als die magnetischen Pole noch an anderen Orten lagen – war das Klima auf diesem Planeten anders. In der Gegend, die ihr heute

Antarktis nennt, war das Land grün und fruchtbar, und es herrschte ein warmes Klima. Damals befand sich dort eine Kolonie. Sie gehörte den Pa-Taal. Sie lebten in Frieden und Wohlstand. Es war eine große Zivilisation, die ihr in euren alten Sagen als ›verlorenen Kontinent‹ bezeichnet. In Wahrheit war dieser Kontinent jedoch nie verloren, sondern aus einem bestimmten Grund unter dem Eis vergessen worden. Die dortigen Außerirdischen hinterließen Raumschiffe, gewaltige Kunstwerke und Bauten in einem unterirdischen Netz aus beheizten Kavernen. Diese Überreste einer uralten Zivilisation unter dem Wostok-See waren euren Wissenschaftlern, die in geheimen Programmen mitarbeiteten, schon lange bekannt. Die Erdallianz wusste darüber Bescheid, und das war der Köder, um die Finanzeliten zum letzten Treffen in die Antarktis zu locken. Sie haben diese Archen nie gesehen; sie sind nie dorthin gebracht worden. Doch das ist eine andere Geschichte. Die Arche unter dem Wostok-See ist Teil einer viel größeren Konstruktion aus verschiedenen Hallen und Tempeln. Dort befindet sich auch ein mächtiger Pyramidengenerator, den bisher niemand aktivieren konnte.«[22]

Thor Han scheint hier eine uralte Zivilisation wie beispielsweise Atlantis zu beschreiben, von der schon seit langem das Gerücht geht, dass sie nach den letzten katastrophalen Veränderungen, die vor 11.600 Jahren auf der Erde stattgefunden haben, unter der Eisdecke begraben wurde. Ein Buch der beiden Forscher Rand und Rose Flem-Ath mit dem Titel *Atlantis: Der versunkene Kontinent unter dem ewigen Eis* liefert überzeugende Beweise für solche Behauptungen.[23]

Außerdem spricht Thor Han in seiner obigen Botschaft von kürzlich stattgefundenen Treffen in der Antarktis, zu denen die Kabale, die Führer des Tiefen Staates, heimlich reiste, um mit der Erdallianz und der Galaktischen Föderation über ihre Zukunft zu verhandeln.[24] Die Kabale hielt sich jedoch nicht an die getroffene Vereinbarung, sondern verursachte weiterhin Chaos auf der Erde, wie die weltweiten Ereignisse bis zum April 2022 zeigen. Thor Han setzt sein Update zu den oben beschriebenen Ereignissen folgendermaßen fort:

»Nicht nur die Erdallianz und die Nataru-Allianz wussten davon, sondern auch der Feind. Die Ciakharr gingen zum Angriff über und versammelten sich unterhalb der Wostok-Region in der Hoffnung, die Codes dieser Technologie zu knacken. Sie nahmen die Menschen aus der Nazi-Gruppe, die ihr das Vierte Reich nennt, bei sich auf, damit sie ihnen bei der Entschlüsselung dieser Technologie helfen konnten. Glaubst du, dass sie die Menschen aus den Kolonien dort in der Antarktis ohne Grund aufgenommen haben? Was glaubst du, was sie im Austausch für Technologien und Waffen bekommen haben? DNA. Die Ciakharr wussten, dass DNA der Schlüssel zur Aktivierung dieser Machtstrukturen war. Doch obwohl sie sich bemühten, die richtigen DNA-Frequenzcodes zu finden, gelang es ihnen nie, diese Konstruktionen zu aktivieren.

Die Intergalaktische Konföderation hat mehr als ein Sicherheitsschloss für diese Konstruktionen eingerichtet, und was mit der DNA kommt, ist Bewusstsein. Die körperliche Hülle und die Seele, die den Körper bewohnt, müssen dieselbe Frequenz haben, und die Person muss lebendig und bewusst sein und wissen, was zu tun ist – wie man die Befehle aktiviert und die Portale öffnet. Man braucht also nicht nur die Werkzeuge, sondern auch das dazugehörige Wissen. Man kann nicht einfach jemanden töten und nur seine DNA verwenden, denn sie muss von Bewusstsein beseelt sein. Und zwar vom Bewusstsein eines ursprünglichen Seelenanteils der Saatausbringer-Rassen, die über dieses Wissen verfügen. Es gibt dort auch Körper in einem Zustand der Stasis, die schon vor langer Zeit gefunden wurden. Doch ihr genetisches Material reicht nicht aus, denn die Seele hat diese Körper verlassen und wartet darauf, zurückzukommen.

Jetzt schmilzt das Eis und legt die Geheimnisse frei, die wir für euch Menschen enthüllt haben.«[25]

Wie bereits erwähnt, war JP ursprünglich zu uralten Archen auf dem Mond und unter dem Atlantischen Ozean gereist, wo ein multinationales Team aus den USA, China und Russland sie erforschte. JP bestätigte, dass die Archen durch die DNA einiger ausgewählter Personen aktiviert werden können. Daher ist es durchaus plausibel, dass die Draco-Reptiloiden (alias Ciakharr) die Nazis benutzten, um an menschliche DNA zu gelangen, die sie zur Aktivierung der Archen verwenden konnten. Außerdem hat JP aufgedeckt, dass diese Archen, wenn sie sich aktivieren, eine enorme Wärme freisetzen und ihre Umgebung sehr rasch aufheizen.[26]

Am 29. März erhielt ich von Danaan eine Sprachnachricht, in der sie bestätigte, am frühen Morgen des vorigen Tages zusammen mit Moyen zum Wostok-See gebracht worden zu sein:

> »Das ist nun die Erklärung dafür, dass ich mich nicht an diesen Augenblick erinnern durfte: weil vorgesehen war, dass Jean Charles die Erinnerung daran erhalten bleibt. Ich denke, es ist eine gute Strategie, dass sie ihre Informationen streuen, also nicht immer an ein und dieselbe Person weitergeben. Das finde ich sehr gut. Um Jean Charles herum gab es viele holografische Projektionen, um ihm das alles zu zeigen, ihm Zuversicht einzuflößen und ihn mit dem Projekt vertraut zu machen … Melanie war auch da, um ihm ein Gefühl der Zuversicht zu vermitteln, aber ich war real da und bei ihm, und jetzt erinnere ich mich auch daran; aber er sollte derjenige sein, der sich zuerst erinnert, denn wie Thor Han immer sagt: Erinnerung hat eine aktivierende Wirkung. Jetzt können wir die Sache mit dem Wostok-See also bestätigen.«[27]

Aus Danaans Bestätigung kann man ablesen, dass die Galaktische Föderation durch Vermittlung von Thor Han nun mindestens zwei Personen zu den Archen bringt, damit sie sehen, was sie enthalten, und der Welt von ihren Erfahrungen berichten können.

In einer Folgebotschaft vom 29. März 2022 berichtete Moyen, dass er am frühen Morgen dieses Tages auf eine zweite Reise zum Wostok-See mitgenommen worden war:

> »In dieser Nacht befand ich mich an derselben Stelle unter dem Wostok-See – diesmal aber innerhalb einer Konstruktion. Es war die Arche. Im Inneren der Arche war alles gereinigt – keine Schrauben, keine Bolzen, nichts. Alles sah aus wie aus Wolfram, aber durchsichtig. Ich befand

mich im Zentrum der Arche, und in der Mitte war eine Art Kugel, die sehr hell zu leuchten begann. Sie hätten sie wohl als Kugel aus bläulichem Plasma bezeichnet, die mit einem kristallinen Geräusch eine Menge Wärme abgab, und ringsherum war alles in einer geometrischen Form angeordnet, die an einen Stern erinnerte … Röhren, in denen sich Wesen in einem Zustand der Stasis befanden.

Ich näherte mich einer der Röhren, die daraufhin aufleuchtete, als hätte meine Anwesenheit diese Reaktion ausgelöst. Ich hatte das Gefühl, mit dem Material dieses uralten Raumschiffs in Verbindung zu stehen. Die Arche wirkte, als wäre sie lebendig. Ich konnte erkennen, wie das Wesen in der Röhre aussah: Es war groß, mit bläulichen Reflexen auf der Haut. Es trug eine Art mitternachtsblauen Anzug ohne Nähte. Auf dem Anzug war ein Symbol zu sehen, das ein Sternbild im Inneren eines Dreiecks zeigte. Und ich hörte eine Stimme aus dem Nichts, die sagte: ›Du bist auserwählt‹ – genau derselbe Satz, den die Gottesanbeterin in meiner Kindheit zu mir gesagt hatte, als sie ihre Füße auf meine Schulter legte, weißt du noch, damals während der Mutprobe zusammen mit den anderen Kindern? Viele Kinder haben damals dabei versagt, nur ich nicht. Es war dieselbe Stimme. Ich näherte mich einer Röhre, und sie leuchtete sehr hell auf; und dann wachte ich plötzlich auf, und der Wecker zeigte 5:55 Uhr.«[28]

Moyens Angaben stimmen mit dem überein, was JP während seiner beiden Reisen zu der im Atlantik versunkenen Weltraumarche gesehen haben will. Moyen beschrieb eine Kugel aus blauer Flüssigkeit (Plasma) in einem großen Raum, bei der es sich um ein Portal zu anderen Weltraumarchen handelte. Außerdem nahm Moyen viele hülsenartige Strukturen wahr, deren Inhalt JP nicht gesehen hatte; aber er erklärte, man habe ihm mitgeteilt, dass sie eine freundliche Energie ausstrahlten.[29] In meinem Interview mit Moyen und Danaan am 29. April 2022 bestätigte Danaan, diese hülsenähnlichen Strukturen, in denen sich blaue Wesen befanden, ebenfalls gesehen zu haben. Sie beobachtete, wie Moyen mit einer der Kapseln in Interaktion trat und um die Arche herumging.[30]

Zusammenfassend kann man sagen, dass Jean Charles Moyens und Elena Danaans Erlebnisse – gemeinsam mit den früheren Enthüllungen von JP – darauf hindeuten, dass eine uralte Arche die Wostok-Region und auch den Rest der Ostantarktis aktiviert und erwärmt. Außerdem steht diese alte Arche mit ziemlicher Sicherheit in irgendeinem Zusammenhang mit der großen magnetischen Anomalie, die im Jahr 2001 an einem Ende des Wostok-Sees entdeckt wurde. Die von der *Washington Post* berichteten Rekordtemperaturen in der Ostantarktis lassen vermuten, dass der Erwärmungsprozess, der durch die sich aktivierende(n) Arche(n) ausgelöst wird, unaufhaltsam ist. Es ist also nur eine Frage der Zeit, bis die Welt mit unbestreitbaren physischen Beweisen für die Existenz einer uralten atlantischen Zivilisation konfrontiert wird, die unter der Antarktis begraben liegt, und außerdem erfährt, dass es große Weltraumarchen gibt, die in der Antarktis und an anderen Orten auf unserem Planeten vergraben sind.

Noch aufregender für die Öffentlichkeit und für viele meiner Leser wird die Enthüllung sein, dass es sich bei den schlafenden »blauen Riesen« in den Weltraumarchen um menschliche Sternensaaten handelt, die gerade ein ganz normales Leben auf der Erde führen.[31] Diese Sternensaaten sind dazu bestimmt, durch Träume, Visionen und schließlich auch durch physische Reisen ihre DNA- oder »Seelen«-Verbindung zu den sich in einem langen Kälteschlaf befindlichen Besatzungen der Weltraumarchen zu erkennen, die zurzeit aktiviert werden – der gleiche Erwachensprozess, den Jean Charles Moyen und Elena Danaan vor kurzem erlebt haben. In unserem Interview vom 29. April 2022 haben interessanterweise sowohl Moyen als auch Danaan berichtet, dass nicht nur menschliche, sondern auch außerirdische Körper erweckt werden und gleichzeitig funktionieren können – je nachdem, wie die »Seele« oder das Bewusstsein zwischen den beiden physischen Körpern aufgeteilt ist.

Ein weiterer möglicher Standort einer Weltraumarche in der Antarktis geht aus den Aussagen von zwei Spezialeinsatzkräften hervor, die mit der erfahrenen UFO-Forscherin Linda Moulton Howe gesprochen haben. Ihre Aussagen wurden im Januar 2019 veröffentlicht; darin berichteten sie über ihre Teilnahme an Missionen zu einer riesigen achteckigen Konstruktion, die im Jahr 2003 in der Nähe des Beardmore-Gletschers in der Antarktis entdeckt wurde. Howe beschrieb diese Entdeckung folgendermaßen:

> »Im Jahr 2003 reiste ein Sondereinsatzteam der U.S. Navy Seals in die Antarktis, um dort eine vollkommen geometrische achteckige Struktur zu untersuchen, die mit Hilfe von Bodenradar in der Nähe des Beardmore-Gletschers entdeckt worden war, ungefähr einhundertfünfzig Kilometer von der amerikanischen McMurdo-Station entfernt.
>
> Ein anderes Team aus Ingenieuren und Wissenschaftlern hatte zuvor die oberste Schicht eines Achtecks ausgegraben, das aus einer vollkommen schwarzen Substanz bestand und auf zwei weiteren schwarzen achteckigen Strukturen ruhte, die tief in das dreitausend Meter dicke Eis hinabreichten.«[32]

Nur ein Teil dieser achteckigen Konstruktion – so der Navy Seal – sei bisher von den archäologischen Teams freigelegt worden; der Rest sei unter dem Eis begraben und reiche weit hinunter. Das Bodenradar hatte gezeigt, dass das Bauwerk die Form eines Achtecks hat und sich gut und gern über einen halben Quadratkilometer erstreckt.

Der Navy Seal beschrieb, dass die Wände und Türen mit etwa zwanzig Zentimeter hohen und fünf Zentimeter tiefen Hieroglyphen bedeckt waren. Dabei handelte es sich weder um ägyptische noch um Maya-Hieroglyphen; sie schienen aber insofern mit beiden Ähnlichkeit zu haben, als sie Tiere und andere seltsame Symbole darstellten. Auch JP sagte, dass die riesigen Weltraumarchen, die er auf dem Mond und unter dem Atlantik gesehen hat, von Hieroglyphen bedeckt waren, die der von ihm begleitete Archäologe aufzeichnete.

Angesichts dieser Hieroglyphen ist es durchaus möglich, dass es sich bei der von dem Navy Seal beschriebenen uralten achteckigen Konstruktion um eine der Archen handelte, die vom Tiefen Staat und seinen Verbündeten von der Dunklen Flotte entdeckt worden waren.

Die Weltraumarche in der Ukraine

Am 2. Februar 2022 nannte JP mir die geografischen Koordinaten (46°35'19"N 33°03'01"O) einer Weltraumarche, von der man ihm mitgeteilt hatte, dass sie in der Ukraine existiert.

Die Koordinaten beziehen sich auf den Nationalpark Oleschky-Sande: die einzige Sandwüste der Ukraine und schon seit langem eine Touristenattraktion. Der Ursprung der Sandwüste hat Geologen vor ein Rätsel gestellt; Spekulationen zufolge ist sie durch eine frühere Überweidung durch Schafe entstanden.[33] Am 11. Februar teilte JP mir mit: »Die Russen wollen so schnell wie möglich zu dieser Arche in der Ukraine gelangen, weil sie auf Informationen darüber gestoßen sind« – eine sehr wichtige Nachricht, da sie einen möglichen neuen Aspekt des Ukraine-Konflikts ins Spiel bringt: Vielleicht war diese Weltraumarche der eigentliche Auslöser für Russlands »militärische Spezialoperation«, die weniger als zwei Wochen später, am 24. Februar, begann. Später berichtete JP mir, was ihm in Briefings und von anderen Personen, die an verdeckten Missionen zu alten Archen auf der Erde und in unserem Sonnensystem teilnahmen, über die ukrainische Weltraumarche erzählt worden war.

Am Tag der russischen Militärintervention hinterließ er mir folgende Sprachnachricht, in der er seine neuen Informationen über die in Russland und der Ukraine entdeckten Weltraumarchen weitergab:

»Erinnerst du dich noch daran, was ich dir von der Arche erzählte? Rund um das Raumschiff [im Atlantik], auf dem wir uns befanden, waren lauter Russen. Sie wollten unbedingt nähere Informationen darüber haben. Deshalb sind sie zusammen mit uns zu der Arche [im Atlantik] hinuntergestiegen. Wir boten ihnen die Möglichkeit dazu. Wir hatten nichts dagegen, die Russen einzubeziehen und ihnen Informationen zu geben, denn wir wussten, dass es sich dabei um ein weltweites Ereignis von enormer Tragweite handelte – wirklich gigantisch.

Deshalb müssen alle führenden Politiker der Welt davon erfahren. Aber sie haben ihren Teil des Versprechens nicht gehalten, uns zu ihrer

Arche zu bringen. Und jetzt, wo das mit der Arche dort in der Ukraine passiert, wollen sie diese Informationen wohl für sich allein haben. Dabei standen wir schon kurz davor, zu dieser Arche zu reisen.

Also wundere dich nicht, wenn es jetzt mit der Aktivierung dort – im Nationalpark Oleschky-Sande – losgeht. Wahrscheinlich wird diese Arche eines der ersten Raumschiffe sein, die in die Luft aufsteigen. Unübersehbar. Nun, da die [Aufmerksamkeit aller] Nationen der Welt … auf die Ukraine gerichtet ist, wird diese Arche wahrscheinlich eine der ersten sein, die nach oben schwebt, und alle werden es sehen. Alles wird zum Stillstand kommen. Das wird für alle ein großer Schock sein.«[34]

Die Nachricht von JP, dass die in der Ukraine entdeckte Weltraumarche sich jetzt aktiviert und dass die US-Militärbehörden bereit waren, dorthin zu reisen und dieses Phänomen zu untersuchen, ist sehr aufschlussreich: Möglicherweise ist das die Antwort auf die Frage, warum Russland sich im Ukraine-Konflikt für eine offene Intervention entschieden hat. Später teilte JP mir mit, dass tatsächlich ein US-Spezialeinheitenteam durch ein Portal zu der ukrainischen Arche geschickt worden war und aufgrund der dann beginnenden Kämpfe vorübergehend in der Falle saß, bevor es die Arche gefahrlos wieder verlassen konnte.[35] Noch erstaunlicher ist seine Prophezeiung, dass die ukrainische Arche früher oder später aufsteigen wird. Da zurzeit die Aufmerksamkeit der ganzen Welt auf die Ukraine gerichtet ist, würde eine fliegende Weltraumarche wahrlich zu einem Ereignis von großer weltweiter Bedeutung werden.

Am 26. Februar 2022 habe ich in einem Webinar bekannt gegeben, was JP mir über die Weltraumarche in der Ukraine mitgeteilt hatte.[36] Zwei Tage danach erhielt ich wichtige Informationen von Thor Han Eredyon, dem Flottenkommandanten der Galaktischen Föderation der Welten, die Elena Danaan mir übermittelte und die die Richtigkeit von JPs Mitteilungen bestätigten. Sie reichte folgende Informationen von Thor Han an mich weiter, die Russlands »militärische Spezialoperation« in der Ukraine und das Interesse des Tiefen Staates (TS) an der Arche betreffen:

»Dabei handelt es sich nicht um eine Invasion der Ukraine, sondern um einen Teil der Säuberungsoperationen. Die Angehörigen des TS versuchten die Arche zu aktivieren, die sie vor vielen Jahren – unter dem Sand vergraben – im unteren südlichen Teil der Ukraine entdeckt hatten. Jetzt aktiviert sich die Arche, also war es an der Zeit, dass Putin sie in die Hände bekam. Es gibt noch eine zweite Arche im Norden Russlands, doch die hat Putin bereits unter Kontrolle.«[37]

Thor Hans Informationen bestätigten das, was JP über zwei in dieser Region entdeckte Weltraumarchen erfahren hatte – eine in Russland und eine in der Ukraine. Interessanterweise übt der Tiefe Staat schon seit dem Jahr 2014 einen starken Einfluss in der Ukraine aus und versucht die in einer sandigen Region der Südukraine – den Oleschky-Sanden – entdeckte Weltraumarche zu aktivieren.

Am 1. März 2022 gab Thor Han nähere Informationen über diese in der Erde vergrabene ukrainische Weltraumarche bekannt:

»Putin hat die zweite Arche im Norden Russlands bereits in der Hand und wurde von positiven Außerirdischen im Umgang mit der Technologie unterwiesen.

Diese Information hat jedoch keinerlei Konsequenzen, weil die Arche im Norden Russlands gesichert und in guten Händen ist – im Gegensatz zur ukrainischen Arche, die sich … [seit] heute (1. März 2022) in den Händen der Erdallianz befindet. Sie wird immer noch vom Militär des Tiefen Staates umkämpft, das im Süden der Ukraine nahe der ›im Sand vergrabenen Arche‹ stationiert ist.«[38]

Thor Hans Informationen bestätigen, was JP hinsichtlich der Kontrolle Russlands über eine in seinem Hoheitsgebiet entdeckte Weltraumarche erfahren hatte.

Am 2. März 2022 hatte Russland das ukrainische Militär besiegt und die vollständige Kontrolle über Cherson erlangt – einschließlich des nahegelegenen Nationalparks Oleschky-Sande. Cherson war die erste ukrainische Stadt, die an die russische Armee fiel – was

Abb. 26. Der Nationalpark Oleschky-Sande in der Ukraine (Quelle: Google Earth).

angesichts der Behauptungen über eine unter den Oleschky-Sanden entdeckte uralte Weltraumarche von großer Bedeutung ist. Wie bereits erwähnt, teilte JP mir am 2. Februar die Koordinaten dieser ukrainischen Weltraumarche mit und informierte mich dann am 11. Februar darüber, dass Russland sich Zugang dazu verschaffen wolle. Höchstwahrscheinlich hatte Russland inzwischen erfahren, dass die USA die ukrainische Arche untersuchen und bald ein Team von Spezialkräften dorthin schicken wollten.

Die Entdeckung einer sich gerade aktivierenden Weltraumarche unter den Oleschky-Sanden ist ein dramatisches Ereignis hinter den Kulissen, das einen überzeugenden Grund dafür liefert, warum Russland beschloss, schließlich doch offen in einen Konflikt einzugreifen, der bereits seit dem Jahr 2014 andauerte.[39] Sie bewog Russland dazu, in einen Bürgerkrieg einzugreifen, der – aufgrund mangelnder Fortschritte bei der Umsetzung des 2014 und 2015 von Russland, Frankreich, Deutschland, der Ukraine und der OSZE unterzeichneten Minsker Abkommens – ins Stocken geraten war.[40] Es gibt aber noch andere mögliche Erklärungen, die wir untersuchen müssen, um eine klarere Vorstellung davon zu bekommen, warum Russland die verhängnisvolle Entscheidung zum Start seiner »militärischen Spezialoperation« getroffen hat.

Anfang Februar 2022 kamen Gerüchte auf, denen zufolge die ukrainische Armee dabei sei, eine militärische Blitzaktion zur Rückeroberung der umstrittenen ukrainischen Verwaltungsgebiete Donezk und Luhansk vorzubereiten.[41] Die Ukraine versuchte dabei insgeheim, den kroatischen Blitzangriff (»Operation Sturm«) gegen von Rebellen gehaltene serbische Gebiete nachzuahmen, der im Jahr 1995 den kroatischen Teil des jugoslawischen Bürgerkriegs beendete, nachdem umfassende militärische Hilfe seitens der USA das Kräftegleichgewicht verändert hatte.[42] Diese Gerüchte bestätigten sich später, als Russland am 8. März 2022 Pläne des bevorstehenden ukrainischen Militärangriffs veröffentlichte, die den Russen in die Hände gefallen waren und die Absicht der Ukraine bewiesen, gegen das Minsker Abkommen zu verstoßen.[43] Einem ukrainischen Militärangriff zuvorzukommen, wäre zweifellos ein zwingender Grund für Russlands militärisches Eingreifen gewesen. Dazu wäre jedoch kein russischer Luft-, See- und Landangriff an drei Fronten erforderlich gewesen, sondern lediglich ein Angriff aus dem Osten, um die ukrainischen Streitkräfte auszuschalten, die einen Angriff auf die Regionen Donezk und Luhansk vorbereiteten.

Ein weiterer möglicher Grund für die russische Intervention könnte darin liegen, dass von den USA gesponserte Biolabore des Tiefen Staates für künftige Angriffe mit biologischen Waffen gegen Russland genutzt wurden. Am 24. Februar veröffentlichte *Veterans Today* einen sehr gründlich recherchierten Artikel, in dem die bulgarische Enthüllungsjournalistin Dilyana Gaytandzhieva die Forschungen des Pentagons an biologischen Waffen in mehreren osteuropäischen Ländern, darunter auch der Ukraine, die speziell gegen Russland gerichtet wären, genau beschreibt.[44] Offizielle Dokumente des US-Außenministeriums bestätigten, dass tatsächlich US-Gelder an Biolabore in der Ukraine gingen.[45] Doch hochrangige US-Beamte bestritten, dass amerikanische Gelder für Forschungsarbeiten im

Bereich der biologischen Kriegsführung verwendet wurden.[46] Erneut veröffentlichten die Russen Dokumente, die ihnen in die Hände gefallen waren und bewiesen, dass in US-finanzierten Biolaboren in der Ukraine Experimente zur biologischen Kriegsführung durchgeführt wurden.[47] Zwar ist auch das ein plausibles Szenario für eine russische Militärintervention, aber das Problem dabei besteht darin, dass Russland und die USA schon seit langem chemische und biologische Kriegsführung betreiben, ohne dass es bisher zu offenen militärischen Auseinandersetzungen gekommen ist.

Somit liefert die Entdeckung einer in der Erde vergrabenen Weltraumarche und der Wunsch Russlands, die vollständige Kontrolle über diese Arche zu erlangen, nachdem sie sich zu aktivieren begann, eine überzeugendere Erklärung für den Einmarsch russischer Streitkräfte und die Übernahme ukrainischen Territoriums, das weit von den umkämpften Regionen Donezk und Luhansk im Osten der Ukraine entfernt lag. Die rasche Einnahme von Cherson durch Russland ist ein starkes Indiz für die Richtigkeit der Enthüllungen von JP und Thor Han/Elena Danaan über eine in der Erde vergrabene uralte Weltraumarche, die im Nationalpark Oleschky-Sande entdeckt worden war, und spricht dafür, dass dies das ausschlaggebende Motiv für Russlands »militärische Spezialoperation« in der Ukraine war.

Nachdem Russland die Entscheidung getroffen hatte, dort einzumarschieren, um die Arche unter seine Kontrolle zu bringen, schützte es jedoch ganz andere Gründe für seine militärische Intervention vor: nämlich, einen geplanten ukrainischen Militärangriff auf Donezk und Luhansk zu verhindern und Biolabore zu zerstören, in denen Angriffe auf ethnische Russen vorbereitet würden.

Wie viele Weltraumarchen gibt es auf der Erde?

In einem Austausch zwischen Elena Danaan (E) und Thor Han (T) ging es um die Frage, wie viele Weltraumarchen es auf der Erde eigentlich gerade gibt:

»*E:* Wie viele Archen befinden sich auf der Erde?

T: Das darf ich dir nicht sagen – und versuche nicht, meine Gedanken zu lesen!

E: Das tue ich nicht. Du weißt, dass ich mich an die Regeln halte. Aber ich weiß schon, dass es irgendwo in Ägypten eine gibt.

T: Südamerika, Mitteleuropa, der Nordwesten Russlands … Eine unter dem Atlantischen Ozean. Das ist die größte. Es gibt noch weitere, aber ich werde dir keine genauen Koordinaten nennen. Das liegt nicht in meiner Verantwortung; es handelt sich um eine Entscheidung der Erdallianz.

E: Du wirst doch deshalb nicht in Schwierigkeiten geraten?

T: Nein. Alles, was ich dir sage, wird von meinen Vorgesetzten überprüft. Da du auf Militärfrequenz kalibriert wurdest, hören sie alle unsere Gespräche ab, die durch dein Gerät laufen.

E: Kannst du mir sonst noch etwas sagen, wovon die Welt bisher nichts weiß?

T: Jede Enthüllung kommt zur rechten Zeit. Es gibt einen Plan. Die terranische Zivilbevölkerung wird zu einer vollständigen Erkenntnis und Akzeptanz anderer positiver galaktischer Kulturen kommen. Es sind viele politische Veränderungen im Gang. Aber mehr darf ich aus Gründen der Sicherheit dieses Plans nicht sagen. Die Erdallianz ist für so ziemlich alles zuständig. Hab Geduld.

E: Danke, ich werde diese Information an Michael weitergeben.

T: Grüße ihn herzlich von mir. Eines Tages werden wir uns treffen, aber jetzt noch nicht.«[48]

Thor Hans Informationen bestätigen die Richtigkeit dessen, was JP über Weltraumarchen erfuhr, die überall auf der Erde entdeckt wurden und von denen diejenige unter dem Atlantik die größte ist. Auch seine Aussage, dass es »zu einer vollständigen Erkenntnis und Akzeptanz anderer positiver galaktischer Kulturen kommen wird«, ist sehr aufschlussreich – die Galaktische Föderation verfügt über hochentwickelte Zeitreise-Technologien, die sie für ihre Zukunftsprojektionen nutzen kann. Seine optimistischen Worte lassen vermuten, dass der Einfluss des Tiefen Staates auf die politische Macht auf unserem Planeten zu bröckeln beginnt und dass die Mauern der Geheimhaltung bald zusammenbrechen werden.

Als dieses Buch entstand, hatte JP mir offenbart, dass – wie er in geheimen Briefings erfahren hatte – weltweit neun Weltraumarchen entdeckt wurden, die entweder unter der Erde oder unter einem Ozean vergraben sind. Er nannte mir folgende Archen:

- eine in der Antarktis (Wostok-See/Beardmore-Gletscher)
- eine in Russland
- zwei in der Ukraine (Oleschky-Sande [Cherson] und nahe Kiew)
- eine in Mitteleuropa
- eine in Brasilien (Nationalpark Serra de Caldas Novas)
- eine unter dem Atlantik (in der Bermuda-Region)
- eine unter dem Pazifik (westlich von Vancouver Island)
- eine in den USA (White Sands Missile Range, New Mexico)

In einem am 10. März 2022 veröffentlichten Interview teilte JP mit, dass all diese Archen ein eng verzahntes Netzwerk bilden und sich im Hinblick auf ihre Aktivierung, die Freigabe ihres Inhalts und ihren Aufstieg in die Luft, durch den sie weltweit zu sehen sein werden, miteinander abstimmen werden.[49] Die Entdeckung und Aktivierung der uralten Weltraumarchen ist dazu bestimmt, eine wichtige Rolle beim Erwachen der Menschheit zu spielen. Da die Weltraumarchen einer unbekannten Zeitlinie folgen und sich auf eine Weise offenbaren werden, die von Regierungs- und Militärbehörden nicht unterdrückt werden kann, gibt es zwei Hauptszenarien für die Zukunft. Welches dieser Szenarien eintreffen wird, hängt stark davon ab, ob die Mainstream-Medien und Militär/Regierungsinstitutionen zum Zeitpunkt des weltweiten öffentlichen Auftauchens dieser Archen vom Tiefen Staat oder von der Erdallianz kontrolliert werden.

Beginnen wir mit dem pessimistischen Szenario: Der Tiefe Staat wird eine Alien-Invasion inszenieren und dazu seine geheimen Antischwerkraft-Raumschiffe einsetzen. Sie wurden in Berichten von U.S.-Navy-Piloten zuvor als UAPs bezeichnet, als »Unidentified Aerial

Phenomena« oder »Nicht identifizierte Luftraum-Phänomene«, was im Wesentlichen das Gleiche wie UFO bedeutet: »Nicht identifiziertes Flugobjekt«. Die Mainstream-Medien würden dann eine Sättigungskampagne starten, der zufolge die Erde von unbekannten UAPs angegriffen wird. Daraus würde die Weltöffentlichkeit schließen, dass alle plötzlich auftauchenden und in der Luft schwebenden Archen zu diesen außerirdischen Invasoren gehören. In Kapitel 4 habe ich übrigens das gleiche Szenario erörtert, und der Rat der Neun hatte eine solche Entwicklung schon Mitte der 1970er Jahre vorausgesehen. Damals war die Entscheidung getroffen worden, dass die vierundzwanzig Zivilisationen/die Intergalaktische Konföderation sich lieber nicht zu erkennen geben sollte. Falls dieses Szenario eintritt, würde auf der Erde große Verwirrung und ein gewaltiges Chaos entstehen, und das wiederum würde es der Erdallianz und den positiven außerirdischen Organisationen sehr erschweren, die Weltöffentlichkeit davon zu überzeugen, dass diese Archen keine existenzielle Bedrohung darstellen, sondern ein Geschenk an die Menschheit sind.

Und nun das optimistische Szenario: Durch die weltweiten Operationen der Erdallianz, einschließlich Russlands militärischer Spezialoperation in der Ukraine, wird der Tiefe Staat so weit unschädlich gemacht, dass offizielle Bekanntmachungen über die Existenz der Intergalaktischen Konföderation, der Galaktischen Föderation der Welten und anderer außerirdischer Organisationen in einer ruhigen, friedlichen, angstfreien Atmosphäre stattfinden können. Die Anwesenheit solcher Organisationen wird in offiziellen Bekanntmachungen der nationalen Regierungen aufgedeckt, die sich dabei mit der Erdallianz und dem U.S. Space Command koordinieren. In diesen Bekanntmachungen wird die Menschheit über die Existenz fortschrittlicher Technologien informiert, die in uralten, vor vielen Jahrtausenden von den Vorfahren der Menschheit erbauten Archen entdeckt wurden. Dann wäre der Weg für das Auftauchen der Weltraumarchen am Himmel frei, ohne dass die Öffentlichkeit es mit der Angst zu tun bekäme; stattdessen würde sie Hoffnung auf den Anbruch eines neuen, positiven Zeitalters schöpfen.

Anmerkungen

1 Siehe mein Interview »French Secret Space Program Insiders Speak Out«; https://youtu.be/la4Npl3dkfA?t=3445 (aufgerufen am 12.03.2022).

2 Für einen Vergleich der Geschichte von der Arche Noah und dem Gilgamesch-Epos siehe Hannah Bird, »Noah's Ark and the Epic of Gilgamesh: A Comparison«; https://fellowshipandfairydust.com/2015/05/27/noahs-ark-and-the-epic-of-gilgamesh-a-comparison/ (aufgerufen am 16.03.2022).

3 Courtney Brown, »Noah's Ark«; https://www.farsightprime.com/noah-s-ark/videos/noahs-ark (aufgerufen am 12.03.2022).

4 Siehe Andrew Jones, »China's Yutu 2 rover spots cube-shaped ›mystery hut‹ on far side of the moon«; https://www.space.com/china-yutu-2-moon-rover-cube-shaped-object-photos (aufgerufen am 12.01.2021).

5 Siehe Michael E. Salla, »Earth Alliance Mission to Ganymede to greet ET visitors & inaugurate a Star Trek Future«; https://exopolitics.org/earth-alliance-mission-to-ganymede-to-greet-et-visitors-inaugurate-a-star-trek-future/ (aufgerufen am 12.01.2021).

6 Zum ersten Mal schrieb ich über JPs Mission zur Atlantik-Arche in »Joint US China Mission to Giant ET Space Ark under Atlantic Ocean«; https://exopolitics.org/giant-et-space-ark-under-atlantic (aufgerufen am 12.01.2021).

7 Siehe mein Interview mit JP »Atlantic Space Ark Rescue Mission«; https://exopolitics.org/atlantic-space-ark-rescue-mission/ (aufgerufen am 02.02.2022).

8 Mein Bericht über die JP-Mondmission findet sich in »Joint US China missions sent to crashed alien spacecraft discovered by Yutu 2«; https://exopolitics.org/china-us-explore-crashed-alien-spacecraft-found-by-yutu-2/ (aufgerufen am 12.01.2021).

9 Siehe Michael E. Salla, »Covert Disclosure of Antigravity Rectangles by USAF Special Operations«; https://exopolitics.org/covert-disclosure-of-antigravity-rectangles-by-usaf-special-operations/ (aufgerufen am 13.01.2022).

10 Zitiert in »Ancient Space Arks Activate with arrival of Intergalactic Confederation Fleet«; https://exopolitics.org/ancient-space-arks-activate/ (aufgerufen am 10.03.2022).

11 Zitiert in »Ancient Space Arks Activate with arrival of Intergalactic Confederation Fleet«; https://exopolitics.org/ancient-space-arks-activate/ (aufgerufen am 10.03.2022).

12 Zitiert in »Ancient Space Arks Activate with arrival of Intergalactic Confederation Fleet«; https://exopolitics.org/ancient-space-arks-activate/ (aufgerufen am 10.03.2022).

13 Zitiert in »Ancient Space Arks Activate with arrival of Intergalactic Confederation Fleet«; https://exopolitics.org/ancient-space-arks-activate/ (aufgerufen am 10.03.2022).

14 Die Koordinaten und meine Analyse werden diskutiert in Michael E. Salla, »USAF Colonel leaks coordinates of ancient Antarctic Ruins«; https://exopolitics.org/usaf-colonel-leaks-coordinates-of-antarctic-ruins/ (aufgerufen am 10.03.2022).

15 Jason Samenow und Kasha Patel, »It's 70 degrees warmer than normal in eastern

Antarctica. Scientists are flabbergasted«, *Washington Post* vom 18. März 2022; https://www.washingtonpost.com/weather/2022/03/18/antarctica-heat-wave-climate-change/ (aufgerufen am 30.04.2022).

16 Jason Samenow und Kasha Patel, »It's 70 degrees warmer than normal in eastern Antarctica. Scientists are flabbergasted«, *Washington Post* vom 18. März 2022; https://www.washingtonpost.com/weather/2022/03/18/antarctica-heat-wave-climate-change/ (aufgerufen am 30.04.2022).

17 Kristan Hutchison Sabbatini, »Soaring below Vostok«; https://antarcticsun.usap.gov/pastIssues/2000-2001/2001_02_04.pdf (aufgerufen am 30.04.2022).

18 Richard Hoagland und Mike Bara, »What is Happening at the South Pole?«; https://web.archive.org/web/20120103015714/ https:/enterprisemission.com/antarctica.htm (aufgerufen am 30.04.2022).

19 Siehe Michael E. Salla, »Possible New Source on Discovery of Frozen City under Antarctic Ice«; https://exopolitics.org/possible-new-source-on-discovery-of-frozen-city-under-antarctic-ice/ (aufgerufen am 30.04.2022).

20 Erstmals zitiert in: Michael E. Salla, »Is an Ancient Space Ark at Lake Vostok heating up Antarctica?«; https://exopolitics.org/is-an-ancient-space-ark-at-lake-vostok-heating-up-antarctica/ (aufgerufen am 30.04.2022).

21 Interview mit Jean Charles Moyen und Elena Danaan, »Space Arks & Halls of Records in Antarctica, Giza, Tibet & Bahamas«; https://exopolitics.org/space-arks-halls-of-records-in-antarctica-giza-tibet-bahamas/ (aufgerufen am 30.04.2022).

22 Erstmals zitiert in: Michael E. Salla, »Is an Ancient Space Ark at Lake Vostok heating up Antarctica?«; https://exopolitics.org/is-an-ancient-space-ark-at-lake-vos tok-heating-up-antarctica/ (aufgerufen am 30.04.2022).

23 Siehe Rand und Rose Flem-Ath, *Atlantis beneath the Ice: The Fate of the Lost Continent* (Bear & Company 2012). – Dt. Ausgabe: *Atlantis. Der versunkene Kontinent unter dem ewigen Eis.* Hoffmann & Campe Verlag, Hamburg 1996; nachgedruckt als Knaur-Taschenbuch, München 1997.

24 Michael E. Salla, »Cabal leaders go to Antarctica to surrender to Extraterrestrials & Earth Alliance«; https://exopolitics.org/cabal-leaders-go-to-antarctica-to-surrender-to-extraterrestrials-earth-alliance/ (aufgerufen am 30.04.2022).

25 Michael E. Salla, »Cabal leaders go to Antarctica to surrender to Extraterrestrials & Earth Alliance«; https://exopolitics.org/cabal-leaders-go-to-antarctica-to-surrender-to-extraterrestrials-earth-alliance/ (aufgerufen am 30.04.2022).

26 Siehe Michael E. Salla, »Atlantic Space Ark Rescue Mission«; https://exopolitics.org/atlantic-space-ark-rescue-mission/ aufgerufen am 30.04.2022).

27 Mitteilung von Elena Danaan am 29. März 2022.

28 Erstmals zitiert in: Michael E. Salla, »Is an Ancient Space Ark at Lake Vostok heating up Antarctica?«; https://exopolitics.org/is-an-ancient-space-ark-at-lake-vostok-heating-up-antarctica/ (aufgerufen am 30.04.2022).

29 Siehe Michael E. Salla, »Joint US China Mission to Giant ET Space Ark under Atlantic Ocean«; https://exopolitics.org/giant-et-space-ark-under-atlantic/ (aufgerufen am 30.04.2022).

30 Interview mit Jean Charles Moyen und Elena Danaan, »Space Arks & Halls of Records in Antarctica, Giza, Tibet & Bahamas«; https://exopolitics.org/

space-arks-halls-of-records-in-antarctica-giza-tibet-bahamas/ (aufgerufen am 30.04.2022).

31 In einem Artikel aus dem Jahr 2015 habe ich Corey Goodes Aussage zum Geheimen Weltraumprogramm über Riesen, die in Stasiskammern auf der ganzen Welt gefunden wurden, diskutiert: »Sleeping giants in stasis chambers ready to awaken whistleblower claims«; https://exopolitics.org/sleeping-giants-in-stasis-chambers-ready-to-awaken-whistleblower-claims/ (aufgerufen am 30.04.2022).

32 Zitiert in Michael E. Salla, »Navy Seal Reveals Secret Mission to Ancient Buried Structure in Antarctica«; https://exopolitics.org/navy-seal-reveals-secret-mission-to-ancient-buried-structure-in-antarctica/ (aufgerufen am 13.01.2022).

33 Siehe »Oleshky Sands«; https://earthobservatory.nasa.gov/images/145801/oleshky-sands (aufgerufen am 11.03.2022).

34 Erstmals zitiert in: Michael E. Salla, »Buried Ukraine space ark in Kherson activates so Russia takes over«; https://exopolitics.org/buried-ukraine-space-ark-in-kherson-activates/ (aufgerufen am 11.03.2022).

35 Siehe Michael E. Salla, »Were US Special Forces trapped in Ukraine Space Ark Now Controlled by Russia?«; https://exopolitics.org/were-us-special-forces-trapped-in-ukraine-space-ark-now-controlled-by-russia/ (aufgerufen am 11.03.2022).

36 Siehe Michael E. Salla, »What's Coming in 2022 and Beyond: The Exopolitic's Paradigm Shift«; https://vimeo.com/ondemand/whatscomingin2022 (aufgerufen am 11.03.2022).

37 Erstmals zitiert in: Michael E. Salla, »Buried Ukraine space ark in Kherson activates so Russia takes over«; https://exopolitics.org/buried-ukraine-space-ark-in-kherson-activates/ (aufgerufen am 11.03.2022).

38 Erstmals zitiert in Michael E. Salla, »Buried Ukraine space ark in Kherson activates so Russia takes over«; https://exopolitics.org/buried-ukraine-space-ark-in-kherson-activates/ (aufgerufen am 11.03.2022).

39 Eine hervorragende Analyse der Ursachen des Bürgerkriegs in der Ukraine findet sich in John Mearsheimer, »Why is Ukraine the West's Fault«, University of Chicago; https://youtu.be/JrMiSQAGOS4 (aufgerufen am 11.03.2022).

40 Das Minsker Abkommen ist auf Englisch einsehbar unter https://www.unian.info/politics/1043394-minsk-agreement-full-text-in-english.html (aufgerufen am 11.03.2022).

41 Greg Butterfield, »Washington is pushing Ukraine to attack Donbass«; https://www.struggle-la-lucha.org/2022/02/05/washington-is-pushing-ukraine-to-attack-donbass/ (aufgerufen am 11.03.2022).

42 »Operation Storm – The Battle for Croatia, 1995«; https://adst.org/2016/08/operation-storm-the-battle-croatia-1995/ (aufgerufen am 11.03.2022).

43 *Greanville Post*, »Russia claims to have discovered Ukrainian Donbass attack plan«; https://www.greanvillepost.com/2022/03/09/russia-claims-to-have-discovered-ukrainian-donbass-attack-plan/ (aufgerufen am 11.03.2022).

44 *Veterans Today*, »US Bioweapon Labs in Ukraine, What will Russia Find?«; https://www.veteranstoday.com/2022/02/24/us-bioweapons-labs-in-ukraine-what-will-russia-find-in-the-labs/ (aufgerufen am 11.03.2022).

45 Amerikanische Botschaft in der Ukraine, »Biological Threat Reduction Program«; https://ua.usembassy.gov/embassy/kyiv/sections-offices/defense-threat-reduction-office/biological-threat-reduction-program/ (aufgerufen am 11.03.2022).

46 Reuters, »U.S. dismisses Russian claims of biowarfare labs in Ukraine«; https://www.reuters.com/world/russia-demands-us-explain-biological-programme-ukraine-2022-03-09/ (aufgerufen am 11.03.2022).

47 Odisha-TV, »Russia Reveals Documents Of Labs Developing Biological Weapons In Ukraine Funded By The US«; https://odishatv.in/news/international/russia-reveals-documents-of-labs-developing-biological-weapons-in-ukraine-funded-by-the-us-172144 (aufgerufen am 11.03.2022).

48 Austausch zwischen Elena Danaan und Thor Han.

49 Siehe Michael E. Salla, »Were US Special Forces trapped in Ukraine Space Ark Now Controlled by Russia?«; https://exopolitics.org/were-us-special-forces-trapped-in-ukraine-space-ark-now-controlled-by-russia/ (aufgerufen am 11.03.2022).

14 Exopolitik und neue Enthüllungen in den 2020er Jahren

Exopolitik ist die Konvergenz einer neuen interdisziplinären Wissenschaft, einer internationalen politischen Bewegung und eines neuen Paradigmas, die sich mit den vielfältigen Konsequenzen außerirdischen Lebens beschäftigen.

– Exopolitics Institute, Kurzdefinition (2009) –

Im Dezember 2021 wurde der National Defense Authorization Act 2022 für die USA verabschiedet, ohne dass die Öffentlichkeit von den wichtigsten Vorgaben zur Einrichtung eines Büros für UAPs oder »Nicht identifizierten Luftraum-Phänomenen«, das innerhalb eines halben Jahres erfolgen sollte, sonderlich viel mitbekam. Das Pentagon und das Büro des Direktors des Nationalen Nachrichtendienstes wurden dazu ermächtigt, ein »Büro, eine Organisationsstruktur und Behörden einzurichten, die sich mit nicht identifizierten Luftraum-Phänomenen befassen«.[1] Das geplante Büro soll also UFO-Berichten und der Frage nachgehen, welche Bedrohung diese Flugobjekte für die nationale Sicherheit der USA darstellen könnten. Wenige Wochen zuvor, am 23. November 2021, hatte das Verteidigungsministerium die Airborne Object Identification and Management Synchronization Group ins Leben gerufen, die an die Stelle der UAP Task Force der Navy treten sollte.[2] Das neue Pentagon-Büro mit dem schwer zu merkenden Akronym AOIMSG konnte wichtige Kongressabgeordnete nicht davon überzeugen, dass das Pentagon allen Ernstes UAPs/UFOs untersuchen und seine Ergebnisse dem Kongress gegenüber offenlegen würde. Der National Defense Authorization Act 2022 sieht nun vor, dass das Pentagon und die Intelligence Community, also sämtliche Geheimdienste, ein gemeinsames Büro einrichten, das dem Kongress regelmäßig Bericht erstatten und den Abgeordneten die Möglichkeit geben soll, Beamte dieses neuen Büros zu UFO-Aktivitäten zu befragen.

Als sicheres Zeichen dafür, dass größere Entwicklungen an der außerirdischen Front zu erwarten waren, sponserte die NASA ein Programm am Center for Theological Inquiry der Princeton University, um herauszufinden, wie die Weltreligionen auf die Neuigkeit von der Entdeckung außerirdischen Lebens reagieren würden. Bis Dezember 2021 hatten vierundzwanzig Theologen an dem NASA-Programm teilgenommen.[3] Hinter diesem noch nie dagewesenen Interesse der NASA an der Meinung von Theologen steckte die erfolgreiche Inbetriebnahme des James-Webb-Weltraumteleskops am 25. Dezember 2021.[4] Das Webb-Teleskop ist sehr viel leistungsfähiger als sein Vorgänger, das Hubble-Weltraumteleskop, und kann Biosignaturen in entfernten Sonnensystemen aufspüren. Man geht davon aus, dass das Webb-Teleskop die Wissenschaft und die breite Öffentlichkeit mit der Entdeckung außerirdischen Lebens genauso revolutionieren wird, wie das Hubble- und das Kepler-Teleskop dies zuvor mit ihrer Entdeckung von Exoplaneten getan hatten.

Das Hubble- und das Kepler-Teleskop entdeckten nicht nur einen einzigen Exoplaneten, sondern Hunderte und schließlich sogar Tausende solcher Planeten.[5] Wenn das Webb-Teleskop nun beginnt, Biosignaturen in fernen Sonnensystemen zu entdecken, wahrscheinlich sogar in den uns unmittelbar benachbarten Sternsystemen Alpha und Proxima Centauri, können wir davon ausgehen, dass dieser Prozess sich bis zum Ende des Jahrzehnts wiederholen wird. Deshalb war es für die NASA so wichtig, sich einen Eindruck davon zu verschaffen, wie die Weltreligionen auf eine zukünftige Bekanntgabe reagieren würde, dass das Webb-Teleskop Biosignaturen entdeckt habe, die die Existenz außerirdischen Lebens bestätigen.

Die NASA hatte bereits sechzig Jahre zuvor herauszufinden versucht, wie die Welt auf die Entdeckung außerirdischen Lebens reagieren würde. Damals hatte sie das Brookings-Institut beauftragt, einen Bericht über die Auswirkungen der Entdeckung außerirdischen Lebens auszuarbeiten. Der Brookings-Bericht, den das Institut im Jahr 1961 für den US-Kongress erstellte, wies darauf hin, dass das Auftauchen technologisch höher entwickelter außerirdischer Gesellschaften zu einem Zusammenbruch unserer Zivilisation führen könnte:

> »Anthropologische Akten enthalten viele Beispiele von Gesellschaften, die sich ihres Platzes im Universum sicher waren und sich dennoch aufgelöst haben, als sie sich mit zuvor unbekannten Gesellschaften zusammentun mussten, die andere Ideen und andere Lebensweisen vertraten.«[6]

Der Brookings-Bericht geht auch auf die Unvorhersehbarkeit der Reaktionen menschlicher Gesellschaften auf die Entdeckung außerirdischer Artefakte ein:

> »Beweise für ihre [außerirdische] Existenz könnten auch in Artefakten gefunden werden, die auf dem Mond oder anderen Planeten hinterlassen wurden. Die Folgen solcher Entdeckungen für die Einstellungen und Wertvorstellungen der Menschen sind unvorhersehbar, würden aber von Kultur zu Kultur und zwischen verschiedenen Gruppen komplexer Gesellschaften stark variieren; ein entscheidender Faktor wäre die Art der Kommunikation zwischen uns und diesen anderen Wesen.«[7]

Der Brookings-Bericht geht auch auf die Möglichkeit ein, aus Gründen der nationalen Sicherheit sämtliche öffentlichen Mitteilungen über die Entdeckung außerirdischen Lebens oder außerirdischer Artefakte zu unterdrücken: »Wie und unter welchen Umständen könnten solche Informationen der Öffentlichkeit präsentiert oder vorenthalten werden?«[8] Bezeichnenderweise wies der Bericht auch auf folgendes Problem hin:

> »Von allen Gruppen könnten Wissenschaftler und Ingenieure am stärksten von der Entdeckung uns überlegener Lebewesen betroffen sein, da

diese Berufe am ehesten mit der Beherrschung der Natur in Zusammenhang gebracht werden.«[9]

Der Brookings-Bericht ist die erste behördlich zugelassene Analyse der Auswirkungen einer möglichen Entdeckung außerirdischen Lebens oder außerirdischer Artefakte auf das öffentliche Leben. Er bestätigte, dass die Reaktionen menschlicher Gesellschaften rund um den Globus auf solche Informationen unvorhersehbar wären, und wies auf die Möglichkeit eines gesellschaftlichen Zusammenbruchs hin. Er spielte auch eine wichtige Rolle bei der Entscheidung hochrangiger Politiker, der Öffentlichkeit Informationen über die Entdeckung außerirdischen Lebens und über offizielle Kontakte mit solchen Lebensformen vorzuenthalten – Begegnungen, die längst stattgefunden hatten, aber von den aufeinanderfolgenden Präsidentschaftsregierungen vor der Bevölkerung geheim gehalten worden waren.[10]

Die im Brookings-Bericht beschriebene Option, der Öffentlichkeit die Wahrheit über außerirdisches Leben vorzuenthalten, wurde durch einen früheren Bericht ermöglicht, der 1953 von einem von der CIA gesponserten Gremium veröffentlicht wurde. Im Januar dieses Jahres empfahl eine insgeheim von der CIA finanzierte Gruppe von Wissenschaftlern unter dem Vorsitz von Dr. H. P. Robertson, Sichtungen von UFOs, auch Fliegende Untertassen genannt, als Fehlinformationen darzustellen. Begründet wurde dies mit der Möglichkeit, dass UFO-Ereignisse von »ausländischen Mächten« in einer Weise manipuliert werden könnten, die die nationale Sicherheit der USA untergraben würde. Das Gremium empfahl ein »Erziehungsprogramm«, um die Öffentlichkeit davon abzuhalten, eine ernsthafte Untersuchung von UFO-Sichtungen zu fordern.[11] Das sogenannte Robertson-Gremium empfahl ausdrücklich, UFO-Berichte in den Massenmedien und der Unterhaltungsindustrie als Irrglauben abzutun.

Wenn heute offiziell verkündet wird, dass außerirdisches Leben in fernen Sonnensystemen existiert, wird das Interesse der Öffentlichkeit dadurch mit Sicherheit auf Tausende historischer Berichte von Kontaktpersonen, Entführten, Informanten, Insidern und Forschern gelenkt, die behaupten, dass Außerirdische die Erde schon seit Jahrzehnten besuchen, diese Tatsache aber bisher vertuscht wurde. Die Welle des öffentlichen Interesses und die Untersuchungen solcher historischen Berichte, die dann endlich ernst genommen werden, werden enorme Auswirkungen auf das Denken und Verhalten der Öffentlichkeit im Hinblick auf UFOs und außerirdisches Leben haben. Die frühere Vorgehensweise unserer Politik, Berichte über Kontakte mit Außerirdischen ins Lächerliche zu ziehen, die im Jahr 1953 mit dem von der CIA gesponserten Robertson-Gremium begonnen hatte, wird dann endlich aufgegeben werden.

All diese Entwicklungen, die sich aus der offiziellen Ankündigung ergeben dürften, dass das Webb-Teleskop außerirdisches Leben entdeckt hat, werden die bisherige Mauer der Geheimhaltung zum Einsturz bringen, und viele lange verborgene Wahrheiten werden ans Licht kommen. Es ist zu erwarten, dass alle Informationen, die das Pentagon und die Geheimdienste über ihr dank dem National Defense Authorization Act 2022 eingerichteten gemeinsamen Büro bekanntgeben sollten, verzerrt sein werden, um die öffentliche Meinung im Interesse der hinter dem Militärisch-Industriellen Komplex stehenden Unternehmen zu manipulieren. Das Pentagon und die Intelligence Community – der Geheimdienst – werden vermeintliche Bedrohungen und die Wichtigkeit der nationalen Sicherheit in den Vordergrund rücken und als Vorwand zur Rechtfertigung der jahrzehntelangen Vertuschungsstrategien heranziehen, mit denen die Öffentlichkeit über die Existenz außerirdischen Lebens im Dunkeln gelassen wurde. Sobald diese Existenz jedoch offiziell anerkannt ist, wird sich die allgemeine Öffentlichkeit mit Sicherheit nach deren Auswirkungen auf Gesellschaft, Wirtschaft, Wissenschaft, Medizin, Raumfahrt und andere Lebensbereiche erkundigen. In all diesen Bereichen wird es zu drastischen Veränderungen kommen. Doch die Veränderungen in der Einstellung der Öffentlichkeit zu den Weltreligionen sind besonders bedeutsam. Die Menschen werden sich fragen: Wenn es Außerirdische gibt – könnten sie dann womöglich auch bei der Erschaffung der Menschheit eine Rolle gespielt haben?

Die Auswirkungen auf die Weltreligionen werden also besonders interessant sein. Die Rolle der Intergalaktischen Konföderation – der vierundzwanzig Zivilisationen, die die Menschheit ausgesät haben – wird zu einem heißen Diskussionsthema werden.

Wenn Außerirdische die Menschheit im Laufe vieler Jahrtausende ausgesät haben – vielleicht haben sie dann ja auch eine Rolle bei der Entstehung der Weltreligionen gespielt? Und natürlich wird die Frage gestellt werden, ob Krischna, Buddha, Laotse, Jesus, Mohammed und so weiter in irgendeiner Weise mit außerirdischem Leben in Verbindung standen. Waren sie »Sternensaaten«, »Walk-ins«, durch unbefleckte Empfängnis entstandene »Alien-Babys«? Die Weltreligionen werden sich drastisch verändern, wenn die Gläubigen sich fragen, welche Rolle Außerirdische dabei gespielt haben. Neue Religionen werden entstehen – einige davon mit Hilfe außerirdischer Besucher.

Und was geschieht mit den Weltreligionen, wenn die außerirdischen Weltraumarchen, die sich zurzeit auf der Erde und in unserem Sonnensystem aktivieren, ihre uralten Kammern zum Nutzen der ganzen Menschheit zu öffnen beginnen? Wird eine solche bahnbrechende Enthüllung uns in einem Zustand der Verwirrung antreffen, den die Überbleibsel des Tiefen Staates anzetteln, indem sie ihre bereits beschriebene Alien-Invasion inszenieren? Oder wird diese Offenbarung im Rahmen eines von der Erdallianz sorgfältig überwachten friedlichen Übergangs stattfinden, damit das Vertrauen der Menschen und ihre Aufgeschlossenheit gegenüber den Archen und den vielen darin enthaltenen Geheimnissen nicht zerstört wird?

Wenn Sie mein Buch bis hierher gelesen haben, können Sie sich zu den wenigen aufgeklärten Menschen zählen, die auf die kommenden Ereignisse vorbereitet sind. Jede offizielle Bekanntgabe der Existenz außerirdischer Lebensformen wird einen kulturellen Tsunami auslösen und so viel von den Grundfesten unseres bisherigen Lebens wegfegen, dass die kommende Welt sich grundlegend von unserer früheren Welt unterscheiden wird – ich spreche hier als Babyboomer des Jahrgangs 1958.

Um das, was in den restlichen Jahren dieses Jahrzehnts noch alles auf uns zukommen wird, bewältigen zu können, müssen wir erkennen, dass es positive und negative, wohlwollende und böswillige, freundliche und unfreundliche Außerirdische gibt und dass viele dieser Wesen unsere Welt schon seit Jahrzehnten, Jahrhunderten oder gar Jahrtausenden besuchen. Es gibt auch viele außerirdische Rassen, die uns gleichgültig gegenüberstehen und lediglich neugierig darauf sind, ob das menschliche Experiment auf der Erde Erfolg haben oder scheitern wird, ohne in irgendeiner Weise in unser Schicksal einzugreifen – sie beobachten uns einfach nur!

Es führt kein Weg daran vorbei, darüber informiert zu sein, welche außerirdischen Rassen und Organisationen in die eine oder andere der obengenannten Kategorien fallen. Dafür braucht man unbedingt ein gesundes Urteilsvermögen, und Information ist der Schlüssel. Sicherlich sind viele Leser bereits mit ein paar der außerirdischen Rassen vertraut, die unsere Welt besuchen. Vielleicht haben Sie sogar selbst schon einmal direkte Begegnungen mit Außerirdischen gehabt und glauben viel über sie zu wissen. Viele von Ihnen kannten wahrscheinlich schon einige dieser Rassen, waren sich aber nicht sicher, zu welchen Organisationen sie gehören, falls sie sich überhaupt in irgendwelche Gruppen einordnen lassen. Nach der Lektüre dieses Buches sollten Sie nun eine bessere Vorstellung von den wichtigsten außerirdischen Organisationen haben, die bisher in das Leben der Menschheit eingegriffen haben. Andere außerirdische Organisationen sind weniger bekannt, erforscht oder zitiert als diejenigen, die ich in diesem Buch bespreche. Ich überlasse es dem Leser, sich selbst näher mit diesen Organisationen zu beschäftigen. Ein guter Einstieg in diese Materie ist ein umfangreicher englischsprachiger Artikel von Wes Penre, in dem er auf die Organisationen eingeht, die im Laufe der Jahrzehnte von vielen verschiedenen Quellen genannt wurden.[12] Als weiterführende Lektüre empfehle ich das nur bei Amazon erhältliche Buch *Wir werden Sie nie im Stich lassen* von Elena Danaan. Darin beschreibt sie außerirdische Organisationen und veranschaulicht die historischen Verbindungen und Ursprünge verschiedener galaktischer Organisationen anhand eines ausgezeichneten Diagramms.[13]

Die Menschheit hat gerade einen brutalen Zeitkrieg hinter sich, der zwischen mehreren außerirdischen Rassen und Organisationen und deren menschlichen Partnern ausgefochten wurde. Dass Sie mein Fazit zu diesem Thema überhaupt noch lesen können, ist ein Beweis dafür, dass wir als planetarische Spezies diesen Zeitkrieg weitgehend unversehrt überstanden haben. Wir haben zwar heftige Blessuren und blaue Flecken davongetragen, sind aber immer noch da. Dank einer mächtigen Allianz aus Menschen und Außerirdischen, die hinter den Kulissen allen Versuchen der Dunklen Allianz begegnete, unsere Welt in einem verheerenden Dritten Weltkrieg implodieren zu lassen, haben wir das alles überlebt.

Von unseren kollektiven Entscheidungen hängt es nun ab, wie wir als Planet mit den verschiedenen außerirdischen Organisationen interagieren, die während dieses Zeitkriegs auf die eine oder andere Weise in unser Schicksal eingegriffen haben. Das Ashtar-Kommando, die Galaktische Föderation der Welten, die Konföderation der Planeten, der Rat der Neun und der Andromeda-Rat sind die wichtigsten Organisationen, die entscheidend dazu beigetragen haben, dass wir diesen Zeitkrieg als planetarische Zivilisation unbeschadet überstehen konnten. Das Draconische Imperium und das Orion-Kollektiv hingegen mögen zwar besiegt und weitgehend aus unserem Sonnensystem vertrieben worden sein, werden aber trotzdem weiterhin in unserer Galaxis aktiv sein – so wie sie es schon seit vielen Millionen Jahren sind –, und wahrscheinlich werden sie irgendwie versuchen, zurückzukehren und sich einen Teil des Einflusses zurückzuerobern, den sie einst auf unsere Welt hatten.

Das bringt mich wieder auf das Thema des 2022 verabschiedeten National Defense Authorization Act, der die Einrichtung eines UAP-Büros vorsieht. Es wird ein schmaler Grat werden zwischen der echten Bedrohung durch unsere einstigen Herrscher und ihre übertrieben dargestellten Bedrohungen, die darauf abzielen, die nationalen oder globalen Verteidigungsausgaben in die Höhe zu treiben, wie der Militärisch-Industrielle Komplex es auch früher schon tat. Wie gehen wir mit einer in ständigem Fluss befindlichen galaktischen Situation um, in der wahrgenommene Bedrohungen, die normalerweise die nationalen Sicherheitsbudgets bestimmen, eine Dynamik erzeugen können, die genau zu der interstellaren Bedrohung führt, die man eigentlich abwenden will? Wie könnten uns die verschiedenen galaktischen Organisationen dabei helfen, mit so einem Problem umzugehen? Damit wir diese Fragen beantworten können, ist es so wichtig, möglichst viel über die galaktische Geschichte und darüber zu lernen, wie andere außerirdische Zivilisationen mit ähnlichen planetarischen Sicherheitsproblemen umgegangen sind. *Das Buch Henoch* gibt uns zum Beispiel viele Antworten auf die wahren Ursprünge gefallener Engel und darauf, was anschließend mit den außerirdischen Zivilisationen geschah, von denen sie auf die als Gefängnisplanet dienende Erde verbannt wurden.

Zurzeit werden wir von einigen Organisationen, die bei der Befreiung der Erde und unseres Sonnensystems mitgeholfen haben, vor allem von der Galaktischen Föderation der Welten, beim Bau einer Sternenflotte unterstützt, damit wir uns vor einer möglichen Rückkehr unserer ehemaligen Beherrscher – der Draconer und Orion-Greys – schützen können. Außerdem wurde eine Erdallianz gegründet, in der sich die wichtigsten Raumfahrtnationen darauf geeinigt haben, künftigen Bedrohungen unseres Sonnensystems unter Führung des U.S. Space Command mit vereinten Kräften entgegenzutreten und eine neue Ära einzuläuten: unsere *Star-Trek*-Zukunft. Das ist sehr sinnvoll und entspricht den Verteidigungsbedürfnissen unseres Planeten. Aber was ist mit den tiefergehenden spirituellen Lektionen, die wir als Zivilisation lernen müssen, um eine zukünftige Katastrophe durch die mögliche Rückkehr unserer früheren außerirdischen Herrscher abzuwenden?

Als Indien noch unter kolonialer Besatzung stand, hat Mahatma Gandhi einmal gesagt, dass dieses Land sich nur dann von der Kontrolle durch die Briten befreien könnte, wenn es sich zuerst von seinen eigenen inneren Widersprüchen und Vorurteilen gegenüber Minderheiten in seiner Bevölkerung freimachen würde. Wie kann sich die Menschheit nun von ihren eigenen inneren Widersprüchen und Vorurteilen befreien, nachdem unsere Herrscher, die Kabale oder

der Tiefe Staat, zusammen mit ihren Verbündeten, den Dracos und Orion-Greys, von unserem Planeten verschwunden sind? Bei der Lösung dieses Problems können höherentwickelte Organisationen wie der Rat der Neun und der Andromeda-Rat eine wichtige Rolle spielen. Sie verstehen sehr gut, wie interne Widersprüche und Vorurteile eine Zivilisation von innen heraus zerfressen können, so dass sie eine leichte Beute für aggressive externe Spezies wie beispielsweise die Draconer oder Orioner wird, die sie zu untergraben, unterwandern, überfallen oder übernehmen versuchen.

Alex Collier hat mehrfach gesagt, dass der Andromeda-Rat uns Menschen in diesem Stadium unserer Entwicklung am besten helfen kann, indem er uns dazu hinführt, Mitglieder der galaktischen Gemeinschaft zu werden. Darin stimme ich ihm voll und ganz zu. Wir brauchen die Unterstützung der erfahreneren und höherentwickelten außerirdischen Organisationen, die an diesem wichtigen Übergangspunkt unserer Geschichte mit uns zusammenarbeiten. Eine mächtige Sternenflotte hilft uns zwar bei unserer materiellen Selbstverteidigung als interplanetarische Zivilisation. Doch wir dürfen niemals aus den Augen verlieren, dass auch eine spirituelle Selbstverteidigung erforderlich ist. Und das ist eine sehr viel schwierigere Herausforderung, denn sie erfordert echte Selbstbeobachtung und Reflexion unserer eigenen inneren Widersprüche als Privatpersonen, Gemeinschaften und als planetarische Zivilisation. Zum Glück haben wir außerirdische Freunde, die uns dabei helfen können, die notwendigen Lektionen zu lernen.

Im weiteren Verlauf dieses Jahrzehnts werden wir in ein spannendes neues Kapitel der Entwicklung unseres Planeten eintreten. Wir werden lernen, in unserer Galaxis zwischen Freund und Feind zu unterscheiden und uns in eine dynamische galaktische Gemeinschaft einzufügen.

Anmerkungen

1 Siehe Samuel Chamberlain und Bruce Golding, »Truth is in here: $770B defense bill includes agency to investigate UFOs«, *New York Post* vom 15. Dezember 2021; https://nypost.com/2021/12/15/770b-defense-bill-includes-agency-to-investigate-ufos/ (aufgerufen am 14.01.2022).

2 US-Verteidigungsministerium (DoD), »DoD Announces the Establishment of the Airborne Object Identification and Management Synchronization Group (AOIMSG)«; https://tinyurl.com/2x8pdz7u (aufgerufen am 14.01.2022).

3 *The Times*, https://www.thetimes.co.uk/article/heavens-above-nasa-hires-priest-to-prepare-for-an-alien-discovery-sdczvwgqm (aufgerufen am 14.01.2022).

4 Siehe NASA, »NASA's Webb Telescope Launches to See First Galaxies, Distant Worlds«; https://www.nasa.gov/press-release/nasas-webb-telescope-launches-to-see-first-galaxies-distant-worlds (aufgerufen am 14.01.2022).

5 Zum Zeitpunkt der Erstellung dieses Berichts sind 4.903 Exoplaneten anhand von Daten der Satelliten Hubble und Kepler bestätigt worden, siehe NASA, »Exoplanet Exploration«; https://exoplanets.nasa.gov/ (aufgerufen am 14.01.2022).

6 Brookings Institute, *Proposed Studies on the Implications of Peaceful Space Activities for Human Affairs* (Brookings Institute 1960); p. 215.

7 Brookings Institute, *Proposed Studies on the Implications of Peaceful Space Activities for Human Affairs* (Brookings Institute 1960); p. 215.

8 Brookings Institute, *Proposed Studies on the Implications of Peaceful Space Activities for Human Affairs* (Brookings Institute 1960); p. 215.

9 Brookings Institute, *Proposed Studies on the Implications of Peaceful Space Activities for Human Affairs* (Brookings Institute 1960); p. 225.

10 Diese Unterdrückung ist in vielen UFO-Büchern gut dokumentiert worden. Das früheste dieser Bücher war Major Donald E. Keyhoes *The Flying Saucer Conspiracy* (Holt 1955); erhältlich als Kindle & Audible.

11 Zitiert nach der Online-Version des Robertson-Gremiums auf http://www.cufon.org/cufon/robertdod.htm (aufgerufen am 14.01.2022).

12 Wes Penre, »Galactic Federations and Councils«; https://wespenre.com/2019/02/02/third-level-of-learning-paper-8-galactic-federations-and-councils/ (aufgerufen am 14.01.2022).

13 Elena Danaan, *We Will Never Let You Down: Encounters with Val Thor and Journeys beyond Earth*, mit einem Vorwort von Laura Eisenhower, Amazon Book & Kindle, September 2021; p. 300. – Dt. Ausgabe: *Wir werden Sie nie im Stich lassen. Begegnungen mit Val Thor und Reisen jenseits der Erde*. Amazon Book & Kindle, November 2022.

Nachwort
zur deutschen Ausgabe

Die Aktivierung der Weltraumarchen geht einher mit dem Erwachen der Menschheit

Am 26. Juli 2023 hielt der Unterausschuss für nationale Sicherheit des Ausschusses für Aufsicht und Rechenschaftspflicht des US-Repräsentantenhauses eine Anhörung ab. Dabei berichteten drei Zeugen über ihre Erfahrungen aus erster Hand in Bezug auf UFOs, auch bekannt als UAPs – Unidentifizierte Anomale Phänomene. Zwei dieser Zeugen, David Fravor und Ryan Graves, sind pensionierte Piloten der U.S. Navy, die während ihrer Militärzeit UFOs gesehen haben, während der dritte Zeuge, David Grusch, ein ehemaliger Geheimdienstspezialist der U.S. Air Force und der National Geospatial Agency, im Jahr 2020 als Verbindungsmann zur UAP-Task-Force der U.S. Navy tätig war. Bei dieser Anhörung vor dem Unterausschuss wurden zum ersten Mal hochkarätige militärische Zeugen aufgerufen, um über UFO-Sichtungen zu berichten. Vor allem Gruschs Aussage erregte die Gemüter der anwesenden Gesetzgeber, als sie erfuhren, dass mehrere UFOs abgestürzt waren, geborgen wurden und in amerikanischen Unternehmen und Militäreinrichtungen heimlich untersucht worden sind. Grusch sagte auch aus, dass die abgestürzten Fahrzeuge von nichtmenschlichen Intelligenzen gesteuert wurden, deren biologisches Material ebenfalls geborgen wurde. All dies wurde in streng geheimen Programmen versteckt, zu denen nur Personen mit entsprechenden Sicherheitsgenehmigungen und einer »Need to know«-Klassifizierung Zugang hatten.

Die Aussagen von Grusch und den anderen Zeugen führten dazu, dass in den National Defense Authorization Act für das Jahr 2024 ein Gesetz aufgenommen wurde, das die Einrichtung einer Sammlung von UAP-Aufzeichnungen in den US-Nationalarchiven vorsieht. Alle UFO-Aufzeichnungen in dieser Datensammlung werden nach fünfundzwanzig Jahren automatisch freigegeben. Das bedeutet, dass UFO-Aufzeichnungen bis 1999 jetzt öffentlich gemacht werden müssen, wenn keine triftigen Gründe der nationalen Sicherheit eine Veröffentlichung der Aufzeichnungen für einen längeren Zeitraum verhindern. Vielen US-Gesetzgebern ging die Einrichtung der UAP-Aufzeichnungssammlung allerdings nicht weit genug. Vorlagebefugnisse und Enteignung wären zum Beispiel drastischere Maßnahmen gewesen, um Informationen von Unternehmen und Militäreinrichtungen zu erzwingen, die heimlich einige der abgestürzten UFOs und biologisches Material von nichtmenschlichen Intelligenzen aufbewahren. Sie wurden nicht verabschiedet. Die Gesetzgeber schlugen vor, derartige Bestimmungen in künftige Gesetze aufzunehmen, was dem Versuch gleichkam, einen Prozess der »kontrollierten Offenlegung« zu schaffen, bei dem die Wahrheit schrittweise und gut geplant enthüllt werden soll.

In der Zwischenzeit wird die »katastrophale Enthüllung« zunehmend als das wahrscheinlichste Szenario angesehen, der Weltöffentlichkeit die Wahrheit über UFOs und außerirdisches Leben zu offenbaren. Sie weist drei Hauptaspekte auf, die es zu berücksichtigen gilt. Einer davon ist, dass mehr Informanten identifiziert und gebeten werden, sich zu melden, um bei zukünftigen Anhörungen vor dem Kongress ihr Wissen preiszugeben. Nach Angaben von Grusch und dem Enthüllungsjournalisten Michael Schellenberger können bis zu vierzig Zeugen für geheime UFO-Projekte zu einer Aussage aufgefordert werden.

Es ist durchaus möglich, dass auch ein Soldat der U.S. Army, den wir unter dem Pseudonym JP kennen, bei solchen Anhörungen als Zeuge geladen wird. Er hat bereits Dutzende von verdeckten Missionen zu großen unterirdischen oder unterseeischen Anlagen durchgeführt, die von innerirdischen Zivilisationen und außerirdischen Besuchern betrieben werden. Ich kenne JP seit 2008, und er hat Unmengen von Fotos der unterschiedlichsten Antigravitations-Raumschiffe veröffentlicht, die er mit eigenen Augen sah oder mit denen er interagierte. Er hat auch Hunderte von Raumschiffen nichtmenschlicher Zivilisationen an unterirdischen Orten gesehen, und ihm wurde gesagt, dass sich diese Raumschiffe der Menschheit an der Oberfläche schon bald offenbaren würden. Das ist ein zweiter Aspekt des Szenarios einer katastrophalen Enthüllung.

In diesem Szenario ergreifen die Zivilisationen der Innenerde die Initiative, um sich und ihre Raumschiffe auf eine Weise zu offenbaren, die die Regierungen und Militärs der Oberflächenmenschheit zwingt, mehr von der Wahrheit über die unterdrückte Geschichte unseres Planeten preiszugeben. Zu dieser unterdrückten Geschichte gehören uralte Weltraumarchen, die vor Jahrtausenden von der Intergalaktischen Konföderation benutzt wurden, um neue Zivilisationen auf der Erdoberfläche zu gründen oder die Bevölkerung ihrer Kolonien während verheerender Erdverschiebungen zu evakuieren. Diese massiven Weltraumarchen, von denen man annimmt, dass es bis zu vierundzwanzig gibt (eine für jede Rasse der Intergalaktischen Konföderation), sind seit Jahrtausenden unter der Erdoberfläche verborgen und inaktiv gewesen. Mit der Ankunft der Intergalaktischen Konföderation haben sie jedoch begonnen, sich zu aktivieren. Die Weltraumarchen verfügen über ein organisches Bewusstsein, sind sich ihrer also bewusst, und ihre Besatzungen sind in der normalen menschlichen Bevölkerung inkarniert. Sie werden zurzeit erweckt, und es spricht nichts dagegen, dass diese Besatzungen ihre früheren Aufgaben wieder aufnehmen werden. Die Aktivierung der Weltraumarchen und das Erwachen ihrer Besatzungen führt uns direkt zum dritten katastrophalen Enthüllungsszenario.

In diesem Szenario würden sich außerirdische Besucher, die den in diesem Buch beschriebenen zahlreichen galaktischen Organisationen angehören, direkt der Menschheit an der Oberfläche offenbaren. Die Intergalaktische Konföderation zum Beispiel hat mehrere große Mutterschiffe in der Erdumlaufbahn platziert, um unsere planetarische Situation zu überwachen. Ihre unmittelbare Nähe beschleunigt die Aktivierung der verborgenen Weltraumarchen, die hinter den

Kulissen eine entscheidende Rolle bei unserem planetarischen Erwachen spielen. Sowohl die immer wieder auf Besuch kommenden Außerirdischen als auch die Zivilisationen der Innenerde sind sich bewusst, dass die überwiegende Mehrheit der an der UFO-Problematik interessierten Menschheit an der Oberfläche eine möglichst baldige Offenlegung wünscht und die volle Wahrheit erfahren möchte. Nur eine kleine Gruppe von Eliten, die mit der Öl- und Pharmaindustrie verbunden sind, und ehemalige Lakaien der Draconer- und Orion-Imperien, die die Erde seit Jahrtausenden im Verborgenen kontrollieren, wollen das Geheimhaltungssystem aufrechterhalten. Aber Geheimhaltung ist für unsere rasch erwachende planetarische Zivilisation nicht länger tragbar.

Möglicherweise werden schon in den nächsten Jahren alle drei Aspekte der katastrophalen Enthüllung zum Tragen kommen. Aller Voraussicht nach werden noch mehr Whistleblower und Insider im US-Kongress und auch in den Parlamenten anderer Nationen die Wahrheit über UFOs ans Licht bringen. Außerdem können wir damit rechnen, dass sich zunehmend innerirdische Zivilisationen offenbaren, während die Menschheit an der Oberfläche für die Wahrheit empfänglicher wird. Ebenso steht zu erwarten, dass sich Weltraumarchen offen zeigen, worauf sich wahrscheinlich wenig später Mutterschiffe von außerirdischen Zivilisationen offenbaren werden. Je mehr Menschen sich der Wahrheit bewusst werden und das, was sie gelernt haben, mit Freunden und der Familie teilen, desto sicherer ist das Erwachen der Menschheit. Der »katastrophale Enthüllungsprozess« wird stattfinden und durch die Freisetzung von lange unterdrückten lebensverändernden Technologien enorme positive Veränderungen auf unserem Planeten bewirken.

Michael E. Salla

Key West, den 26. Januar 2024

Danksagung

Ich bin Elena Danaan äußerst dankbar für die Erlaubnis, ihre künstlerischen Darstellungen zu verwenden. Außerdem danke ich ihr für die Weitergabe ihrer unglaublichen Informationen über verschiedene außerirdische Organisationen, die mit der Menschheit in Kontakt stehen. Elenas Erfahrungen, Einsichten und Kommunikationen mit verschiedenen außerirdischen Besuchern haben die Entstehung dieses Buches überhaupt erst möglich gemacht. Vor allem möchte ich Thor Han Eredyon danken, der immer bereit war, auf meine Fragen zu antworten, die Elena freundlicherweise an ihn weiterleitete.

JP, der zurzeit bei der U.S. Army dient, danke ich für die Offenlegung seiner unmittelbaren Erfahrungen bei mehreren verdeckten Weltraumoperationen und Missionen zu Weltraumarchen. Trotz des Risikos eines offiziellen Verweises hat er viele sensible Informationen preisgegeben, was eine Menge über seinen Mut und sein Engagement für eine vollständige Aufdeckung der Sachverhalte aussagt, die zurzeit noch vor uns verheimlicht werden.

Auch Jean Charles Moyen und David Rousseau bin ich sehr dankbar für die Weitergabe ihrer Informationen über ihre Erlebnisse bei einem gemeinsamen US-amerikanisch-französischen Geheimen Weltraumprogramm und ihre Erfahrungen mit außerirdischen Besuchern. Vor allem danke ich Jean Charles dafür, dass er mir über seine unglaublichen Erfahrungen beim Besuch der Weltraumarche am Wostok-See in der Antarktis berichtet hat.

Mein Dank gilt auch Robert L. und Georges Metz für die Erlaubnis, ihre Informationen und künstlerischen Darstellungen über ein Jahr zu verwenden, das Robert in einem Stützpunkt der Intergalaktischen Konföderation im Himalaya verbrachte.

Rene McCann bin ich wie immer dankbar dafür, dass sie so viel Zeit investiert hat, um mit großer Begeisterung ein weiteres inspirierendes Buchcover für die vorliegende Buchreihe zu gestalten.

Mein Dank gilt auch Duke Brickhouse, der mein Buch korrekturgelesen und bei der Erstellung der endgültigen Fassung sehr hilfreiche Vorschläge gemacht hat.

Und schließlich und endlich möchte ich mich von ganzem Herzen bei meiner Seelengefährtin Angelika Whitecliff bedanken, die mir mit ihrem wunderbaren Geist und ihren weisen Ratschlägen bei der Recherche, dem Schreiben und der Gestaltung dieses Buches wieder einmal sehr geholfen hat.

Michael E. Salla

Abbildungen & Tafeln

Michael E. Salla

ist ein international anerkannter Experte für Weltpolitik, Konfliktlösung und amerikanische Außenpolitik. Er unterrichtete an Universitäten in den USA und Australien, darunter der angesehenen American University in Washington, und hat einen Doktorgrad von der University of Queensland und einen Magister von der University of Melbourne inne. Mittlerweile ist er weltweit bekannt als Pionier der Exopolitik, dem Studium der Hauptakteure, Institutionen und politischen Prozesse im Zusammenhang mit Außerirdischen.

Dr. Salla schrieb das erste Buch überhaupt, das über dieses Thema veröffentlicht wurde, *Exopolitics: Political Implications of Extraterrestrial Presence*. Kurz vor der Veröffentlichung 2004 nahm die *Washington Post* mit ihm Kontakt auf, damit er ihnen ein Interview über Präsident Eisenhowers angebliches Treffen mit Außerirdischen gibt. Als Verwaltungsbeamte der American University davon erfuhren, ermahnten sie ihn, dies zu unterlassen, weil es seine Karriere gefährden könnte. Er beschloss, das

Interview trotzdem zu geben, um die Öffentlichkeit über die Ergebnisse seiner Recherchen zu informieren. Daraufhin wurde er seines Postens enthoben. In dem Bemühen, weitere außergewöhnliche und weithin unbekannte Fakten, auf die er bei seinen Recherchen stieß, allgemein zugänglich zu machen, veröffentlichte er 2009 ein weiteres Buch über Exopolitik und die amerikanische Außenpolitik: *Exposing U.S. Government Policies on Extraterrestrial Life*.

Im Jahre 2013 erschien *Galactic Diplomacy*, das eine angemessene Verhaltens- und Vorgehensweise beim Umgang mit außerirdischen Zivilisationen vorschlägt, noch im selben Jahr gefolgt von *Kennedy's Last Stand*, in dem erstmals die Zusammenhänge zwischen streng geheimen UFO-Akten und der Ermordung von John F. Kennedy offengelegt wurden. Anschließend begann er mit einer Buchreihe über Geheime Weltraumprogramme, die auf Deutsch im AMRA Verlag erscheint. Auf *Geheime Weltraumprogramme & Allianzen mit Außerirdischen*, das ihm höchsten Respekt für die Aufdeckung verborgener globaler Intrigen einbrachte und zu einem weltweiten Bestseller wurde, folgten *Das Geheime Weltraumprogramm der U.S. Navy & Die Allianz mit den Nordischen* sowie *Antarktis – Die verbotene Wahrheit* und *Der Aufstieg des Roten Drachen*. Zuletzt erschienen zwei bedeutende Standardwerke über die 2019 gegründete neue Waffengattung des amerikanischen Militärs: *Die Geheime Geschichte der U.S. Space Force* und *Space Force – Unsere Star-Trek-Zukunft*. Das vorliegende Buch ist die weltweit bisher einzige Aufarbeitung der galaktischen Organisationen, mit denen die Menschheit im Kontakt steht. Zwei Bücher über verdeckte Operationen des US-Militärs im Sonnensystem, in der Antarkis und unter der Erde sind in Vorbereitung.

Dass Exopolitik inzwischen auch von der Öffentlichkeit wahrgenommen wird und als ernsthaftes Forschungsgebiet gilt, verdankt sich größtenteils Dr. Sallas Büchern sowie seinen Hunderten von Radio- und Fernsehsendungen, seinen Vorträgen und seiner Website, die täglich von mehr als fünftausend Menschen besucht wird.

---

www.exopolitics.org

Register

T

Wahrheiten, die Sie niemals für möglich gehalten hätten.

Patricia Cori
DIE GENETISCHE MANIPULATION
Wie wir unseren göttlichen Code schützen und den Diebstahl unserer Seele verhindern
384 Seiten, gebunden, oranges Leseband
€ [D] 26,99 / € [A] 27,80 • ISBN 978-3-95447-630-5

Lassen Sie sich informieren über die neue Realität unserer Zeit, die Ereignisse im Hintergrund und all das, was getan wurde, um unsere Gesundheit zu zerstören und unsere Gesellschaftsordnung zu zerrütten. Dieses augenöffnende Buch zieht alle Register, um die dunklen Machenschaften zu entlarven, und bietet Lösungen an: wie die DNA reaktiviert werden kann, wie wir uns wehren und alle Lichtkrieger einen gemeinsamen Weg gehen können.

»Sie wollen den Gottescode hacken, um das Licht in uns zu entfernen. Doch der Mensch wird nicht entseelt!«

David Icke
DIE FALLE
Was sie ist, wie sie funktioniert und wie wir ihren Illusionen entkommen können
464 Seiten im Großformat, gebunden, Leseband
€ [D] 28,99 / € [A] 29,80 € • ISBN 978-3-95447-639-8

In diesem Hauptwerk von Ickes Schaffen geht es darum, uns die Möglichkeit zu geben, unser ganz persönliches Bewusstseinsfeld in einem Maße auszudehnen, dass wir die Kontrolle der globalen Elite über unsere Wahrnehmung abschütteln können. Nur so können wir die Matrix, in der wir durch die Manipulationen gefangen gehalten werden, sprengen. Aber dazu müssen wir eine Wahl treffen. Jetzt geht es für jeden Einzelnen um die Befreiung seines Geistes!

»Der Schleier der Illusion wird beiseite gefegt.«

Len Kasten
DIE DUNKLE FLOTTE
Das Geheime Weltraumprogramm der Reptiloiden und die Schlacht um das Sonnensystem
288 Seiten, gebunden, oranges Leseband
€ [D] 24,99 / € [A] 25,70 • ISBN 978-3-95447-418-9

Antischwerkrafttechnologie, Kontrolle des Massenbewusstseins und Teleportation sind nur einige der erstaunlichen Mittel, durch die nach dem Zweiten Weltkrieg eine Weltraumallianz entstand. Sie errichtete Raumhäfen in der Antarktis und auf dem Mars sowie eine elfstöckige Basis auf dem Mond. Sie betreibt Bergbau im All und hält unzählige menschliche Sklaven – mit Unterstützung von Reptiloiden.

***»Eine zutiefst beunruhigende und gleichzeitig unverzichtbare Lektüre.«* – Michael E. Salla**

Neues Enthüllungswerk.

Alle Bücher auch als eBooks. Leseproben auf www.AmraVerlag.de